Studienskripten zur Soziologie

Herausgegeben von
H. Sahner, Halle (Saale), Deutschland
M. Bayer, Nürnberg, Deutschland
R. Sackmann, Halle (Saale), Deutschland

Die Bände „Studienskripten zur Soziologie" sind als in sich abgeschlossene Bausteine für das Bachelor- und Masterstudium konzipiert. Sie umfassen sowohl Bände zu den Methoden der empirischen Sozialforschung, Darstellung der Grundlagen der Soziologie als auch Arbeiten zu so genannten Bindestrich-Soziologien, in denen verschiedene theoretische Ansätze, die Entwicklung eines Themas und wichtige empirische Studien und Ergebnisse dargestellt und diskutiert werden. Diese Studienskripten sind in erster Linie für Anfangssemester gedacht, sollen aber auch dem Examenskandidaten und dem Praktiker eine rasch zugängliche Informationsquelle sein.

Herausgegeben von
Heinz Sahner
Halle (Saale), Deutschland

Reinhold Sackmann
Halle (Saale), Deutschland

Michael Bayer
Nürnberg, Deutschland

Begründet von
Erwin K. Scheuch †

Martin Groß

Klassen, Schichten, Mobilität

Eine Einführung

2. Auflage

Martin Groß
Universität Tübingen, Deutschland

Studienskripten zur Soziologie
ISBN 978-3-531-19942-9   ISBN 978-3-531-19943-6 (eBook)
DOI 10.1007/978-3-531-19943-6

Die Deutsche Nationalbibliothek verzeichnet diese Publikation in der Deutschen Nationalbibliografie; detaillierte bibliografische Daten sind im Internet über http://dnb.d-nb.de abrufbar.

Springer VS
© Springer Fachmedien Wiesbaden 2008, 2015
Das Werk einschließlich aller seiner Teile ist urheberrechtlich geschützt. Jede Verwertung, die nicht ausdrücklich vom Urheberrechtsgesetz zugelassen ist, bedarf der vorherigen Zustimmung des Verlags. Das gilt insbesondere für Vervielfältigungen, Bearbeitungen, Übersetzungen, Mikroverfilmungen und die Einspeicherung und Verarbeitung in elektronischen Systemen.
Die Wiedergabe von Gebrauchsnamen, Handelsnamen, Warenbezeichnungen usw. in diesem Werk berechtigt auch ohne besondere Kennzeichnung nicht zu der Annahme, dass solche Namen im Sinne der Warenzeichen- und Markenschutz-Gesetzgebung als frei zu betrachten wären und daher von jedermann benutzt werden dürften.
Der Verlag, die Autoren und die Herausgeber gehen davon aus, dass die Angaben und Informationen in diesem Werk zum Zeitpunkt der Veröffentlichung vollständig und korrekt sind. Weder der Verlag noch die Autoren oder die Herausgeber übernehmen, ausdrücklich oder implizit, Gewähr für den Inhalt des Werkes, etwaige Fehler oder Äußerungen.

Lektorat: Dr. Cori Mackrodt, Daniel Hawig.

Gedruckt auf säurefreiem und chlorfrei gebleichtem Papier

Springer Fachmedien Wiesbaden ist Teil der Fachverlagsgruppe Springer Science+Business Media
(www.springer.com)

Inhalt

Vorwort zur zweiten Auflage 9

Einleitung 11

1	Die Klassiker der Ungleichheitsforschung	15
1.1	Karl Marx	15
1.1.1	Grundzüge des Marxschen Klassenkonzepts	16
1.1.2	Soziales Handeln und Klassenbildung	18
1.1.3	Die Dynamik des Kapitalismus	19
1.1.4	Zusammenfassung: Wichtige Punkte und Probleme	21
1.2	Max Weber	24
1.2.1	Der Klassenbegriff Max Webers	24
1.2.2	Der Standesbegriff	26
1.2.3	Klasse und Stand	27
1.2.4	Klasse, Stand und soziales Handeln	28
1.2.5	Die Dynamik des Kapitalismus	29
1.2.6	Max Webers ambige Ungleichheitskonzeption	31
1.3	Theodor Geiger	33
1.3.1	Soziale Lage, Mentalität und Schicht	33
1.3.2	Zusammenfassung: Schicht als deskriptives Ungleichheitskonzept	36
1.4	Die funktionalistische Schichtungstheorie	37
1.4.1	Grundzüge der funktionalistischen Schichtungstheorie	37
1.4.2	Implikationen der funktionalistischen Schichtungstheorie	39
1.5	Konzeptionen sozialer Ungleichheit: Zur Kohärenz von Erkenntnisinteressen und Begriffsbildung . . .	40

2	Neuere Ansätze der Schicht- und Klassentheorie	43
2.1	Die Analyse sozialer Schichtung	43
2.1.1	Status und Prestige	44
2.1.2	Aktualisierungen des Schichtmodells von Geiger	49
2.1.3	Zusammenfassung	53
2.2	Die Entwicklung der Klassenanalyse	54
2.2.1	Schließungsbasierte Klassenkonzepte	54
2.2.2	Machtbasierte Klassenkonzepte	74
2.3	Schichten und Klassen: Erkenntnisansprüche und konzeptionelle Grundzüge	86
3	Die Entstrukturierungsdebatte	89
3.1	Struktureller Wandel in modernen Gesellschaften	89
3.1.1	Die Wohlstandsgesellschaft	90
3.1.2	Klassen, Schichten und institutionelle Rahmenbedingungen	90
3.1.3	Die Zunahme sozialer Mobilität	92
3.2	Die Folgen des strukturellen Wandels	93
3.2.1	Die subjektive Bewertung objektiver Gegebenheiten und „neue" soziale Ungleichheiten	93
3.2.2	Pluralisierung von Lebenslagen und die Entstrukturierung sozialen Handelns	95
3.2.3	Die Individualisierungsthese	96
3.3	Lagen, Milieus und Lebensstile	98
3.3.1	Lagen: Objektive Charakteristika sozialer Ungleichheit	98
3.3.2	Lebensstile: Die Oberfläche sozialer Ungleichheit	100
3.3.3	Milieus: subjektive Charakteristika sozialer Ungleichheit	104
3.4	Alte und neue Konzepte im Vergleich	107
3.4.1	Die Beschreibung und Erklärung der Strukturen sozialer Ungleichheit	108
3.4.2	Die Erklärung sozialen Handelns	111
3.5	Zusammenfassung	114
4	Theorien und Methoden der intergenerationalen Mobilitätsforschung	117
4.1	Industrialisierung und soziale Mobilität	118
4.1.1	Technische Anmerkungen: Inflow, outflow und der Assoziationsindex	121
4.1.2	Zusammenfassung	126
4.2	Der Statusattainment-Ansatz	127
4.2.1	Das Pfadmodell	127

4.2.2	Zusammenfassung	131
4.3	Klassenbasierte Mobilitätsstudien	133
4.3.1	Methodischer Exkurs: Bildungsskalen und log-lineare Modelle	134
4.3.2	Herkunft und Bildungserwerb	139
4.3.3	Herkunft und berufliche Position	148
4.3.4	Zusammenfassung	153
4.4	Industrialisierungsthese versus Klassenbildung	154
5	**Arbeitsmarktstrukturen und Muster der intragenerationalen Mobilität**	**159**
5.1	Neoklassische Arbeitsmarkttheorie: Ungehinderte Mobilität und Äquivalententausch	160
5.2	Segmentationsansätze in der Arbeitsmarkttheorie: Mobilitätsbarrieren und Ausbeutungsprozesse	164
5.3	Die Theorie geschlossener Positionen	168
5.3.1	Muster intragenerationaler Mobilität in Systemen geschlossener Positionen	169
5.3.2	Entlohnungsmechanismen in Systemen geschlossener Positionen	173
5.4	Systeme geschlossener Positionen, Klassenbildung und das Ausmaß sozialer Ungleichheit	177
5.5	Zusammenfassung	180
6	**Arbeitsmarktflexibilisierung und Klassenbildungsprozesse**	**183**
6.1	Arbeitsmarktstrukturen und Klassenbildung	184
6.1.1	Der Grad der Schließung und die Fragmentierung von Arbeitsmärkten	184
6.1.2	Die Form der Schließung: Individualistische versus kollektivistische Schließungsmechanismen	186
6.2	Institutionen, Arbeitsmärkte und Klassenbildung	189
6.2.1	Beschäftigungssicherheit und der Schließungsgrad beruflicher Positionen	189
6.2.2	Wohlfahrtsstaat und Klassenbildung	191
6.2.3	Bildungssysteme und Arbeitsmarktstruktur	193
6.3	Institutionen und Klassenbildung heute	195
6.3.1	Was bedeutet „Klassenhandeln"?	196
6.3.2	Historische Bedingungen der Klassenbildung	198
6.4	Die Flexibilisierung des Arbeitsmarktes	199
6.4.1	Formen der Flexibilisierung	199

6.4.2	Folgen der externen Flexibilisierung	201
6.4.3	Szenario I: Universelle Flexibilisierung und Klassenbildung	203
6.4.4	Szenario II: partikulare Flexibilisierung	208
6.5	Zusammenfassung	208

7	**Der Wandel der Einkommensungleichheit**	**211**
7.1	Der Wandel der Einkommensverteilung	212
7.1.1	Der Wandel der verfügbaren Haushaltseinkommen	212
7.1.2	Der Wandel der Markteinkommen	215
7.2	Die These des „Skill-biased technological change"	217
7.3	Soziale Schließung und der Wandel der Einkommensungleichheit	220
7.3.1	Klassenkonflikt und Wandel der Ungleichheit	221
7.3.2	Gewerkschaften und Tarifverträge	222
7.3.3	Die Flexibilisierung des Arbeitsmarktes und die Zunahme der Einkommensungleichheit	227
7.4	Finanzialisierung	229
7.5	Zum Verhältnis der Erklärungsansätze	233

8	**Zusammenfassung und Ausblick**	237
	Literatur	247
	Personenregister	275
	Sachregister	281

Vorwort zur zweiten Auflage

Das Anliegen des vorliegenden Buches ist es, eine gründliche Einführung in zentrale Konzepte der Ungleichheitsforschung zu geben. Es will sich dabei aber nicht mit der abstrakten Darstellung theoretischer Konzepte begnügen, sondern anhand empirischer Studien auch zeigen, ob und inwieweit diese Konzepte auch auf die aktuelle Struktur sozialer Ungleichheit in Deutschland angewendet werden können. Dieser Absicht diente in der ersten Auflage insbesondere das sechste Kapitel, das die Bedeutung aktueller Prozesse auf dem Arbeitsmarkt für die Klassenbildung diskutierte und angesichts noch unklarer Entwicklungsstränge zwei mögliche Szenarien entwarf, welchen Weg die Flexibilisierung des Arbeitsmarktes einschlagen könnte.

Diese zweite Auflage erscheint eine geraume Weile – gute sechs Jahre – nach der ersten. An der ohnehin historisch orientierten Darstellung der zentralen Konzepte hat sich nichts geändert; solche Konzepte wandeln sich nicht so schnell, als dass hier eine umfassende Überarbeitung nötig wäre. Die Entwicklung des Arbeitsmarktes ist allerdings ein gutes Stück weitergegangen – soweit ich das übersehen kann, in Richtung des „Spaltungsszenarios", sodass das sechste Kapitel in dieser Hinsicht etwas entschiedener formuliert werden könnte, als es für die erste Auflage möglich war. Gleichwohl ist der Ausgang der Dinge noch nicht eindeutig klar, und die grundlegenden Spannungslinien, die in diesem Kapitel aufgezeigt werden, sind nach wie vor zu beobachten.

Daher habe ich auch auf eine Anpassung des sechsten Kapitels verzichtet, dafür aber ein ganz neues Kapitel hinzugefügt, das die aktuelle Debatte um den Anstieg der Einkommensungleichheit in Deutschland aufnimmt. Die Verschärfung sozialer Ungleichheit spiegelt m. E. die Auswirkungen der Wandungsprozesse auf dem Arbeitsmarkt, und sie verdeutlicht, dass die gründliche Beschäftigung mit den Strukturen sozialer Ungleichheit, wie sie in Klassen- und Schichtkonzepten angelegt wird, keineswegs obsolet geworden ist. Es verwundert mich daher auch nicht, dass die bis zur Jahrtausendwende so prominent gewordene „neue" Ungleichheitskonzepte („Lagen", „Milieus" und „Lebensstile") in jüngerer Zeit wieder Raum abtraten an Studien, die mit „Klassen", „Schichten" und „Mobilität" operieren. Damit ergänzt das neue Kapitel den Abschnitt über den Arbeitsmarkt, indem es mit empirischen Mitteln zu zeigen versucht, wozu theoretische Konzepte gebraucht werden.

Einleitung

Die Untersuchung sozialer Ungleichheit ist ein wichtiges Thema der soziologischen Forschung. Ihre zentralen Fragestellungen lauten: Wie sind ungleich bewertete Güter und Positionen in einer Gesellschaft *verteilt*? Wie gestalten sich die Gelegenheiten, *Zugang* zu diesen Gütern und Positionen zu erhalten? Welche *Konsequenzen* hat die ungleiche Verteilung der Güter und Positionen sowie der Zugangsgelegenheiten für soziales Handeln? Inwieweit kann diese Verteilungs- und Gelegenheitsstruktur als *legitim* betrachtet werden?

Klassen- und Schichtungstheorien geben sehr spezifische Antworten auf diese Fragen. Sie setzen voraus, dass sich die Verteilung der ungleich bewerteten Güter durch Einordnung der Menschen in „Großgruppen" (Hartmann 1995) adäquat beschreiben lässt. Sie nehmen an, dass der Zugang zu begehrten Gütern begrenzt ist – nicht jeder kann aus eigener Kraft erreichen, was er will, sondern die Zugehörigkeit zu bestimmten Klassen und Schichten schafft Barrieren, die nur schwer überschritten werden können. Klassen- und Schichttheorien gehen auch davon aus, dass die Klassen- und Schichtzugehörigkeit soziales Handeln prägt. Zudem werfen sie einen kritischen Blick auf die Struktur sozialer Ungleichheit, da Zugangsbarrieren in der Regel nicht als legitim betrachtet werden.

Das vorliegende Buch will eine Einführung in die Klassen- und Schichttheorie und der Untersuchung sozialer Mobilität zwischen Klassen und Schichten geben.[1] Konnte noch Thomas A. Herz in der Einleitung der Vorgängerversion dieses Buches frank und frei konstatieren, dass „Schichtung und Mobilität ... zu den klassischen Gebieten der soziologischen Forschung [gehören]" (Herz 1983: 10),

---

1 Zwar werden auch andere Konzeptionen sozialer Ungleichheit und Mobilität angesprochen, aber nur insoweit sie zum Verständnis beziehungsweise zur Bewertung der Klassen- und Schichtanalyse nötig sind. Für eine breiter angelegte Einführung in Theorien sozialer Ungleichheit vgl. Burzan (2005).

so wird manchem Leser ein solches Unterfangen heute fragwürdig erscheinen. „Klassen" und „Schichten" sind als Analysekonzepte sozialer Ungleichheit etwas aus der Mode gekommen. Hat sich soziale Ungleichheit nicht „individualisiert" (Beck 1995), sind nicht „neue Ungleichheiten" (Hradil 1987a) wie Frauendiskriminierung, Benachteiligung ethnischer oder anderer Minoritäten in den Vordergrund getreten, die mit Klassen und Schichten gar nicht erfasst werden können? Ist die Klassen- und Schichtanalyse also nicht obsolet geworden?

Ich halte diese Anfang der achtziger Jahre aufgekommene Debatte um die Brauchbarkeit der „traditionellen" Analysekonzepte sozialer Ungleichheit für noch nicht entschieden. Denn zum einen gibt es viele Hinweise darauf, dass Klassen- und Schichtkonzepte auch in der spätkapitalistischen Wohlstandsgesellschaft noch sinnvoll eingesetzt werden können (Geißler 1996). Zudem lässt die im Zuge der Globalisierung sich eher verschärfende soziale Ungleichheit gerade in den entwickelten Industrieländern die Vermutung aufkommen, dass „Klassen" und „Schichten" als Analysekonzepte sozialer Ungleichheit bald wieder an Attraktivität gewinnen können (Dangschat 1998), und die im neuen Kapitel aufgezeigten Entwicklungen zur Einkommensungleichheit unterstreichen diese Vermutung deutlich. Zum anderen ist die Brauchbarkeit solcher Konzepte nicht nur eine Frage der Empirie. Sie hängt sehr stark auch von dem *Erkenntnisinteresse* ab, das sich mit diesen Konzepten verbindet. Theorien und Konzepte können nicht die Realität darstellen, „wie sie ist", sondern sollen wesentliche Aspekte der Realität hervorheben; was aber als wesentlich betrachtet wird, hängt in hohem Maße eben auch von den Forschungsinteressen der Anwender ab.

Die Diskussion dieser beiden Aspekte – welche Erkenntnisinteressen sind mit „Klassen" und „Schichten" verbunden? Welche empirischen Evidenzen sprechen für die Klassen- und Schichtanalyse? – wird in den Ausführungen dieses Buches eine wichtige Rolle spielen. Damit wird auch versucht, auszuloten, in welcher Weise Klassen- und Schichtkonzepte in einer modernen Gesellschaft noch zur Ungleichheitsanalyse beitragen können.[2] Dabei nimmt die Diskussion von „Klassen" einen deutlich breiteren Raum ein als die von „Schichten", was darauf zurückzuführen, dass mit dem Klassenkonzept weiter reichende Erkenntnisansprüche – und damit auch höhere empirische Validierungspflichten – einhergehen als mit dem Schichtkonzept.

---

2 Ich verwende im Folgende die Begriffe „moderne Gesellschaft", „fortgeschrittene Industriegesellschaft" oder „spätkapitalistische Gesellschaft" synonym. Damit soll lediglich Bezug auf derzeit aktuelle Gesellschaftsformen Bezug genommen werden. Damit ist kein Beitrag zu der Diskussion um die derzeit dominante Gesellschaftsform intendiert; insbesondere ist die Frage, ob wir in einer „postmodernen" oder „nach-industriellen" Gesellschaft leben für die vorgetragenen Argumente belanglos.

Das Buch gliedert sich in sieben Kapitel. Im ersten werden die „Klassiker" der Erforschung sozialer Klassen und Schichten dargestellt – Karl Marx, Max Weber und Theodor Geiger. Die Fragestellungen und die Grundideen ihrer Klassen- und Schichtanalysen finden sich in den moderneren Ansätzen wieder, daher ist ein tieferes Verständnis auch für aktuelle Ungleichheitsanalysen von großer Bedeutung. Das Kapitel schließt mit einer Darstellung der funktionalistischen Schichtungstheorie, die ein graduelles Schichtungskonzept vertritt und damit eigentlich aus dem Fokus dieses Buches fällt. Insofern sie aber die „Negativfolie" der Klassen- und Schichtanalysen darstellt, hilft deren Kernanliegen zu verdeutlichen.

Das zweite Kapitel stellt die wichtigsten Entwicklungen der Klassen- und Schichtanalyse vor. Die Konzepte der „Klassiker" in ihrer ursprünglichen Form werden der Analyse entwickelter kapitalistischer Gesellschaften in vielerlei Hinsicht nicht mehr gerecht. Doch hat es viele Versuche gegeben, diese Konzepte weiterzuentwickeln und den Gegebenheiten fortgeschrittener Gesellschaften anzupassen. Für Schichtkonzepte stellt sich vor allem die Aufgabe, die zunehmende Differenzierung der Ungleichheitsstruktur hinreichend genau beschreiben zu können. Klassenkonzepte müssen darüber hinaus zeigen, in welcher Weise auch in modernen Gesellschaften Ausbeutungsverhältnisse zu ungerechtfertigten Privilegien beziehungsweise Benachteiligungen der verschiedenen Klassen führen, und wie aus diesen Privilegierungsverhältnissen Konflikte entstehen.

Das dritte Kapitel skizziert die weiter oben angesprochene „Entstrukturierungsdebatte". Kritiker der Klassen- und Schichtanalyse haben schon in den achtziger Jahren eingewendet, dass Strukturumbrüche der jüngeren Vergangenheit die „Klassen" und „Schichten" als Werkzeuge der Ungleichheitsforschung unbrauchbar gemacht haben. Die Kritik wird knapp skizziert und „Lagen", „Milieus" und „Lebensstil" als alternative Ungleichheitskonzeptionen vorgestellt. Die abschließende Diskussion will zeigen, dass diese „neuen" Ungleichheitskonzepte zwar wichtige Ergänzungen der „traditionellen" darstellen, sie aber nicht ablösen können.

Das vierte Kapitel ist der Forschung über die soziale Mobilität in der Generationenfolge gewidmet. Hier interessiert in erster Linie, dass intergenerationale Mobilität und *Klassenbildung* in engem Verhältnis stehen. In einer hoch mobilen Gesellschaft, in der allein individuelle Leistung über das berufliche Schicksal der Menschen entscheidet, ist die Bildung sozialer Klassen höchst unwahrscheinlich. Wenn hingegen die soziale Herkunft die beruflichen Chancen wesentlich beeinflusst, kann viel eher davon ausgegangen werden, dass Klassen als wahrnehmbare soziale Einheiten entstehen. Die Mobilitätsforschung hat seit dem zweiten Weltkrieg in drei aufeinander folgenden Paradigmen einmal die Auflösung sozialer Klassen, ein andermal deren Bildung nachzuweisen versucht. Die Entwicklung dieser Paradigmen wird nachgezeichnet. Dabei wird auch versucht, eine knappe

Einführung in die wichtigsten methodischen Verfahren zu geben, die diese Paradigmen kennzeichnen.

Weitaus weniger Beachtung wird dem Zusammenhang zwischen Mustern der *intra*generationalen Mobilität und der Klassenbildung geschenkt. Doch Privilegierungen oder Benachteiligungen einzelner Klassen entstehen in erster Linie am Arbeitsmarkt. Der fünfte Abschnitt versucht, den Zusammenhang zwischen Arbeitsmarktprozessen und Klassenbildung herauszuarbeiten. Es werden basale Konzepte der Arbeitsmarktforschung vorgestellt und gezeigt, wie Arbeitsmarktstrukturen Muster der intragenerationalen Mobilität einerseits und die Verteilung von Entlohnungen am Arbeitsmarkt andererseits beeinflussen. Ein großer Teil des Kapitels diskutiert die „Theorie der geschlossenen Positionen" (Sørensen 2000b), die eine Einbindung der Ergebnisse der Arbeitsmarktforschung in die Klassentheorie erlaubt.

Aus dieser Theorie folgt unter anderem, dass institutionelle Rahmenbedingungen des Arbeitsmarktes (gemeint sind in erster Linie Regelungen, die die Beschäftigungssicherung betreffen, das Bildungssystem und der Wohlfahrtsstaat) wesentlich zur Bildung – oder zur Auflösung – sozialer Klassen beitragen. Dieser Punkt wird im sechsten Kapitel diskutiert. Dabei wird auch die These entwickelt, dass die derzeit zu beobachtende Flexibilisierung des Arbeitsmarktes unter bestimmten Umständen zur Auflösung sozialer Klassen führen kann. So könnte die Individualisierungsthese, die meines Erachtens etwas zu früh ausgerufen wurde, in einer sehr spezifischen Form doch noch zu ihrem Recht kommen.

Das siebte Kapitel befasst sich mit dem Anstieg der Einkommensungleichheit in den letzten beiden Dekaden. Dieser Anstieg markiert einen Wendepunkt in der Entwicklung der Ungleichheitsstrukturen nach dem zweiten Weltkrieg, die bis dahin als Trend zu mehr Gleichheit und zu einer offeneren Gesellschaft gedeutet werden kann, und macht damit deutlich, dass die Ungleichheitsforschung nicht zur „Vielfaltsforschung" (siehe Kapitel drei) aufgelöst werden darf. Gleichwohl lässt sich, wie ich im sechsten Kapitel darlege, der Anstieg der Einkommensungleichheit auf der Basis sehr unterschiedlicher „Narrative" mit teils widersprüchlichen Implikationen interpretieren, wobei aber das „Schließungsnarrativ" die Bedeutung von Klassenkonflikten für den Wandel sozialer Ungleichheit hervorhebt.

Ich habe mich bemüht, so weit wie möglich geschlechtsneutrale Formulierungen zu verwenden. Gleichwohl tauchen an manchen Stellen auch „männliche" Substantivformen oder Formulierungen auf. Das ist in keiner Weise abwertend gemeint, sondern dient allein der besseren Lesbarkeit.

Die Klassiker der Ungleichheitsforschung   1

In diesem Abschnitt werden anhand einiger „klassischer" Beispiele drei grundlegenden Ansätze zur Analyse der Struktur sozialer Ungleichheit vorgestellt: Klassenkonzept, Schichtkonzept und ein graduelles oder kontinuierliches Schichtungsmodell. Das Kapitel beginnt mit dem Marxschen Klassenkonzept, das mittlerweile zwar als völlig unzureichend zur Analyse der Ungleichheitsstrukturen moderner Gesellschaften betrachtet wird, dessen zentralen Erkenntnisabsichten aber auch von modernen Klassenkonzepten verfolgt werden. Max Weber hat viele wichtige Anstöße zur Weiterentwicklung des Klassenbegriffs gegeben, obwohl er selbst diesem Konzept äußerst kritisch gegenüberstand. Theodor Geiger ist der „Klassiker" der Schichtungsforschung, dessen Arbeiten in jüngerer Zeit wieder starken Einfluss auf die Ungleichheitsforschung nehmen. Die „funktionalistische Schichtungstheorie" wird am Ende des Kapitels eher knapp umrissen. Sie dient als eine Art Negativfolie der Klassen- und Schichtanalyse: sie impliziert, dass Klassen und Schichten *nicht* existieren.

1.1   Karl Marx

Der Klassenbegriff nimmt bei Marx einen zentralen Platz ein; gleichwohl gibt es keine geschlossene Erörterung dieses Konzepts. Das letzte Kapitel des dritten Teils des „Kapitals" (Marx 1986b) sollte diese Erörterung wohl leisten, bricht aber vorzeitig ab. So muss sich eine Diskussion des Klassenbegriffs von Marx auf den praktischen Gebrauch dieses Konzepts in seinem umfangreichen Gesamtwerk stützen. Dabei zeigt sich, dass Marx dieses zentrale Konzept nur sehr unpräzise verwendet hat.

Eine fundamentale Unschärfe in den Marxschen Analysen ergibt sich aus der Verquickung sozialwissenschaftlicher Analyse, philosophischer Betrachtungen und politischer Agitation, die sich durch seine ganzen Schriften zieht (Dahrendorf 1957: 16–33, Geiger 1949). Darüber hinaus ist Marx' Terminologie an vielen Stellen „einfach nachlässig" (Giddens 1984: 31, Geiger 1949: 12 ff.): gelegentlich wird „Klasse" synonym mit „Schicht" oder „Stand" verwendet, mal wird der Klassenbegriff für Gruppierungen verwendet, die allenfalls Untereinheiten von Klassen darstellen. Eine knappe und systematische Darstellung des Marxschen Klassenkonzeptes ist daher nicht einfach.

1.1.1 Grundzüge des Marxschen Klassenkonzepts

Giddens unterscheidet zwischen dem „abstrakten" Marxschen Klassenmodell und der „konkretere[n] Beschreibungen der spezifischen Merkmale der Klassen bestimmter Gesellschaften" (Giddens 1984: 30).

Das abstrakte Klassenmodell ist streng dichotom und bestimmt sich durch die Stellung der Individuen im Produktionsprozess. In Industriegesellschaften stehen sich Kapitalisten (oder auch Bourgeoisie) und Proletarier gegenüber. Alle Produktionsmittel wie Maschinen oder Land gehören den Kapitalisten. Die Proletarier sind die eigentlichen Produzenten des gesellschaftlichen Wohlstandes, verfügen jedoch nicht über die Produktionsmittel. Sie besitzen nur ihre Arbeitskraft. Beide Parteien können mit ihren jeweiligen produktiven Kapazitäten alleine keine Waren oder Dienstleistungen bereitstellen: Die Kapitalisten benötigen die Arbeitskraft der Proletarier, die Proletarier die Produktionsmittel der Kapitalisten. Daher sind die Proletarier gezwungen, ihre Arbeitskraft an die Kapitalisten zu verkaufen. Diese können dann die gekaufte Arbeitskraft mit den modernen Produktionsapparaten zusammen dazu nutzen, Waren und Dienstleistungen herzustellen, die sie auf entsprechenden Märkten absetzen.

Der Besitz beziehungsweise Nicht-Besitz der Produktionsmittel begründet eine fundamentale Machtasymmetrie, die nach der Marxschen „Arbeitswertlehre" die *Ausbeutung* der Proletarier durch die Kapitalisten ermöglicht. Der Wert der Güter, die die Arbeiter produzieren, bemisst sich nach der für die Produktion dieser Güter durchschnittlich benötigten Arbeitszeit. Die Entlohnung der Arbeiter entspricht aber nicht diesem Wert. Sie erhalten nur den Anteil an der Produktion, den sie zur Reproduktion ihrer Arbeitskraft benötigen (Marx 1986a: 181 ff.). Der produzierte Überschuss, das „Mehrprodukt" oder „Surplusprodukt" (Marx 1986a: 243, vgl. auch Marx 1978: 104 ff.), wird von den Kapitalisten einbehalten. Das Besitzrecht an den Produktionsmitteln gibt ihnen die Macht, sich den in der Produktion geschaffenen „Mehrwert" anzueignen – ohne sich selbst in irgendeiner Weise an der Produktion beteiligen zu müssen.

Im Gegensatz zu früheren Gesellschaftsformen vollzieht sich die Ausbeutung im Kapitalismus damit eher subtil und verdeckt. Niemand wird (wie etwa im Feudalismus) gegebenenfalls unter Einsatz physischer Gewalt gezwungen, einen Teil seines erwirtschafteten Produkts an einen Lehnsherrn abzuführen. Stattdessen scheinen lediglich auf Güter- und Arbeitsmärkten gleichwertige Waren (die Arbeitskraft ist nur eine besondere Warenform) gegeneinander getauscht zu werden. Dass sich unter der Oberfläche solcher friedlicher Tauschprozesse handfeste Ausbeutungsverhältnisse verbergen, wird nach Marx' Auffassung von der klassischen Ökonomie geradezu verschleiert; erst seine Arbeitswertlehre decke den Ausbeutungscharakter marktgemäßen Tausches auf.

Einige Aspekte der Marxschen Konzeption der kapitalistischen Ausbeutung sind zu unterstreichen. Erstens setzt sie, wie auch andere Ausbeutungsformen, eine entwickelte *Arbeitsteilung* voraus; nur in der arbeitsteiligen Gesellschaft wird genügend „Surplus" erzeugt, damit eine Gruppe von Individuen auf Kosten anderer leben kann (Tjaden-Steinhauer/Tjaden 1973: 25 f.). Zweitens sind neben dem *Privateigentum* an Produktionsmitteln *politische Freiheiten* unabdingbare Voraussetzung der ökonomischen Abhängigkeit: Freiheitsrechte, insbesondere die Vertragsfreiheit, ermöglichen es erst den Arbeitern, ihre Arbeitskraft auf dem Markt gegen einen frei ausgehandelten Lohn anzubieten. Drittens impliziert die Behandlung der Arbeitskraft als marktfähige Ware die „*Entfremdung* der Arbeiter von sich selbst". Die produktive Arbeit ist ein wesentlicher Bestandteil des Menschseins. Mit dem Verkauf der Arbeitskraft verliert der Arbeiter die Kontrolle über sein Produktivvermögen, und damit über diesen wesentlichen Zug seines Daseins. Er kann weder selbst bestimmen, welche Arbeit er ausführen will, noch hat er die Kontrolle über die Produkte, die er schafft (vgl. Marx 1979b: 82–96). Die Aufhebung der Entfremdung, und damit die – in moderner Terminologie gesprochen – wahre Selbstverwirklichung des Menschen in der Arbeit ist nach Marxens Ansicht nur im Kommunismus, der kein Privateigentum der Produktionsmittel kennt, möglich.

Auch Marx hat gesehen, dass es erhebliche Probleme bereitet, das abstrakte Klassenmodell empirisch anzuwenden. Gerade in der Industriegesellschaft gibt es empirisch eine Vielzahl von Klassen, die sich nicht ohne weiteres in ein dichotomes Modell pressen lassen, Daher hat er gelegentlich ein differenzierteres „empirisches Klassenmodell" verwendet.

Differenzierungen der Klassen ergeben sich zum einen aus der geschichtlichen Dynamik des Klassenkonflikts. In jeder Entwicklungsphase existieren einer Gesellschaft *Mittel- und Übergangsklassen,* die entweder noch aus der vorangegangenen Periode stammen oder schon die nächste ankündigen. So konnte man schon im Feudalismus Proletarier und Bourgeoisie identifizieren, da das neue Strukturierungsprinzip „Eigentum" Gestalt gewann, noch während das feudale Prinzip dominierte. Umgekehrt fanden sich in der jungen kapitalistischen Gesellschaft noch bedeutsame „Reste" feudaler Klassen. Zum anderen war es für Marx klar, dass die Klassen, die er analysierte, keineswegs so homogen waren, wie es eine passgenaue Anwendung des abstrakten dichotomen Klassenkonzepts erfordern würde. Im entwickelten Kapitalismus lassen sich Segmente oder *Klassenfragmente* ausmachen: Innerhalb der Arbeiterschaft differieren soziale Lage und Interessen, insbesondere nach Qualifikation der Arbeiter; innerhalb der Kapitalisten sind erhebliche Differenzen zum Beispiel zwischen Landbesitzern und industriellen Unternehmern auszumachen. Schließlich muss der *spezifische Charakter* von Klassen in ihren jeweiligen historischen Epochen berücksichtigt werden. Die Klassen im Feudalismus waren nicht nur durch rein ökonomische Beziehungen (Grundbesitz), sondern auch „über persönliche Loyalitätsbindungen, die in der ständischen Gliederung rechtlich abgesichert sind" (Giddens 1984: 36) geprägt. Insofern bezeichnet Marx an manchen Stellen die „feudalen Klassen" als „Stand" und reserviert den Begriff „Klasse" für die „kapitalistischen Klassen", die sich historisch erstmalig rein ökonomisch bestimmen.

1.1.2 Soziales Handeln und Klassenbildung

Aus dem Ausbeutungsverhältnis folgt der „antagonistische" Charakter des Verhältnisses zwischen Kapitalisten und Proletariern. Das bedeutet einerseits, dass die beiden Klassen voneinander abhängig sind. Das Wohl der Kapitalisten basiert auf dem Elend der Arbeiter, umgekehrt können auch die Arbeiter nur mit den Produktionsmitteln der Kapitalisten überleben. Andererseits bedeutet antagonistisch ein *gegensätzliches Interessensverhältnis*, das einen *fundamentalen Konflikt* impliziert: Während die Arbeiter daran interessiert sind, dieses Ausbeutungsverhältnis, das sie auf der ganzen Linie benachteiligt, zu beenden oder zumindest abzuschwächen, wollen es die privilegierten Kapitalisten unter allen Umständen beibehalten oder gar verschärfen. Die Interessen der Klassenmitglieder sind *objektiv* in dem Sinne, dass sie sich unmittelbar aus ihrer Stellung im Produktionsprozess ableiten (Geiger 1949: 18 ff.).[3] Die Stellung im Produktionsprozess begründet unmittelbar „Klassen an sich", insofern die Klassenmitglieder weitgehenden struktu-

---

3 Daher ist aus marxistischer Perspektive durchaus auch ein „falsches Klassenbewusstsein" möglich: Mitglieder einer Klasse, die nicht die Interessen äußern, die ihrer Stellung im Produktionsprozess entsprechen, haben ihre wahren Klasseninteressen einfach noch nicht erkannt (vgl. Lukács 1970).

rellen Zwängen unterworfen sind und ihre Klasseninteressen sich unmittelbar aus ihrer Klassenlage ableiten lassen.

Ob und in welcher Weise sich die Klasseninteressen aber artikulieren und in politisches Handeln umsetzen, ob also eine „Klasse an sich" zu einer „Klasse für sich" wird, ist noch von einer Vielzahl anderer Faktoren abhängig (vgl. z. B. Marx 1969: 198). Die Proletarier müssen sich ihrer latent immer schon vorhandenen Klasseninteressen erst bewusst werden – ein Prozess, der etwa durch die erleichterte Kommunikation der Arbeiter aufgrund ihrer Konzentration in Städten beziehungsweise in großen Fabriken im Zuge der Industrialisierung erheblich befördert wird. Auch kann die politische Agitation – ein ‚Überbauphänomen' – diesen Bewusstwerdungsprozess beschleunigen und zur politischen Organisation der Klasseninteressen beitragen. Gleichwohl sind die Klasseninteressen eine entscheidende Triebfeder konflikthaften sozialen Handelns. Insofern kann soziales Handeln durch die Klassenlage *erklärt* werden.

Das abstrakte Klassenmodell macht nicht nur die wesentlichen ökonomischen Strukturen des Kapitalismus deutlich und erklärt ökonomische Interessen und interessegeleitetes soziales Handeln, es impliziert auch eine *Theorie des sozialen Wandels*. „Die Geschichte aller bisherigen Gesellschaft ist eine Geschichte von Klassenkämpfen" (Marx 1979a: 416). Das soll erstens heißen, dass in jeder bisherigen Gesellschaft und in jeder historischen Epoche zwei antagonistische, durch ein Ausbeutungsverhältnis gekennzeichnete Hauptklassen ausgemacht werden können. Es ist aber nicht immer das gleiche Strukturprinzip, das die Klassen definiert. So waren im Feudalismus nicht der Besitz von Produktionsmitteln, sondern Landbesitz und die direkte Leibeigenschaft die entscheidenden Ausbeutungsmittel des Adels. Zweitens treibt der Klassenkonflikt den gesellschaftlichen Wandel voran. Zwar unterscheiden sich die Formen des Wandels von Gesellschaftstyp zu Gesellschaftstyp. Während etwa in einigen Gesellschaften die Dynamik des Klassenkonflikts eine Entwicklung der Produktivkräfte befördert (wie der Wandel vom Feudalismus zum Kapitalismus), löst sich in anderen Gesellschaften das soziale Gefüge auf (wie im antiken Rom). Von entscheidender Bedeutung ist aber, dass die tief verwurzelten ökonomischen Konflikte einen steten Wandel der Gesellschaft vorantreiben. Erst mit dem Wandel des Kapitalismus zum Kommunismus findet dieser Prozess sein Ziel: Da es in der kommunistischen Gesellschaft keine Klassenkonflikte mehr gibt, kommt die Geschichte zu ihrem Ende.

1.1.3 Die Dynamik des Kapitalismus

Für den Wandel vom Kapitalismus zum Sozialismus sind verschiedene Prozesse ausschlaggebend. Erstens ist der Kapitalismus *krisenanfällig,* da er zum einen ein nie da gewesenes Ausmaß der Überproduktion ermöglicht, andererseits aber keine planvollen Steuerungsmechanismen kennt, die die Produktion an den Konsumbedarf anpassen. Diese Aufgabe bleibt allein dem Markt überlassen, der aber in gewisser Weise anarchisch funktioniert: es kann allzu leicht passieren, dass die Nachfrage für bestimmte Produkte einbricht – mit der Folge, dass die Produzenten in den Ruin getrieben werden. Zweitens sind vor allem kleinere Unternehmen von Krisen und Zusammenbrüchen betroffen; große Konzerne können sich nicht nur besser gegen Nachfrageschwankungen absichern, sie können von den Krisen sogar profitieren, indem sie nachfrageschwache Zeiten dazu nutzen, die kleineren Unternehmen vom Markt zu verdrängen. Es findet damit eine fortschreitende *Kapitalkonzentration* statt. Dies führt drittens zu einer *Homogenisierung* der Klassenstrukturierung, da die Mittelklassen der Kleinbourgeoisie nach und nach wegbrechen. Eine Homogenisierung findet aber auch auf Seiten der Arbeitnehmerschaft statt, die von der stetigen Mechanisierung der Arbeit herrührt: qualifizierte Arbeit wird immer seltener gebraucht, die Arbeiter werden zunehmend zu unqualifizierten Maschinenbedienern herabgestuft (Marx 1979a: 425). Beide Tendenzen zusammen münden in einer *Polarisierung* der Klassenstruktur: Am Ende der Homogenisierungsprozesse steht den „reinen" (Groß-)Kapitalisten auf der einen Seite die (dequalifizierte) Arbeiterschaft auf der anderen Seite gegenüber (Marx 1979a: 417). Viertens schließlich wird diese Klassenpolarisierung auch vorangetrieben durch die *Verelendung* der Arbeiterschaft: die Disparitäten in den Lebensbedingungen zwischen Kapitalisten und Arbeitern wachsen kontinuierlich.[4]

Kapitalkonzentration, Krisen, Klassenpolarisierung und Verelendung bereiten den Boden für den Übergang des Kapitalismus zum Sozialismus, denn diese Prozesse verstärken den Interessensgegensatz zwischen Arbeitern und Kapitalisten.

---

4 Es ist aber nicht klar, ob die Verelendungsthese nach Marx absolut oder relativ zu begreifen sei. Nach der absoluten Version der These würde der Lebensstandard der Arbeiterschaft bis zur völligen Verarmung sinken. Nach der relativen Version würde der Lebensstandard der Arbeiter stabil bleiben, nur dass gleichzeitig der Lebensstandard der Kapitalisten schneller wachsen und sich damit der relative Abstand zwischen Kapitalisten und Arbeitern vergrößern würde. Es spricht viel dafür, dass Marx die relative Verelendung im Auge hatte. Denn die Arbeitswertlehre beinhaltet ja, dass die Arbeiter als Gegenwert für ihre Arbeitskraft das erhalten, was zur Reproduktion ihrer Arbeitskraft nötig ist. Der Lohn kann zwar etwas um diese Basislinie schwanken, aber sich im Großen und Ganzen nicht allzu weit davon entfernen. Auf der anderen Seite führt die technologische Entwicklung zu einer immer höheren Produktivität der Arbeit, und damit zu einem immer größeren Mehrwert, der jedoch von den Kapitalisten abgeschöpft wird. So muss „...die ganze Entwicklung der modernen Industrie die Waagschale immer mehr zugunsten des Kapitalisten und gegen den Arbeiter neigen" (Marx 1962: 151, vgl. auch die Diskussion der Relation von Arbeitslohn und Produktivität in Marx 1962: 141–147). Eine absolute Verarmung ist allenfalls für die „Reservearmee" zu erwarten, die am Produktionsprozess überhaupt nicht teilnimmt (vgl. Giddens 1984: 41f.)

Im Zuge der sich verschärfenden Spannung zwischen den Klassen entwickelt sich das revolutionäre Klassenbewusstsein der Arbeiter.[5]

1.1.4 Zusammenfassung: Wichtige Punkte und Probleme

Das Marxsche Klassenkonzept hat auf die Analyse sozialer Ungleichheit einen weitreichenden, bis heute anhaltenden Einfluss ausgeübt. Diese nachhaltige Bedeutung liegt zu einem guten Teil in vier Charakteristika des Klassenkonzepts begründet.

1. Der marxsche Klassenbegriff ist ein *strukturelles* Konzept. Die Zugehörigkeit zu einer der beiden Klassen ergibt sich ausschließlich aus der Stellung im Produktionsprozess – entweder besitzt ein Individuum Produktionsmittel, oder nicht. Individuelles Handeln, subjektive Interpretationen oder an die Person gebundene Qualifikationen können an der Klassenlage nichts ändern. Selbst der Weg, durch Sparen Produktionsmittel zu erwerben und sich selbständig zu machen ist den Arbeitern verwehrt, da sie als Lohn nur das zur Subsistenz Nötige erhalten. Das lässt ihnen keine Spielräume zur Kapitalakkumulation.

Klassen sind daher nicht als Gruppen von Individuen zu verstehen, sondern eine Ansammlung von Positionen, „leerer Stellen", die von Personen besetzt werden. „While this does not imply that class structure exists independently of people, it does mean that it exists independently of the specific people who occupy specific positions" (Wright 1985: 10).

2. Dieses Strukturmodell bildet den Ausgangspunkt für ein *kausales Modell der Entstehung sozialer Ungleichheit*. Das zentrale Charakteristikum sozialer Ungleichheit im Kapitalismus besteht nicht etwa in der ungleichen Verteilung der erwirtschafteten Güter innerhalb der Bevölkerung.[6] Es kommt nicht so sehr darauf an, *wie viel* die Proletarier beziehungsweise die Kapitalisten verdienen, was der jeweilige Anteil der Klassen am gesellschaftlichen Reichtum ist. Entscheidend ist vielmehr, *auf welche Weise* die Einkommen jeweils zustande kommen – durch produktive Tätigkeit auf der einen Seite, durch ausbeuterische Mehrwertaneignung auf der anderen Seite. Die Nachteile der einen Klasse sind kausal verantwortlich

---

5   Die Arbeiterklasse ist der Träger des revolutionären Potentials, nicht etwa die noch schlechter gestellte „Reservearmee"; diese neigt eher zu reaktionären Haltungen: „Das Lumpenproletariat, diese passive Verfaulung der untersten Schichten der alten Gesellschaft, wird durch eine proletarische Revolution stellenweise in die Bewegung hineingeschleudert, seiner ganzen Lebenslage nach wird es bereitwilliger sein, sich zu reaktionären Umtrieben erkaufen zu lassen" (Marx 1979a: 427)

6   Marx hat mehrfach darauf hingewiesen, dass die Politik der Lohngleichheit keineswegs die Probleme des Kapitalismus löst (vgl. z. B. Marx 1962).

für die Vorteile der anderen, da die dominierende Klasse ihren Wohlstand der Tatsache verdankt, dass sie sich das Surplus-Produkt der untergeordneten Klasse aneignen kann.

3. Daran knüpft ein Erklärungsmodell *kollektiven sozialen Handelns und sozialen Wandels* an. Von der Analyse der Klassenstruktur ist die Analyse der *Klassenbildung* zu unterscheiden, die sich der Frage widmet, wie die Menschen in den leeren Stellen der Klassenstruktur sich zu Kollektiven organisieren, die sich im Klassenkampf engagieren (Wright 1985: 10).

Auch hierbei spielt der Ausbeutungsbegriff eine zentrale Rolle. Die Bevorteilung beziehungsweise Benachteiligung durch den Ausbeutungsprozess schafft innerhalb der Klassen gemeinsame Interessen an der Abschaffung oder Beibehaltung der Ausbeutungsverhältnisse. Diese Interessen sind „strukturell" oder „objektiv" in dem Sinne, dass sie aus der Ungleichheitsstruktur selbst abgeleitet werden können. Aufgrund dieser antagonistischen Klasseninteressen schließen sich Proletarier auf der einen Seite, Kapitalisten auf der anderen Seite zusammen, um in den Konflikten zwischen den Klassen bestehen zu können. Die Klassenkonflikte treiben wiederum sozialen Wandel voran.

4. Solche Ausbeutungsverhältnisse werfen ein fundamentales Legitimitätsproblem des Ungleichheitssystems auf. Sowohl die philosophische Analyse realer und hypothetischer Gerechtigkeitsnormen (Rawls 1994 (1979)) als auch die empirische Gerechtigkeitsforschung (Liebig/Wegener 1995; Wegener 1992a, 1995; Wegener/Liebig 1991) haben gezeigt, dass das „meritokratische Ideal", welches besagt, dass jeder gemäß seines Beitrags zum gesamtgesellschaftlichen Wohl entlohnt werden solle, ein weitgehend akzeptiertes Gerechtigkeitsprinzip darstellt. Im Lichte dieses Leistungsprinzips aber schafft Ausbeutung extrem ungerechte Einkommensverhältnisse.[7] Auf der einen Seite erhalten die eigentlichen Produzenten des gesellschaftlichen Reichtums weniger, als ihnen ihrem Beitrag nach zusteht, auf der anderen Seite sind die Nicht-Produzenten in der Lage, sich ohne jeden Beitrag zur Produktion erhebliche Anteile an den produzierten Waren und Dienstleistungen

---

7 Die Vorstellung, dass soziale Ungleichheit mit *ungerechtfertigter* Aneignung von begehrten Ressourcen verbunden ist, wird uns noch in etlichen weiteren Ansätzen begegnen. Ich werde im Folgenden den Begriff „Privilegierung" (mit „Benachteiligung" oder „Deprivation" als Gegenbegriff) verwenden, wenn eine solche ungerechtfertigte Aneignung angenommen wird. Ausbeutung ist ein Mechanismus, um Privilegien in diesem Sinne zu erreichen. Allerdings verwenden einige Ansätze andere Konzepte, um Privilegierungen zu begründen. „Privilegierung" meint jedenfalls nicht die schiere Tatsache ungleicher Verteilung von begehrten Ressourcen. Ein hohes Einkommen ist keine Privilegierung, wenn es im Lichte anerkannter Gerechtigkeitsprinzipien legitimiert erscheint.

anzueignen.⁸ Insofern ist die *Kritik ungerechter Ungleichheitsstrukturen* eine der zentralen Elemente des Marxschen Klassenmodells.⁹

Eine strukturalistische Konzeption sozialer Ungleichheit, die das Zustandekommen sozialer Ungleichheit, kollektiven Handelns und sozialen Wandelns erklären kann und zudem einen gesellschaftskritischen Impetus mit sich führt, ist für viele Sozialwissenschaftler ein äußerst attraktives Werkzeug. Allerdings hat die Marxsche Klassenkonzeption einen entscheidenden Nachteil: Sämtliche empirische Prognosen treffen nicht zu. Die Proletarier sind nicht verelendet. Sie sind nicht hinsichtlich Einkommen, Qualifikation und anderer wichtiger Kriterien homogener geworden, sondern haben sich ganz im Gegenteil in vielfacher Hinsicht ausdifferenziert. Daher ist auch von einer Polarisierung von Kapital und Arbeit nur wenig zu spüren. Kommunistische Revolutionen sind nicht eingetreten. Ganz im Gegenteil hat sich die Mehrheit der Gesellschaften, die zwischenzeitlich sozialistische Wirtschaftsformen ausgebildet haben, mittlerweile wieder den kapitalistischen Produktionsformen zugewandt.

Das Versagen des Marxschen Klassenkonzepts bedeutet aber nicht, dass sich die Analyse sozialer Ungleichheit vom Klassenkonzept generell verabschieden muss. Die Aussicht, eine gesellschaftskritische Theorie sozialer Ungleichheit mit der Möglichkeit einer strukturellen Erklärung kollektiven Handelns und sozialen Wandels erhalten zu können, hat viele Autoren dazu angeregt, den Klassenbegriff so zu reformulieren, dass er diese wesentlichen Erkenntnisansprüche beibehält, gleichzeitig aber auf moderne Gesellschaften angewendet werden kann. Eine solche Reformulierung des Klassenbegriffs muss aber die konzeptionellen Probleme des Marxschen Klassenbegriffs überwinden. Drei Punkte sind hierbei von besonderer Bedeutung.

Erstens muss der Ausbeutungsbegriff von der Marxschen *Arbeitswertlehre* gelöst werden. Die Marxsche Arbeitswerttheorie hat im Lichte moderner ökonomischer Theorien keinerlei Bestand mehr. Die hohen Variationen des Einkommens und anderer Arbeitsbedingungen der Arbeitnehmer ist nicht mit der Marxschen Grundannahme vereinbar, dass Arbeiter als Lohn nur das zum Überleben Nötige erhalten. Insbesondere ist zu berücksichtigen, dass sich die Arbeitskraft der Indi-

---

8   Man beachte, dass die Höhe des Einkommens der Mitglieder beider Klassen völlig irrelevant ist. Selbst wenn Kapitalisten und Proletarier nach welchen Umverteilungsmechanismen auch immer das gleiche Einkommen hätten, so würden die einen dafür gearbeitet haben, die anderen aber nicht – womit das Ausbeutungsproblem immer noch bestünde.

9   Damit wird nicht behauptet, dass Marx selbst eine solche Auffassung vertreten hätte. Es deutet vieles darauf hin, dass Marx Gerechtigkeitsvorstellungen als Teil der herrschenden Ideologie betrachtet hat und ihnen als Überbauphänomen keine eigenständige Bedeutung zumaß (vgl. Suh 1993). An dieser Stelle wird lediglich darauf hingewiesen, dass Ausbeutungsverhältnisse im Lichte aktueller Gerechtigkeitsvorstellungen illegitim erscheinen.

viduen qualitativ unterscheidet und die Entlohnungen nicht nur quantitative Unterschiede der geleisteten Arbeitszeit widerspiegeln.

Dem entsprechend muss zweitens der Klassenbegriff eine *interne Differenzierung* von Arbeitgebern und Arbeitnehmern ermöglichen, um der Vielschichtigkeit der Lebensbedingungen innerhalb der beiden hauptsächlichen Klassen gerecht zu werden.

Drittens muss der *ökonomische Determinismus* des Marxschen Klassenkonzepts überwunden werden. Die Annahme, dass alle kulturellen Phänomene wie Werte, Ideen oder politisches Handeln nur der nachgelagerte Überbau zum ökonomischen Unterbau darstellen, ist nicht haltbar. Insbesondere muss eine Klassentheorie darlegen können, wie kulturelle Phänomene auf die Klassenstruktur zurückwirken.

1.2 Max Weber

Max Weber[10] ist neben Marx der zweite soziologische „Klassiker", dessen Klassenkonzeption bis heute einflussreich geblieben ist. In der Tat lassen sich neuere Klassensansätze (wenn auch in grob vereinfachender Weise) in „neo-marxistische" und „neo-weberianische" einteilen. Allerdings genügt es nicht, ausschließlich Webers Klassenkonzept zu betrachten. Weber stellt dem Klassenbegriff den Begriff des „Standes" zur Seite; nur beide zusammen können nach Weber ein adäquates Bild der Ungleichheitsstruktur gewährleisten.

1.2.1 Der Klassenbegriff Max Webers

Anders als Marx bemühte sich Weber um eine präzise Definition des Klassenbegriffs. Ansätze dazu sind an mehreren Stellen in „Wirtschaft und Gesellschaft" (Weber 1980) zu finden[11].

Weber verwirft den Ausbeutungsbegriff zur Bestimmung von Klassenlagen. Vielmehr sind auf dem Güter- beziehungsweise Arbeitsmarkt verwertbare Ressourcen die entscheidenden Kriterien zur Analyse der Klassenstruktur. „Immer aber ist für den Klassenbegriff gemeinsam: daß die Art der Chance auf dem *Markt* diejenige Instanz ist, welche die gemeinsame Bedingung des Schicksals der Ein-

---

10 Überblicke über Webers umfangreiches Werk finden sich in Mommsen (1974), Parkin (1982) und Weiß (1992).
11 Zum Klassenbegriff Webers vgl. auch Bendix (1974), Jones (1975), Küttler/Lozek (1986) Wehler (1986), Groß (1998: 21 ff.).

zelnen darstellt. ‚Klassenlage' ist in diesem Sinn letztlich: ‚Marktlage'" (Weber 1980: 532, Hervorhebung im Original).

Eine wichtige Ressource ist zum einen der Besitz materieller Güter (wie Geld, Boden oder Kapital), dem Weber auch ein gewisses Primat zugesteht: „Es ist die allerelementarste ökonomische Tatsache, daß ... [die Verteilung der] Verfügung über sachlichen Besitz ... schon für sich allein spezifische Lebenschancen schafft. ... ‚Besitz' und ‚Besitzlosigkeit' sind daher die Grundkategorien aller Klassenlagen" (Weber 1980: 531 f.). Bevorteilte „Besitzklassen" sind etwa Rentiers aller Art, die ihren Lebensunterhalt ausschließlich oder zumindest vorwiegend durch Vermietung von Häusern, Verpachtung von Boden oder von Aktiendividenden leben. Benachteiligte Besitzklassen sind zum Beispiel Arme oder Verschuldete, deren Klassenlage sich dadurch auszeichnet, dass sie eben nichts oder zum Überleben nicht genug besitzen. Je nach Menge und Art der zur Verfügung stehenden Ressourcen lassen sich neben den besonders stark bevor- oder benachteiligten Klassen auch „Mittelstandsklassen" auszeichnen.

Zum anderen bestimmen sich Marktchancen aber nicht nur nach Besitz, sondern auch nach Leistungsvermögen (etwa auf dem Arbeitsmarkt), den dabei verfügbaren Qualifikationen usw. Dies ist die Grundlage der *„Erwerbsklassen".* Hier finden sich als bevorteilte Klassen die Unternehmer verschiedener Art. Benachteiligt sind vor allem die Arbeiter, insbesondere die unqualifizierten. Auch im Rahmen der Erwerbsklassen finden sich Mittelklassen wie selbständige Bauern und Handwerker.

Besitz- und Erwerbsklassen sind nicht als zwei völlig verschiedene Klassentypologien zu verstehen, es können durchaus Überschneidungen auftreten. Die Klassenlage von Unternehmern bestimmen sich meist nur zum Teil aufgrund ihres Besitzes (insoweit sie von Kapitalrenditen leben), zum Teil auch aufgrund ihrer Erwerbstätigkeit (insofern sie unternehmerisch tätig sind). Die Bedeutung von „Besitz" versus „Erwerb" als Kriterien der Klassenstruktur hängt von historischen Gegebenheiten ab. So spielen die Erwerbsklassen in kapitalistischen Gesellschaften eine größere Rolle als die Besitzklassen (Schluchter 1998: 176)

Mit dem Marktkonzept als Basis des Klassenkonzeptes wird es Weber möglich, was Marx nicht gelang: Die *systematische Differenzierung* der beiden durch Kapitalbesitz beziehungsweise -nichtbesitz definierten Klassen. Arbeitnehmer unterscheiden sich nach der Qualifikation, die sie für bestimmte Tätigkeiten haben. Qualifikationen schaffen Vorteile auf dem Arbeitsmarkt und sind daher als klassenbildende Kriterien aufzufassen. Mit Weber wird es möglich, die enormen Unterschiede in den Lebensumständen, die auf Bildungsunterschiede beruhen, systematisch im Klassenbegriff zu berücksichtigen.

Mit seinen differenzierten Klassenkriterien stößt der Webersche Ansatz aber auf ein anderes Problem – mit der Abgrenzung von Klassen nach Chancen auf dem Markt kann man im Prinzip eine „unendliche Vielheit von Klassenlagen" (Giddens 1984: 55, Parkin 1982: 93) unterscheiden. Dieses Problem versucht Weber mit einem dritten Klassenbegriff, der „*sozialen Klasse*" zu lösen. *Soziale Klassen* sind die „Gesamtheit derjenigen Klassenlagen ... zwischen denen ein Wechsel α. persönlich, β. in der Generationenfolge leicht möglich ist und typisch stattzufinden pflegt" (Weber 1980: 177). Weber unterscheidet vier soziale Klassen: „Die Arbeiterschaft als ganzes", „Das Kleinbürgertum", „die besitzlose Intelligenz und Fachgeschultheit" und „die Klassen der besitzenden und durch Bildung privilegierten" (Weber 1980: 179).

Soziale Klassen können als eine Art Zusammenfassung von Besitz- und Erwerbsklassen verstanden werden. Die Zusammenfassung basiert auf einem zusätzlichen Kriterium der Klassenbildung: *Mobilitätsbarrieren* bestimmen die Grenzlinien dieses Klassentypus. Die „sozialen Klassen" halten damit die Klasseneinteilung nicht nur empirisch überschaubar, sondern bringen auch ein dynamisches Element in die Klassenkonzeption Webers. Nur die Personen sind derselben Klasse zuzuordnen, die auch dauerhaft (über die Generationen hinweg wie innerhalb einer Generation) in der gleichen Klassenlage verbleiben.[12]

1.2.2 Der Standesbegriff

Die Diskussion des Weberschen Klassenbegriffes ist ohne Rekurs auf den Standesbegriff nicht möglich. „Klasse" und „Stand" analysieren die Konflikte um knappe Ressourcen aus zwei verschiedenen Perspektiven.

Stände werden nach ihrer Gemeinsamkeit der *sozialen Schätzung* und der *Gemeinsamkeit der Lebensführung* der Standesmitglieder abgegrenzt. Die Mitglieder eines Standes pflegen auch Kontakte zueinander („Kommensalität") und zeichnen sich durch geschlossene Heiratsbeziehungen aus („Konnubium"). „Stände sind, im Gegensatz zu den Klassen, normalerweise Gemeinschaften, wenn auch oft solcher von amorpher Art" (Weber 1980: 534).

Spezifische Lebensführung und „standesgemäßem Umgang" stehen in engem Zusammenhang zu einem weiteren Charakteristikum von Ständen: der *sozialen Schließung*. Die ständische Ehre findet ihren Ausdruck auch „in der Beschränkung des ‚gesellschaftlichen' ... Verkehrs ... auf den ständischen Kreis bis zur völligen Abschließung" (Weber 1980: 535). Durch die Ausschließung von Nichtmitgliedern monopolisieren Stände wichtige Ressourcen ganz unterschiedlicher Art: „Neben der spezifischen Standesehre, die stets auf Distanz und Exklusivität ruht, und ne-

---

12 Diese Idee, dass soziale Mobilität ein entscheidender Faktor der Klassenbildung ist, ist der Ausgangspunkt zahlreicher Studien, die im vierten Kapitel ausführlicher besprochen werden.

ben Ehrenvorzügen ... stehen allerhand materielle Monopole. Selten ausschließlich, aber fast immer zu einem Teil geben naturgemäß gerade sie die wirksamsten Motive für die ständische Exklusivität" (Weber 1980: 537). Stände sind auch keine Konglomerate, deren Mitglieder sich mehr oder minder zufällig zusammenfinden; man kann keinen Stand nach Belieben wählen. Ständische *Zugehörigkeiten werden vielmehr institutionell vermittelt.* Am deutlichsten kommt dies in dem durch Abstammungsrechte konstituierten Adel zum Ausdruck. Aber auch der Zugang zu Berufs- und Bildungsständen zum Beispiel liegt nicht in unmittelbarer individueller Verfügungsgewalt.

1.2.3 Klasse und Stand

Klasse und Stand stellen zwei unterschiedliche Ordnungsprinzipien dar, die unterschiedlichen Bereichen des sozialen Lebens angehören. Klassen haben ihre Heimat in der Wirtschaftsordnung, Stände in der „sozialen Ordnung" (Weber 1980: 539). Man kann auch die „Produktionssphäre", deren Strukturierung durch die Klassenverhältnisse erfasst werde, und die „Konsumptionssphäre" unterscheiden, die die Domäne der Stände ist (vgl. Giddens 1984: 29). Konzeptuell schließen sich diese beiden Begriffe gegenseitig aus. Das bedeutet aber nicht, dass die Ständestruktur keinen Einfluss auf die Gestaltung materieller Lebenschancen hat, oder dass Klassen und Stände empirisch voneinander unabhängige Gruppierungen seien.

Im Gegenteil, beide Strukturierungsprinzipien überschneiden sich in vielfacher Weise. „Die Unterschiede der Klassen gehen die mannigfaltigsten Verbindungen mit ständischen Unterschieden ein, und der Besitz als solcher gelangt, wie schon bemerkt, nicht immer, aber doch außerordentlich regelmäßig auf die Dauer auch zu ständischer Geltung" (Weber 1980: 535). Stände können Vorteile auf dem Markt und damit eine günstige Klassenposition verschaffen. Eine günstige Klassenlage ist wiederum für viele Stände Voraussetzung für die angemessene Lebensführung – die unter Umständen ein hohes Einkommen erfordert (vgl. Bendix 1974: 155).[13]

Was Stände von Klassen unterscheidet, ist die Art und Weise, *wie* Ressourcen angeeignet werden. Klassenlagen sind Marktlagen; die Verwertung von Vorteilen, die die Klassenlage bezeichnet, folgt dem Gesetz des Marktes. Stände hingegen schränken die Funktionen des Marktes ein. „Als Wirkung ständischer Gliederung

---

13 Allerdings können ständische Lagen und Klassenlagen auch quer zueinander liegen; so können zum Beispiel Offiziere, Beamten, Studenten Angehörige des gleichen Standes sein, insoweit „die Art der durch Erziehung geschaffenen Lebensführung in den ständisch entscheidenden Punkten die gleiche ist" (Weber 1980: 180). Auf Grund ihres Besitzes gehören sie aber völlig unterschiedlichen Klassen an.

läßt sich demgemäß ganz allgemein nur ein allerdings sehr wichtiges Moment feststellen: die Hemmung der freien Marktentwicklung" (Weber 1980: 538). Diese Markteinschränkung ist in der Monopolbildung begründet, die mit der ständischen Schließung einhergeht: Standesmitglieder verschaffen sich ökonomische Vorteile, indem sie in der Lage sind, (nichtstandesgemäße) Konkurrenten im Kampf um ökonomisch relevante Ressourcen auszuschließen.

1.2.4 Klasse, Stand und soziales Handeln

Im Gegensatz zu Marx gibt es bei Weber keine Theorie des Klassenhandelns und des radikalen sozialen Wandels. Als Reaktion auf die Marxsche Klassentheorie war Weber immer darauf bedacht, die relative Unabhängigkeit von sozialem Handeln und Klassenlage zu betonen. Zwar kennt auch Weber den Begriff des Klasseninteresses. Das Klasseninteresse ist „die aus der Klassenlage mit einer gewissen Wahrscheinlichkeit folgende faktische Interessensrichtung eines gewissen ‚Durchschnitts' der ihr Unterworfenen" (Weber 1980: 532). Allerdings lehnt er jede Prognose eines auf ein spezifisches Ziel ausgerichteten Klassenhandelns ab: „Bei gleicher Klassenlage und auch sonst gleichen Umständen kann nämlich die Richtung, in der etwa der einzelne Arbeiter seine Interessen mit Wahrscheinlichkeit verfolgen wird, höchst verschieden sein" (ebenda, vgl. auch Weber 1980: 533).

Soziales Handeln wird nicht ausschließlich, und vielleicht noch nicht einmal maßgeblich, von Interessen geleitet. Diese sind zwar der unmittelbare Antrieb des sozialen Handelns (Schluchter 1998: 89), „Aber: die ‚Weltbilder', welche durch ‚Ideen' geschaffen wurden, haben sehr oft als Weichensteller die Bahnen bestimmt, in denen die Dynamik der Interessen das Handeln fortbewegte" (Weber 1988a: 252). Ökonomische Interessen alleine genügen also nicht, um soziales Handeln zu erklären – dazu müssen auch die Ideen betrachtet werden, die die Umsetzung ökonomischer Interessen entscheidend beeinflussen. Darüber hinaus kann sich „wertrationales" Handeln unmittelbar an Ideen und Werten orientieren, die ökonomischen Interessen durchaus widersprechen können. „Nach [Webers] Meinung handeln Menschen nicht immer gemäß ihrer objektiven Klassenlage; ihre Handlungen werden ebenso von einer Vielfalt von anderen Faktoren beeinflußt, zu denen insbesondere religiöse Überzeugungen, traditionalistische Verhaltensweisen, oder schließlich spezifische Werthaltungen gehören" (Mommsen 1974: 161).

Klassen sind daher auch nur schwer als dauerhafte, kollektiv handelnde soziale Gruppen vorstellbar. Dafür kommen eher Stände in Frage. „The problem with classes is that they are too heterogeneous and internally divided to act as a concerted force for any length of time. (…) Status groups, on the other hand, are generally moral communities. They are more likely to have a powerful sense of their own common identity and of the social boundary separating them off from others, ... As a consequence they can be more readily mobilized for collective ends" (Parkin 1982: 97 f., siehe auch Jones 1975: 744 f.).

1.2.5 Die Dynamik des Kapitalismus

Die Untersuchung der Entwicklung des modernen Kapitalismus ist eine, wenn nicht *die* zentrale Fragestellung in Webers Werk (Schluchter 1998: 59). Aber anders als Marx lehnt Weber die Vorstellung, diese Entwicklung leite sich zwangsläufig aus den inneren Widersprüchen der Produktionsverhältnisse her und führe unausweichlich in die Überwindung des Kapitalismus im Kommunismus, entschieden ab.

Denn erstens wendet sich Weber gegen jede Möglichkeit einer „historisch-materialistischen" Geschichtsauffassung, die für sich in Anspruch nimmt, „objektive" Gesetzmäßigkeiten der Geschichte entdeckt zu haben. Man kann zwar Hypothesen und Gesetzmäßigkeiten der geschichtlichen Entwicklung postulieren (und Webers Analysen weisen in dieser Hinsicht erstaunliche Parallelen zu den Analysen bei Marx auf (Mommsen 1974: 152 f.)), aber wie alle theoretischen Formulierungen haben solche Aussagen immer vorläufigen Charakter und müssen sich empirisch bewähren. Dementsprechend lassen sich zwar Vermutungen über künftige Entwicklungen anstellen, aber keinerlei Aussagen über unausweichliche zukünftige Ereignisse treffen (vgl. Mommsen 1974: 147).

Zweitens kommt der Ökonomie nach Weber keinesfalls die überragende Bedeutung zu, die Marx ihr zuschreibt. Gesellschaft besteht aus vielen Lebensordnungen (wie Familie und Verwandtschaft, Wirtschaft, kulturelle Ordnungen und nationale politische Ordnungen Schluchter 1998: 92). Keiner dieser Ordnungen lässt sich a priori eine dominierende Stellung zuschreiben. Schon gar nicht ist das wirtschaftliche Ordnungssystem der Unterbau zu allen anderen. Zwar sieht auch Weber, dass die Klassen versuchen, Einfluss auf die anderen Sphären zu nehmen, aber sehr wohl können umgekehrt verwandtschaftliche Beziehungen (organisiert in den Ständen), politische Macht (am sichtbarsten in Parteiorganisationen) oder kulturelle Hegemonie wirtschaftliche Machtverhältnisse prägen. Welche Machtverteilung zwischen und in den verschiedenen Ordnungen besteht, ist empirisch festzustellen.[14]

Drittens ist das hervorstechende Merkmal des modernen Kapitalismus nicht im alles dominierenden Widerspruch zwischen Kapital und Arbeit zu sehen, son-

---

14 Wobei Weber eher dem politischen Bereich die dominierende Rolle zuschreibt (vgl. Giddens 1984: 53).

dern in seiner rationalen Organisation: kapitalistisches Wirtschaften vollzieht sich in einem Betrieb, der sich (vom privaten Haushalt völlig getrennt) an der rationalen Kapitalrechnung orientiert, „(...) also eine technisch fortgeschrittene Buchführung und die Abfassung von Betriebsbilanzen mit sich [bringt]" (Segre 1989: 447; vgl. auch Schmidt 1981,Weber 1988d: 323). Erst die rationale Organisation des kapitalistischen Wirtschaftens ermöglicht seine enorme Produktivität und hebt die kapitalistischen Wirtschaftsformen von früheren ab.

Damit liegt das zentrale Problem kapitalistischer Gesellschaften nicht in sich zuspitzenden Klassenkonflikten, die im Privateigentum an den Produktionsmitteln gründen und sich auf andere Sphären ausbreiten, sondern in der generellen Ausbreitung rationalisierter Herrschaftsformen, unter anderem auch auf die wirtschaftliche Sphäre (vgl. Giddens 1984: 53). Nicht der formale Besitz der Produktionsmittel ist ausschlaggebend, sondern die *Kontrolle* über sie. Entscheidend ist nicht, dass der Unternehmer den Betrieb besitzt, den er führt, sondern dass der Betrieb bürokratisch geführt wird. Dabei spielt es keine Rolle, ob ein kapitalistischer Unternehmer oder (wie es im Rahmen einer sozialistischen Wirtschaft der Fall wäre) ein politisch bestellter Manager den Betrieb führt: „An dem Grundtatbestand ändert sich ja gar nichts, wenn die Person des Herrn jenes Apparates geändert wird, wenn etwa ein staatlicher Präsident oder Minister statt eines privaten Fabrikanten über ihn verfügt" (Weber 1988c: 499).

Dementsprechend wäre mit der Abschaffung des Privateigentums an Produktionsmitteln bzw. mit der Herstellung einer sozialistischen Planwirtschaft für eine Emanzipation der Arbeiterschaft nichts gewonnen. Schon gar nicht ließe sich das Ende aller Herrschaft herbeiführen. Im Gegenteil: die relative Autonomie der wirtschaftlichen Sphäre gegenüber der politischen ermöglicht zumindest prinzipiell, dass sich institutionalisierte Herrschaftsformen gegenseitig kontrollieren. Die Aufhebung der Eigenständigkeit der wirtschaftlichen Sphäre durch die Abschaffung des Privateigentums und die Kontrolle der Produktionsmittel durch einen (politischen) Verwaltungsstab würde der bürokratischen Herrschaft vollends den Weg ebnen: „Während jetzt das staatlich-politische und privatwirtschaftliche Beamtentum (der Kartelle, Banken, Riesenbetriebe) als getrennte Körper nebeneinander stehen, und man daher durch die politische Gewalt die wirtschaftliche immerhin im Zaume halten kann, wären dann beide Beamtenschaften ein einziger Körper mir solidarischen Interessen und gar nicht mehr zu kontrollieren" (Weber 1988c: 504). Eine sozialistische Planwirtschaft würde daher die Abhängigkeitsverhältnisse der Arbeiterschaft in bürokratischen Herrschaftsstrukturen eher verstärken.[15]

---

15 Wobei die sozialistische Planwirtschaft aufgrund ihres Verzichtes auf die rationale Kapitalrechnung mit Effizienzproblemen zu kämpfen hat (vgl. Mommsen 1974: 173, Weber 1980: 58 ff.). Ansonsten aber wäre bei einer staatlichen Kontrolle der Wirtschaft wohl jener Zu-

Jenseits einer fortschreitenden Rationalisierung postuliert Weber nur wenige Entwicklungstendenzen des modernen Kapitalismus; insbesondere lehnt er die Marxsche Verelendungs- und Polarisierungsthese ab (Giddens 1984: 54, Mommsen 1974: 155 f.). Statt einer zunehmenden Homogenisierung der Arbeitnehmerschaft führt die Rationalisierung der Gesellschaft eher zu einer Differenzierung. Eine Ausweitung der Bürokratie bringt auch eine Ausweitung der Angestelltenschaft mit sich; die Marxschen Mittelklassen stabilisieren oder expandieren daher eher, anstatt im Proletariat aufzugehen; aber auch die Arbeiterschaft differenziert sich intern nach Qualifikationsabstufungen (Weber 1988b: 509). Zur Verbesserung des Schicksals der Arbeiterschaft sah er letztlich nur zwei mögliche Wege: Zum einen habe der Staat Monopole zu verhindern, die die wirklich gefährlichen Quellen von Machtbeziehungen darstellen. Zum anderen müssten die negativen Folgen des kapitalistischen Wirtschaftens durch eine adäquate Sozialpolitik abgemildert werden (Mommsen 1974: 168 f.).

1.2.6 Max Webers ambige Ungleichheitskonzeption

Webers Verankerung des Klassenbegriffs im Markt impliziert ein kausales Modell sozialer Ungleichheit, das dem Marxschen völlig entgegengesetzt ist. Soziale Ungleichheit entsteht nicht durch Ausbeutung, sondern durch Verwertung von Ressourcen auf dem Markt. Dieses Modell behebt zwei Schwächen des Marxschen Klassenkonzeptes: Erstens verzichtet er durch die Verankerung der Klassen im Markt auf die fragwürdige Arbeitswertlehre, und zweitens ermöglicht dieser marktbasierte Klassenbegriff eine sehr differenzierte Betrachtung des sozialen Gefüges. Er beschränkt sich nicht mehr auf zwei notwendigerweise sehr heterogene Klassen, sondern kann Differenzierungen sowohl innerhalb der „Kapitalisten" als auch der „Proletarier" systematisch erfassen. Vor allem die offensichtliche Ausdifferenzierung der Arbeitnehmerschaft in modernen Gesellschaften nach Kriterien wie Qualifikation lässt sich ohne Probleme adäquat beschreiben.[16]

---

stand erreicht, in der die Bürokratie das „Gehäuse jener Hörigkeit der Zukunft" (Weber 1988c: 323) hergestellt hat. Es bleibt allerdings unklar, wie autonom der Machtfaktor Bürokratie ist. Einerseits bezeichnet Weber die Bürokratie als effektives, aber eher passives Instrument der Machtausübung – es bleibt aber unbestimmt, wer sich dieses Instrumentes bedient. Zum anderen schreibt er der Bürokratie eine gewisse Eigenmächtigkeit einer herrschenden Gruppe mit eigenen Interessenlagen zu. Keinesfalls ist aber die staatliche Bürokratie ein Instrument der herrschenden Klasse (vgl. Parkin 1982: 103 f.).

16 Damit ist Webers Ansatz auch zu modernen ökonomischen Theorien wie der „Humankapitaltheorie" kompatibel (vgl. 5. Kapitel).

Allerdings ist die Grenzziehung zwischen den Klassen eher unklarer als im Marxschen Klassenkonzept. Auf die Tatsache, dass Webers Klassenkonzept prinzipiell unendlich viele Abstufungen zulässt, wurde bereits hingewiesen; die Hilfskonstruktion, Mobilitätsbarrieren als Klassenabgrenzungen einzuführen (soziale Klassen) ist eine fraglos originelle wie wichtige Idee, wird aber bei Weber nicht systematisch ausgeführt.

Neben strukturellen Faktoren (wie Besitz von Produktionsmitteln) werden nun auch individuelle Merkmale als Klassenkriterien relevant: Qualifikation, Talente, persönliche Anstrengungen können ebenso wie Besitztümer Vorteile am Markt verschaffen – und dadurch die Klassenlage beeinflussen. Webers Konzept verliert damit den strukturellen Kern und erlaubt fast beliebige individuelle Beeinflussungen der eigenen Ungleichheitslage: „… it is not clear that it offers a structural theory of inequality, that is, a basis for inequality residing in positions rather than in people" (Sørensen 1991a: 8). Damit fällt es auch schwer, mit einem solchen Klassenkonzept strukturell begründete Ausbeutungsverhältnisse auszuweisen. Wenn individuelle Qualifikationen und persönliche Anstrengungen im freien Markt über die Klassenlage entscheiden, kann von Ausbeutung nicht mehr die Rede sein. Dementsprechend lassen sich auch keine gemeinsamen ökonomische Interessen einer Klasse postulieren. „There is, therefore, no advantage, or disadvantage, common to all members of a class. Class interests consequently are fragmented in a systematic pattern. The fragmentation follows the distribution of individual characteristics […] within classes" (Sørensen 1991b: 79).

Hier dürfte auch der Grund dafür zu finden sein, warum Weber die Entstehung eines kollektiven Klassenhandelns für sehr unwahrscheinlich hielt. Wenn individuelle Fähigkeiten und Leistungen für das Klassenschicksal entscheidend sind, sind auch keine gemeinsamen Klasseninteressen zu erwarten. Es bieten sich vielmehr *individualisierte Handlungsstrategien* an, um das eigene „Klassenschicksal" zu verbessern. Wenn zum Beispiel Qualifikationen für Einkommenschancen entscheidend sind, dann ist es wesentlich einfacher, durch Investitionen in das eigene „Humankapital" einen sozialen Aufstieg zu erreichen als durch Organisation kollektiver Aktionen das ganze Gesellschaftssystem zu verändern. Wenn man dieses Bild konsequent weiter zeichnet, dann bleibt von Klassen nicht mehr viel übrig – am Ende steht vielmehr die Vorstellung einer kontinuierlichen Stratifikation, in der Einzelne sich je nach ihren Talenten und Anstrengungen beliebig auf und ab bewegen können. Die Vertreter solcher kontinuierlichen Schichtungskonzepte haben sich denn auch nicht selten auf Webers Ansatz berufen.

Weber selbst hat aber sicherlich nicht ein solches individualistisches, kontinuierliches Schichtungssystem im Sinn gehabt; er sah durchaus die Möglichkeit des Klassenhandelns und betonte die Bedeutung von Klassenkonflikten im modernen

Kapitalismus. Wie aber wird Klassenkonflikt angesichts eines marktorientierten Klassenkonzeptes überhaupt möglich? Die Antwort auf diese Frage liegt darin, dass Weber an den *freien* Markt nicht glaubte. Prozesse sozialer Schließung behindern den Marktprozess und schaffen dadurch kollektive soziale Lagen und damit die Basis kollektiven sozialen Handelns. Das Problem mit Webers Klassenkonzept besteht nur darin, dass er den Begriff der sozialen Schließung dem *Standeskonzept* zugeordnet hat, weshalb die Bedeutung von Schließungsprozessen für die Klassenbildung unterbelichtet bleibt. Dieses Problem versuchen etliche neuere Klassenkonzeptionen zu beheben, was im zweiten Kapitel dargelegt wird.

1.3 Theodor Geiger

Während Marx und Weber als die „Väter" des Klassenkonzepts gelten, sind die „klassischen" Ursprünge des Schichtkonzepts weniger eindeutig auszumachen. Theodor Geigers Arbeiten über soziale Schichtung gehören aber sicher zu den wichtigsten Ausarbeitungen des Schichtkonzepts.

1.3.1 Soziale Lage, Mentalität und Schicht

Geiger entwickelte seinen Schichtbegriff in Auseinandersetzung mit der Marxschen Klassentheorie, der er anfangs sehr nahe stand, von der er sich aber später immer mehr distanzierte (Geißler 1985: 396–403). Ähnlich wie Weber bemühte er sich in seinen Schriften um eine exakte Definition der von ihm verwendeten Begriffe.

Geigers Schichtbegriff setzt an der Idee an, dass Schichten Personen mit vergleichbarem sozialen Status zusammenfassen. Der „soziale Status" besteht dabei in „Lebensstandard, Chancen und Risiken, Glücksmöglichkeiten, aber auch Privilegien und Diskriminationen, Rang und öffentliche[m] Ansehen" (Geiger 1962: 186). „Schichtung heißt also Gliederung der Gesellschaft nach dem typischen Status (den Soziallagen) ihrer Mitglieder, ohne nähere Bestimmungen der Soziallagen oder der Merkmale, an die sie im geschichtlichen Sonderfall geknüpft sind" (Geiger 1962: 186).

Geigers Schichtbegriff ist damit, auch dem eigenen Anspruch nach, „multidimensional". Die Offenheit des Schichtkonzeptes hinsichtlich der Kriterien, die zur Schichtdefinition herangezogen werden, ermöglicht eine sehr differenzierte, detailgetreue Abbildung der Sozialstruktur. Damit läuft der Schichtbegriff aber auch – ähnlich wie Webers Klassenbegriff – Gefahr, eine unendliche Vielfalt von Schichten zuzulassen. Geiger verhindert auf zweierlei Weise, dass eine zu beliebige Auswahl an Schichtungskriterien das Konzept für die Analyse sozialer Ungleichheit unbrauchbar macht. Zum einen betont er die Notwendigkeit eines Schichtungs*modells* – einer theoretischen Vorstellung darüber, welche Merkmale für die soziale Lage wesentlich sind. Ein solches Modell kann durch eine „prima-facie Beobachtung des gesamten gesellschaftlichen Lebens" gewonnen werden (Geiger 1962: 195). Durch die Beschränkung auf nur wenige „*Schichtdeterminanten*" entsteht ein vereinfachendes, hypothetisches Schichtmodell, das die (tatsächliche) Schichtstruktur vielleicht nicht vollständig, aber in ihren wesentlichen Zügen abbilden soll.[17] Zudem gibt das Schichtungsmodell an, welche Schichtdeterminanten „dominant", welche „subsidiär" sind, was näheren Aufschluss über den Charakter der Sozialstruktur gibt. So sind in Klassengesellschaften Merkmale, die die Stellung im Produktionsprozess wiedergeben (z. B. Wirtschaftszweig und Stellung im Beruf), dominant, in Ständegesellschaften ist es die Zugehörigkeit zu einer Bildungsgruppe, in Kastengesellschaften die Zugehörigkeit zu einer religiös definierten Gruppe.[18] Welches Modell auf eine gegebene Gesellschaft zutrifft, ist empirisch zu prüfen.

Zum anderen beschränkt sich Geiger nicht auf die Betrachtung objektiver Statusmerkmale, die typische soziale Lagen definieren; er hat immer auch die subjektive Seite der Schichtzugehörigkeit im Blick. Dabei geht er von der Annahme aus, dass die objektive soziale Lage der Individuen, deren Haltungen, Meinungen und Handlungen, ihre „Mentalität" prägt.[19] Allerdings lehnt Geiger die Annahme, dass die objektive Lage subjektive Einstellungen und Handlungsweisen determiniert, strikt ab. Es lässt sich auf keinen Fall sagen, dass ein Mitglied einer bestimmten

---

17 Für die Industriegesellschaft der fünfziger Jahre sieht Geiger dabei „1. Wirtschaftszweig, 2. Stellung im Beruf, 3. Einkommenshöhe und 4. Art und Grad der Ausbildung" (Geiger 1962: 196) als relevante Schichtdeterminanten an.

18 Klassen, Stände und Kasten sind aus Geigers Sicht nur als Sonderfälle der allgemeiner definierten Schichten zu betrachten. „‚Klasse' heißt eine Schicht dann, wenn das kennzeichnende Merkmal des Bevölkerungsteils, der ihr als Rekrutierungsfeld entspricht, das spezifische Verhältnis der Menschen zu den Produktionsmitteln ist (Produktionsverhältnis)" (Geiger 1987: 5).

19 Den Begriff „Mentalität" verwendet Geiger in seinen früheren Schriften häufiger als in den späteren. Die Mentalität ist „geistig-seelische Disposition, ist unmittelbare Prägung des Menschen durch seine soziale Lebenswelt und die von ihm ausstrahlenden, an ihr gemachten Lebenserfahrung" (Geiger 1987: 77). Mentalität meint ein erkennbares Muster nicht nur in Einstellungen und Meinungen, sondern auch in Lebensstilen: „tausend Einzelheiten des Alltagslebens bilden im Ensemble den Typ des Lebensduktus und dieser ist Ausdruck der Mentalität" (ebenda: S. 80). Mit der Berücksichtigung von Mentalitäten in seinem Schichtkonzept nimmt Geiger viel von der späteren Diskussion um Lagen, Milieus und Lebensstile vorweg.

Schicht auch unbedingt bestimmte Einstellungsmuster aufweist; aber in bestimmten sozialen Lagen sind bestimmte Einstellungsmuster „typischerweise" zu finden, beziehungsweise bestimmte Mentalitäten haben „typische Rekrutierungsfelder" in bestimmten sozialen Lagen.

Die Mentalitäten sind nicht den Schichten nachgelagerte Phänomene, sondern definitorischer Bestandteil des Schichtkonzepts.[20] Am deutlichsten kommt das in den früheren Schriften Geigers zum Ausdruck: „Ökonomisch-soziale Schichten" sind „soziale Blocks" die einen bestimmten „Mentalitätstypus repräsentieren" (Geiger 1987: 4 f.); also erst eine soziale Lage und ihre typische Mentalität zusammen konstituieren eine Schicht. Dabei ist es durchaus möglich, dass Gruppierungen ähnlicher sozialer Lage unterschiedliche Schichten bilden, eben weil sie unterschiedliche Mentalitäten aufweisen. So unterschied Geiger in der „Sozialen Schichtung des deutschen Volkes" den „alten" und den „neuen" Mittelstand, die sich in gleicher sozialer Lage befinden, aber in ihrer Mentalität unterscheiden. Umgekehrt können Mentalitäten auch soziale Lagen übergreifen (Geiger 1987: 106–109).

Durch theoretisch geleitete Auswahl der relevanten Schichtkriterien einerseits und dem Aufspüren real existierender Mentalitäten andererseits wird eine allzu willkürliche Bildung von Schichten unterbunden. Allerdings führt diese Vorgehensweise nicht zu einer eindeutigen Beschreibung des Schichtgefüges einer gegebenen Gesellschaft. Denn selbst wenn die Kriterien, nach denen die sozialen Lagen erfasst werden sollen, feststehen, kann man diese in eher grober oder eher differenzierter Weise anwenden. Berufe lassen sich etwa nach Wirtschaftszweig, beruflicher Stellung oder einer Kombination beider Merkmale beschreiben. Wirtschaftszweige und Stellungen kann man wiederum in sehr unterschiedlichen Abstufungen einteilen. Sich überkreuzende Schichtungslinien können zu Binnendifferenzierungen in Schichten führen (z. B. Arbeiter unterscheiden sich nach Qualifikation), in gemeinsamen sozialen Lagen können sich Schichten durch sich spezifische Mentalitäten ausdifferenzieren.

Je nachdem, welches Differenzierungsniveau der Schichtkriterien und der Mentalitätsindikatoren gewählt werden, lassen sich Schichten in sehr unterschiedlichen *Aggregationsstufen* darstellen. In der „sozialen Schichtung des deutschen Volkes" unterscheidet Geiger zum Beispiel fünf (teilweise gar nur drei) Hauptschichten auf der obersten Aggregationsstufe, die „typische Orte von Lebensstilen

---

20 Zu betonen ist allerdings, dass nicht alle Einstellungen und soziale Verhaltensweisen in die Operationalisierung einer Schicht einbezogen werden. Geiger sieht durchaus Schichten als erklärende Faktoren für bestimmte Verhaltensweisen, zum Beispiel das Wahlverhalten: Die Anhängerschaft der NSDAP rekrutierte sich seiner Meinung nach besonders aus dem Mittelstand (vgl. Geiger 1987: 109–122). Zum Verhältnis von objektiver Lage und subjektiven Einstellungen vgl. auch Geiger (1949: 105–135), Geiger (1962: 190 f.).

und von sozialen und politischen Mentalitäten" darstellen (Geiger 1987: 27). Unterhalb dieser Aggregationsstufe beschreibt Geiger aber die „Tiefengliederung" der Soziallagen und ihre Mentalitäten sehr genau.[21]

1.3.2 Zusammenfassung: Schicht als deskriptives Ungleichheitskonzept

Mit seinem Schichtkonzept hat Geiger einen endgültigen Wandel des Erkenntnisinteresses im Vergleich zum Marxschen Klassenkonzept vollzogen: Es fehlt jeder Hinweis auf eine strukturell begründete Privilegierung im Sinne eines Ausbeutungsverhältnisses. Zwar steht auch bei Geiger die Abgrenzung sozialer Lagen nach ökonomisch relevanten Kriterien wie berufliche Stellung, Kapitalbesitz oder Bildung im Vordergrund. Diese durch solche Kriterien identifizierten Lagen sind im Großen und Ganzen hierarchisch angeordnet: Die „höheren" Schichten sind besser gebildet und verfügen auch über mehr Einkommen. Geigers Schichtkonzept sagt aber nichts darüber aus, *wie* diese Einkommen zustande kommen. Sie könnten auf Ausbeutungsprozessen beruhen, aber ebenso gut auf marktgemäßen, nach dem meritokratischen Prinzip legitimierten Entlohnungsmechanismen.

Entsprechend entfällt auch der Anspruch, soziales Handeln oder sozialen Wandel erklären zu wollen. Beide Punkte sind für Geiger wichtig; die schichtspezifischen Mentalitäten „bestehen" ja aus Einstellungen und Handlungsmustern, und Geiger hat sich durchaus mit Prozessen sozialen Wandels befasst. Aber Geiger stellt a priori keine Hypothesen über das Entstehen oder die Richtung des Handelns beziehungsweise des Wandels auf. Es wird nur ein sehr schwacher Zusammenhang im Sinne der „typischen Entsprechung" angenommen. Dieser Begriff liefert nur einen vagen Hinweis darauf, dass es in irgendeiner Weise einen Zusammenhang zwischen objektiver Lage, subjektiven Einstellungen und Handlungsweisen gibt. Wie dieser aber genau aussieht, welche objektiven Merkmale zu welchen Einstellungen, Handlungsweisen und Wandlungstendenzen führen, ist a posteriori empirisch zu bestimmen und kann nicht vorhergesagt werden.

Damit ist das Schichtkonzept von seiner Grundintention her deskriptiv. Es will Ungleichheitsstrukturen möglichst genau nachzeichnen, aber nicht erklären. Hinsichtlich der Legitimitätsfrage des Ungleichheitssystem bleibt es neutral: Die vorgefundenen Strukturen können (theoretisch wie empirisch) legitim sein, es

---

21 Damit nimmt Geiger die spätere Kritik am Schichtkonzept vorweg, dass dieses zu grob sei, um die hoch differenzierten Lebenslagen der Menschen in modernen Gesellschaften beschreiben zu können. Diese Kritik wird im dritten Kapitel ausführlicher diskutiert.

kann aber auch zu Gerechtigkeitsproblemen kommen, die eben empirisch festgestellt werden müssen.

Ebenso wie das Klassenkonzept führt es aber auch die Annahme mit sich, dass die Ungleichheitsstruktur im Wesentlichen durch größere Gruppen von Personen oder Positionen gekennzeichnet ist, die sich in homogenen sozialen Lagen befinden. Diese homogenen sozialen Lagen drücken sich in entsprechenden homogenen Mentalitäten aus. Die lebensweltliche Relevanz ist für das Schichtkonzept noch wichtiger als für das Klassenkonzept: Spezifische Mentalitäten gehen sogar in die Definition der Schichten ein. Während man von Klassen auch dann sprechen kann, wenn man über die subjektiven Einstellungen der Klassenmitglieder gar nichts weiß (es genügt, ihre Stellung im Produktionsprozess oder ihre Marktkapazitäten zu kennen, um Personen zu Klassen zuordnen zu können) so ist das mit Geigers Schichten unmöglich: Geiger spricht nur dann von Schicht, wenn einer objektiven Lage auch eine bestimmte Mentalität entspricht.

1.4 Die funktionalistische Schichtungstheorie

Die funktionalistische Schichtungstheorie gibt auch die Annahme auf, dass soziale Ungleichheit durch Gruppen zu beschreiben sei. Stattdessen nimmt die funktionalistische Schichtungstheorie an, dass das Ungleichheitsgefüge kontinuierlich abgestuft sei und Gruppenbildungen geradezu verhindere.

1.4.1 Grundzüge der funktionalistischen Schichtungstheorie

Die Grundzüge der funktionalistischen Schichtungstheorie wurden von Davis und Moore (Davis/Moore 1945) dargelegt.[22] Sie versuchen zu erklären, warum soziale Ungleichheit zu den universellen Charakteristiken von Gesellschaften zählen. „Starting from the proposition that no society is ‚classless‘, or unstratified, an effort is made to explain, in functional terms, the universal necessity which calls forth stratification in any social system" (Davis/Moore 1945: 242).

Ein Stratifikationssystem besteht aus Positionen mit unterschiedlichen Funktionen für die Gesellschaft. Diese Funktionen sind in unterschiedlichem Ausmaß für den Fortbestand der Gesellschaft wichtig. Davis und Moore schlagen zur Bestimmung der „funktionalen Wichtigkeit" zwei Kriterien vor: Funktionale Eigenständigkeit (kann eine Position leicht durch eine andere ersetzt werden?) und

---

22 Eine Replik auf diesen Artikel lieferte Tumin (1953). Zur Diskussion des Funktionalismus vgl. auch Turner/Maryanski (1979), Mayntz (1958a, 1958b) und Wegener (1988).

Abhängigkeit einer Positionen von übergeordneten Positionen. Je stärker eine Position von übergeordneten abhängt, desto unwichtiger ist sie, und umgekehrt. Die Ausübung der Funktionen, die an die Positionen gekoppelt sind, stellen unterschiedliche Anforderungen an die Fähigkeiten der Individuen, die die Positionen besetzen. Positionen mit hohen Anforderungen (wie zum Beispiel Ärzte, Rechtsanwälte, Professoren) sind schwerer zu besetzen als solche mit niedrigen Anforderungen (Müllfahrer, Bauarbeiter, Landarbeiter), da das hierfür in Frage kommende Personal knapper ist. Denn zum einen werden für manche Tätigkeiten spezifische Talente benötigt (wie zum Beispiel bei künstlerischen oder musikalischen Berufen), die eher selten zu finden ist. Zum anderen werden für alle anspruchsvollen Tätigkeiten Qualifikationen benötigt, die in einem langwierigen Ausbildungsprozess erst erworben werden müssen. Dieser Ausbildungsprozess ist nicht nur mühsam, sondern auch kostenträchtig, so dass sich nur vergleichsweise wenige Individuen finden, die eine solche Ausbildung aufnehmen wollen.

Für jede Gesellschaft ist es nun wichtig, einen Mechanismus bereitzustellen, der die Besetzung aller Positionen garantiert und der auch gewährleistet, dass alle Pflichten, die mit den unterschiedlichen Positionen verbunden sind, erfüllt werden. Dabei sind funktional wichtige Positionen dringlicher zu besetzen als die unwichtigen. Es stellt sich also ein Motivationsproblem: Wie kann man geeignete Personen dazu bringen, bestimmte Positionen einzunehmen und die damit verbundenen Aufgaben auszuführen?

Zu lösen ist dieses Problem mit Hilfe von Anreizen: Die Besetzung von Positionen wird mit Belohnungen verbunden. Der Positionsinhaber erhält Geld und auch nichtmonetäre Belohnungen wie Prestige, das für die Selbstwertschätzung wichtig ist. Funktional wichtige Positionen mit hohen Anforderungen müssen höher entlohnt werden als unwichtige und leicht zu besetzende. Die Höhe der Entlohnung einer Position wird durch den Marktmechanismus geregelt. Der Marktmechanismus stellt sicher, dass Angebot und Nachfrage nach geeigneten Kandidaten in Übereinstimmung gebracht wird. Je höher das Angebot an möglichen Kandidaten für eine bestimmte Position, desto geringer die Belohnung, die mit dieser Position verknüpft wird, und umgekehrt. Steigende Belohnungen vergrößern das Angebot an möglichen Kandidaten, sinkende verringern es, sodass Angebot und Nachfrage sich langfristig ausgleichen. Der Marktmechanismus ist für das Funktionieren einer Gesellschaft zentral. Ein Außerkraftsetzen des Marktes, das zu dauerhaftem Über- oder Unterangebot von Kandidaten für funktional wichtige Positionen führen würde, gefährdet sogar den Fortbestand einer Gesellschaft: „The social order itself, however, sets limits to the inflation or deflation of the prestige of experts: an over-supply tends to debase the rewards and discourage recruitment or produce revolution, whereas an under-supply tends to increase the rewards or weaken the society in competition with other societies" (Davis/Moore 1945: 248).

So ergibt sich ein System von Positionen mit unterschiedlichen Entlohnungen: das Stratifikationssystem. Je höher Qualifikationsanforderung und funktionale Wichtigkeit von Positionen, desto höher die Entlohnung, die mit der Besetzung dieser Position verbunden ist.

1.4.2 Implikationen der funktionalistischen Schichtungstheorie

Drei Elemente der funktionalistischen Schichtungstheorie sind hervorzuheben.

1. Die funktionalistische Schichtungstheorie beschreibt ein *prinzipiell kontinuierliches Schichtungsmodell*. Positionen im System der Ungleichheit werden nach ihrer funktionalen Wichtigkeit unterschieden. Funktionale Wichtigkeit ist aber als beliebig fein gestuft denkbar. Eine solche Hierarchisierung enthält keine Vorstellung von Grenzziehungen zwischen Gruppen, wie Klassenbarrieren, Schichtgrenzen oder ähnlichem.[23]

2. *Qualifikation ist unter den Annahmen der funktionalistischen Schichtungstheorie das zentrale Kriterium für die Allokation von Personen auf Positionen*. Jedes Individuum kann (abgesehen von Unterschieden in natürlichen Talenten) durch Ausbildung solche Qualifikationen erwerben. Mithin ist soziale Mobilität im Sinnes des Aufstiegs im Kontinuum der sozialen Positionen durch individuelles Handeln steuerbar: Wer in seine Bildung investiert, und die Funktionen seiner Position gut erfüllt, wird seine Lebensbedingungen entscheidend verbessern.

3. Damit impliziert die funktionalistische Schichtungstheorie ebenso wie die Marxsche Klassentheorie ein strukturelles Modell zu Erklärung sozialen Handelns, das auf die Verbesserung der soziale Lage der Individuen ausgerichtet ist. Es prognostiziert allerdings keine kollektiven, sondern *individualistische Handlungsstrategien* zur Erreichung dieses Ziels: Investitionen in Ausbildung und sonstige Karrierebemühungen sind der adäquate Weg, seine Lebensbedingungen zu verbessern. Diese Handlungsstrategien implizieren auch keine Konflikte. Ganz im Gegenteil, die Funktionalität des Ungleichheitssystems für das gesellschaftliche Überleben integriert Individuen in eine Gesellschaft, die über ausdifferenzierte Arbeitsteilung friedlich die Nutzung ihrer Ressourcen optimiert.

4. Die ungleiche Verteilung von Belohnungen steht aus der Perspektive der funktionalistischen Schichtungstheorie im Wesentlichen in Übereinstimmung mit dem „meritokratischen Prinzip". Individuen in höheren Positionen verdienen

---

23 Natürlich lassen sich Schnitte in die Hierarchie sozialer Positionen legen, um Gruppen gleichartiger Positionen (mit ähnlichen Qualifikationsanforderungen, Entlohnungen usw.) auszuzeichnen, aber diese Schnitte wären willkürlich und fänden keine Entsprechung in der Lebenswelt etwa in Form gruppenspezifischer Mentalitäten.

deshalb besser als die in den unteren Positionen, weil sie funktional wichtigere Tätigkeiten ausführen. Ungleichheitsunterschiede reflektieren ausschließlich Leistungsunterschiede. Ausbeutungsprozesse sind dysfunktional: Sie verhindern, dass wichtige Funktionen nicht adäquat ausgeführt werden und mindern damit das gesellschaftliche Wohl. In schlimmeren Fällen bedrohen sie gar das Überleben der Gesellschaft. Ausbeutungsprozesse können sich daher, sofern sie überhaupt auftreten, nicht dauerhaft verfestigen.

Die Annahmen und Implikationen der funktionalistischen Schichtungstheorie bilden den Gegenpol zu einer Klassentheorie marxistischer Prägung. Das System der Ungleichheit ist nicht durch asymmetrische Ausbeutungsverhältnisse geprägt, sondern spiegelt lediglich ein Kontinuum von Positionen unterschiedlich wichtiger Funktionen wieder. Soziales Handeln kann aus der objektiven Lage abgeleitet werden, aber es ist nicht kollektivistisch, sondern individualistisch ausgerichtet. Die funktionalistische Schichtungstheorie ist keine gesellschaftskritische Theorie sozialer Ungleichheit, sondern sie liefert ein starkes Argument zur Akzeptanz bestehender Ungleichheiten.

1.5 Konzeptionen sozialer Ungleichheit: Zur Kohärenz von Erkenntnisinteressen und Begriffsbildung

Klassen-, Schicht-, Standes- und kontinuierliches Konzept sind vier Modelle sozialer Ungleichheit, die sich wesentlich hinsichtlich ihrer Erkenntnisabsichten, ihrer zentralen Annahmen über die Entstehung sozialer Ungleichheit, ihrer Erscheinungsformen und ihrer Konsequenzen für das Denken und Handeln der Menschen unterscheiden.

Das betrifft erstens das Verhältnis zwischen *„Struktur"* und *„Kultur"* bei der Genese sozialer Ungleichheit. Die Marxistische Klassentheorie wie die funktionalistische Schichtungstheorie räumen kulturellen Phänomenen keine große Bedeutung für die Entstehung und Ausformung der Ungleichheit ein. Max Weber hingegen hat mit dem Standesbegriff gerade die Bedeutung kultureller Elemente wie Werte, Ideen und Institutionen auf die Ungleichheitsstruktur betont.

Zweitens unterscheiden sich die Annahmen über die *zentralen Mechanismen,* nach denen Belohnungen im Ungleichheitssystem verteilt werden. Für den Marxschen Klassenbegriff spielen hier Ausbeutungsmechanismen eine zentrale Rolle, während die funktionalistische Schichtungstheorie die Bedeutung von Austauschprozessen auf Märkten betont.

Drittens treffen die Konzeptionen unterschiedliche Aussagen über die *Form* der makrostrukturellen Differenzierung sozialer Ungleichheit. Während Marx nur zwei Klassen kennt, unterscheiden Weber und Geiger eine Vielzahl von Klassen beziehungsweise Schichten. Die funktionalistische Schichtungstheorie verneint eine Gruppenbildung in jeder Hinsicht.

Viertens unterscheiden sich die Konzepte hinsichtlich ihrer prognostizierten *Handlungsfolgen* sozialer Ungleichheit. Während Marx konflikthaftes kollektives Handeln und in der Folge umfangreiche soziale Wandlungsprozesse vorhersagt, lässt die funktionalistische Schichtungstheorie eher individualistische Handlungsstrategien der Menschen zur Verbesserung ihrer sozialen Lage vermuten. Weber und Geiger treffen hier keine Aussagen.

Fünftens schätzen die Konzeptionen die *Legitimitätsprobleme* sozialer Ungleichheit sehr unterschiedlich ein. Während der Marxsche Ansatz sich diesbezüglich sehr kritisch äußert, ist die funktionalistische Schichtungstheorie als affirmativ zu bezeichnen. Webers und Geigers Ungleichheitskonzeptionen sind in dieser Frage eher neutral.

Diese Unterschiede bedeuten allerdings nicht, dass sich alle Konzeptionen in jeder Hinsicht widersprechen. Schicht- und Klassenkonzept sind in vielen Punkten durchaus zueinander kompatibel, sie unterscheiden sich vor allem in ihren *Erkenntnisansprüchen*. Das Schichtkonzept ist gewissermaßen „bescheidener": Es will lediglich die Strukturen sozialer Ungleichheit beschreiben, nicht ihr Zustandekommen erklären und auch keine spezifischen Folgen für soziales Handeln oder sozialen Wandel prognostizieren. Daher kann es auf manche Annahmen wie über die Art der Verteilungsmechanismen in einem Ungleichheitssystem, spezifische Ursachen sozialer Ungleichheit usw. verzichten. Der geringeren Erklärungskraft steht dann aber ein höheres deskriptives Potential gegenüber: Das Schichtkonzept Geigerscher Prägung kann leicht an eine gegebene Gesellschaft angepasst werden. Es muss lediglich die „Schichtdeterminanten" ausfindig machen, ohne auf Ausbeutungsmechanismen, Entstehungsbedingungen der Ungleichheit und dergleichen achten zu müssen. Dementsprechend ist auch eine empirische Validierung weniger aufwändig: Das Schichtkonzept kann als bestätigt gelten, wenn gezeigt werden kann, dass bestimmten sozialen Lagen typische Mentalitäten entsprechen.

Das (Marxsche) Klassenkonzept ist wesentlich anspruchsvoller. Es behauptet die Existenz von Legitimationsproblemen und will (kollektives) soziales Handeln und sozialen Wandel erklären. Es wird eine Reihe von Prognosen abgeleitet, deren Eintreffen empirisch geprüft werden kann. Der weiter reichende Erklärungsanspruch impliziert auch weiter reichende Validierungspflichten.[24]

---

24 Die Abgrenzung zwischen Schicht- und Klassenbegriff ist in der Literatur nicht immer so klar wie hier dargestellt. Des Öfteren werden „Klassen" rein deskriptiv gebraucht, oder Schichten werden zur Erklärung sozialen Handelns jenseits „typischer Mentalitäten" verwendet. Insbesondere kennt man im englischen Sprachraum diese Unterscheidung nicht: Der Begriff „class" wird mit beiden Konnotationen verwendet. Ich denke aber, dass die hier vorgenommene Zuordnung der unterschiedlichen Erkenntnisinteressen den meisten An-

Allerdings divergieren die unterschiedlichen Konzeptionen sozialer Ungleichheit in mancher Hinsicht auch in ihren empirischen gehaltvollen Annahmen über die Struktur sozialer Ungleichheit. So widersprechen sich der Marxsche Klassenbegriff und die funktionalistische Schichtungstheorie in fast allen zentralen Punkten. Der Annahme von Ausbeutungsverhältnissen, kollektiven Formen ökonomischer Konflikte und Legitimationsprobleme auf der einen Seite steht die gegensätzliche Annahme von marktgemäßen Austauschprozessen, individualistischen Handlungsstrategien und legitimierter Ungleichheit auf der anderen Seite gegenüber. Insofern stehen diese beiden Konzeptionen in direkter Konkurrenz zueinander: In dem Maße, in dem die Marxsche Klassentheorie zutrifft, kann die funktionalistische Schichtungstheorie nicht zutreffen und umgekehrt. Insofern ist zwischen Klassen- und Schichtmodellen einerseits, der funktionalistischen Schichtungstheorie andererseits ein empirischer Test möglich. Da diese beiden Paradigmen unterschiedliche empirische Vorhersagen treffen (kollektives versus individualistisches Handeln, Konflikt versus Konsens) lässt sich anhand empirischer Studien prüfen, welches sich zur Analyse sozialer Ungleichheit besser bewährt.

Es wurde allerdings schon darauf hingewiesen, dass die hier vorgestellten Klassiker der Klassen- und Schichtforschung zu viele konzeptionelle Schwächen aufweisen, um einen solchen Test erfolgreich bestehen zu können. Daher wurde jede der vorgestellten Konzeptionen weiter entwickelt, wobei zahlreiche Varianten entstanden, die jeweils spezifische Aspekte des Ungleichheitssystems in den Vordergrund stellen.

Diese Entwicklungen verändern aber nicht unbedingt die Erkenntnisabsichten der „Stammkonzepte", sondern versuchen vielmehr, diese so zu reformulieren, dass diese Erkenntnisabsichten angesichts sich wandelnder Strukturen sozialer Ungleichheit auch umgesetzt werden können. Schichtkonzepte wollen die relevanten Strukturen sozialer Ungleichheit und typische „Mentalitäten" beschreiben. Klassenkonzepte wollen das Zustandekommen sozialer Ungleichheit, kollektives Handeln und sozialen Wandel erklären, und nehmen dabei eine gesellschaftskritische Perspektive ein. Hervorzuheben ist, dass die Reformulierung des Klassenbegriffs in erster Linie auch einer Neukonzeption des Ausbeutungsbegriffes bedarf. Im Rahmen von Klassentheorien sind es Ausbeutungsverhältnisse, oder allgemein gesagt, strukturell verankerte Privilegierungen bestimmter sozialen Gruppen, die zu Legitimationsproblemen, konflikthaftem kollektiven Handeln und sozialem Wandel führen. Klassenkonzepte, die die genannten Erklärungsansprüche erheben, müssen daher aufzeigen, dass solche Privilegierungen auch tatsächlich existieren.

---

wendungen von Klassen- und Schichtkonzepten zumindest implizit unterliegt und halte sie für sehr hilfreich, um die Verwendungsweisen dieser Begriffe zu verdeutlichen.

Neuere Ansätze der Schicht- und Klassentheorie 2

Dieses Kapitel stellt die neueren Ansätzen der Schicht- und Klassenanalyse vor. Dabei wird besonderes Augenmerk darauf gelegt, welche Erkenntnisabsichten diese neueren Ansätze im Vergleich zu den im ersten Kapital vorgestellten beibehalten wollen, und auf welche Weise sie gleichzeitig versuchen, die Schwächen der „klassischen Ansätze" zu beheben. Die Anforderungen, die dabei an moderne Schichtkonzepte zu stellen sind, sind relativ einfach zu formulieren: Sie müssen eine adäquate *Beschreibung* der wesentlichen Elemente der Ungleichheitsstruktur moderner Industriegesellschaften gewährleisten. Die aktuellen Klassenkonzepte stehen mit ihren weitergehenden Ansprüchen, soziales Handeln und sozialen Wandel erklären zu wollen, wesentlich schwierigeren Herausforderungen gegenüber.

2.1 Die Analyse sozialer Schichtung

In der Schichtungsforschung lassen sich zwei hauptsächliche Entwicklungslinien verfolgen. Die eine knüpft an den Weberschen Begriff der „ständischen Ehre" an und versucht, die Struktur sozialer Ungleichheit durch die subjektive Wertschätzung sozialer Positionen abzubilden. Diese Forschungsrichtung basiert in weiten Bereichen auf der Entwicklung von Prestige- und Statusskalen. Die andere schließt direkt an das Geigersche Schichtkonzept an und will die wesentlichen „Schichtdeterminanten" moderner Gesellschaft herausarbeiten und mit ihrer Hilfe Schichten mit typischen Mentalitäten ausfindig machen. Auf diese Weise sollen in erster Linie lebensweltlich relevante „Großgruppen" abgegrenzt werden.

2.1.1 Status und Prestige

Zur Abbildung sozialer Ungleichheit auf der Basis der Wertschätzung sozialer Positionen werden Status- und Prestigeskalen verwendet. Diese wurden in der ersten Hälfte des letzten Jahrhunderts zuerst in den USA entwickelt und kamen in der Nachkriegszeit auch in Deutschland zunehmend in Gebrauch. Ende der sechziger Jahre sind sie aber aus der Schichtungssoziologie praktisch wieder verschwunden (vgl. Bolte/Hradil 1988: 190 f.), wenngleich sie in anderen Anwendungen wie der Mobilitäts- und Einstellungsforschung durchaus noch gebräuchlich sind.

2.1.1.1 Begriff und Messung

Die unterschiedliche Wertschätzung beruflicher Positionen in der Gesellschaft wird in der neueren Ungleichheitsforschung mit dem Begriff des „Prestiges" bezeichnet.[25] Ein Arzt genießt ein höheres Ansehen als ein Müllfahrer, ein Priester hat ein höheres Prestige als ein Bäcker. Diesen Umstand kann man dazu nutzen, soziale Positionen in eine eindeutige Rangfolge zu bringen: Berufliche Positionen werden nach dem Grad ihrer Wertschätzung in ein Kontinuum von „unten" bis „oben" eingeordnet. Das geschieht faktisch dadurch, dass man den beruflichen Positionen Zahlenwerte auf einer prinzipiell unbeschränkten kontinuierlichen Skala zuordnet.

Der Begriff des „Status" wird ähnlich verwendet, bezieht sich in der Regel aber deutlicher auf „objektive" Merkmale wie Einkommen oder Bildung.[26] Ob eine Skala als Prestige- oder als Statusskala zu betrachten ist, hängt im Wesentlichen

---

25 Prestigeurteile sind nicht auf berufliche Positionen beschränkt, sie können sich durchaus auch auf Personen beziehen. Ansehen lässt sich etwa durch spezifische Verhaltensweisen gewinnen (etwa durch ehrenamtliche Tätigkeiten in der Wohngemeinde). Der Einfluss solcher personenbezogener Prestigeurteile auf Verhaltensweisen ist aber sehr begrenzt. Untersuchungen, die solche Prestigebewertungen zum Gegenstand haben, konzentrieren sich daher auf soziale oder räumliche Einheiten mit nur geringem Umfang, wie zum Beispiel Gemeindestudien (Bolte/Hradil 1988: 203–212). In der hier durchgeführten Diskussion steht die Abbildung des Ungleichheitsgefüges auf der gesamtgesellschaftlichen Ebene im Vordergrund, und diese wird in der Regel durch Prestige- oder Statuszuordnungen zu beruflichen Positionen erreicht.

26 Allerdings wird der Statusbegriff auch in einer viel allgemeineren Weise verwendet und bezieht sich dann auf jedwede Einordnung von Menschen oder Positionen in ein vertikal geordnetes Ungleichheitsgefüge, wobei allgemeinverbindliche Werte festlegen, welche Kriterien zu einem hohen oder niedrigen Status verhelfen (vgl. Mayntz 1958a: 59). In diesem allgemeinen Verständnis von sozialem Status kommen jedoch sehr viele statusbestimmende Kriterien in Betracht, auch solche, die sich auf Ansehen und Verhaltensweisen beziehen. Ich verwende den Statusbegriff hier nur im Sinne einer „objektiven" Abbildung des vertika-

von den verwendeten Messverfahren ab (Wegener 1985: 211–216). Erstens kommt es darauf an, welche Aspekte beruflicher Positionen skaliert werden. Prestigeskalen beziehen sich auf *berufliche Tätigkeiten* (wie „Maurer", „Schreiner", „Maler" usw.). Berufliche Tätigkeiten können sehr differenziert erfasst werden und sind als solche zunächst nicht hierarchisch geordnet.[27] Es ist die Aufgabe einer Prestigeskalierung, eine solche hierarchische Ordnung durch den Bezug auf subjektive Urteile der Wertschätzung zu finden. Statusskalen legen dagegen in der Regel *berufliche Stellungskategorien*[28] zugrunde, die bereits eine Ordnungsbeziehung implizieren. So haben Angestellte in qualifizierten Berufen (eine typische Kategorie beruflicher Stellungsschemata) einen höheren Status als „ungelernte Arbeiter".[29]

Zweitens kommt es auf die Messmethode an. *Indexskalierungen* verknüpfen Messungen bestimmter Attribute von beruflichen Positionen (wie Einkommen, Qualifikationsanforderungen usw.), um zu einem Skalenwert zu gelangen (z. B. Mayer 1977). Insofern Indexskalierungen „objektive" Merkmale von beruflichen Positionen verwenden, ergeben sie Statusskalen. *Interaktionsskalierungen* bestimmen Ähnlichkeiten und Distanzen zwischen beruflichen Positionen nach der Interaktionsdichte ihrer Inhaber (etwa operationalisiert über Heiratsbeziehungen, wie Mayer 1977). Interaktionsskalierungen bilden damit recht gut die Geschlossenheit von „Ständen" im Weberschen Sinne ab. Sie setzen implizit voraus, dass die Selektion von Interaktionspartnern nach hierarchischen Gesichtspunkten vorgenommen wird und sind daher nur sinnvoll auf berufliche Stellungskategorien anzuwenden – ergeben also ebenfalls Statusskalen (Wegener 1985: 215). Prestigeskalen beruhen hingegen vornehmlich auf *Reputationsskalierungen*. In typischen Prestigestudien werden die Probanden direkt danach gefragt, welches Ansehen sie ausgewählten Berufen auf einer vorgegebenen Antwortskala zuordnen.

---

len Moments sozialer Ungleichheit im Gegensatz zum auf subjektiven Urteilen beruhenden Prestige.

27 Mittlerweile hat sich die von der internationalen Arbeitsorganisation entwickelte „International Standard Classification of Occupations" als anerkanntes System zur Kategorisierung beruflicher Tätigkeiten etabliert. Die 1968 entwickelte erste Fassung wurde 1988 erheblich überarbeitet (ILO 1990). Beide Kategoriensysteme unterscheiden mehrere hundert Berufe nach ihren Tätigkeitsmerkmalen. Für beide liegen Klassifizierungen Status- und Prestigeskalen vor (Treiman 1979, Ganzeboom et al. 1992; Ganzeboom/Treiman 1996).

28 „Arbeiter", „Angestellte", „Beamte", „Selbständige", „Landwirte" sind die Hauptkategorien von Stellungsschemata und werden nach benötigter Qualifikation und anderen Merkmalen noch weiter untergliedert.

29 Zur Diskussion der Unterschiede zwischen Tätigkeits- und Stellungsklassifikationen siehe Mayer (1979).

2.1.1.2 Anwendung von Prestige- und Statusskalen

Prestige- und Statusskalen bieten eine Möglichkeit, soziale Ungleichheit sehr sparsam abzubilden: Eine einzige Skala genügt, um die Rangfolge sozialer Positionen im Ungleichheitsgefüge darzustellen. Solche Skalen werden daher häufig im Rahmen multivariater statistischer Analyseverfahren verwendet, vor allem dann, wenn Variablen mit „metrischem" Skalenniveau benötigt werden. Das ist besonders in Mobilitätsanalysen der Fall, in denen so genannte „Pfadmodelle" zur Untersuchung des Statuserwerbs verwendet werden (vgl. viertes Kapitel). Aber auch in anderen Untersuchungsgebieten wie der Einstellungsforschung kommen solche Skalen häufig zum Einsatz.

Status- und Prestigeskalen spielten aber auch in der Schichtungsforschung eine wichtige Rolle. Solche Skalen wurden dazu verwendet, Berufspositionen in Schichten einzuteilen. Scheuch verwendete hierzu eine typische Status-Skala, die Schulbildung, Beruf und Einkommen mit Hilfe einer Indexskalierung verknüpft (Scheuch 1965: 67–71). Die Schichtbildung wurde dann einfach durch eine Zusammenfassung von Skalenwerten erreicht: Berufe mit 0–9 Punkte auf der Skala bildeten die „Untere Unterschicht", solche mit 10–21 Punkten die „Mittlere Unterschicht" usw. Kleining und Moore (Kleining/Moore 1968) legten ihrer Schichteinteilung die „Soziale Selbsteinstufung" der von ihnen untersuchten Personen zu Grunde. Die Befragten erhielten eine Liste von Berufsgruppen, die nach Prestige abgestuft waren. Sie sollten sich selbst der Gruppe zuordnen, die ihrem eigenen Beruf am ehesten entsprach. Obwohl die beiden Studien sehr unterschiedliche Methoden der Schichtbildung verwendeten, kamen sie zu sehr ähnlichen Schichteinteilungen. Es sticht besonders ins Auge, dass der Großteil der Bevölkerung in die mittleren Schichten zu finden ist. Auf Basis dieser Studien entwarf Bolte sein bekanntes „Zwiebelmodell" sozialer Ungleichheit: „Der Prestigeaufbau der deutschen Bevölkerung der Bundesrepublik hat eine Form, die etwa einer Zwiebel ähnlich sieht. 60 v. H. aller Gesellschaftsmitglieder liegen in den breiten – allerdings auch in sich abgestuften – Mittellagen des Prestigeaufbaus, ca. 15 v. H. schließen sich dicht daran nach unten und oben an, und nur ca. 4 v. H. lassen sich nach unten und sogar nur 1–2 v. H. nach oben als deutliche Enden des Aufbaus charakterisieren" (Bolte/Hradil 1988: 218 f.).

2.1.1.3 Probleme einer eindimensionalen Schichtungskonzeption

Die Verwendung von Status- und Prestigeskalen in der Schichtungsforschung bringt einige Probleme mit sich. Erstens ist für die Gültigkeit solcher Skalen eine *konsensuelle Bewertung* von Ungleichheitsrelation eine unerlässliche Voraus-

Die Analyse sozialer Schichtung

Abbildung 1 Statusaufbau und Schichtung der westdeutschen Bevölkerung (60er) Jahre

Bezeichnung der Statuszone	Anteil
Oberschicht	ca. 2 v.H.
obere Mitte	ca. 5 v.H.
mittlere Mitte	ca. 14 v.H.
untere Mitte	ca. (29)
unterste Mitte/oberes Unten	ca. (29) } 58 v.H.
Unten	ca. 17 v.H.
Sozial Verachtete	ca. 4 v.H.

Die Markierungen in der breiten Mitte bedeuten:

▦ Angehörige des sogenannten neuen Mittelstands

☰ Angehörige des sogenannten alten Mittelstands

☐ Angehörige der sogenannten Arbeiterschaft

Punkte zeigen an, daß ein bestimmter gesellschaftlicher Status fixiert werden kann.

Senkrechte Striche weisen darauf hin, daß nur eine Zone bezeichnet werden kann, innerhalb derer jemand etwa im Statusaufbau liegt.

⊗ = Mittlere Mitte nach den Vorstellungen der Bevölkerung

→ = Mitte nach der Verteilung der Bevölkerung. 50 v. H. liegen oberhalb bzw. unterhalb im Statusaufbau

Quelle: Bolte et al. 1967, zitiert nach Geißler 2002: 74

setzung. Statusskalen beruhen auf einem normativen Messverfahren (Wegener 1985: 214): Der Forscher entscheidet, welche Kriterien für eine Höher- oder Tieferbewertung von sozialen Positionen wichtig sind. Doch seine Bewertung kann von der Bewertung Anderer (Forschern oder Gesellschaftsmitgliedern) erheblich abweichen. Prestigeskalen stammen zwar aus einem „deskriptiven" Messverfahren, in dem Sinne, dass sie von normativen Vorentscheidungen seitens des Forschers unabhängig sind und lediglich zu beschreiben suchen, wie soziale Ungleichheit wahrgenommen wird. Doch Prestige hat immer einen Doppelcharakter: Es soll die *Struktur* sozialer Ungleichheit abbilden, beruht aber auf *subjektivem* Erleben und Zuschreibungen (Wegener 1985: 209). Daher können Prestigebewertungen zwischen sozialen Gruppen erheblich differieren. Dann wäre aber eine eindeutige Abbildung der Ungleichheitsstruktur nicht gewährleistet. Zwar hat die Prestigeforschung lange Zeit nachzuweisen versucht, dass Prestigeurteile nicht nur innerhalb einer Bevölkerung homogen sind, sondern sich auch zwischen Gesellschaften nicht oder nur wenig unterscheiden und auch zeitlich stabil sind (vgl. Davies

1952, Hodge et al. 1966a; Hodge et al. 1966b, Treiman 1977). Doch neuere Arbeiten zeigen, dass Prestigeurteile zwischen sozialen Gruppen durchaus differieren. So sind beträchtliche Unterschiede zwischen den Geschlechtern und Variationen nach sozialem Status zu finden (Wegener 1992b: 266 ff.). Wenn Prestigeurteile aber gruppenspezifisch ausfallen, können Prestigeskalen nicht als verlässliches Abbild der Struktur sozialer Ungleichheit gelten.[30]

Zweitens läuft die Verwendung von Status- oder Prestigeskalen Gefahr, Privilegierungsverhältnisse in der Struktur sozialer Ungleichheit zu übersehen beziehungsweise unterschwellig zu legitimieren. Zumindest einige Theorien des Prestiges begründen dessen Entstehung mit der Erfüllung funktional wichtiger Ziele. Solche berufliche Tätigkeiten werden mit hohem Prestige belohnt, die der Gesellschaft am meisten nutzen. Implizit nehmen solche Theorien auch in Übereinstimmung mit der funktionalistischen Schichtungstheorie die Offenheit sozialer Positionen an. Prestige kann nur dann als Belohnung für die Ausführung funktional wichtiger Tätigkeiten dienen, wenn prestigeträchtige Positionen für jeden adäquaten Bewerber erreichbar sind. Zwar gibt es auch Theorien, die die Entstehung des Prestiges durch Tauschprozesse, Normen oder „Charisma" begründen (vgl. Wegener 1992b) und nicht unbedingt offene Positionen voraussetzen. Empirisch sind die Resultate von Prestigestudien unterschiedlicher theoretischer Provenienz aber kaum zu unterscheiden. Man erhält eine eindimensionale Darstellung eines kontinuierlichen Ungleichheitsgefüges – eine Vorstellung, die der funktionalistischen Schichtungstheorie sehr nahe kommt (siehe auch Horan 1978).

Eine Konzeption prinzipiell kontinuierlicher Unterschiede sozialer Ungleichheit lässt drittens die Verwendung von Status- und Prestigeskalen zur Konstruktion sozialer Schichten im Sinne lebensweltlicher Gruppierungen fraglich erscheinen. Einteilungen von Schichten nach Prestige- oder Statusscores sind immer willkürlich. Es gibt keinen eindeutigen Anhaltspunkt, bei welchen Scores die Grenzlinien zwischen den Schichten gezogen werden sollen. Die Idee von Schichten als Gruppen mit abgrenzbaren Mentalitäten, die wir bei Geiger fanden, ist schon aus messtechnischen Gründen kaum operationalisierbar. Solche Schichten sind als Konfliktgruppen schon gar nicht vorstellbar.

Viertens wird dieses Problem durch die Eindimensionalität der Skalen verschärft. Der Zwang, alle sozialen Positionen in eine Hierarchie einordnen zu müssen, macht es unmöglich, horizontale „Situs"-Unterschiede zwischen den Positionen zu berücksichtigen. Erst recht gehen mögliche „Statusinkonsistenzen" verloren. Die soziale Lage eines Taxifahrers mit Universitätsabschluss (also einer Person mit hoher Bildung, aber geringem Einkommen) dürfte sich von der eines

---

30 Wegener (1988) zeigt allerdings, dass die Interpretation von Prestigeskalen als strukturabbildende Skalen unter bestimmten Bedingungen durchaus berechtigt ist.

Die Analyse sozialer Schichtung 49

wenig gebildeten, aber gut verdienenden Kioskbesitzers (geringe Bildung, hohes Einkommen) erheblich unterscheiden. Dennoch ist es leicht möglich, dass etwa Indexskalierungen beiden Personen den gleichen Statuswert zuweisen, da die unterschiedlichen Statuskriterien sich zum gleichen Gesamtwert aufsummieren.

Wahrscheinlich sind diese Unzulänglichkeiten dafür ausschlaggebend, dass Prestige- oder Statusskalen heute kaum mehr zur Abgrenzung sozialer Schichten verwendet werden.

2.1.2 Aktualisierungen des Schichtmodells von Geiger

Ralf Dahrendorf hat in den 60er Jahren ein „Hausmodell" sozialer Schichtung entwickelt, das unmittelbar an die Arbeiten Theodor Geigers anknüpft. Dieses wurde dann von Reiner Geißler für die gegenwärtigen Anforderungen aktualisiert.

2.1.2.1 Ralf Dahrendorfs Schichtkonzept

Auch Dahrendorf sah in der deskriptive Beliebigkeit von Schichtungsmodellen, die auf Prestigeskalen aufbauen, ein gravierendes Defizit: „Weil die Modelle konstruiert sind, also gar nicht darauf abzielen, reale Grenzen zu markieren, sind sie als Instrumente zur Beschreibung der Wirklichkeit beliebig. Noch schärfer gesagt: sie beschreiben die deutsche Gesellschaft der Gegenwart nicht." (Dahrendorf 1975: 93). Ebenso wie Geiger sieht er in der Berücksichtigung schichttypischer Mentalitäten ein wichtiges Instrument zur Validierung von Schichtmodellen.

Allerdings bedürfe das Geigersche Schichtmodell einer Überarbeitung, da sich die Schichten seit Geigers „Soziale Schichtung des deutschen Volkes" (Geiger 1987) doch erheblich ausdifferenziert hätten. „Zu den Kapitalisten haben sich längst die Regierenden ohne Kapital, die Manager und die Experten gesellt. Der Neue Mittelstand hat sich als zu heteromorph erwiesen, als daß man ihn als eine Mentalitätsschicht beschreiben könnte. Auch die Arbeiterschicht – kaum mehr als ‚Proletariat' zu bezeichnen – verlangt nach stärkerer Differenzierung." (Dahrendorf 1975: 96).[31]

---

31 Gleichzeitig verschieben sich die Kriterien der Mentalitätsbeschreibung: Während Geiger den „sozio-ökonomischen" Aspekt der Mentalitäten betont habe und nur am Rande auf eine „sozio-politische" Komponente eingegangen sei, stellt Dahrendorf diese sozio-politische Komponente in den Vordergrund und will darüber hinaus „sozio-kulturelle" Aspekte der Mentalitäten berücksichtigen (Dahrendorf 1975: 96).

Dahrendorf entwirft ein Modell sozialer Schichten, das diese Differenzierungen berücksichtigen soll und das die vertikale und horizontale Anordnung der Schichten in Form eines Hauses veranschaulicht (siehe Abbildung 2). Ganz unten (quasi als Fundament) findet sich eine kleine „Unterschicht", die einen Anteil von 5 % umfasst. Die „Arbeiterschicht" (45 %) und der „Falsche Mittelstand" (12 %) bilden zusammen den Korpus des Hauses, „Mittelstand" (29 %) und „Arbeiterelite" (5 %) sind im Obergeschoss zu finden. Die „Dienstklasse" (12 %) bildet das Dach, und als „Spitze der Gesellschaft" ist ganz oben als First eine kleine „Elite" (1 %) zu finden. Jede dieser Schichten wird von Dahrendorf nach sozioökonomischen Merkmalen (dabei dominiert die berufliche Stellung) und ihren Mentalitäten charakterisiert. So besteht etwa die „Dienstklasse" aus „nichttechnischen Beamten und Verwaltungsangestellten aller Ränge" und zeichnet sich durch einen biederen Lebensstil aus. Da sie in konkurrenzfördernde bürokratische Strukturen eingebunden sind, neigen sie auf der „sozio-politischen" Ebene nicht zu kollektiven Handlungsstrategien. Die „Arbeiterschicht" hingegen ist zwar eine „in sich strukturierte soziale Schicht – aber eben doch eine Schicht mit eigener Kultur und Mentalität" (Dahrendorf 1975: 104) und bietet durchaus Voraussetzungen zu solidarischem Handeln.

Diese Schichten sind keineswegs sich gegenseitig ausschließende, scharf abgegrenzte Einheiten. Jedes Zimmer des Hauses kennt „Ecken und Nischen" mit „eigenen Mentalitätszügen", die Wände sind „zum Teil durchlässig" und Gruppen mit gemeinsamen Mentalitäten verteilen sich auf verschiedene Schichten. Manche Gruppen wie die Intellektuellen lassen sich nur schwer oder gar nicht in dieses Schichtenhaus einordnen. Nichtsdestotrotz beansprucht Dahrendorf, mit diesem Modell wesentliche Charakteristika der bundesrepublikanischen Gesellschaft der sechziger Jahre erfasst zu haben und Ähnlichkeiten und Unterschiede zu anderen Gesellschaften dieser Zeit deutlich machen zu können.

2.1.2.2 Ein aktuelles Schichtungsmodell

Auch Rainer Geißler bezieht sich mit seinen Schichtungsanalysen auf die Arbeiten Theodor Geigers. Im Gegensatz zum Klassenbegriff (der den ökonomischen Aspekt sozialer Ungleichheit überbetone) sei der Schichtbegriff Geigerscher Prägung durchaus noch auf moderne Industriegesellschaften anwendbar. Die „multidimensionale" Anlage des Begriffs, die gleichzeitige Berücksichtigung objektiver und subjektiver Aspekte, die Unterscheidung zwischen dominanten und subordinierten Schichtungen gebe ihm die nötige Flexibilität, um nicht nur ein hinreichend genaues Bild des aktuellen Ungleichheitsgefüges, sondern auch dessen historischer Entwicklung zeichnen zu können (Geißler 1990: 83–88).

Die Analyse sozialer Schichtung

Abbildung 2 Soziale Schichtung der westdeutschen Bevölkerung (60er Jahre)

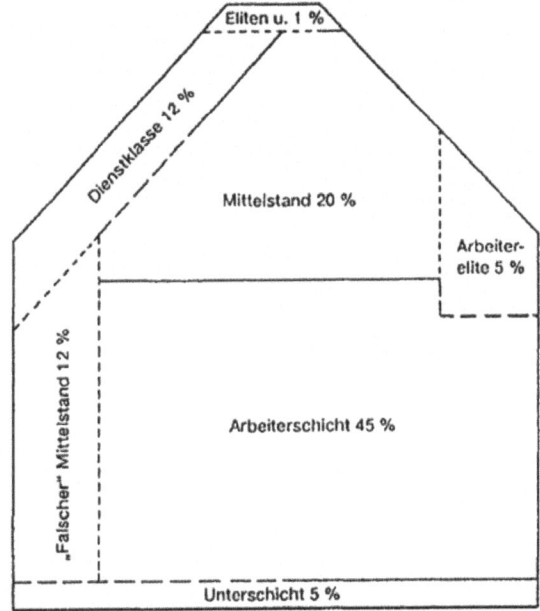

Quelle: Dahrendorf 1965: 105

Nach wie vor sind Beruf und Bildung (und damit die „vertikale" Dimension sozialer Ungleichheit) nach Geißlers Meinung die dominanten Schichtungsdeterminanten in der Bundesrepublik, wobei die Bildung aber immer bedeutsamer werde. Allerdings gewinnen auch „horizontale" Aspekte sozialer Ungleichheit an Bedeutung. So verwendet Geißler in (Geißler 2002) neben dem Beruf[32] und der „Position im Herrschaftsgefüge" (für die Abgrenzung der Eliten) die ethnische Zugehörigkeit (die bei Dahrendorf noch keine Rolle gespielt hat) als Schichtdeterminante. Ebenso wie bei Geiger und Dahrendorf sind auch Mentalitäten, Subkulturen und Lebenschancen für die Abgrenzung von Schichten ausschlaggebend (Geißler 2002: 118).

---

32 Wie oft üblich, werden Personen nach dem Beruf des Vorstandes des Haushalts, in dem sie leben, den Schichten zugeordnet. Auf diese Weise können auch Personen eingeordnet werden, die keinen eigenen Beruf haben.

Abbildung 3 Soziale Schichtung der westdeutschen Bevölkerung 2000

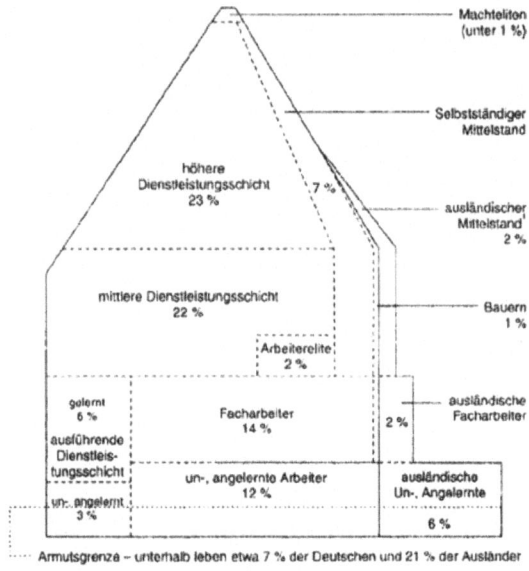

[1] Selbständige, mittlere und höhere Dienstleister
Quelle: Geissler 2006: 100

Geißler knüpft explizit an das Dahrendorfsche Hausmodell an, differenziert es aber noch weiter aus: ganze dreizehn Schichten werden unterschieden (siehe Abbildung 3). Damit reagiert Geißler nicht nur auf weitere Veränderungen in der Berufsstruktur, sondern berücksichtigt auch „neue Ungleichheiten"[33], insofern er ethnische Differenzierungen explizit in das Schichtmodell aufnimmt. Geißler beschreibt jede dieser Schichten ausführlich hinsichtlich ihrer sozialen Lage (nach Kriterien wie Einkommen, wirtschaftlichen Funktionen, Arbeitssituation usw.), ihrer Mentalitäten (hauptsächlich nach Einstellungen und Wertorientierungen) und ihrem Rekrutierungsfeld (soziale Herkunft, Geschlecht, Altersgruppe). Letzteres kann man als Charakteristika individueller Mobilität betrachten (oder „Fluktuation" nach Geiger), die Geißler mit Angaben über makrostrukturelle Veränderungen (Dynamik der Schichten im Zeitverlauf oder „Umschichtung" nach Geiger") ergänzt. Großen Wert legt Geißler auch auf die Darstellung der wesentlichen Differenzen zwischen alten und neuen Bundesländern.

---

33 Vergleiche hierzu das dritte Kapitel.

Auf diese Weise erhält man ein sehr differenziertes Bild des aktuellen Schichtungsgefüges in Deutschland und seiner Entwicklung. Im Vergleich zum Dahrendorfschen Modell der Gesellschaft (West-)Deutschlands der sechziger Jahre sieht Geißler drei hauptsächliche Veränderungen der Schichtstruktur: Erstens befinden sich alle Schichten auf einem höheren ökonomischen Niveau – das generelle Wohlstandslevel ist im Verlaufe der letzten vierzig Jahre deutlich angestiegen. Zweitens sind die Wände im Schichtungshaus noch durchlässiger geworden: Die Schichten gehen ineinander über und überlappen sich zunehmend. Drittens seien schichttypische Unterschiede lebensweltlich schwerer wahrnehmbar geworden. Sie hätten sich stärker in die „Tiefenstruktur" der Gesellschaft verlagert und es bedürfe häufig erst wissenschaftlicher Analyseverfahren, um sie sichtbar zu machen (Geißler 2002: 120, Geißler 1990: 96 ff.). Allerdings zeigt Geißler nicht nur mit seinen Mentalitätsbeschreibungen, dass die lebensweltliche Relevanz von Schichten nachweisbar ist.[34] Schichten spiegeln sich nicht nur in Mentalitäten wider, sondern beeinflussen auch Bildungschancen, politische Aktivitäten und die Wahrscheinlichkeit, für kriminelles Verhalten bestraft zu werden (Geißler 1996: 324–331, ausführlicher in Geißler 1994: 74–194).

2.1.3 Zusammenfassung

Die „Modernisierung" von Schichtkonzepten ist eher unproblematisch. Es sind lediglich die wesentlichen Schichtdeterminanten ausfindig zu machen. Des Weiteren ist zu zeigen, dass die auf Basis dieser Determinanten gebildeten Schichten auch lebensweltliche Entsprechungen in Form „typischer" Mentalitäten haben. Der Versuch, sich bei der Einteilung der Bevölkerung in Schichten auf eindimensionale Status- oder Prestigeskalen zu stützen, hat sich allerdings als untauglich erwiesen. Die zunehmende Differenzierung moderner Gesellschaften kann mit dem „multidimensionalen" Geigerschen Schichtkonzept deutlich besser erfasst werden.

Empirische Studien belegen, dass nach wie vor Beruf, Einkommen und Bildung zu den wesentlichen Schichtdeterminanten zählen, allerdings haben andere Kriterien wie ethnische Zugehörigkeit für die Schichtbildung an Bedeutung gewonnen. Den Schichten können auch typische Mentalitäten zugeordnet werden. Darüber hinaus machen sich Schichten in einer Vielzahl von Lebensbereichen bemerkbar. Gleichwohl monieren etliche Kritiker von Schichtansätzen, dass diese Studien nicht zur Validierung des Schichtkonzepts ausreichen. Sie wenden ein, dass Schichten in modernen Gesellschaften ihre lebensweltliche Relevanz verlo-

---

34 Auch (Schroth 1999) weist anhand einer Reihe von Einstellungs- und Lebensstilindikatoren die Korrespondenz von Schichtdeterminanten und Mentalitäten nach.

ren hätten und durch zeitgemäßere Konzepte ersetzt werden müssten. Mit diesen Kritiken werden wir uns im dritten Kapitel beschäftigen. Zunächst werden einige moderne Klassenkonzepte vorgestellt.

2.2 Die Entwicklung der Klassenanalyse

Die Hauptprobleme des Marxschen Klassenkonzepts liegen, wie im ersten Kapitel ausgeführt, in seinem übertriebenen ökonomischen Determinismus, seiner mangelnden Differenzierungsfähigkeit und den daraus folgenden empirischen Fehlprognosen. Diese Schwächen gründen wiederum in dem Versuch, Privilegierungen durch einen Ausbeutungsbegriff, der sich zu sehr auf die Rolle des privaten Eigentums an Produktionsmitteln und auf die Arbeitswertlehre stützt, zu konzeptualisieren. Die Weiterentwicklungen des Marxschen Klassenkonzepts setzen genau an diesem Punkt an. Sie versuchen, Privilegierungsverhältnisse sichtbar zu machen, ohne sich einseitig auf das Privateigentum als Quelle aller Probleme zu stützen. Gleichzeitig soll der Klassenbegriff als strukturelles Konzept, das zur Erklärung des Entstehens sozialer Ungleichheit, des sozialen Handelns und des sozialen Wandels dienen kann, erhalten bleiben. Das impliziert, „Ausbeutung" als analytische Kategorie zu modifizieren oder ganz zu ersetzen. Dazu wurden zwei Wege eingeschlagen. Zum einen wurde versucht, Ausbeutungsverhältnisse mit dem Weberschen Schließungsbegriff zu erfassen. Zum anderen wurde „Ausbeutung" durch Machtrelationen ersetzt. Beide Ansätze werden im Folgenden skizziert.

2.2.1 Schließungsbasierte Klassenkonzepte

Wir haben gesehen, dass schon Weber die Marxsche Arbeitswertlehre verworfen hat und stattdessen das Klassenkonzept durch Austauschprozesse auf dem Markt begründet hat. Das ermöglichte ihm eine wesentlich differenziertere Analyse von Ungleichheitsstrukturen, wobei allerdings wesentliche Intentionen des Marxschen Klassenbegriffs verloren gingen. Es ist nicht klar, ob Webers Klassenkonzept ein strukturelles Konzept der Ungleichheit darstellt. Zudem ist dieses Klassenkonzept zu unscharf formuliert, um Privilegierungsverhältnisse offenzulegen. Daher eignet es sich nicht zur Erklärung sozialen Handelns.

Dabei hat Weber durchaus einen Begriff eingeführt, der Privilegierungsverhältnisse klar auszeichnet: den Begriff der sozialen Schließung. Den aber verwendet Weber hauptsächlich im Zusammenhang mit dem Standesbegriff. Moderne Klassentheoretiker, die einerseits an Weber anschließen, andererseits aber die wesentliche Intentionen eines strukturellen Klassenbegriffs beibehalten wollen, setzen an dieser Stelle an und versuchen, den Schließungsbegriff zur Konzeptionalisierung von Klassen zu verwenden. Oder anders ausgedrückt: Sie führen „Klasse" und „Stand" (wieder) zusammen.

2.2.1.1 Parkins Klassentheorie

Parkin sieht ebenso wie Marx die hauptsächliche Erkenntnisabsicht der Klassentheorie darin, die wesentlichen Konfliktlinien in einer Gesellschaft zu erfassen. „One of the objects of class theory has been to identify the principal line of social cleavage within a given system – the ‚structural fault' running through society..." (Parkin 1979: 3). Dies gelinge aber gerade nicht mit der Marxistischen Version der Klassentheorie, weil diese sich mit dem reichlich unklar definierten Konzept der „Produktionsweise" zu sehr auf die Produktionssphäre konzentriere und wesentliche Differenzierungen in der Distributionssphäre, deren Bedeutung im Marxismus unterschätzt wurde, übersehe.[35] Dies führe dazu, dass Konflikte zwischen den Klassen betont werden, Intraklassendifferenzen aber eher übersehen würden. Parkin will hingegen Inter- und Intraklassendifferenzierungen auf der gleichen konzeptuellen Ebene vornehmen.

Grundzüge der Schließungstheorie

Parkins Klassentheorie gründet auf dem von Weber eingeführten Begriff der sozialen Schließung, der auch schon im ersten Kapitel erwähnt wurde. Die „Schließung" sozialer Beziehungen meint, dass die Teilnahme bestimmter Individuen an dem „gegenseitigen sozialen Handeln, welches [die soziale Beziehung] konstituiert" gänzlich verhindert, eingeschränkt oder an bestimmte Bedingungen geknüpft wird (Weber 1980: 23).

Ziel der sozialen Schließung ist in der Regel die *Monopolisierung von Ressourcen*. Der Wettbewerb um „ökonomische Chancen" soll durch die Schließung eingeschränkt werden und dadurch den an der Schließung Beteiligten Chancenvorteile verschaffen. Ein „äußerlich feststellbares Merkmal" der Mitkonkurrenten wird als Anlass genommen, diese vom Wettbewerb auszuschließen. Dabei ist es völlig gleichgültig, um welches Merkmal es sich handelt: „Rasse, Sprache, Konfession, örtliche oder soziale Herkunft, Abstammung, Wohnsitz usw. ... Welches im

---

[35] Parkin hat hier vor allem ethnische Differenzierungen im Blick, die Ausgangspunkt für Konflikte sein können, im Rahmen einer marxistischen Klassentheorie aber nicht berücksichtigt werden.

Einzelfall dies Merkmal ist, bleibt gleichgültig: [die Schließung] wird jeweils an das nächste sich darbietende angeknüpft." (Weber 1980: 201).

Nach Parkins Auffassung versäumte es Weber aber, den Schließungsbegriff systematisch in seine Stratifikationstheorie einzubauen. Genau dies möchte Parkin nachholen. Als ersten Schritt hierzu erweitert er den Schließungsbegriff, indem er zwei Hauptarten der sozialen Schließung unterscheidet: Ausschließung und Usurpation.

„Ausschließung" entspricht dem ursprünglichen Schließungsbegriff: Eine Gruppe versucht, sich auf Kosten anderer vorteilhafte Positionen zu sichern. Parkin betont dabei, dass mit der Ausschließung asymmetrische Machtverhältnisse verbunden sind. „Expressed metaphorically, exclusionary closure represents the use of power in a ‚downward' direction because it necessarily entails the creation of a group, class, or stratum of legally defined inferiors." (Parkin 1979: 45).

Unter *„Usurpation"* hingegen ist der Versuch der unterlegenen Gruppe zu verstehen, das Ressourcenmonopol der ausschließenden Gruppe aufzubrechen und sich zumindest einen Teil der ökonomischen Vorteile zu erkämpfen, die ihnen vorenthalten werden. Usurpation ist stets als Reaktion auf Ausschließung zu verstehen, ganz im Sinne Webers, der schon feststellte, dass das (ausschließende) „Gemeinschaftshandeln der einen ... dann ein entsprechendes der anderen, gegen die es sich wendet, hervorrufen [kann]" (Weber 1980: 201). Usurpation beinhaltet entsprechend die Ausübung von Macht ‚nach oben' („in an upward direction"), von der unterlegenen gegenüber der überlegenen Gruppe (Parkin 1979: 45).

Soziale Gruppen können beide Schließungsarten gleichzeitig anwenden. Die aufgrund bestimmter Merkmale ausgeschlossenen Gruppen können selbst wieder andere aufgrund anderer Merkmale ausschließen. Dieses Phänomen bezeichnet Parkin als *„duale Schließung"*.[36]

Die Ausschließung in modernen Industriestaaten beruht hauptsächlich auf zwei Mitteln zur Ausschließung: Besitz (property) und Bildung.

Der Besitzer einer Ressource kann den Zugang zu seinem Besitz gewähren oder andere von der Nutznießung seines Besitzes ausschließen. Besitz ist für eine Klassenanalyse moderner Gesellschaften deshalb so wichtig, weil es einigen we-

---

36 Ein Beispiel hierfür ist die sogenannte „Arbeiteraristokratie". Im Verhältnis zu den Kapitaleignern sind sie ausgeschlossen und versuchen solidaristische Schließungsstrategien gegen diese anzuwenden. Andererseits aber wenden sie, indem sie durch Zertifikate den Zugang zu qualifizierten Arbeiterpositionen beschränken, selbst Ausschließungspraktiken an. Aber auch andere, nichtökonomische Kriterien können als Ausschließungsmerkmale innerhalb der Arbeitnehmerschaft herangezogen werden: Selbst die unqualifizierten Arbeiter schließen die Gastarbeiter aufgrund ihrer Zugehörigkeit zu einer bestimmten ethnischen Kategorie von begehrten Positionen aus.

nigen erlaubt zu entscheiden, wer Zugang zu den Produktionsmitteln und den mit ihnen geschaffenen Produkten hat. Allerdings ist die Möglichkeit, mit Besitzrechten andere auszuschließen, nicht an juristische Besitztitel gebunden. Die Kontrolle des Zugangs zu Ressourcen kann auch anderweitig etabliert werden, etwa durch politische Regulierungen im Rahmen sozialistischer Planwirtschaften. Es spielt auch keine Rolle, ob die Ausschließung vom formalen Eigentümer oder von einem von ihm beauftragten Agenten ausgeübt wird – die sozialen Konsequenzen dieser beiden Fälle von Ausschließung unterscheiden sich nicht. Ähnlich wie Dahrendorf (vgl. untenstehende Diskussion) vermeidet Parkin damit Restriktionen des Marxschen Klassenbegriffs, die sich durch die Konzentration auf das „Privateigentum" an Produktionsmittel ergeben.

Das andere wichtige Ausschließungsmittel in modernen Gesellschaften sind *Bildungszertifikate („Credentials")*. Parkin betrachtet Bildungszertifikate nicht als Indikatoren für das Vorliegen von Fertigkeiten, die Individuen zur Ausübung ihrer beruflichen Tätigkeiten befähigen. Bildung ist auch keineswegs ein Synonym für Produktivität.[37] Vielmehr werden Bildungstitel dazu verwendet, sich Vorteile im Zugang zu und der Nutzung von produktiven Ressourcen zu verschaffen.

Credentials verschaffen Vorteile in dreierlei Weise. Erstens sind sie ein Mittel der Kontrolle des Arbeitsangebots. Indem hohe Bildungshürden vor eine Berufsausübung gesetzt werden, wird das Angebot an Arbeitskräften knapp gehalten und damit der Marktwert dieser Berufe in die Höhe getrieben. (Parkin 1979: 54).[38] Zweitens schützen sie ihre Inhaber vor der Kontrolle ihrer tatsächlichen Fertigkeiten. Indem etwa Nichtmitgliedern der Professionen jede Kompetenz zur Überprüfung der Berufsausführung abgesprochen wird, werden Leistungsunterschiede der Professionsmitglieder verdeckt. Damit werden auch die Einkünfte selbst der Schlechtesten auf hohem Niveau gehalten. (Parkin 1979: 56). Drittens bedeutet dies auch eine Langzeitgarantie eines lukrativen Arbeitsplatzes: „... all those in possession of a given qualification are deemed competent to provide the relevant skills and services for the rest of their professional lives. There is no question of re-

---

37 Der Begriff „Credential" hebt hervor, dass das *Vertrauen auf* das Vorhandensein von erwünschten Kompetenzen schon genügt, um mit Bildungszertifikaten den Zugang zu Ressourcen zu erhalten (Parkin 1983: 127).

38 „Musterbeispiele" für gelungene soziale Schließung via Credentialismus sind die freien Berufe wie Mediziner, Rechtsanwälte, Notare usw. Diesen Gruppen ist es gelungen, die Bildungsvoraussetzungen für den Zugang zu den von ihnen kontrollierten Domänen gesetzlich festschreiben zu lassen. Erst die gesetzliche Verankerung dieser Schließungsstrategie garantiert deren außerordentliche Wirksamkeit. Die Willkürhaftigkeit des Zusammenhangs zwischen Bildung und beruflicher Tätigkeit zeigt sich in der Tendenz, die als nötig erachteten Bildungsstandards zu erhöhen, wenn zunehmend Kandidaten mit ausreichenden Bildungstiteln vorhanden sind (Parkin 1979: 55).

testing abilities in a later stage in the professional career. The professional bodies' careful insistence that members of the lay public are not competent to sit in judgement on professional standards effectively means that a final certificate is a meal ticket for life" (Parkin 1979: 56).[39]

Strategien der Schließung
Die institutionelle Verankerung von Ausschließungspraktiken ist von außerordentlicher Wichtigkeit. Sie garantiert erst die Wirksamkeit von Schließungspraktiken und bildet die Machtbasis der ausschließenden Gruppen. Einer Schließungspraxis, die Eingang in das Gesetz gefunden hat, kann kaum etwas entgegengestellt werden. So ist es eine wichtige Strategie für ausschließende Gruppen, ihre Schließungspraxis rechtlich abzusichern. Parkin spricht in diesem Zusammenhang von der *legalistischen Schließungsstrategie*. Eine besondere Rolle kommt hierbei dem Staat zu. Der Staat bestimmt, welche Schließungspraktiken gesetzlich abgesichert werden. So garantiert er die Unverletzlichkeit des Eigentums und die Übertragung desselben in der Erbfolge. Er legt auch fest, welche Zugangsvoraussetzungen für die Professionen gelten und gibt damit den Credentials ein ganz besonderes Gewicht für die Monopolisierung von Ressourcen. Schließlich zeichnet er bestimmte Gruppen aus, die als unterlegen betrachtet und die das Ziel von Ausschließungspraktiken von anderen Gruppen werden können.[40] Das Gegenstück zur legalistischen Schließungsstrategie ist die *solidaristische Schließungspraxis*. Immer dann, wenn für eine Schließungsstrategie kein institutioneller Rückhalt gegeben ist, müssen sich Schließungsversuche ganz auf die Kraft des solidarischen Handelns stützen. Ein Beispiel hierfür sind wilde Streiks.

Ausschließung beruht meist auf der legalistischen und Usurpation auf der solidaristischen Schließungsstrategie, Ausnahmen sind aber möglich. So ist es den Gewerkschaften mit Hilfe von Arbeiterparteien schon öfters gelungen, ihre Schlie-

---

39 Nach Collins (1979) eignet sich ein bestimmter Qualifikationstyp ganz besonders zum Credentialismus: Der Erfolg einer beruflichen Praxis muss auf einem mittleren Level kontrollierbar sein. Kann überhaupt nicht deutlich gemacht werden, dass aus der Anwendung eines bestimmten Wissens ein gesellschaftlicher Nutzen gezogen werden kann, fehlt jede Begründungsbasis für die Etablierung einer Profession. Ist eine zu genaue Erfolgskontrolle möglich, kann sich die Profession nicht auf ihr Kompetenzmonopol berufen, was die Aneignung von Ressourcen erschwert.

40 Im Gegensatz zu Webers Meinung, dass jedes beliebige Merkmal zum Kriterien für Ausschließungspraktiken werden kann, geht Parkin davon aus, dass es schon vor der Etablierung von Schließungspraktiken eine Rangordnung gibt, die überlegene und inferiore Gruppen definiert. „Indeed, it is only through the action of the state that cultural groups become hierachically ranked in a manner that enables one to effect closure against another." (Parkin 1979: 96).

ßungspraktiken rechtlich absichern zu lassen.[41] Allerdings ist die Schließung qua Solidarismus eine Vorbedingung zur legalistischen Schließung. Ohne Demonstrationen, wilde Streiks usw. wäre eine gesetzliche Absicherung von Arbeiterinteressen nicht möglich gewesen.

Eine weitere wichtige Unterscheidung ist die zwischen individualistischen und kollektivistischen Ausschließungsregelungen. *Kollektivistische Ausschließung* zieht stets ein Merkmal, das eine Gruppenzugehörigkeit symbolisiert, als Rechtfertigung für die Ausschließung heran. Beispiele hierfür sind die aristokratische Erbfolge, der die Gruppenzugehörigkeit qua Geburt als Ausschließungskriterium zugrunde liegt, oder die Apartheid, für die die Rassenzugehörigkeit wesentlich ist. *Individualistische Ausschließungsmerkmale* bestehen in individuellen Merkmalen und Fähigkeiten. Bildung beziehungsweise Credentials zählt Parkin zu den *individualistischen Ausschließungsmerkmalen*, da Bildungstitel Personen zugeordnet werden, und prinzipiell jeder Zugang zu allen Bildungstiteln hat.

Individualistische Ausschließungsregeln funktionieren weniger sicher als kollektivistische; wenn prinzipiell jeder Zugang zu Bildungstiteln hat, dann wird die ganze Ausschließungsfunktion in Frage gestellt. Allerdings ist auch eine primär auf individualistischen Kriterien beruhende soziale Schließung durchaus in der Lage, ein der kollektivistischen Schließung ähnelndes Muster zu erzeugen. So ist die Bourgeoisie viel eher in der Lage, sich an die Erfordernisse des Bildungssystems anzupassen als die Arbeiter – mit dem Erfolg, dass Kinder der Bourgeoisie überproportional Credentials erwerben und damit wieder die besseren Positionen erreichen. So herrscht zwar formal ein individualistisches Ausschließungsregime – der Credentialismus. Im Endeffekt aber werden Ausschließungen nach kollektiven Kriterien (der Klassenzugehörigkeit der Eltern) vorgenommen.

Ob die soziale Schließung sich vorwiegend an individualistischen oder an kollektivistischen Kriterien ausrichtet, hat wesentliche Konsequenzen soziales Handeln. Eine rein kollektivistische Schließung führt dazu, dass die Ausgeschlossenen eine kohärente Gruppe bilden. Der Status von Individuen, die nach kollektivistischen Kriterien, also nach reiner Gruppenzugehörigkeit, ausgeschlossen werden, wird in jeder denkbaren Hinsicht als negativ deklariert. Die Ausschließung von Schwarzen unter dem Apartheitsregime wäre hier ein Beispiel. Hingegen führt eine rein individualistische Ausschließung zur völligen Fragmentierung der untergeordneten Gruppe, die höchstens als Gruppe in einem sehr anfänglichen Stadium bezeichnet werden kann: „The polar archetypical case would be that of exclusion based solely on individualist criteria, giving raise to a subordinate group marked by intense social fragmentation and inchoatness". (Parkin 1979: 68). Je nach Übergewicht der individualistischen oder der kollektivistischen Schließung

---

41 Ein Beispiel wäre hier der Kündigungsschutz oder die Erkämpfung des Streikrechts.

tendiert die untergeordnete Gruppe mehr zu einer kohärenten oder zu einer segmentierten Statusgruppe. Klassen sind nach Parkin soziale Gebilde die sich aus einer (ungefähr gleichgewichtigen) Kombination der beiden Schließungsformen ergeben (Parkin 1979: 68).[42]

Schließung und Ausbeutung
Ausschließungen begründen nach Parkin Ausbeutungsverhältnisse. „...in so far exclusionary forms of closure result in the downward use of power, hence creating subordinate social formations, they can be regarded by definition as exploitative" (Parkin 1979: 46). Allerdings verwendet Parkin den Ausbeutungsbegriff eher metaphorisch. Raymond Murphy hat den auf Schließungsprozessen basierenden Ausbeutungsbegriff präzisiert. Ausschließungen haben Monopolisierungen zum Ziel. Monopole aber können die Preise für Waren und Dienstleistungen willkürlich festsetzen. Preise ergeben sich daher keineswegs aus der Abstimmung zwischen Angebot und Nachfrage, sondern sind Ergebnis eines erbitterten Kampfes (Murphy 1988: 97). Diejenigen, die sich in diesem Kampf durchsetzen, erhalten dadurch einen höheren Verdienst, als ihnen – nach Marktgesetzen – eigentlich zusteht. Ein Beispiel hierfür sind die Professionen. Die Opfer der Ausschließung aufgrund von Credentials, Rasse oder Geschlecht werden hingegen unterbezahlt. Die Differenz zwischen dem Marktwert einer Ware oder der Arbeitskraft und dem tatsächlich erzielten Preis ist das Surplus der einen beziehungsweise der Verlust der anderen. Dies ist „what I would call the bourgeois conception [of exploitation], that of not receiving the market value for one's commodities or services" (Murphy 1988: 100).

Klassen in der modernen Industriegesellschaft
Wie lassen sich nun mit Parkins Schließungstheorie Klassen abgrenzen? Klassen bestimmen sich durch die Art der Schließung, die sie anwenden: „It is not a group's position in the division of labour or the productive process that determines its class location but the character of its primary mode of social closure"

---

42 Ich halte allerdings die Bezeichnung des Credentialismus als grundsätzlich individualistische Schließungspraxis für falsch. Credentialistische Allokationsregimes zeichnen sich gerade dadurch aus, dass die Besitzer bestimmter Bildungszertifikate privilegiert sind. Insofern bilden diese Zertifikatsbesitzer eine Interessensgruppe und werden das Schließungspotential ihrer Zertifikate zu erhalten suchen. Dann sind Bildungstitel aber Bestandteil einer kollektivistischen Schließungsstrategie. Bildungstitel *können* zur individualistischen Schließung verwendet werden, dann resultiert aus dieser Schließungspraxis aber keine Klassenbildung. Ob und inwieweit Bildungstitel Teil einer individualistischen oder kollektivistischen Schließungspraxis sind, hängt in erheblichem Ausmaß von der Ausgestaltung nationaler Bildungssysteme ab (vgl. Groß 2000).

(Parkin 1979: 94). „... the dominant class in a society can be said to consist of those social groups whose share of resources is attained primarily by exclusionary means; whereas the subordinate class consists of social groups whose primary strategy is one of usurpation" (Parkin 1979: 93). Interessanterweise beinhaltet Parkins Vorstellung der Klassengesellschaft ein Zweiklassenmodell – eine dominante und eine untergeordnete Klasse. Allerdings ergeben sich je nach verwendeten Schließungsmerkmalen und Schließungsstrategien Klassenfragmente, die Differenzierungen auch innerhalb der Klassen berücksichtigen.

Die dominante Klasse unterteilt sich in die *Kapitalbesitzer* einerseits und die *Professionen* andererseits. Beide Gruppen schließen hauptsächlich aus; die Kapitalisten mittels des Eigentums, die Professionals mit Hilfe der Credentials.

Die untergeordnete Klasse besteht aus den abhängig Beschäftigten, die nicht zu den Professionen gezählt werden können. Hier sind allerdings weit mehr Fraktionen zu beobachten. Ähnlich wie die Professionen setzen auch die *qualifizierten Arbeiter* Zertifikate ein, um den Zugang zu begehrten Positionen zu rationieren. Im Unterschied zu den Professionen ist allerdings diese Ausschließungspraxis erst im Zuge einer usurpatorischen entstanden: Mit dem Einsatz von Zertifikaten suchten die Arbeiter ihre Stellung gegenüber den Kapitalbesitzern zu verbessern. Die Professionen hingegen waren nie durch Ausschließungspraktiken anderer betroffen (Parkin 1979: 57). Die Zertifikate der Arbeiter besitzen auch nicht den gleichen weitreichenden gesetzlichen Rückhalt wie es bei den Credentials der Professionen der Fall ist.

Die Semiprofessionen befinden sich ebenfalls in einem dualen Schließungsverhältnis. Zum einen versuchen sie wie die Professionen mittels der Etablierung von Credentials als Zugangsvoraussetzungen, andere auszuschließen, zum anderen praktizieren sie mittels Zusammenschlüssen in Gewerkschaften und Berufsverbänden solidaristische Schließungsstrategien. Anders als den Professionen ist ihnen die legalistische Absicherung der Ausschließungspraktiken nicht gelungen, sie bleiben im hohen Maße unter externer Kontrolle von Staat und lokalen Autoritäten.

Zusammenfassung

Parkin verwendet Webersche Ideen, um den Klassenbegriff so zu reformulieren, dass er auf moderne Gesellschaften angewendet werden kann. Unterschiedliche Klassenlagen beschreiben auch bei Parkin unterschiedliche *Marktchancen*. Dabei geht er aber nicht (wie die funktionalistische Schichtungstheorie) von ungehinderten Austauschprozessen in einem freien Markt aus. Ganz im Gegenteil: Die Behinderung des Markttauschs durch soziale *Schließungsprozesse* sind die Grundlagen der Ausbeutung und damit der Klassenbildung. In gewisser Weise „fusioniert" Parkin den Weberschen Klassen- und Standesbegriff, die Begründung von

Ausbeutungsverhältnissen durch die Arbeitswertlehre wird dadurch überflüssig. Schließungsprozesse implizieren Ausbeutungsverhältnisse in dem Sinne, dass die Ausschließenden sich Ressourcen aneignen können, die ihnen im Lichte des meritokratischen Tauschprinzips nicht zustehen.

Mit dieser Konzeption kann Parkin die wesentlichen Erkenntnisabsichten des Marxschen Klassenbegriffs erhalten, gleichzeitig jedoch dessen Schwächen überwinden. Der schließungsbasierte Klassenbegriff erlaubt eine angemessene *Differenzierung* der Arbeitgeber wie der Arbeitnehmer. Parkins Klassentheorie ist zwar handlungstheoretisch fundiert, bleibt aber insoweit *strukturalistisch*, als institutionalisierte Schließungspraktiken und die schiere Zugehörigkeit zu den Klassen Privilegierung oder Benachteiligung festlegen. Obwohl Parkins Klassenkonzept ebenso wie das Klassenkonzept Webers die funktionalistische Schichtungstheorie mit dem Markt begründet, sind nicht in erster Linie freiwillige Austauschprozesse auf dem Markt, sondern *Ausschließungen* von diesen Tauschprozessen *kausal* für das Zustandekommen sozialer Ungleichheit verantwortlich. Daher ist auch die Annahme strukturell begründeter und in diesem Sinne objektiver Interessen gerechtfertigt, die wiederum zur *Erklärung sozialen Handelns* herangezogen werden. Die Verteidigung beziehungsweise Hinterfragung von Schließungspraktiken, die zu Privilegierungen oder Benachteiligungen führen, induziert Konflikte, die als *Ausgangspunkt sozialen Wandels* dienen können. Die Identifizierung von illegitimen Privilegierungsverhältnissen lässt Parkins Klassentheorie als *kritischen* Ansatz in der Ungleichheitsforschung erscheinen.

Gleichzeitig überwindet Parkin auch den ökonomischen Determinismus des Marxschen Klassenkonzepts. Die politisches Sphäre im Allgemeinen und der Staat im Besonderen werden zwar auch nach Parkin von den Klassenkonflikten in der wirtschaftlichen Sphäre beeinflusst. Aber die politische ist kein schlichter „Überbau" zur wirtschaftlichen Sphäre. Parkin betont vielmehr die Rückkopplung des politischen Bereichs auf die Klassenstruktur: Gesetzlich fixierte Schließungspraktiken üben einen beträchtlichen Einfluss auf die Klassenstrukturierung aus.

2.2.1.2 Bourdieus Klassentheorie

Pierre Bourdieus Hauptaugenmerk liegt auf der Frage, wie Klassenstruktur einerseits und die kulturelle Sphäre andererseits miteinander verschränkt sind. Bourdieu verdeutlicht diese Interdependenz anhand einer Studie über Lebensstile. Die Klassenlage, so seine These, prägt alle kulturellen Praktiken, was an der klassenspezifischen Ausformung von Lebensstilen verdeutlicht werden kann. Umgekehrt seien kulturelle Praktiken in hohem Maße für die Reproduktion der Klassenstruktur verantwortlich.

Der soziale Raum

Bourdieus Klassentheorie bezieht sich auf dem Marxschen Begriff des Kapitals, den er jedoch im Vergleich zu Marx verallgemeinert, indem er mehrere Kapitalarten unterscheidet. Neben das „ökonomische Kapital" tritt das „kulturelle", das „soziale" und das „symbolische" Kapital.[43]

Unter „kulturellem Kapital" versteht er Kenntnisse und Kompetenzen im weitesten Sinn, aber auch Gegenstände, die kulturelle Kompetenzen ausdrücken (etwa Bilder, Bücher, oder auch Maschinen). Kulturelles Kapital kann dementsprechend sehr unterschiedliche Zustände annehmen. „Inkorporiertes Kulturkapital" ist „(...) verinnerlichtes, körpergebundenes und dispositionell verkörpertes Potential einer Person" (Müller 1986: 167), bezeichnet also individuelle Kompetenzen und Wissensbestände. „Objektiviertes Kulturkapital" umfasst die gegenständlichen Zustände des kulturellen Kapitals, also Kulturgüter im weitesten Sinn. „Institutionalisiertes Kulturkapital" beschreibt die Tatsache, dass bestimmte Formen des kulturellen Kapitals durch institutionalisierte Vermittlungsformen eine besondere Anerkennung erhalten. So ist es die *„Objektivierung von inkorporiertem Kulturkapital in Form von Titeln"* (Bourdieu 1983: 189), die in der Schule vermittelte Wissensbestände (zunächst eine Form des inkorporierten Kulturkapitals) zu „institutionalisiertem Kulturkapital" werden lässt. Die Schule, oder allgemeiner, das Bildungssystem vermittelt eben nicht nur individuelle Kompetenzen, sondern verleiht diesen Kompetenzen in Form von Zertifikaten eine besondere Wirkungsmächtigkeit. Diese Zertifikate (und nicht unmittelbar die individuellen Kompetenzen, die ein Individuum hat) sind etwa auf dem Arbeitsmarkt wichtig, um bestimmte Arbeitsstellen zu erreichen. Durch die Institutionalisierung löst sich die Bildung gewissermaßen von ihrem Träger. Bildungstitel sind „...schulisch sanktioniert und rechtlich garantiert", sie gelten „unabhängig von der Person ihres Trägers". „Der schulische Titel ist ein Zeugnis für kulturelle Kompetenz, das seinem Inhaber einen dauerhaften und rechtlich garantierten konventionellen Wert überträgt" (Bourdieu 1983: 190).[44]

Ökonomisches und kulturelles Kapital definieren den „sozialen Raum", der entlang zweier Dimensionen aufgespannt wird: Die erste beschreibt das zur Verfügung stehende Kapitalvolumen (also die Gesamtheit aller zur Verfügung stehenden Kapitalsorten), die zweite die Kapitalstruktur (die relativen Anteile der

---

[43] Ich beschränke mich im Folgenden auf die Diskussion des kulturellen Kapitals, weil dieses neben dem ökonomischen für den Klassenbegriff zentral ist.

[44] Unschwer ist die Parallele zu Parkin zu erkennen: Bourdieu verwendet hier eine andere Terminologie für „credentials".

Kapitalien am Gesamtvolumen).[45] Anhand von Merkmalen, die den Kapitalbesitz indizieren (Bildungsabschlüsse, berufliche Positionen usw.), werden die Individuen in diesen sozialen Raum eingeordnet.

Klassen können dann als Segmente dieses sozialen Raumes beschrieben werden. Nach dem Kapitalvolumen unterscheidet Bourdieu drei „Hauptklassen", nämlich die „herrschende" Klasse, die „Mittelklasse" und die „untere Klasse", nach der Kapitalstruktur „Fraktionen" in diesen Hauptklassen. So teilt sich die herrschende Klasse in die „dominierte" Fraktion, die über ein hohes kulturelles, aber relativ niedriges ökonomisches Kapital verfügt, und die „dominante" Fraktion, die sich durch hohes ökonomisches, aber vergleichsweise geringes kulturelles Kapital auszeichnet.

Die Klassengrenzen sind nicht trennscharf. Wo genau die Grenze zwischen den Hauptklassen und den Fraktionen verläuft bleibt zunächst unbestimmt. Zwar werden disjunkte Merkmale der Individuen verwendet, um sie im sozialen Raum zu verorten, doch sind diese in ihrer Gesamtheit nur als Indikatoren für das Ausmaß des vorhandenen ökonomischen und kulturellen Kapitals zu betrachten. Die Menge des Kapitalbesitzes ist eine prinzipiell kontinuierlich abgestufte Größe. Es gibt nicht Kapitalbesitzer bzw. Nicht-Besitzer, sondern alle sind „Kapitalisten", nur in unterschiedlichem Ausmaß. Da eine Vielzahl unterschiedlicher Merkmale zur Erfassung des individuellen Kapitalbesitzes herangezogen werden,[46] die zudem stark über den sozialen Raum streuen können, sind eindeutige Klassenzuordnungen nicht gewährleistet.

Klassenlage und Lebensstil

Bourdieus Anliegen ist es zu zeigen, dass Klassenlagen den Lebensstil der Menschen entscheidend prägen. Das Bindeglied zwischen Klassenlage und Lebensstil finden wir in Bourdieus ästhetischer Theorie – die Klassenlage einer Person determiniert ihren Geschmack, der sich im „Habitus" manifestiert. Der Habitus wiederum steuert das Alltagshandeln der Menschen und generiert so einen kohärenten Lebensstil.

---

45 Bourdieu nennt noch eine dritte Dimension: die zeitliche Entwicklung der ersten beiden Dimensionen. Allerdings kommt diese Dimension in seinen Betrachtung deutlich weniger zur Geltung als die ersten beiden.
46 Außer den „primären" Merkmalen Beruf, Bildung und Einkommen nennt Bourdieu auch „sekundäre" Merkmale wie Geschlecht, Alter, Region usw., die als Ausschließungsmerkmale bezüglich des Zugangs zu den Kapitalarten fungieren und damit indirekt den Besitz dieser Kapitalarten indizieren. Die Subsumierung soziodemographischer Merkmale unter das Klassenkonzept ist nicht unproblematisch: Klassenkonzept und Sozialstrukturkonzept verschmelzen zu einer Einheit (vgl. auch Müller 1986).

Bourdieu unterscheidet den „reinen" Geschmack vom „barbarischen" Geschmack. Während der barbarische Geschmack die Aufgabe der Kunst im Wesentlichen in der Abbildung der Realität sieht und ein Kunstwerk danach beurteilt, wie gut – hinsichtlich moralischer Normen oder Gefälligkeitskriterien – diese Abbildung gelungen ist, mithin die *Funktion* von Kunst in den Vordergrund stellt, nimmt der „reine" Geschmack eine distanzierte Haltung gegenüber jeglichen Inhalten von Kunstwerken ein.[47] Er beurteilt Kunstwerke nach ihrer *Form*, wobei als Maßstab andere, bereits entwickelte Formen herangezogen werden.[48]

„Ästhetik" im Sinne der Dominanz der Form über die Funktion als Eigenschaft von Gegenständen beziehungsweise als Weise der Wahrnehmung von und Umgang mit Gegenständen ist keineswegs beschränkt auf den Bereich oder das „Feld" der Kunst. Vielmehr bestimmt der Geschmack den Umgang mit allen Kulturgütern: Die Art der Kleidung, des Sports, die Wohnungseinrichtung kann nach diesem ästhetischen Kriterium beurteilt werden. Selbst solche alltäglichen Verrichtungen wie die Nahrungsaufnahme können ästhetisiert werden, wie dies in bürgerlichen Kreisen der Fall ist: Die Reihenfolge des Auftragens, des Abdeckens etc. entspricht einem streng formalen Muster.

Der Geschmack einer Person manifestiert sich in ihrem Habitus. Der Habitus ist ein System von individuellen Dispositionen und internalisierter Schemata. Der Habitus wird durch Sozialisation vermittelt, ist also im Wesentlichen durch Kapitalvolumen und -struktur der Herkunftsfamilie geprägt.[49] Insofern der Habitus

---

47 Zum Beispiel konzentrieren sich ‚kitschige' Bilder auf die Darstellung des Gegenstandes, wobei Techniken lediglich zur effektvollen Präsentation der Inhalte angewandt werden (z. B. ‚stimmungsvolle' Landschaftsmalerei). Das Charakteristikum ‚hoher' Kunst liegt dagegen in ihrem innovativen Charakter, in der Anwendung von in der jeweiligen Epoche bisher unbekannten oder zumindest ungewohnten Techniken beziehungsweise Formen, wobei die Inhalte keine oder allenfalls eine nebensächliche Rolle spielen

48 Die Konzeption des Geschmacks als Betonung der Form gegenüber der Funktion bindet den Geschmack unmittelbar an kulturelles Kapital. Die Beurteilung von Kunstwerken nach formalen Kriterien setzt die Kenntnis dieser Formen voraus. Formale Elemente kennzeichnen den künstlerischen Stil, zur Beurteilung des Stils müssen die Elemente, die diesen Stil definieren, bekannt sein. Insofern beinhaltet das Geschmacksurteil ein kognitives Element. Kunstwerke verkörpern nicht einfach ein ästhetisches ‚Empfinden', sondern auch ein Wissen, sie sind nicht nur in ästhetischer Hinsicht schön, sondern auch in kognitiver Hinsicht komplex. Damit ist aber der Genuss eines Kunstwerks – der Vollzug des reinen Geschmacks – an Kenntnisse, an kulturelles Kapital gebunden.

49 Zwar scheint Bourdieu spätere Lerneffekte nicht auszuschließen, doch zeigt der Habitus ein erhebliches Beharrungsvermögen. Das macht vor allem dann bemerkbar macht, wenn ein Individuum eine Laufbahn einschlägt, die von der wahrscheinlichen, auf Grund seiner ursprünglichen Klassenposition erwartenden sozialen Laufbahn abweicht: Es unterliegt Fehlperzeptionen durch Anwendung inadäquater Kategorien.

von der Klassenlage abhängt, ist er ein intrapersonales System, das äußere (Klassen-)Strukturen widerspiegelt und in diesem Sinne eine „strukturierte Struktur". Der Habitus ist „strukturierende Struktur", insoweit er „Praxisformen" hervorbringt, d. h. als internalisiertes Präferenzsystem die Auswahl kultureller Praktiken und Werke, den Umgang mit Kultur im weitesten Sinne leitet. Der Habitus als „Gesamtheit distinktiver Präferenzen" (Bourdieu 1988: 283) sorgt dafür, dass sich die einzelnen Praktiken in kohärenter Weise aufeinander abstimmen, mithin einen Stil bilden, der mit den Stilen der Mitglieder der gleichen Klasse übereinstimmt, da sie aufgrund der gleichen Lebensbedingungen den gleichen Habitus aufweisen. Dies geschieht keineswegs in bewusster Weise (obwohl bewusste Stilisierung auch möglich ist, vor allem in der herrschenden Klasse, vgl. auch Eder 1989: 28 ff.). Der Akteur folgt lediglich seinem „natürlichen" Geschmack – die Zusammenfügung der resultierenden Praktiken zu einer stilistischen Einheit folgt quasi automatisch.

So ergeben sich kohärente, sich zu einem Stil zusammenfügende Praktiken auf den verschiedenen „Feldern", doch auch diese „Einzelstile" passen sich in ein übergreifendes Muster ein, da das gleiche Schema die Auswahlen auf den verschiedenen Feldern leitet: „Die stilistische Affinität der Praxisformen eines Akteurs oder aller Akteure einer Klasse, die jede Einzelpraxis zu einer ‚Metapher' einer beliebig anderen werden läßt, leitet sich daraus ab, daß sie alle aus Übertragungen derselben Handlungsschemata [des Habitus, M. G.] auf die verschiedenen Felder hervorgehen." (Bourdieu 1988: 282).

Zur Beschreibung der Korrespondenz von Statusdifferenzen und Differenzen im Lebensstil benutzt Bourdieu das Konzept des zum Raum der sozialen Positionen „homologen" „Raumes der Lebensstile". Differenzen auf der Kapitalvolumenachse – Grundlage für die Klasseneinteilung – entsprechen Differenzen im Legitimitätsgrad der kulturellen Praktiken (beziehungsweise des Geschmacks, der in diesen Praktiken sichtbar wird). Diese Beziehung beschreibt Bourdieu durch die klassenspezifischen Geschmacksvarianten: Mit dem Kapitalvolumen ‚steigt' der Geschmack vom „Notwendigkeitsgeschmack" der unteren Klasse über den „mittleren" Geschmack der Mittelklasse zum „legitimen" Geschmack der herrschenden Klasse.

Der Kapitalstrukturachse entspricht die Differenzierung der Lebensstile nach Art der konsumierten kulturellen Güter. Die dominante Fraktion der herrschenden Klasse (mit hohem ökonomischen, aber geringem kulturellen Kapital) konsumiert Güter, die dieser Kapitalstruktur entsprechen. Das sind solche Güter, die ihre Signalfunktion auf „ökonomischer Basis" gründen, zum Beispiel teure Autos. Bourdieu bezeichnet diese Konsumtionsweise als „verschwenderischen Luxus". Dem steht der „freiwillige Asketismus" der dominierten Fraktion (mit hohem kulturellen, aber geringem ökonomischen Kapital) gegenüber, die sich auf symbolisch hochwertige, aber ökonomisch günstige Kulturgüter (Theaterbesuch etc.) konzentriert.

Die Reproduktion der Klassenstruktur
Bourdieu hat der Klassentheorie „eine genuin kulturtheoretische Wendung" (Eder, 1989: 15) gegeben. Er zeigt nicht nur, wie Klassenstrukturen sich in kulturellen Praktiken niederschlagen. Viel bedeutsamer ist, dass er auch aufzeigt, wie umgekehrt kulturelle Praktiken zur Bildung einer spezifischen Klassenstruktur beitragen können. Ein wichtiger Punkt ist hier die *„Transmission des kulturellen Kapitals in der Familie"* (Bourdieu 1983: 186, Hervorhebung im Original). Bourdieu meint damit, dass nicht nur ökonomisches Kapital vererbt werden kann, sondern auch kulturelles.[50]

Er betont nicht nur, dass schon sehr frühe Sozialisationserfahrungen den Erwerb „institutionalisierten Kulturkapitals" (mit anderen Worten Bildungstitel) erleichtern. Darüber hinaus werden in den Familien auch Formen inkorporierten Kulturkapitals weitergegeben, die nicht durch schulische Bildung erlangt werden können – aber für die Erreichung begehrter sozialer Positionen äußerst nützlich sein können. Kinder (ökonomisch wie kulturell) reicher Eltern kommen im Allgemeinen schon recht früh mit Kulturgütern in Kontakt. Die ökonomische Sicherheit gewährleistet ihnen die Freiheit, sich kulturelles Wissen nicht nur durch standardisierte Lernvorgänge, sondern durch Erfahrung – zum Beispiel Spielen eines Musikinstruments – anzueignen. Dadurch entstehen Wissens und Umgangsformen, die durch schulische Bildung nicht erreicht werden können.[51] Und eine souveräne Kompetenz im Umgang mit Kultur wiederum ist, wie Elitestudien zeigen, hilfreich beim Erreichen höherer beruflicher Positionen (vgl. z. B. Hartmann 1996, Hartmann 1998, Lareau 1987, De Graaf 1986).

Neben der Transmission ökonomischen und kulturellen Kapitals im Generationenverlauf finden auch wechselseitige Transformationen der Kapitalsorten statt: Ökonomisches Kapital in der Familie erleichtert den Erwerb des kulturellen Kapitals,

---

50 In diesem Punkt grenzt sich Bourdieu auch explizit von der „Humankapitaltheorie" ab, die einen freien Zugang zur Bildung ausgeht und daher eine ungleichheitsvermindernde Wirkung von Bildung annimmt. Diese Theorie wird im 5. Kapitel ausführlicher erläutert. Zur Abgrenzung der Begriffe „kulturelles Kapital" und „Humankapital" siehe auch Krais (1983).

51 Die unterschiedlichen Erwerbsmodi des kulturellen Kapitals äußern sich in unterschiedlichen Umgangsweisen mit Kultur: Derjenige, der sein kulturelles Kapital nur in der Schule erworben hat (der „Gelehrte") ist beim Umgang mit Kultur auf einen sanktionierten Wissenskanon verwiesen; er konsumiert nur Güter, die er nach den erlernten Kriterien beurteilen kann. Der „Mann von Welt" hingegen hat schon früh den Umgang mit Kultur geübt und dadurch ein Vertrautsein mit Kultur erworben, das ihm auch den Umgang mit (noch) nicht anerkannten, zum Allgemeingut gewordenen kulturellen Güter erlaubt. Er bewegt sich auch auf kulturellem Neuland sicher.

„vererbtes" kulturelles Kapital lässt sich umgekehrt in beruflichen Aufstieg und damit in ökonomisches Kapital umwandeln. Gerade diese Transformation kulturellen Kapitals in ökonomisches macht deutlich, wie kulturelle Praktiken auf die Klassenstruktur zurückwirken: Ein „kapitalintensiver" Lebensstil der Vorgängergeneration, eine hochkulturelle Lebenspraxis, ermöglicht die Akkumulation ökonomischen wie kulturellen Kapitals der Nachfolger und prägt damit deren Klassenlage.

Die intergenerationale Transmission des Kapitals zeigt aber nicht nur, wie kulturelle Praktiken die Struktur des sozialen Raumes prägen. Sie ist auch Ausdruck und Weg der sozialen Schließung. Denn wenn es tatsächlich so ist, dass vor allem der Nachwuchs höherer Klassen in begehrte berufliche Positionen gelangt, dann ist die freie Konkurrenz um diese Positionen eingeschränkt. Offenbar gelingt es den höheren Klassen, die Mitkonkurrenten aus den unteren Klassen von den begehrten Ressourcen fernzuhalten. Diese Ausschließungsmechanismen funktionieren zwar nicht sicher. Auch Kinder aus Arbeiterfamilien können sich kulturelles Kapital aneignen und damit eine gute berufliche Position erreichen. Umgekehrt kommt es vor, dass es Kindern vermögender Eltern nicht gelingt, ihre Vorteile umzusetzen. Aber solange die Chancen der nachfolgenden Generation in der Konkurrenz um begehrte Güter und Positionen nicht gleich sind, sondern klassenspezifische Ungleichgewichte aufweisen, können wir davon ausgehen, dass die Ausschließungsmechanismen funktionieren. So ist auch Bourdieu im Kern ein „Schließungstheoretiker" – wenn er auch den Begriff nicht explizit verwendet (vgl. auch Honneth 1984: 153 und Lamont/Lareau 1988: 158 ff.).[52]

Zusammenfassung

Etwas versteckter als bei Parkin finden wir bei Bourdieu ebenfalls auf Webersche Begrifflichkeiten aufbauende Konzepte. Unterschiedliche Klassenlagen lassen sich auch bei Bourdieu als differentielle Marktchancen verstehen. Die marktverwertbaren Ressourcen sind ökonomisches, kulturelles, soziales und symbolisches Kapital. Kriterien wie berufliche Tätigkeiten und Stellungen, Bildung und Beziehungsnetzwerke entscheiden darüber, über welches Ausmaß an welchem Kapital die Individuen verfügen und erlauben dadurch eine sehr differenzierte Klasseneinteilung. Allerdings läuft Bourdieu ähnlich wie Weber Gefahr, keine eindeutigen Klassengrenzen mehr angeben zu können. Bourdieu begegnet diesem Problem in zweierlei Weise. Zum einen bestimmt er ähnlich wie Geiger Klassen nach

---

52 Soziale Schließung kommt bei Bourdieu auch noch in anderer Weise zur Geltung. Eine wichtige Funktion von Lebensstilen ist die Abgrenzung („Distinktion") der Individuen untereinander. Die Distinktion erlaubt nicht nur einen exklusiven Zugang zu knappen kulturellen Gütern, sondern verschafft den höheren sozialen Klassen einen zusätzlichen Gewinn dadurch, dass sie ihrem Lebensstil als kulturell hochwertig legitimieren können (Bourdieu 1988: 359).

ihrer lebensweltlichen Präsenz: Wie Geigers Mentalitäten sind Bourdieus habituell abgegrenzten Lebensstilgruppen Teil des Klassenkonzepts. Zum anderen macht er aus der Not eine Tugend. Eine gewisse Unschärfe bei der Klasseneinteilung spiegele eben auch reale Unsicherheiten wider (vgl. Bourdieu 1987).

Zwar rekurriert Bourdieu nicht explizit auf den Weberschen Schließungsbegriff, aber es lässt sich zeigen, dass seine Verwendung des Kapitalbegriffes Schließungsprozesse impliziert. Bourdieus Klassen zeichnen sich nicht nur durch graduelle Statusunterschiede aus. Die Besser- beziehungsweise Schlechterstellung der Klassenmitglieder beruht nicht, oder zumindest nicht ausschließlich, auf legitimierten Leistungsunterschieden, sondern auf institutionalisierten kulturellen Praktiken, die Bevor- oder Benachteiligungen jenseits individueller Einflussmöglichkeiten nach sich ziehen.

Damit zeigt Bourdieu strukturell begründete Privilegierungsverhältnisse auf, die in konflikthaftem sozialen Handeln resultieren, auch wenn er auf den Ausbeutungsbegriff verzichtet und die Konflikte keine intentional geführte Kämpfe um ökonomische Ressourcen darstellen. Das Handeln, das Bourdieu erklären will, vollzieht sich unbewusst, in Form des klassenabhängigen Lebensstils. Und doch sind diese Handlungsweisen konflikthaft: Kämpfe um Anerkennung und Abgrenzungslinien sind eine wichtige Komponente des Lebensstils.

Ähnlich wie Parkin hinsichtlich der politischen Sphäre zeigt Bourdieu die Rückwirkung der kulturellen Sphäre auf die Form der Klassenstruktur. Allerdings hat ihm die Konzeptionalisierung dieses Verhältnisses auch schon den Vorwurf eines überzogenen Determinismus eingebracht (Hoffmann 1986: 47f.). Die Klassenlage legt den Habitus fest, der Habitus hilft wieder bei der Vererbung der Klassenposition, so dass die Klassenstruktur sehr statisch wird. Gleichwohl kann von einem ökonomischen Determinismus Marxscher Prägung keine Rede sein.

2.2.1.3 Goldthorpes Klassenschema

Nicht nur für Bourdieu spielt der Zusammenhang zwischen Klassenstrukturierung und sozialer Mobilität eine große Rolle. Die Untersuchung intergenerationaler Mobilitätsmuster steht im Zentrum der Arbeiten von John Goldthorpe und Robert Erikson. Für diesen Zweck wurde ein Klassenkonzept entwickelt, das sich als äußerst einflussreich erwiesen hat.[53] Es ist nicht nur in Mobilitätsstudien das international am häufigsten verwendete Klassenschema, sondern auch in anderen

---

53 In früheren Arbeiten war auch Lucienne Portocarero an der Entwicklung des Klassenkonzepts beteiligt (z. B. Erikson et al. 1979). Daher wird nach den Initialen der drei Autoren das Klassenschema oft als „EGP-Schema" bezeichnet. Die Verwendung des Schemas im Rahmen

Anwendungsbereichen zu finden (vgl. Goldthorpe 2000c: 206). Die Anwendung dieses Klassenschemas in der Mobilitätsforschung wird ausführlich in Kapitel vier besprochen. Hier wird zunächst nur die Rationale des Klassenkonzepts erläutert. Das Konzept versucht, die wesentlichen Elemente der „Arbeitssituation" und der „Marktsituation" der Beschäftigten einzufangen (Marshall 1990: 55) und steht damit ebenfalls ganz in der Tradition Max Webers (Ahrne 1990). Es unterscheidet zunächst zwischen Arbeitgebern, Selbständigen und abhängig Beschäftigten und will besonders die letztere Gruppe differenzierter erfassen. Dazu zieht es die Eigenschaften der Arbeitsbeziehungen, in denen die Arbeitnehmer stehen, heran (Erikson/Goldthorpe 1992: 37). Dabei greift das Klassenschema auf sehr heterogene Kriterien bei der Zuordnung von Individuen auf Klassen zurück. Qualifikation und Position in der organisationalen Hierarchie spielen dabei die wichtigste Rolle. In der vollen Version des Klassenmodells gelangt man durch eine Kombination der verschiedenen Kriterien zu einem dreizehnstufigen Klassenschema, das sich aber in vielfacher Hinsicht aggregieren lässt: Je nach Fragestellung und Datenlage werden auch elf, sieben, fünf oder gar nur drei Klassen unterschieden (siehe Abbildung 4). Am häufigsten gebraucht wurde eine siebenstufige Variante, die die „Dienstklasse" („service-class", umfasst höhere Angestellte und größere Arbeitgeber), nichtmanuelle Angestellte in Routinetätigkeiten, kleinere und mittlere Selbständige („petty Bourgeoisie"), Bauern (inklusive Landarbeiter), qualifizierte Arbeiter (Techniker, Vorarbeiter und gelernte Arbeiter) und schließlich die an- und ungelernten Arbeiter unterscheidet.[54]

Trotz des Bezugs zum Weberschen Klassenbegriff kann man sagen, dass die Entwicklung des EGP-Schemas zunächst eher durch empirische Ergebnisse geleitet war als durch theoretische Erwägungen. Erst spät hat sich Goldthorpe einer gründlichen theoretischen Rechtfertigung des Schemas zugewendet, wobei auch er besonders die Differenzierung der Arbeitnehmerklassen als problematisch und begründungsbedürftig betrachtete. So präzisiert er die Begründung der Klasseneinteilung der Arbeitnehmer mit dem Charakter von Arbeitsbeziehungen („employment contracts", vgl. Goldthorpe 2000c),[55] in denen die Arbeitnehmer stehen.

---

des CASMIN-Projektes (z. B. Erikson/H. 1992) trug ihm auch die Bezeichnung „CASMIN-Schema" ein.

54 Dabei stehen in der Regel zwar einige, aber nicht alle Klassen in einem hierarchischen Verhältnis zueinander. Zum Beispiel ist die Dienstklasse zwar besser gestellt als etwa die unqualifizierten Arbeiter, aber zwischen den „routine non-manuals" und den „supervisors" ist eine hierarchische Beziehung nicht unbedingt gegeben.

55 Ich vermeide die wörtliche Übersetzung von „employment contracts" mit „Arbeitsvertrag", da mit „contract" im vorliegenden Kontext eben nicht nur ein formaler Vertrag, sondern auch seine Einbindung in das Beschäftigungsumfeld gemeint ist und eher als synonym für „Arbeitsbeziehung" gelesen werden kann.

Abbildung 4 Das Klassenschema

Volle Version		Zusammengefasste Version					
		Sieben Klassen		Fünf Klassen		Drei Klassen	
I	hochqualifizierte Freiberufler, Geschäftsführer; Manager in Großunternehmen, Großgrundbesitzer						
II	weniger qualifizierte Freiberufler, höhere Verwaltungsangestellte, höher qualifizierte Techniker, Manager in Kleinunternehmen, Beaufsichtigung von nicht-manueller Arbeit	I+II	Service class: Freiberufler, Geschäftsführer, höher gebildete Techniker, Beaufsichtigung von nicht-manueller Arbeit	I-III	Angestellte		nicht-Manuelle
IIIa	nicht-manuelle Angestellte mit Routinetätigkeiten, Höhere Qualifikationen (Verwaltung & Handel)	III	nicht-manuelle Angestellte mit Routinetätigkeiten in Verwaltung und Dienstleistung				
IIIb	nicht-manuelle Angestellte mit Routinetätigkeiten, Niedrige Qualifikation (Verkauf und Dienstleistungen)						
IVa	Kleingrundbesitzer, Handwerker etc. mit Angestellten	IVa+b	Kleinbürgertum: Kleingrundbesitzer und Handwerker etc. mit und ohne Angestellte	IVa+b	Kleinbürgertum		
IVb	Kleingrundbesitzer, Handwerker etc. ohne Angestellte						
IVc	Bauern und andere Selbstständige im primären Sektor	IVc	Bauern und andere Selbstständige im primären Sektor	IVc + VIIb	Bauern + Landarbeiter	Bauern + Landarbeiter	
V	Techniker mit niedriger Qualifikation, Vorarbeiter	V+ VI	Facharbeiter, Techniker mit niedriger Qualifikation, Vorarbeiter; qualifizierte Arbeiter	V + VI	Qualifizierte Arbeiter		
VI	Facharbeiter						
VIIa	halb- und unqualifizierte Arbeiter (nicht im Agrarsektor)	VIIa	halb- und unqualifizierte Arbeiter (nicht im Agrarsektor)	VIIa	halb- und unqualifizierte Arbeiter	Manuelle	
VIIa	Land- und andere Arbeiter im primären Sektor	VIIb	Land- und andere Arbeiter im primären Sektor				

Quelle: Erikson/Goldthorpe 1992: 38 f., eigene Übersetzung

Der „service contract" zeichnet sich dadurch aus, dass er in einen bürokratischen Kontext eingebunden und auf lange Laufzeiten ausgelegt ist sowie den Beschäftigten ein stetiges Einkommen garantiert. Arbeitsleistungen werden im diesem Vertragstyp eher diffus definiert. Beschäftigte mit einem „service contract" haben auch gute Aussichten auf zukünftige Gratifikationen. Sie sind in eine Karriereleiter eingebunden, die mit fortschreitender Promotion auch steigende Einkommen verspricht. Darüber hinaus sind sie auch im Alter durch Pensionsansprüche oder zusätzlichen Versorgungsleistungen recht gut abgesichert. Der „labor contract" hingegen sieht eher kurze Laufzeiten vor und koppelt die Entlohnung an klar definierte Arbeitsleistungen: Vergütet wird die für eine bestimmte Arbeit eingesetzte Zeit (typisch etwa für auf Stundenbasis beschäftigte Kellner) oder ein klar definiertes Arbeitsprodukt (etwa Akkordlohn). Aufstiegsaussichten oder Versorgungsleistungen sind mit einem solchen Arbeitsverhältnis nicht verbunden. Schließlich gibt es auch „Mischformen" dieser Kontrakttypen, wenn etwa einige, aber nicht alle Vorzüge des „service contract" zu finden sind.

Die beiden Kontrakttypen sind unterschiedliche Lösungsmöglichkeiten für ein grundlegendes Aufsichtsproblem der Arbeitgeber. Diese müssen sicherstellen, dass alle Arbeitnehmer ihre Arbeitskraft optimal einsetzen und nicht für „Bummelei" bezahlt werden. Im Falle einfacher beruflicher Tätigkeiten, deren Output hinsichtlich Menge und Qualität leicht zu bestimmen ist, und die keine besondere Qualifikation erfordern, ist der „labor-contract" ein geeignetes Instrument, um eine produktivitätsgemäße Bezahlung sicherzustellen. Für Tätigkeiten jedoch, deren Output nur schwer zu messen ist, die eine hohe Qualifikation erfordern und/oder mit umfangreichen Entscheidungsbefugnissen verbunden sind, genügt die äußere Kontrolle, die der „labor contract" ermöglicht, nicht. Hoch qualifizierte und mit weit reichenden Entscheidungsbefugnissen ausgestattete Mitarbeiter müssen intrinsisch motiviert werden, ihr Bestes zu geben, und dafür sind die Anreiz-Strukturen, die im Rahmen eines „service contracts" implementiert werden, besser geeignet.

Aus diesen Überlegungen ergibt sich eine Korrespondenz zwischen beruflichen Tätigkeiten und Kontrakttypen. Hochqualifizierte berufliche Tätigkeiten wie sie in den sogenannten „professionellen" („freien") Berufen zu finden sind, erfreuen sich in der Regel der Privilegien des „service-contracts" und werden entsprechend in der „Service Class I" zusammengefasst. Die einfachen Tätigkeiten der Landarbeiter und unqualifizierten manuellen Arbeiten müssen sich mit einem „labor contract" begnügen, Berufe dieser Art werden entsprechenden Klassen („Landarbeiter", „unqualifizierte manuelle Arbeiter") zugeordnet. Die übrigen Klassen zeichnen sich durch Mischformen beziehungsweise Modifikationen der Vertragsgrundtypen aus. Abbildung 5 versucht, die Rationale des Goldthorpschen Klassenkonzepts anschaulich darzustellen.

Die Entwicklung der Klassenanalyse

Abbildung 5 Die Herleitung des Klassenschemas

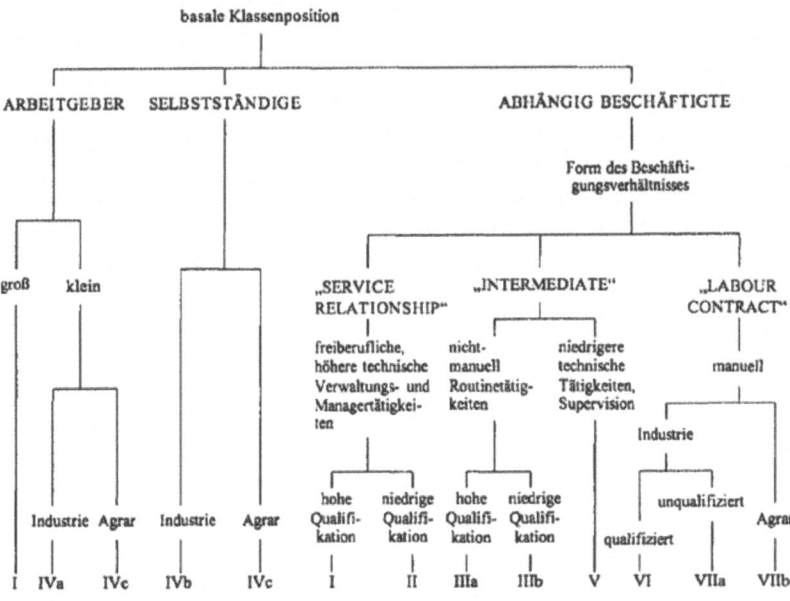

Quelle: Erikson/Goldthorpe 1992: 36, eigene Übersetzung

Goldthorpes Begründung von Privilegierungsverhältnissen ist allerdings nicht unproblematisch. Zum einen ist nicht klar, dass die Kontrakttypen tatsächlich so eng mit den beruflichen Tätigkeiten korrespondieren, wie Goldthorpe es annimmt. Zwar gibt es empirische Studien, die die Konstruktvalidität des Goldthorpschen Klassenschemas belegen (Evans 1992; Evans/Mills 1998), indem sie zeigen, dass berufliche Tätigkeiten tatsächlich mit den von Goldthorpe genannten Charakteristika der Kontrakttypen korrelieren. Allerdings ist diese Korrelation alles andere als perfekt. Die gleiche Tätigkeit kann je nach spezifischer Arbeitssituation mit sehr unterschiedlichen Entlohnungen, Karriereaussichten und anderen Vergünstigungen verbunden sein. Dann wäre aber die Zusammenfassung von gleichen beziehungsweise ähnlichen beruflichen Tätigkeiten zu einer Klasse nicht gerechtfertigt.

Zum anderen ist zu fragen, ob die Vorteile des „service-contracts" (beziehungsweise der Mischformen) tatsächlich Privilegien in dem hier gebrauchten Sinn darstellen. Goldthorpe verweist selbst auf dem Umstand, dass diese Vergünstigungen von den Unternehmen aus Effizienzgründen gewährt werden. So sind

„service-contracts" deshalb langfristig angelegt und besser entlohnt, weil die Unternehmen qualifizierte Mitarbeiter an den Betrieb binden wollen. Wenn solche Effizienzüberlegungen aber der einzige Grund für die Gewährung von Vergünstigungen darstellen würden, wären diese durchaus durch das meritokratische Prinzip gerechtfertigt und mit der funktionalistischen Schichtungstheorie kompatibel. Dann wäre aber das EGP-Schema kaum dazu geeignet, kollektives soziales Handeln, Konflikte oder sozialen Wandel zu erklären.

Eine solche Sichtweise würden Erikson und Goldthorpe aber zurückweisen. Selbst wenn die unterschiedlichen Vertragstypen leistungsgerecht vergütet werden, so würde ihr Argument lauten, entspräche das resultierende Ungleichheitssystem nicht dem meritokratischen Prinzip. Der Grund dafür ist, dass Mobilitätsbarrieren verhindern, dass die unterschiedlichen sozialen Klassen die gleichen Zugangschancen zu den besseren Positionen haben. Die privilegierten Klassen sind in der Lage, ihrem Nachwuchs den Zugang zu vergleichbar privilegierten Positionen zu sichern. In dieser Weise sind auch für Erikson und Goldthorpe Schließungsprozesse zentral. Sie verwenden zwar nicht den Schließungsbegriff für ihr Klassenkonzept, aber Ausschließungsprozesse zeigen sich in der intergenerationalen „Vererbung" von Berufspositionen, die sie ausgiebig studieren (siehe viertes Kapitel).

Gleichwohl weist der Bezug des „EGP"-Schemas zum Arbeitsmarkt auf einen interessanten Aspekt der Klassenbildung hin. Ob Klassen privilegiert oder benachteiligt sind hängt durchaus von der konkreten Vertrags- und Arbeitssituation ab, in der die beruflichen Tätigkeiten ausgeführt werden. Diesen Themenkomplex werden wir im fünften Kapitel noch ausführlicher diskutieren.

2.2.2 Machtbasierte Klassenkonzepte

Während die bislang vorgestellten Klassenkonzepte bei Ihren ‚Modernisierungsbemühungen' vor allem versuchen, Ausbeutungsverhältnisse mit dem Verweis auf soziale Schließungsprozesse aufzuzeigen, haben andere Autoren versucht, Privilegierungsrelationen durch asymmetrische *Machtverhältnisse* zu begründen. Ein früher Versuch in dieser Richtung stammt von Ralf Dahrendorf, der Klassen ausschließlich über Teilhabe an Herrschaft definierte. Ein jüngerer, sehr einflussreicher Ansatz stammt von Erik Olin Wrights, der im Laufe der Zeit mehrere Versionen eines modernen Klassenkonzepts vorgelegt hat.

2.2.2.1 Ralf Dahrendorfs Konflikt-Klassen

Ralf Dahrendorf sieht im sozialen Konflikt ein allgegenwärtiges Charakteristikum industrieller Gesellschaften. Konflikt sei schon in der Struktur solcher Gesellschaften angelegt und eine wichtige Triebfeder sozialen Wandels.[56] Daher will Dahrendorf die Marxsche Erkenntnisabsicht, mit dem Klassenkonzept sozialen Konflikt und sozialen Wandel zu erklären, unbedingt beibehalten.

Die hauptsächliche Schwäche des Marxschen Klassenkonzepts besteht nach Dahrendorf in der Überschätzung des Privateigentums. Zu Zeiten von Marx sei zwar das Privateigentum an Produktionsmitteln die wichtigste Quelle von Macht und Herrschaft gewesen. Im Zuge der Entwicklung der Industriegesellschaft aber seien juristische Besitztitel einerseits und die Kontrolle der Produktionsmittel andererseits immer weiter auseinander getreten. Am deutlichsten tritt die *Trennung von Eigentum und Kontrolle* in der Aktiengesellschaft hervor: Die Aktionäre sind zwar juristische Eigentümer des Betriebes, üben aber jenseits von Aktionärsversammlungen keine Kontrolle über den Produktionsprozess aus. Auf der anderen Seite haben die Manager zwar keine Besitzrechte am Betrieb, kontrollieren aber den Einsatz von Ressourcen, entscheiden über Einstellungen und Entlassungen, steuern den Produktionsablauf usw.

In der Ausübung von Kontrolle sieht Dahrendorf das zentrale Moment der Ungleichheitsstruktur industrieller Gesellschaften. Folgerichtig bindet Dahrendorf sein Klassenkonzept an die Teilhabe an beziehungsweise den Ausschluss von Herrschaft. Zu unterscheiden sind Positionen, die an Herrschaft teilhaben, von solchen, die von Herrschaft ausgeschlossen sind. Damit ist ebenso wie bei Marx das Klassenkonzept bei Dahrendorf dualistisch und strukturalistisch angelegt: Es unterscheidet *zwei* Klassen von *Positionen,* solche mit und ohne Herrschaftsteilhabe.

Allerdings legt Dahrendorf sein Klassenkonzept viel allgemeiner an, denn die ungleiche Verteilung von Kontrollpotentialen ist keinesfalls an die wirtschaftliche Sphäre gebunden. Die Kontrolle über Produktionsmittel ist nur ein Sonderfall der Herrschaft. Die Klasseneinteilung lässt sich nicht nur im wirtschaftlichen, sondern auch in anderen gesellschaftlichen Bereichen anwenden.[57] Wichtig ist allerdings, dass die Herrschaft institutionell verankert ist. Die Klassenanalyse ist irrelevant für informelle Autoritätsbeziehungen wie sie etwa innerhalb einer Familie zu

---

56 Sozialer Wandel ist nach Dahrendorf allerdings ein kontinuierlicher Prozess; revolutionäre Umbrüche ergeben sich nur in Ausnahmesituationen. der Klassenkonflikt ist auch nur eine Form sozialer Konflikte (Dahrendorf 1957: 132–137).
57 Insbesondere lässt sich im politischen Bereich die Klasse der herrschenden Bürokraten von den beherrschten Staatsbürgern unterscheiden (Dahrendorf 1957: 244–250).

finden sind. Klassenanalytisch relevante Herrschaftsverhältnisse beruhen auf „institutionalisierten, mit relativ stabilen Rollenerwartungen ausgerüsteten Positionen. Solche Positionen gibt es [...] nur innerhalb von ‚Herrschaftsverbänden', d. h. organisierten Institutionsbereichen von zumindest intendiertem Dauercharakter" (Dahrendorf 1957: 141). Inwieweit sich die herrschenden beziehungsweise beherrschten Klassen der verschiedenen institutionellen Sphären überschneiden, ist eine empirische Frage und lässt sich nicht aus theoretischen Überlegungen ableiten. So ist es durchaus möglich, dass man in einem Bereich der beherrschten, in anderen aber der herrschenden Klasse angehört (so etwa ein Industriearbeiter, der sich in einem politischen Amt betätigt).

Mit der Inhaberschaft von Klassenpositionen sind ebenso wie bei Marx spezifische, allerdings nur sehr formal definierte Interessen verknüpft (Dahrendorf 1957: 165–170). Die Inhaber von herrschenden Positionen sind an der Beibehaltung, die Mitglieder der beherrschten Klasse an der Veränderung des Status quo interessiert. Die so postulierten Interessen sind aber lediglich theoretische Konstrukte mit einem gewissen analytischen Wert. Diese „latenten" Interessen sind als „Rolleninteressen, d.h. innerhalb eines Herrschaftsverbandes an Autoritätsrollen geknüpfte erwartete Verhaltensorientierungen" zu verstehen (Dahrendorf 1957: 169). Es ist empirisch zu prüfen, ob und inwieweit diese latenten Interessen zu „manifesten" Interessen, also bewussten Zielsetzungen des Verhaltens von Klassenmitgliedern, werden.

Dementsprechend bilden Individuen in den gleichen Klassenpositionen und demzufolge mit den gleichen latenten Interessen noch keine wirkliche soziale Gruppen. Sie bilden vorerst nur eine „Quasi-Gruppe". Zu wirklichen „Interessensgruppen" werden diese Quasi-Gruppen erst dann, wenn ihre Mitglieder manifeste Interessen ausbilden, sich ihrer Zusammengehörigkeit in irgendeiner Weise bewusst werden und ein Mindestmaß an Organisationsformen ausbilden.[58] Interessensgruppen sind immer kleiner als die Quasi-Gruppen, aus denen sie sich rekrutieren. Aus einer Quasi-Gruppe können sich auch mehrere Interessensgruppen bilden (etwa aus der Arbeiterschaft eine sozialistische Partei und eine Gewerkschaft). Umgekehrt können Interessensgruppen auch Ziele vertreten, die von den latenten Interessen der „zugehörigen" Quasi-Gruppe unabhängig sind (etwa

---

58 Empirisch wird die Entstehung von Interessensgruppen durch eine Reihe von Bedingungen ihrer Organisation gefördert oder behindert (Dahrendorf 1957: 176–181). Dazu gehören *technische* Bedingungen (das Vorhandensein von klar definierten Zielen, Werten und Normen, eventuell kodifiziert in einer Verfassung beziehungsweise in einem Programm, das Vorhandensein einer Führungsgruppe und materieller Ressourcen), *politische* Bedingungen (die politische Zulässigkeit der Organisation) und *soziale* Bedingungen (neben Kommunikationsmöglichkeiten ist hier auch ein spezifischer Rekrutierungsmechanismus gemeint: Eine zufällige Ansammlung von Personen macht noch keine Klasse).

wenn eine sozialistische Partei auch eine feministische Politik vertritt). Ebenso wie „Klasse an sich" und „Klasse für sich" sind „Quasi-Gruppen" und „Interessensgruppen" zwei Konkretisierungen der „sozialen Klasse"; diesen Begriff versteht Dahrendorf als Oberbegriff.

Die Interessensgruppen sind denn auch die Agenten im sozialen Konflikt. Aus der Theorie lässt sich allerdings nicht ableiten, was Konfliktgegenstand ist und wie intensiv die Konflikte werden: Von Lohnverhandlungen bis zur Revolution ist alles möglich. Allerdings nennt Dahrendorf einige konflikthindernde beziehungsweise -fördernde Faktoren. So haben hohe soziale Mobilität und die Institutionalisierung des ökonomischen Klassenkonflikts (vgl. Dahrendorf 1957: 181–186 und 224–234) zu einer Mäßigung der Konflikte in der wirtschaftlichen Sphäre beigetragen.

Mit seinem herrschaftsbasierten Klassenkonzept lässt Dahrendorf wie Parkin eine Eigenständigkeit der politischen gegenüber der wirtschaftlichen Sphäre zu. Doch das herrschaftsbasierte Klassenkonzept impliziert zwei grundsätzliche Probleme.

Erstens gesteht Dahrendorf nur den in der politischen Sphäre herrschenden Bürokraten eine interne, nach Hierarchieebenen gestufte feinere Differenzierung zu. In der industriellen Sphäre bleibt es im Wesentlichen bei einem dualistischen Klassenkonzept, in der die ausführenden Arbeitnehmer auf der einen Seite den Besitzern und Managern auf der anderen Seite gegenüberstehen.[59] Das ist gegenüber der Marxschen Dichotomie kein besonders überzeugender Differenzierungsgewinn, zumal die Einordnung von „Experten" (also hoch qualifizierten Arbeitnehmern ohne Kontrollfunktionen) schlicht unmöglich ist: „In diesem Fall [bei Vorhandensein eines Expertenstabs ohne Leitungsfunktion, M. G.] bleibt auch die Klassenlage der Spezialisten relativ unbestimmt. Sie sind direkt weder Ausführende noch Anordnende, ihre Positionen stehen jenseits der Autoritätsstruktur." (Dahrendorf 1957: 222). Damit kann Dahrendorfs Klassenschema gerade die wohl wichtigste Differenzierungslinie der Erwerbstätigen in modernen Gesellschaften, die entlang der Qualifikation, nicht adäquat berücksichtigen.

Zweitens vermag die „Ent-Ökonomisierung" des Klassenkonflikts nicht zu überzeugen. Für Dahrendorf ist die ungleiche Teilhabe an Herrschaft das zentrale Strukturmerkmal industrieller Gesellschaften, ja der Vergesellschaftung an sich. Aber wozu herrscht die herrschende Klasse eigentlich? Jedenfalls ist die Aneignung des gesellschaftlichen Wohlstandes nicht das Ziel der Herrschaft. Herr-

---

59 Die Diskussion einer Abstufung von Arbeitnehmern nach Hierarchieebenen (wie die Unterscheidung von ausführenden Arbeitern, einfachen und in bürokratische Strukturen eingebundene Angestellten) bleibt rudimentär und führt nicht zu einer Differenzierung des dualen Klassenkonzepts, vgl. Dahrendorf 1957: 49–54).

schaftsstrukturen, auch die in der industriellen Sphäre, und soziale Schichtung nach ökonomischen Kriterien sind in Dahrendorfs Augen prinzipiell voneinander unabhängig. Klassenlage und Schichtungsposition kann empirisch miteinander korrelieren, aber es gibt keinen theoretisch postulierten Zusammenhang. Damit verliert die Klassenanalyse Dahrendorfscher Prägung auf der theoretischen Ebene eine wichtige Fragestellung: Nämlich die nach den Auswirkungen ökonomischer Strukturen auf das soziale Leben der Menschen.

2.2.2.2 Wrights Klassentheorie

Erik Olin Wright hat sich sehr bemüht, die grundsätzlichen Intentionen einer marxistischen Klassenanalyse herauszuarbeiten und sich die Aufgabe gestellt, ein Klassenkonzept zu entwickeln, das auch in entwickelten Industriegesellschaften diese Erkenntnisabsichten wahren kann (Wright 1985). Dabei sah er sich gezwungen, seinen Entwurf mehrfach zu modifizieren.[60] Es lassen sich zwei Hauptvarianten unterscheiden, die ich nach ihrer zeitlichen Reihenfolge mit „Wright I" und „Wright II" bezeichne.

Wright I: Widersprüchliche Klassenlagen
„Wright I" entstand in der frühen Phase von Wrights Forschungsarbeit, in der er sich vor allem mit der Einkommensdetermination beschäftigte (z. B. Wright 1979; Wright/Perrone 1977). Ausgehend von diesem empirischen Problem gelangte er schnell an einen Punkt, an dem simple Adaptionen des Marxschen Klassenmodells an ihre Grenzen stießen, wobei die adäquate Berücksichtigung der Mittelklassen sich als problematisch erwies. Wie sollten zum Beispiel Manager oder hochqualifizierte Techniker in ein Marxsches Klassenschema eingeordnet werden? Sie waren ja weder Kapitalisten, da sie keine Produktionsmittel besaßen, konnten aber auch kaum als Proletarier bezeichnet werden.

Zwei konzeptionelle Neuerungen sollten zum Ausweg aus dieser Situation führen. Zum einen drehte Wright das „weder – noch" zu einem „Sowohl-als-auch": Die Mittelklassen haben eine Art multiplen Klassencharakter. Wesentliche Punkte ihrer Situation teilen sie mit den Kapitalisten, andere aber mit den Proletariern; entsprechend decken sich ihre Klasseninteressen teils mit der einen, teils mit der anderen Gruppe. So werden die Manager ebenso wie Arbeiter von den Kapitalisten ausgebeutet, da sie die Produktionsmittel nicht besitzen, andererseits

---

60 Der Übergang zwischen den beiden Wrightschen Klassenschemata ist ausführlich in Wright (1985) erläutert. Die grundlegenden Thesen dieses Buches wurden von einer Reihe (vor allem neomarxistischer) Autoren in Wright (1989) diskutiert.

Die Entwicklung der Klassenanalyse 79

Abbildung 6 Besitz von Produktionsmitteln, Ausbeutung und Klassen im Kapitalismus

Klasse	Stellt Arbeitskräfte ein	Verkauft Arbeitskraft	Arbeitet für sich selbst	Ausbeutung	Menge von Produktionsmitteln
Kapitalist	Ja	Nein	Nein	Ausbeuter	Viel
Kleine Arbeitgeber	Ja	Nein	Ja	Ausbeuter	Moderat
Kleinbourgeoisie	Nein	Nein	Ja	Nicht eindeutig	Nah am Pro-Kopf-Anteil
Halbproletariat	Nein	Ja	Ja	Ausgebeutet	Wenig
Proletariat	Nein	Ja	Nein	Ausgebeutet	Nichts

Quelle: Wright 1985: 67, eigene Übersetzung

kontrollieren sie ebenso wie die Kapitalisten das Arbeitsleben der Proletarier. Sie befinden sich daher in „widersprüchlichen Lagen" (contradictionary class locations, Wright 1982) innerhalb der Klassenstruktur.

Zum anderen sieht Wright, ähnlich wie Dahrendorf, nicht im Besitz der Produktionsmittel, sondern in der *Kontrolle der Produktion* den Schlüssel zum Verständnis der Klassenstruktur.[61] Der Besitz der Produktionsmittel ist nur eine spezifische, besonders wirkungsvolle Form der Kontrolle: Der Besitz der Produktionsmittel sichert die Entscheidungen über Investitionen, über den Zu- und Abfluss finanzieller Mittel in die und aus der Produktion. Davon zu unterscheiden ist die Kontrolle über die physischen Produktionsmittel (welche Maschinen, Ressourcen usw. werden wie eingesetzt?) und die Kontrolle über die Arbeit im Produktionsprozess (wer beaufsichtigt wen?). Neben diesen unterschiedlichen Arten der Kontrolle lassen sich auch verschiedene Stufen der Kontrollausübung (ganz – teilweise – minimal – gar nicht vorhanden) unterscheiden. Abbildung 6 fasst die unterschiedlichen Aspekte der Kontrolle, die der Klasseneinteilung zu Grunde liegt, zusammen.

---

61 Anders als Dahrendorf löst Wright den Kontrollbegriff nicht aus der ökonomischen Sphäre. Die Kontrolle hat ein klares Ziel: Kontrolle des Produktionsprozesses zwecks Ausbeutung.

Abbildung 7 Die Beziehung widersprüchlicher Klassenlagen

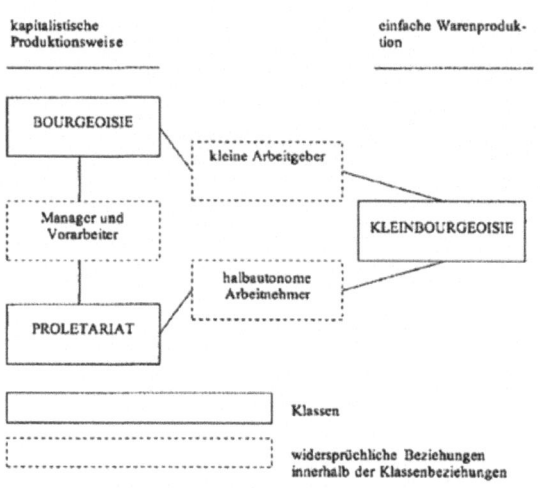

Quelle: Wright 1982: 114, eigene Übersetzung.

Die Kombination der Kontrollart mit dem Kontrollgrad ergibt nun die Möglichkeit, differenzierte Klassen zu bilden. *Kapitalisten* (bzw. Bourgeoisie) besitzen die volle Kontrolle in allen drei Bereichen, *Proletarier* haben keine Kontrolle in irgendeinem dieser Bereiche. Die Kleinbourgeoisie (also Selbständige ohne Mitarbeiter) bildet eine eigene Klasse. Sie entscheidet wie die Kapitalisten über die Finanzflüsse, den Einsatz physischer Produktionsmittel und den Arbeitsprozess – aber nur für das eigene Geschäft, für sich selbst, sie üben keinerlei Kontrolle über andere aus. Kapitalisten, Proletarier und Kleinbourgeoisie bilden eine Art „grundlegendes Dreieck", das die Eckpunkte der Klassenstruktur wiedergibt. Kapitalisten und Proletarier bilden dabei die Gegenpole in der kapitalistischen Produktionsweise. Die Kleinbourgeoisie vollzieht die „einfache Warenproduktion" und steht außerhalb der eigentlichen kapitalistischen Produktionsweise.

Die „widersprüchlichen Klassenlagen" liegen zwischen diesen drei grundlegenden Klassen und sind dadurch gekennzeichnet, dass sie auf den drei Kontrolldimensionen unterschiedliche Grade der Kontrolle ausüben. Zwischen den Kapitalisten und den Proletariern liegen die Manager, die sich nach dem Grad der Kontrolle in einfache Vorarbeiter („supervisors"), die Manager im eigentlichen Sinn und die Top-Entscheider („top executives") unterteilen lassen. Zwischen den Arbeitern und der Kleinbourgeoise liegen die „semi-autonomen Angestellten". Das sind vor allem technische und professionelle Arbeitsstellen, die zwar wie die Proletarier keine Kontrolle über die Produktionsmittel ausüben, auch keine Management-Funktionen innehaben, aber wie die Kleinbourgeoisie hinsichtlich ihres unmittelbaren Arbeitsprozesses relativ autonome Entscheidungen treffen können. Zwischen den Kapitalisten und der Kleinbourgeoisie sind schließlich die „kleinen Arbeitgeber" angesiedelt, die wie die Kleinbourgeoisie selbst in den Produktionsprozess involviert sind (und nicht ausschließlich, wie die Kapitalisten, andere für sich arbeiten lassen), gleichzeitig aber auch Kontrolle über einige, aber wenige, Mitarbeiter ausüben.

Die starke Betonung von Macht und Kontrolle wird in einer späteren Version des Schemas noch verstärkt. Dort werden zwar die gleichen Klassen beibehalten, aber die konzeptuelle Begründung der unterschiedlichen Klassenlagen ändert sich etwas: Die Klassen werden nicht mehr anhand der drei beschriebenen Kontrolldimensionen gegeneinander abgegrenzt, sondern nur noch anhand von zwei Dimensionen: Herrschaft („Domination") und Aneignung („Appropriation"). So sind die Kapitalisten innerhalb der kapitalistischen Produktionsweise dominant und beuten aus, die Arbeiter sind untergeordnet und werden ausgebeutet; die Top-Manager sind sowohl dominant (im Vergleich zu den Ausbeutern) als auch untergeordnet (im Vergleich zu den Kapitalisten), beuten aus und werden ausgebeutet. In analoger Weise lassen sich die anderen Klassenlagen durch hier jeweiliges Ausbeutungs- und Herrschaftsverhältnis beschreiben

Wright II: Die Rückkehr des Ausbeutungsbegriffs

Wrights Klassenschema ist in vielfacher Weise kritisiert worden, und er selbst gelangte an einen Punkt, an dem er aufgrund erheblicher konzeptueller Probleme mit seinem Klassenschema nicht mehr zufrieden war. Konnten wirklich alle Mittelklassen als „widersprüchliche" (und nicht nur einfach als heterogene) Klassenlagen aufgefasst werden? Ist „Autonomie" ein sinnvolles Klassenkriterium? Kann das Klassenschema tatsächlich auf sozialistische Gesellschaften (die Wright „postkapitalistische" Gesellschaften nennt) angewendet werden?

Das Hauptproblem sah Wright jedoch darin, dass sein Klassenkonzept Machtverhältnisse statt Ausbeutungsrelationen als zentrales Element der Klassenstruktur betonte. „...in practice the concept of contradictionary class locations rested almost exclusively on relations of *domination* rather than exploitation. Reference to exploitation functioned more as a background concept to the discussion of classes than as a constitutive element of the analysis of class structures" (Wright 1985: 56, Hervorhebung im Original). Darin sieht Wright aber aus zwei Gründen eine Schwäche. Erstens folgen aus ungleichen Machtverhältnissen, anders als aus Ausbeutungsverhältnissen, keinerlei spezifische (objektive) Interessen: „Parents dominate small children, but this does not imply that parents and children have intrinsically opposed interests (Wright 1985: 56). Zweitens nähert sich die Klassenanalyse mit einer zu starken Betonung ungleicher Machtverhältnisse zu sehr dem „‚multiple opressions' approach to understanding society" (Wright 1985: 57, zum Begriff ‚Opression' siehe auch untenstehenden Ausführungen). Klasse ist dann nur ein Faktor von vielen (wie Geschlecht, ethnische oder nationale Zugehörigkeit usw.), der zu Unterdrückung führen kann. Damit muss die Klassenanalyse ihren Anspruch aufgeben, dass die Klassenstruktur ein, wenn nicht *das*, zentrales Charakteristikum kapitalistischer Gesellschaften ist.

Daher überarbeitete Wright sein Klassenkonzept mit der Zielsetzung, dem Ausbeutungsbegriff ein deutlich stärkeres Gewicht zu geben. Dabei stützte er sich auf die Arbeiten John E. Roemers (Roemer 1982, 1994), der dem Ausbeutungsbegriff von der Marxschen Arbeitswertlehre löste und ihm eine moderne ökonomische Grundlage zu geben versuchte. Roemer verwendete dabei einen spieltheoretischen Ansatz. Danach kann die Organisation der wirtschaftlichen Produktion als Spiel betrachtet werden, in dem die Spieler unterschiedliche produktive Ressourcen wie Qualifikation oder Kapital besitzen, die sie in die Produktion einbringen und zur Erzielung von Einkommen auf Basis eines spezifischen Spielregelsatzes verwenden. In diesem Spiel ist eine Koalition von Akteuren S ausgebeutet, und S' (die komplementäre Koalition) beutet aus, wenn folgende Bedingungen gelten: (1) Es gibt eine zumindest hypothetisch denkbare Alternative, in der S besser gestellt wäre als unter der jetzigen Situation. (2) S' wäre schlechter gestellt.[62] Ausbeutung wird also sehr formal definiert und nicht mehr in spezifischen Organisationsformen der Produktionsbeziehungen gesucht.

Wright nimmt an Roemers Ansatz einige Modifikationen vor, von denen zwei weit reichende Konsequenzen haben. Erstens unterscheidet Wright Ausbeutung von „ökonomischer Oppression". Roemers Ansatz definiert nach Wrights Auffassung statt Ausbeutung zunächst nur ökonomische Oppression. Ausbeutung „(…) includes both economic oppression and the appropriation of the fruits of the labour of one class by another (which is equivalent to a transfer of the surplus from one class to another)" (Wright 1985: 74). Der Punkt ist, dass die Wohlfahrt der Ausbeutenden von der *Arbeitskraft der Ausgebeuteten abhängt*. Es gibt ein Interesse der Ausbeuter, nicht nur die Besitzverteilungen zu bewahren (wie es bei der ökonomischen Oppression der Fall ist), sondern auch die produktive Aktivität und die Anstrengung der Ausgebeuteten. Bei reiner Oppression leidet der Oppressor nicht, wenn der Unterdrückte aus dem Spiel verschwindet; aber bei der Ausbeutung schon, da ohne die Arbeitskraft der Ausgebeuteten auch der Ausbeuter seine Lebensgrundlage verliert. „It is this peculiar combination of antagonism

---

62 Roemer unterscheidet vier verschiedene „Rückzugsregeln", die vier verschiedene Formen der Ausbeutung definieren: die kapitalistische, die sozialistische, die feudale und die Status-Ausbeutung. Die letztere versucht Ausbeutung in bürokratischen Kontrollsystemen zu erfassen.

of material interests and inter-dependency which gives exploitation its distinctive character and which makes class struggle such a potentially explosive social force" (Wright 1985: 75).[63]

Zweitens führt er eine weitere produktive Ressource ein: die Organisation. Die Art der Organisation der Produktion ist nach Wright selbst eine produktive Ressource, die einen eigenständigen Stellenwert neben Kapital, Arbeit und Qualifikation hat. Im Kapitalismus besitzen die Kapitalisten (zumindest die als Unternehmer tätigen Kapitalisten) und die Manager diese Ressource. Im „Realsozialismus" ist die Organisation als produktive Ressource noch viel wichtiger: Da die wirtschaftliche Produktion nicht durch den Markt, sondern durch staatlich gelenkte zentrale Planung koordiniert wird, erhält die Kontrolle der organisationalen Ressourcen einen zentralen Stellenwert. Während Roemer die „realsozialistische" Ausbeutung als Status-Ausbeutung beschrieb, ist sie bei Wright durch ungleiche Verteilung des Besitzes von Organisationen gekennzeichnet.

Wright sieht selbst, dass die Definition des Besitzes organisationaler Ressourcen nicht ganz unproblematisch ist. Zum einen sind organisationale Ressourcen oftmals schwer von physischem Kapital zu trennen. Zum anderen ist nicht ganz klar, inwieweit man Organisationen „besitzen" kann. Der Manager besitzt eine Organisation nicht als Eigentum, das er etwa nach Belieben veräußern kann. Aber faktisch üben die Manager eine erhebliche Kontrolle über die Organisation aus; zumindest in diesem Sinne üben sie Besitzrechte aus, auch wenn diese von den kapitalistischen Eigentümern der Organisation nur delegiert werden.[64]

Ebenso wie Roemer kommt dann auch Wright auf vier grundlegende Ausbeutungssysteme, die aber teils etwas anders definiert sind. Insbesondere lassen sich nun alle vier Typen auf die ungleiche Verteilung produktiver Ressourcen zurückführen: Der Feudalismus ist durch die ungleiche Verteilung von Arbeitskraft gekennzeichnet; der Kapitalismus durch die ungleiche Verteilung physischen Kapitals, der (reale) Sozialismus durch ungleiche Verteilung organisatio-

---

63 Andererseits liegt in der Abhängigkeit der Ausbeuter von den Ausgebeuteten auch der Grund dafür, dass sie in der Regel nicht mit brutaler Gewalt versuchen, ihre Interessen durchzusetzen; subtilere Methoden sind nötig, um den optimalen Ertrag der Ausbeutung zu erzielen. Bei ökonomischer Oppression kann die vollständige Vernichtung der Unterdrückten durchaus im Sinne der Unterdrücker sein, wie das Beispiel des Genozids an den Indianern in Nordamerika zeigt (Wright 1997: 12).

64 Umgekehrt kann oftmals der Eigentümer der Organisation – etwa Aktionäre eines Großbetriebes – zwar die Organisationsrichtlinien beeinflussen, aber kaum die faktische Kontrolle über die organisationalen Abläufe ausüben. In späteren Arbeiten gab Wright den Begriff der „organisationalen Ressourcen" wieder auf; diese Dimension wurde wieder durch die Machtdimension („authority") ersetzt. So besetzten die Manager aufgrund ihrer Machtstellung eine „privileged appropriation location within exploitation relations" (Wright 1997: 22).

naler Ressourcen und der (utopische) Sozialismus durch die ungleiche Verteilung von Qualifikationen.

In einer realen Gesellschaft kommen allerdings in der Regel immer mehrere Ausbeutungstypen vor. Im Kapitalismus ist zwar die kapitalistische Ausbeutung dominant, sehr wohl sind aber auch Ausbeutungen auf der Basis ungleicher Verteilung von Qualifikation und organisationaler Ressourcen zu finden (die feudalistische Ausbeutung dürfte nur noch eine untergeordnete Rolle spielen). Unterschiedliche Ausbeutungsarten können sich überkreuzen, daher sind auch im neuen konzeptuellen Rahmen widersprüchliche Klassenlagen zu finden. So sind die Manager gegenüber den Kapitalisten ausgebeutet, da sie keine Produktionsmittel besitzen; andererseits sind sie aber Ausbeuter gegenüber den Arbeitern, da sie über höhere Qualifikationen und vor allem über organisationale Ressourcen verfügen. Dementsprechend sind die Interessen der Manager teils in Übereinstimmung mit den Arbeitern gegen die Kapitalisten gerichtet, teils mit den Kapitalisten gegen die Arbeiter.[65]

Aus einer Kreuztabellierung der unterschiedlichen Ausbeutungsarten ergibt sich das spätere Klassenschema Wrights („Wright II") für kapitalistische Gesellschaften (siehe Abbildung 8). Die hauptsächliche Demarkationslinie verläuft zwischen den Besitzern und den Nicht-Besitzern von (physischen) Produktionsmitteln. Erstere lassen sich in drei Klassen einteilen. Die „Bourgeoisie" besitzt genügend Kapital, um Arbeiter einzustellen, sie müssen auch nicht selbst arbeiten. Die „kleinen Arbeitgeber" können zwar auch Arbeiter einstellen, müssen aber selbst arbeiten. Die „Kleinbürger" besitzen gerade genug Kapital, um als Selbständige zurechtzukommen, aber können keine Arbeiter einstellen.

Die große Gruppe der Nicht-Besitzer lässt sich dann anhand der eher sekundären Ausbeutungsdimensionen organisationale Ressourcen und Qualifikation[66] weiter unterteilen. Manager verfügen in hohem Maße über organisationale Ressourcen, und lassen sich je nach den Credentials, die sie besitzen, in drei Gruppen unterteilen (im Original heißen sie „Expert Managers", „Semi Credentialled Managers" und „Uncredentialled Managers"). Aufsichtspersonen befinden sich in einer mittleren Lage hinsichtlich der organisationalen Ressourcen und bilden wiederum drei Klassen hinsichtlich der Qualifikation („Expert Supervisors", „Semi Credentialled Supervisors" und „Uncredentialled Supervisors"). „Expert Non-

---

65 Andererseits gibt es auch Gruppen, die weder ausbeuten noch ausgebeutet werden. Das ist am ehesten für die Kleinbourgeoisie (oder die „alten Mittelklassen") der Fall, wenn diese etwa den durchschnittlichen Pro-Kopf-Anteil physischer Produktionsmittel besitzen.
66 Wright unterscheidet „Qualifikation" und „Credential" weniger klar als Parkin oder Bourdieu, sie kommt an einigen Stellen eher beiläufig zur Geltung, vgl. untenstehende Diskussion.

Die Entwicklung der Klassenanalyse

Abbildung 8 Das Klassenmodell nach „Wright II"

Besitz von Produktionsmitteln	Nichtbesitz von Produktionsmitteln [Lohnarbeit]			
1 Bourgeoisie (genügend Kapital um Arbeitnehmer einzustellen ohne selbst arbeiten zu müssen)	4 hochqualifizierte Manager	7 Manager mit mittleren Credentials	10 Manager ohne Credentials	+
2 kleine Arbeitgeber (können Arbeitnehmer einstellen, müssen selbst mitarbeiten)	5 hochqualifizierte Aufsichtspersonen	8 Aufsichtspersonen mit mittleren Credentials	11 Aufsichtspersonen ohne Credentials	> 0 Ausstattung mit organisationalen Ressourcen
3 Kleinbürger (Selbstständige ohne Angestellte)	6 hochqualifizierte Nichtmanager	9 Arbeiter mit mittleren Credentials	12 unqualifizierte Arbeiter	-
	+	>0	-	
	Ausstattung mit Qualifikation / Credentials			

Quelle: Wright 1985: 88, eigene Übersetzung.

managers" verfügen zwar unterdurchschnittlich über organisationale Ressourcen, aber über hohe Qualifikationen. „Semi credentialled Workers" haben immerhin noch durchschnittliche Qualifikationen, die „Proletarians" sind schließlich auf allen Dimensionen ausgebeutet.

Zusammenfassung

Wright hat sein Klassenkonzept im Laufe der Zeit erheblich modifiziert. In seinem ersten Entwurf rekurriert er ähnlich wie Dahrendorf auf Machtverhältnisse, die bei ihm aber für die Aneignung von Ressourcen zentral bleiben. Im zweiten Entwurf betont Wright wieder den Ausbeutungsbegriff als Grundlage des Klassenkonzepts. Ausbeutungsverhältnisse werden aber bei Wright nicht direkt auf soziale Schließungspraktiken zurückgeführt, sondern indirekt durch den spieltheoretischen Ansatz Roemers nachzuweisen versucht.

Zu diesem wäre aber kritisch anzumerken dass er sehr abstrakt bleibt und ausbeuterische Verhältnisse allenfalls indirekt nachweisen kann. Es bleibt unklar, warum „organisational assets" und Qualifikation zur Ausbeutung dienen können. Ähnlich wie bei Goldthorpe bleibt anzumerken, dass die Vorteile die mit höherer Qualifikation und höherer Kontrollfunktion einhergehen (also die bessere Entlohnung der Experten- und Managerpositionen) durchaus auf einen größeren Beitrag zum Profit des Unternehmens zurückgeführt werden können. Ausbeuterisch werden Qualifikationen und andere Ressourcen nur in Verbindung mit Schließungsprozessen – und das gesteht Wright auch selbst ein. Die kausale Abhängigkeit der materiellen Wohlfahrt der Ausbeuter von der Deprivation der Ausgebeuteten „involves the asymmetrical *exclusion* of the exploited from access to certain productive resources" (Wright 1997: 10, Hervorhebung M. G.). So kommt letztlich der Schließungsbegriff über die Hintertür wieder ins Spiel; und Parkin scheint Recht zu haben, wenn er meint, dass „inside every neo-Marxist there seems to be a Weberian struggling to get out" (Parkin 1979: 25).

2.3 Schichten und Klassen: Erkenntnisansprüche und konzeptionelle Grundzüge

In diesem Kapitel wurden Versuche vorgestellt, Schicht- und Klassenkonzepte an die Erfordernisse entwickelter Industriegesellschaften anzupassen. Die „Modernisierung" von Schichtkonzepten fällt leichter als die der Klassenkonzepte, da Schichtkonzepte weniger weit reichende Erkenntnisansprüche implizieren. Sie wollen die wesentlichen Aspekte der Struktur sozialer Ungleichheit beschreiben und zeigen, dass Schichtlagen sich auch im Denken und Handeln der Menschen widerspiegeln. Dabei verzichten sie aber auf elaborierte Modelle der Erklärung sozialen Handelns, sondern bescheiden sich im Wesentlichen mit einer deskriptiven Funktion. Die größte Herausforderung moderner Gesellschaften besteht in der zunehmenden Differenzierung der Struktur sozialer Ungleichheit. Diese kann aber mit einem Schichtkonzept Geigerscher Prägung gut abgebildet werden.

Klassenkonzepte stehen vor einer größeren Herausforderung. Sie müssen nicht nur mit der Differenzierung sozialer Ungleichheit umgehen können, sondern auch zeigen, welche Mechanismen soziale Ungleichheit erzeugen und darlegen, wie Ungleichheitsstrukturen (kollektives) soziales Handeln prägen. Dabei schließen alle neueren Klassenkonzepte in zwei wichtigen Punkten explizit oder implizit an Max Weber an. Erstens werden wie bei Weber alle Ressourcen relevant für die Klassenbildung, die am Markt vorteilhaft eingesetzt werden können. Ökonomisches Kapital und Bildung sind für alle Klassenkonzepte von Bedeutung. Je nach Erkenntnisinteressen der Theorie kommen „soziales Kapital", „symbolisches

Kapital", Charakteristika von Arbeitsverträgen oder Kontrollfunktionen im Betrieb („organizational assets") hinzu. Die Berücksichtigung solcher Merkmale erlaubt eine beliebig feine Differenzierung von Klassenlagen, sodass die revidierten Klassenkonzepte mit den neueren Entwicklungen in der Erwerbssphäre keine Schwierigkeiten haben.

Zweitens verwenden diese Klassenkonzepte den Begriff sozialer Schließung, um den Ausbeutungsbegriff von der überkommenen Marxschen Arbeitswertlehre zu lösen und Privilegierungsverhältnisse innerhalb des Systems sozialer Ungleichheit zu identifizieren. Der Marktmechanismus für sich betrachtet führt nicht zu ungerechtfertigten Privilegien. Im „freien" Markt sind höhere Qualifikationen, Kontrollbefugnisse oder „Service-Kontrakte" deshalb mit besserer Entlohnung verbunden, weil sie die Produktivität des Unternehmens steigern. Dann wäre die daraus resultierende soziale Ungleichheit im Sinne der funktionalistischen Schichtungstheorie durch das meritokratische Prinzip gerechtfertigt. Führen Ausschließungsprozesse aber dazu, dass die Inhaber von Credentials, Managementpositionen usw. mehr verdienen, als ihnen nach den Gesetzen des Marktes zusteht, dann kann man von „echten" Privilegierungsverhältnissen, die nicht legitimiert sind, sprechen. Insoweit die neueren Klassentheorien solche nichtlegitimen Privilegierungsverhältnisse auf Basis der Ausschließungsfunktion marktgängiger Ressourcen aufzeigen, bleibt der Klassenbegriff ein kritisches Konzept.

Allerdings bieten marktgängige Ressourcen nicht von sich aus die Macht zu Ausschließung. Bildungstitel können nur dann zur Ausschließung verwendet werden, wenn erstens der Zugang zu Bildungsgelegenheiten restringiert ist und zweitens institutionalisierte Regelungen festlegen, welche beruflichen Karrierewege mit einem „Credential" offen stehen. Ähnlich verhält es sich mit den anderen Ressourcen: erst institutionalisierte Schließungsregeln verhelfen ihnen zu der Fähigkeit, „Übermarktentlohnungen" erzielen zu können. Mit dieser Konzeption können die Klassentheorien den Marxschen ökonomischen Determinismus abwerfen. Es kann nun gezeigt werden, wie politisches Handeln und kulturelle Praktiken Schließungsregeln beibehalten, verstärken oder verändern und damit zur Beibehaltung oder Transformation der Klassenstruktur beitragen. Andererseits bleiben die Klassenkonzepte trotzdem strukturalistisch. Das einzelne Individuum entscheidet nicht oder zumindest nicht ausschließlich über seine Lebenschancen. Diese werden zu einem beträchtlichen Teil durch institutionalisierte Schließungsprozesse bestimmt.

Damit behalten die neueren Klassenkonzepte auch ihre Fähigkeiten, das Zustandekommen sozialer Ungleichheit, soziales Handeln und sozialen Wandel erklären zu können. Strukturell definierte Privilegien ziehen entsprechende strukturelle oder „latente" Interessen nach sich. Die Privilegierten wollen den Status quo erhalten, die Benachteiligten ihre Situation ändern, wozu sie die Schließungsregeln modifizieren müssen. Diese formale Definition des Klassenhandelns ist auf einen weiten Bereich soziales Handeln anwendbar – vom Lohnkonflikt bis zur alltäglichen „Distinktion" in der Alltagspraxis können eine breite Palette von Handlungsweisen als Klassenhandeln interpretiert werden. Die gegensätzlichen Interessen müssen, anders als bei Marx, keinesfalls zu revolutionären Veränderungen führen. Konflikte in den genannten Handlungsbereichen können zu nur allmählichen Veränderungen führen, sogar (wie Bourdieus „Distinktion") zur Stabilität der Klassenstruktur beitragen.

Das schließungsbasierte Klassenkonzept unterliegt allerdings einer nicht unerheblichen „Validierungspflicht". Empirisch werden Klassen in der Regel dadurch operationalisiert, dass Positionen anhand von Merkmalen wie berufliche Tätigkeit, berufliche Stellung, Qualifikationsanforderung und Kontrollbefugnissen nach ähnlichem Status gruppiert werden. Doch Gruppen statusähnlicher Positionen bilden noch keine Klassen im hier dargelegten Sinn. Zu Klassen werden diese Gruppen von Positionen erst dann, wenn man begründen kann, dass mit den Kriterien, die man zur Eingruppierung der Positionen in die Klassen verwendet hat, auch *kollektivistische Schließungsprozesse* verbunden sind, und zwar kollektivistische Schließungsprozesse *hoher Reichweite*. Denn alle Mitglieder einer Klasse müssen in gleicher, oder zumindest ähnlicher Weise, von den Schließungsprozessen betroffen sein. Wenn einige Klassenmitglieder privilegiert sind, andere nicht oder gar benachteiligt werden, macht die Rede von kollektiven Klassenlagen wenig Sinn.

Auch dieser Gesichtspunkt unterstreicht wieder die Bedeutung von Institutionen für die Klassenbildung. Besonders Parkin und Bourdieu haben zu zeigen versucht, wie institutionalisierte Schließungsregeln – Eigentumsrechte, credentialistische Allokationsregimes und weithin etablierte kulturelle Praktiken – bestimmte Arten von Bildungstiteln zum Mittel sozialer Schließung machen oder ganze Berufsgruppen in den Schließungsprozess einbeziehen.

3 Die Entstrukturierungsdebatte

Anfang der achtziger Jahre ist eine Diskussion um die Nützlichkeit traditioneller Analysekonzepte wie „Klasse" und „Schicht" entbrannt, die bis heute anhält. Kritiker der „traditionellen" Ungleichheitsforschung machen geltend, dass Klassen- und Schichtkonzepten nicht mehr in der Lage seien, wesentliche Charakteristika der Struktur sozialer Ungleichheit zu erfassen. Zudem spielten „Klassen" und „Schichten" keine oder allenfalls nur noch eine marginale Rolle für das Denken und Handeln der Menschen.

Im Folgenden werden zunächst die wichtigsten Aspekte sozialen Wandels, die für die Unverwendbarkeit von Klassen- und Schichtkonzepte verantwortlich gemacht werden, erläutert. Danach werden die vorgeschlagenen Alternativen zu Klassen- und Schichtmodellen vorgestellt. Anschließend werden „alte" und „neue" Konzepte sozialer Ungleichheit gegenübergestellt, um ihre jeweilgen Vor- und Nachteile klarer herauszuarbeiten.

3.1 Struktureller Wandel in modernen Gesellschaften

Moderne Gesellschaften haben seit dem Zweiten Weltkrieg einen tief greifenden Wandel durchlebt.[67] Kritiker der traditionellen Ungleichheitsanalyse machen geltend, dass dieser Wandel die *Form* sozialer Ungleichheit, ihre *Wahrnehmung* und ihre *Auswirkung* auf das soziale Leben derart stark verändert habe, dass die Ungleichheitsforschung zur Analyse entsprechender Phänomene dringend neuer Konzepte bedarf.

---

67 Ausführlichere Darstellungen des Strukturwandels und die Diskussion seiner Folgen finden sich etwa in Hradil (1987a), Bolte (1990) oder Berger/Hradil (1990).

3.1.1 Die Wohlstandsgesellschaft

Eines der Hauptargumente der Kritiker traditioneller Analysekonzepte besteht darin, dass „Klassen" und „Schichten" aufgrund der Prosperität, die moderne Industrieländer nach dem Zweiten Weltkrieg erfahren haben, lebensweltlich nicht mehr relevant seien. Der enorme Anstieg des ökonomischen Wohlstandes habe die Lebensbedingungen so fundamental geändert, dass trotz nach wie vor ungleicher Verteilung des Wohlstandes Klassen und Schichten als soziale Gruppierungen keine Rolle mehr spielen: „Relativ konstant geblieben sind in der Entwicklung der Bundesrepublik die Verteilungsrelationen sozialer Ungleichheit, geändert haben sich gleichzeitig, und zwar ziemlich drastisch, die *Lebensbedingungen der Menschen*. Möglich wurde dies u. a. durch *Verschiebungen im Niveau* (insbesondere von Einkommen und Bildung..." (Beck 1983: 28, Hervorhebung im Original). Das ganze Ungleichheitsgefüge sei wie ein Fahrstuhl eine Etage nach oben gefahren (Beck 1983), wovon gerade die unteren sozialen Gruppen profitiert hätten. Insbesondere habe auch die Bildungsexpansion zur Erosion der Klassen und Schichten beigetragen, auch wenn die Bildungschancen nach wie vor sehr ungleich verteilt seien: „[...] eine Erstberührung mit Bildung (aufgrund der damit verbundenen Herauslösung aus traditionalen Denk- und Sprachformen, Weckung von Aufstiegsorientierungen usw.) [ist] für eine Gruppe möglicherweise sehr viel bedeutsamer und konsequenzenreicher als eine relational gleiche Anhebung und Erweiterung bestehender Ausbildungschancen für eine andere Gruppe, und diese Bedeutung der ersten Bildungsberührung kann sich auch dann voll entfalten, wenn sich dadurch an der relationalen Stellung der Gruppe im Sozialgefüge gar nichts ändert." (Beck 1983: 38).[68]

3.1.2 Klassen, Schichten und institutionelle Rahmenbedingungen

Ein zweiter Argumentationsstrang rankt sich um die Frage, welche Konsequenzen gesellschaftliche Institutionen für die Bildung sozialer Klassen und Schichten haben und lässt sich mit der These der *„Institutionalisierung des Klassenkampfs"* bezeichnen (vgl. Kreckel 1990). Danach zeichne sich die Entwicklung der Bürgerrechte im letzten Jahrhundert vor allem dadurch aus, dass legale, politische und

---

68 Empirisch herausgearbeitet wurde dieser Fahrstuhleffekt von Mooser (1984), der den Anstieg des Lebensstandards der Arbeiter und seine Folgen für ihr soziales Leben im 20. Jahrhundert ausführlich dokumentiert hat. Für allgemeine Angaben zum sozialstrukturellen Wandel in Deutschland nach dem Zweiten Weltkrieg siehe z. B. Schäfers (2002) oder Geißler (2002).

soziale Rechte der Individuen, insbesondere der abhängig Beschäftigten, beständig zugenommen haben. Der Verwirklichung der legalen Rechte (gemeint ist die Gleichheit der Bürger vor dem Gesetz) folgte bald die weitgehende Verbreitung politischer Rechte wie das allgemeine Wahlrecht. Die Gleichheit in diesen beiden Rechtssphären beförderte wiederum die Entwicklung der sozialen Rechte – das sind die Rechte, die darauf abzielen, die Teilhabe am gesellschaftlichen Wohlstand anzugleichen, wie beispielsweise das Streikrecht, das Tarifrecht, das Mitbestimmungsrecht oder das Recht zur Gründung von Gewerkschaften.

Die Verankerung dieser Rechte hatte vor allem zwei Konsequenzen. Zum einen führte die Gründung und Stärkung von Arbeitnehmerorganisationen zu einer Art Delegierung des Klassenkonfliktes: Das Aushandeln von Lohnsteigerungen, die Wahrnehmung der Mitbestimmungsrechte etc. werden nicht von den Arbeitnehmern oder Arbeitgebern selbst übernommen, sondern von ihren Vertretern, den Gewerkschaften, Betriebsräten oder Arbeitgeberverbänden. Statt individuell agierender sozialer Klassen treten stellvertretend handelnde *kollektive Akteure* auf den Plan – nur in Ausnahmefällen wird die Basis mobilisiert, wenn etwa zur Durchsetzung der Interessen Streiks notwendig werden. Der Klassenkampf spielt sich im Wesentlichen zwischen den kollektiven Akteuren des „korporatistischen Dreiecks" aus Arbeitgeberverbänden, Arbeitnehmerorganisationen und dem Staat ab, wobei die Rolle des Staates je nach Regierungszusammensetzung eher arbeitnehmer- oder arbeitgeberfreundlich sein kann.[69]

Zum anderen stärkten diese Rechte die Arbeitnehmer in der Auseinandersetzung mit den Arbeitgebern und halfen damit, die schlimmsten Ausbeutungsbestrebungen des Frühkapitalismus überhaupt erst einzudämmen und das Ausmaß der sozialen Ungleichheit zu verringern. Ein guter Teil des Mitfahrens der Arbeitnehmer im Prosperitäts-Fahrstuhl ist auf die Etablierung solcher sozialen Rechte zurückzuführen. Das betrifft insbesondere den Ausbau des *Wohlfahrtsstaates*. Der Wohlfahrtsstaat garantiert in Form der Sozialhilfe das Recht auf eine minimale Teilhabe am gesellschaftlichen Reichtum. Darüber hinaus sorgt er in vielen Bereichen für Umverteilungen des Wohlstands, z. B. im Gesundheitswesen, durch Umverteilungen von Alleinstehenden zu Erziehenden oder von der jüngeren zur älteren Generation. Der Wohlfahrtsstaat hilft damit bei der Verminderung sozialer Ungleichheit, indem er Bevölkerungsgruppen an der Prosperität teilhaben lässt, die mangels Erwerbsarbeit sonst keinen Zugang zu ihr hätten; er wird jenseits von reinen Umverteilungswirkungen sozusagen zu einem eigenständigen Statuserwerbsmechanismus. Das ist zumindest für Klassenkonzepte, die sich ausschließlich auf die Stellung im Produktionsprozess als statusgenerieren-

---

69 Im Allgemeinen aber setzt der Staat die Rahmenbedingungen des Konfliktaustragung und vermittelt zwischen den Parteien (vgl. Kreckel 1990).

den Mechanismus stützen ein Problem; für Personen, die in hohem Maße oder ausschließlich von wohlfahrtsstaatlichen Leistungen abhängig sind, ist in traditionellen Klassenkonzepten schlicht kein Platz.[70] Zudem werden die Auswirkungen, die das Handeln kollektiver Akteure auf höheren institutionellen Ebenen (z. B. Regierungsentscheidungen zum Ausbau oder zur Einschränkung des Wohlfahrtsstaates) auf die Lebensumstände breiter Bevölkerungsgruppen durch die traditionelle Schicht- oder Klassenanalyse hat, nicht hinreichend deutlich (Mayer 1987).

3.1.3 Die Zunahme sozialer Mobilität

Ein weiterer Aspekt strukturellen Wandels besteht in der Zunahme sozialer Mobilität in entwickelten Industriegesellschaften, die die Herausbildung von stabilen und sich ihrer selbst bewussten Klassen und Schichten untergrabe. Schon 1965 vertrat Helmut Schelsky die These, dass eine gestiegene soziale Mobilität „(...) zu einer sozialen Nivellierung in einer verhältnismäßig einheitlichen Gesellschaftsschicht, die ebenso wenig proletarisch wie bürgerlich ist" (Schelsky 1965: 332) führe. Die erhöhte Mobilität löse die Menschen aus ihren Herkunftsmilieus, wecke Aufstiegsorientierungen und führe zu einer gestiegenen Konkurrenz der Arbeitnehmer untereinander, was der Ausbildung kollektiver Identitäten und solidarischen Handelns höchst abträglich sei.

Gestiegene Mobilitätschancen- und Risiken führten auch dazu, dass man Ungleichheit aus einer diachronen Perspektive betrachten müsse: Die soziale Lage eines Individuums kann über seine Lebenszeit hinweg starken Schwankungen unterworfen sein. Zu betrachten sei daher die gesamte Lebensungleichheit, wobei Dauer und Stetigkeit einzelner Ungleichheitsphasen im Lebenslauf als eigene Ungleichheitsdimension zu betrachten sind (Mayer/Blossfeld 1990, Berger 1996). Klassen- und Schichtkonzepte kämen mit einer solchen Perspektive aber kaum zurecht.

---

70 Hradil und Berger sehen in der Entwicklung des Wohlfahrtsstaates einen der wesentlichen Faktoren, die zur Konjunktur neuer Ansätze in der Ungleichheitsforschung geführt haben. Der Wohlfahrtsstaat verkörpere die „politische" Modernisierung, die die negativen Ungleichheitsfolgen der „ökonomischen" Modernisierung, die sich vor allem im berufsstrukturellen Wandel äußert, abmildern sollte. Gleichzeitig habe aber diese politische Modernisierung unintendiert zu der Entstehung der „neuen Ungleichheiten" beigetragen, denen sich die neuere Ungleichheitsfolgen zuwende (Berger/Hradil 1990: 6–9). Allerdings gab es auch Versuche, die wohlfahrtstaatliche Entwicklung im Rahmen des marxistischen Klassenbegriffs zu analysieren (vgl. Herkommer 1983).

3.2 Die Folgen des strukturellen Wandels

Soweit der grobe Abriss der wichtigsten strukturellen Veränderungen, die sich in der jüngeren Geschichte moderner industrieller Gesellschaften vollzogen haben. Dass diese Umbrüche stattgefunden haben, ist vielfach dokumentiert und unbestritten, wenn auch in einigen Aspekten Uneinigkeit über das Ausmaß der Wandlungsprozesse herrscht.

Kontrovers diskutiert wird jedoch die Frage, welche Auswirkungen diese Wandlungsprozesse auf die Wahrnehmung sozialer Ungleichheit, ihrer Bedeutung im Bewusstsein der Menschen und auf das soziale Leben der Menschen haben. Kritiker der „traditionellen" Ungleichheitsforschung sind der Meinung, dass diese Auswirkungen so gravierend seien, dass in modernen Gesellschaften nicht mehr sinnvoll von „Schichten" und „Klassen" gesprochen werden kann.

3.2.1 Die subjektive Bewertung objektiver Gegebenheiten und „neue" soziale Ungleichheiten

Klassen- und Schichtkonzepte sind ohne Frage erwerbszentriert: Klassen bestimmen sich über die Stellung von Positionen (oder deren Inhaber) im Produktionsprozess und kennen außerhalb der Erwerbssphäre keine klassenbestimmenden Merkmale. Schichtkonzepte sind da etwas flexibler; nichtsdestotrotz sind die meist genannten Hauptmerkmale von Schichten – Beruf, Bildung und Einkommen – ebenfalls stark erwerbszentriert. „Arbeit" ist für solche Konzepte damit eine zentrale Kategorie.

Nun wird von etlichen Autoren bezweifelt, dass in modernen Gesellschaften der Arbeit dieser zentrale Stellenwert noch zukomme (vgl. Offe 1984, Dahrendorf 1983, König 1990, Daheim 1992, Heidenreich 1996). Begonnen hat diese Diskussion im Grunde mit der Propagierung der „postindustriellen Gesellschaft" (Bell 1985); in dieser Diskussion bleibt zwar die Arbeit wichtig, aber ihr wesentlicher Charakter verlagert sich: Nicht mehr der industrielle Handarbeiter – wie in der ursprünglichen marxistischen Klassenkonzeption – bestimmt das Geschehen, sondern der nichtmanuelle, qualifizierte Angestellte, und der habe wiederum an Klassenauseinandersetzungen wenig Interesse. Aber moderne Gesellschaften, so die neuere Kritik, gehen in ihrem Wandel noch weiter. Die Arbeit verändert nicht nur ihren Charakter, sondern verlässt überhaupt das Zentrum der Ungleichheitsstruktur (Kreckel 1987: 95 f.). Das resultiert zum einen aus dem gestiegenen Wohlstand, der erhebliche Arbeitszeitverkürzungen ermöglicht. Mehr Freizeit (bei stetig steigendem Verdienst) lässt selbst für diejenigen, die in den Arbeitsprozess eingebunden sind, die Bedeutung der Arbeit sinken. Zum anderen wird die Zahl derer, die von Arbeit abhängig sind, immer kleiner; das ergibt sich vor allem aus dem oben besprochenen Ausbau des Wohlfahrtsstaates.

Aus dem Bedeutungsverlust der Arbeit ergeben sich aus Sicht der kritischen Autoren vor allem zwei Konsequenzen für die Ungleichheitsforschung. Zum einen geht mit der Lockerung der Abhängigkeit von der Erwerbsarbeit die Entwicklung neuer Lebensziele einher. Die Bedeutung der Arbeit selbst ändert sich: Die Vorstellung von Arbeit als Broterwerb, von Karriere als Weg zu sozialem Prestige und Status treten in den Hintergrund; wichtiger werden die Möglichkeiten der Selbstverwirklichung, die die Arbeit bietet. Statt Aufstieg und Einkommen gewinnen ansprechende Arbeitsinhalte, angenehme Arbeitsbedingungen und flexible Arbeitszeitmöglichkeiten an Bedeutung. Darüber hinaus werden Lebensziele außerhalb der Arbeitssphäre, vor allem die Gestaltungsmöglichkeiten der Freizeit, immer wichtiger. Themen wie Umwelt, Gleichberechtigung oder das Verhältnis zur „dritten Welt" treten in die öffentliche Diskussion. Die Wohlstandsgesellschaft, die den Bedeutungswandel der Arbeit erst ermöglicht, erlebt einen *Wertewandel* vom „Materialismus" zum „Postmaterialismus" (Inglehart 1998), der weite Bereiche des sozialen Lebens durchdringt.

Aus dem Bedeutungsverlust der Arbeit ergeben sich zum anderen der Niedergang des „vertikalen Modells" sozialer Ungleichheit (Kreckel 1987) und der Einzug der „neuen" Ungleichheiten" in die politische – und soziologische – Diskussion. Dabei lassen sich vier Aspekte „neuer Ungleichheiten" unterscheiden: Es treten neue *Dimensionen* sozialer Ungleichheit (wie Sicherheit des Arbeitsplatzes, Infrastruktur, Umweltbedingungen, Gastarbeiter, Ungleichheit zwischen den Geschlechtern, Arbeitsbedingungen, Wohnbedingungen) in den Blickpunkt, neue *Ursachenfelder* (politische, bürokratische, oder aus sozialer Interaktion herrührende Ursachen), neue *Statuszuweisungsmechanismen* (askriptive Merkmale wie Geschlecht gewinnen an Bedeutung), schließlich ändert sich das ganze *Gefüge* der Ungleichheit (statt deterministischer, statuskonsistenter und vertikaler Strukturierung sind verstärkt Statusinkonsistenzen und pluralisierte Lebenslagen zu finden – die neuen Ungleichheiten sind eher „horizontal"[71], Hradil 1987a: 116–122, vgl. auch Kreckel 1987, Bertram 1992).

Mit diesen neuen Ungleichheiten, so die Kritik, kommen traditionelle Klassen- oder Schichtkonzepte nicht zurecht. Ganze Bevölkerungsgruppen – wie Frauen oder Senioren – fallen aus deren Analyseraster heraus, so dass schließ-

---

71 Ich halte den Begriff „horizontale Ungleichheit" für irreführend. Der Begriff „Ungleichheit" impliziert immer eine vertikale Dimension; andernfalls könnte man höchstens von „Verschiedenheit" reden, die ungleichheitstheoretisch völlig uninteressant ist. Gemeint ist mit „horizontaler" Ungleichheit aber meist, dass vertikal nicht anzuordnende Differenzierungen (wie Geschlecht) durchaus vertikale Ungleichheiten hervorbringen (wie geschlechtsspezifische Einkommensunterschiede).

lich nur noch eine Minderheit der Bevölkerung überhaupt erfasst wird. Darüber hinaus werden wichtige Konfliktlinien in der modernen Gesellschaft – zwischen Männern und Frauen, zwischen den Generationen – schlicht nicht beachtet. Diese führen wiederum zu „neuen sozialen Bewegungen", die entlang von Konfliktlinien agieren, die mit Klassenkonflikten nichts mehr zu tun haben.

3.2.2 Pluralisierung von Lebenslagen und die Entstrukturierung sozialen Handelns

Die genannten Prozesse strukturellen Wandels und der aus ihnen resultierende Wertewandel hätten auch entscheidende Konsequenzen für den Einfluss sozialer Ungleichheit auf die Lebensbedingungen der Menschen und ihre Handlungsweisen.

Erstens wird eine weitgehende *Pluralisierung der Lebenslagen* konstatiert. Schichtdeterminanten oder Klassenmerkmale bündeln sich nicht mehr zu homogenen Lebenslagen; vielmehr werden Klassen oder Schichten, sofern man von solchen überhaupt noch reden will, immer feiner fragmentiert. Zum einen werden Gruppen von Individuen, die sich in der gleichen Lage befinden, immer kleiner. Zum anderen korrelieren die Ungleichheitsdimensionen immer weniger miteinander: Die Statusinkonsistenz wird zum Normalfall.

Zweitens sei korrespondierend zu einer Pluralisierung der Lebenslagen eine umfassende *Pluralisierung der Lebensstile und Milieus* festzustellen. Vor allem der gestiegene Wohlstand, aber auch die anderen genannten Entwicklungslinien, vervielfältigten die Wahlmöglichkeiten der eigenen Lebensstilisierung; so etwas wie klassen- oder schichtspezifischer Lebensstil sei nicht mehr auszumachen.

Drittens sei auch eine Korrespondenz zwischen pluralisierten Lagen und pluralisierten Stilen nicht mehr festzustellen; in der gleichen Lebenslage lassen sich verschiedene Stile ausmachen, und Stile können lagenübergreifend sein. Mithin habe eine weitgehende *Entstrukturierung* des sozialen Handelns stattgefunden. Lebensstile werden nicht nur vielfältiger, sie werden auch immer weniger durch objektive Gegebenheiten beeinflusst. Und das gilt nicht nur für Lebensstile, sondern auch für Wahrnehmungen, Urteile, Einstellungen, Werthaltungen und Verhaltensweisen, die nicht als Stilkomponenten aufzufassen sind. Soziales Handeln im weitesten Sinne lässt sich immer weniger durch die objektive soziale Lage im Allgemeinen und durch die Zugehörigkeit zu Klassen und Schichten im Besonderen erklären. „Objektive" Lebensbedingungen und „subjektive" Lebensformen koppeln sich zunehmend voneinander ab (Hradil 1990: 139, Hradil 1992: 15–20).[72]

---

72 Das beinhaltet insbesondere auch, dass gleiche soziale Lagen von Individuen durchaus unterschiedlich bewertet werden können. Einen Beruf mit nur geringem Prestige zu haben und

Das betrifft sowohl eher unbewusst ablaufende Einflüsse objektiver Gegebenheiten auf soziales Handeln, aber auch die bewusste Wahrnehmung sozialer Ungleichheit: Die „vertikale Dimension" sozialer Ungleichheit spiele für die Wahrnehmung und Deutung von Ungleichheitsverhältnissen eine immer geringere Rolle (Müller-Schneider 1996).

3.2.3 Die Individualisierungsthese

Die radikalste These, die sich kritisch mit der Klassen- und Schichtbildung auseinandersetzt, ist die *Individualisierungsthese* (Beck 1983, 1994). Beck behauptet, dass der gestiegene Wohlstand bei gleich bleibenden Ungleichheitsrelationen zu einer umfassenden Individualisierung sozialer Ungleichheit geführt habe. Individualisierung bedeutet, dass „… die Menschen in einem historischen Kontinuitätsbruch aus traditionalen Klassenbindungen und Versorgungsbezügen der Familie herausgelöst und verstärkt auf sich selbst und ihr individuelles (Arbeitsmarkt-)Schicksal mit allen Risiken, Chancen und Widersprüchen verwiesen [wurden]" (Beck 1994: 44). Dies impliziere die Auflösung „ständisch gefärbter, kultureller Lebenswelten" (ebenda: 44), so dass generell von einer „Herauslösung des Individuums aus der Kollektivität der Gruppe" (Junge 1996: 733) ausgegangen werden kann.

Individualisierung meint auch, dass Menschen auf ähnliche Lebenslagen nicht mehr einheitlich und gleichförmig reagieren. Obwohl in gleicher Situation befindlich wird diese Situation von den Individuen nicht mehr als gemeinsame *wahrgenommen*.[73] Ein Arbeitsloser etwa begreift seine Arbeitslosigkeit nicht als gesellschaftliches Problem, sondern als selbstverschuldetes Schicksal; auch die Bürden des Arbeitslebens sind individuell zu meisternde Probleme, die eben nicht mehr kollektiv gelöst werden können, sondern durch eigenes Handeln gemeistert werden müssen (vgl. Beck 1994: 58).

Individualisierung wird auch darin deutlich, dass die Menschen ihre Lebens- und Beziehungsformen autonom gestalten. So redet Beck von zunehmend deutlicher werdenden Ansprüchen der Menschen auf „ein eigenes Leben, die Verfügung

---

über wenig Einkommen zu verfügen, ist für Menschen mit hoher Aufstiegsorientierungen und „materialistischen" Werthaltungen wesentlich schlimmer als für Menschen mit „postmaterialistischen" Werten, die ihre Selbstverwirklichung unter Umständen gerade im Konsumverzicht finden können.

73 Dies wird auch deutlich in dem gelegentlich verwendeten Begriff der „entstrukturierten Klassengesellschaft": Die Menschen befinden sich nach wie vor in kollektiven Bedingungen, aber diese kollektiven Bedingungen befördern die Individualisierung der Menschen (Junge 2002: 51).

über eigenes Geld, eigene Zeit, eigenen Wohnraum, den eigenen Körper usw., kurz: Perspektiven einer *persönlich-biographischen Lebensführung*" (Beck 1994: 46, Hervorhebung im Original). „Die Normalbiographie wird damit zur ‚Wahlbiographie', zur ‚reflexiven Biographie', zur ‚Bastelbiographie'" (Beck/Beck-Gernsheim 1994: 12).

Unklar ist aber, ob mit einer autonom gestalteten Lebensführung auch eine Entstrukturierung des Handelns in dem Sinne gemeint ist, dass äußere Bedingungen die Handlungsweisen der Menschen immer weniger prägen. Etliche Autoren, die sich mit Lebensstilen befassen, scheinen Beck in dieser Weise zu interpretieren, allerdings finden sich viele Hinweise darauf, dass die Individualisierungsthese so nicht gemeint ist. Ganz im Gegenteil: „In der modernen Gesellschaft kommen auf den einzelnen neue institutionelle Anforderungen, Kontrolle und Zwänge zu. Über Arbeitsmarkt, Wohlfahrtsstaat und Bürokratie wird er in Netze von Regelungen, Maßgaben, Anspruchsvoraussetzungen eingebunden" (Beck/Beck-Gernsheim 1994: 12). Auch wenn die Individuen ihre Lebensführung autonom gestalten, heißt das nicht, dass diese Autonomie einfach ein Ausdruck gesteigerter Optionen ist, die eine größere Freiheit in Glückseligkeit versprechen. Die neue Freiheit ist eher eine aufgezwungene: Die Menschen *müssen* sich immer wieder neu entscheiden, ob sie wollen oder nicht. Die vermehrten Optionen reflektieren die Individualisierung der Bedingungen, innerhalb deren die Menschen ihr Leben gestalten, aber nicht eine Loslösung von diesen Bedingungen.

Individualisierung bedeutet aber nicht das Ende aller Vergesellschaftungsprozesse, also das Ende aller kollektiven Handlungsformen, sondern wird viel mehr als neuer, „historisch widersprüchlicher *Prozeß der Vergesellschaftung* verstanden ...", der mit der „Entstehung neuer soziokultureller Gemeinsamkeiten" wie „Alternativ- und Jugendsubkulturen", ja sogar neuen „Klassenlagen" (Beck 1994: 45) einhergehen kann[74]. Allerdings sind solche Vergesellschaftungsprozesse bei weitem nicht so umfassend und stabil wie Klassenbildungsprozesse, eher werden „Koalitionen punktuell, situations- und themenspezifisch und durchaus wechselnd mit unterschiedlichen Gruppen aus unterschiedlichen Lagern geschlossen und wieder aufgelöst" (Beck 1994: 58).[75]

Die individualisierte Gesellschaft lässt sich auch als diametrales Gegenstück einer Klassengesellschaft verstehen, in der elende materielle Bedingungen die

---

74 Vgl. auch ebenda (S. 52): „Das Verblassen ständischer Lebensformen ist nicht das Ende der Klassen, sondern der Anfang der Emanzipation der Klassen aus regionalen und partikularen Besonderungen und Beschränkungen; es beginnt ein neues Kapitel der Klassengeschichte..."
75 Auch hier lässt sich wieder eine andere Interpretation finden: Danach meint „Individualisierung als Vergesellschaftungsform" die Aufgabe jeder Idee einer kollektiven Strukturierung von Lebenslagen: Das „Individuum' [ist] als kleinste und zugleich größte Einheit des Sozialen nicht mehr in übergeordneten Bezügen sozial verankert" (Konietzka 1994: 155).

Homogenisierung sozialer Klassen vorangetrieben haben und Klassen tatsächlich zu „Klassen für sich" im Marxschen Sinne geworden sind: „Individualisierungsprozesse ... greifen erst dann und genau in dem Maße, in dem die Bedingungen der Klassenbildung durch materielle Verelendung, wie sie Marx vorhergesagt hat, *überwunden* werden" (Beck 1994: 49). Oder aber: Individualisierung ist das Gegenteil von „sozialen Klassen" im Weberschen Sinn, die sich nicht nur durch eine gemeinsame Klassenlage, sondern gleichzeitig auch durch gemeinsame, kohärente Lebensweisen im Sinne einer „ständisch eingefärbten Vergemeinschaftung" (ebenda S. 50) auszeichnen, die bis in die fünfziger Jahre tatsächlich zu beobachten gewesen sei.

3.3 Lagen, Milieus und Lebensstile

Drei neue Konzepte, die den Unzulänglichkeiten der alten Rechnung tragen sollen, sind prominent geworden: „soziale Lage", „Milieu", und „Lebensstil". Die Verwendung dieser Begriffe ist keineswegs einheitlich. Jedes Konzept ist in höchst unterschiedlichen Operationalisierungen zu finden, nicht einmal klare Abgrenzungen dieser drei Begriffe untereinander sind immer gewährleistet. Im Folgenden wird zunächst versucht, die wesentlichen Gehalte dieser drei Konzepte kurz zu skizzieren, wobei es an dieser Stelle unmöglich ist, eine umfassende Darstellung des Literaturstandes wiederzugeben.[76]

3.3.1 Lagen: Objektive Charakteristika sozialer Ungleichheit

Stefan Hradil will den zu eng gefassten Klassen- und Schichtmodellen ein „handlungstheoretisches Konzept" sozialer Ungleichheit entgegensetzen, das in der öffentlichen Diskussion herauskristallisierte „Lebensziele" zur Bestimmung relevanter Kriterien sozialer Ungleichheit verwendet. Unter sozialer Ungleichheit sind dann „gesellschaftlich hervorgebrachte und relativ dauerhafte Handlungsbedingungen (...), die bestimmten Gesellschaftsmitgliedern die Befriedigung allgemein akzeptierter Lebensziele besser als anderen erlauben" (Hradil 1987b: 144), zu verstehen.

Hradil unterscheidet drei Typen von als legitim anerkannten Lebenszielen:

---

76 Übersichten sind zu finden in Müller (1989), Konietzka (1995), Spellerberg (1996b) und Garhammer (2000).

Lagen, Milieus und Lebensstile 99

- *Ökonomische Ziele*, die Wohlstands- und Erfolgsziele umfassen. Die Ressourcen, die zu ihrer Verwirklichung nötig sind, sind Geld, formale Bildung, berufliches Prestige und formale Machtstellung in Beruf und öffentlichen Leben.
- *Wohlfahrtsstaatliche Ziele* wie Sicherheit, Entlastung von aufreibenden Lebens- und Arbeitsbedingungen, Gesundheit und Partizipation an öffentlichen Entscheidungsprozessen. Zu den hinsichtlich dieser Ziele relevanten Dimensionen sozialer Ungleichheit zählen Arbeitslosigkeits- und Armutsrisiken, Arbeitsbedingungen, Freizeitbedingungen, Wohnbedingungen, Umweltbedingungen und der Charakter demokratischer Institutionen.
- *Soziale Ziele* schließlich umfassen Integration, Selbstverwirklichung und Emanzipation, für die Bedingungen wie soziale Beziehungen, soziale Rollen sowie Diskriminierungen beziehungsweise Privilegien bedeutsam sind.

Für einige dieser Handlungsbedingungen existieren funktionale Äquivalente: Ein Lebensziel kann durch verschiedene Arten von Handlungsbedingungen erreicht werden. Auch können für die Erreichung von bestimmten Lebenszielen notwendige Bedingungen durch andere substituiert beziehungsweise kompensiert werden. Daher wirken sich diese Dimensionen sozialer Ungleichheit auf die Individuen nicht additiv aus, sondern bilden nach einer „kombinatorischen Logik" „Kontexte von Handlungsbedingungen" (Hradil 1987b: 149), innerhalb derer einzelne Dimensionen höchst unterschiedliche Bedeutungen haben können.

Inwieweit funktionale Äquivalente, Substitutions- und Kompensationsmöglichkeiten existieren, ist eine Frage der Ausprägungen eines Individuums auf den einzelnen Dimensionen der sozialen Ungleichheit. Treten bestimmte Ausprägungen auf bestimmten Dimensionen auf, so dominieren diese Dimensionen im Kontext der Handlungsbedingungen. So eröffnet Geld mannigfaltige Kompensations- und Substitutionsmöglichkeiten. Der Besitz von sehr viel Geld lässt andere Dimensionen der Ungleichheit in den Hintergrund treten. Selbst formale Bildung – die sich nicht kaufen lässt, also nicht substituiert werden kann – ist zur Erreichung der meisten Lebensziele dann nur von geringer Bedeutung. Andere Dimensionen, beispielsweise Wohnbedingungen, treten völlig in den Hintergrund, da sie sich vollständig substituieren lassen (mit Geld kann man günstige Wohnbedingungen erwerben).

Kennt man die primäre Dimension eines Kontextes, so lassen sich die sekundären Dimensionen ableiten, die in Verbindung mit der primären Dimension in typischen Bandbreiten auftreten. Auf diese Weise ist es möglich, eine Typologie „sozialer Lagen" als typische Kontexte objektiver Lebensbedingungen zu konstruieren.

Hradils ursprünglicher, rein theoretischer Entwurf umfasst 13 soziale Lagen: „Machtelite", „Reiche", „Bildungselite", „Manager", „Experten", „Studenten", „Normalverdiener mit geringen Risiken", „Normalverdiener mit mittleren Risiken" „Normalverdiener mit hohen Risiken", „Rentner", „Arbeitslose", „Arme" und „Randgruppen" (Hradil 1987b: 151–157). In dem Versuch, soziale Lagen im Hradilschen Sinne in der Bundesrepublik empirisch zu identifizieren, kommt Otto Schwenk allerdings auf 19 soziale Lagen, 10 für die alten und 9 für die neuen Bundesländer (Schwenk 1999). Schwenk ist sehr bemüht, diese Lagen nach einer ganzen Reihe von ungleichheitsrelevanten Kriterien, demographischen Merkmalen und „weicheren" Angaben (wie Religionszugehörigkeit, Parteipräferenz und Einstellungsindikatoren) zu beschreiben und verzichtet auf plakative Benennungen seiner Lagen.

Es ist klar zu sehen, wie das Lagenkonzept auf den Wertewandel und die „neuen Ungleichheiten" reagiert: Es sucht empirisch zu erfassen, welche Ungleichheitsdimensionen als bedeutsam wahrgenommen werden (während Klassen- und Schichtkonzepte die mit den ökonomischen Lebenszielen verbundenen Wertungen als dominant annehmen), und ermöglicht mit der Unterscheidung zwischen „primären" und „sekundären" Ungleichheitsdimensionen nicht nur die Berücksichtigung vieler Ungleichheitsaspekte, sondern auch solcher „Situsmerkmale", die Ungleichheitslagen horizontal differenzieren. Allerdings bezieht sich das Lagenkonzept ebenso wie Klassen- und Schichtkonzepte ausschließlich auf den objektiven Aspekt sozialer Ungleichheit; subjektive Deutungen werden nicht erfasst. An diesem Punkt setzen die Milieu- und Lebensstilkonzepte an.

3.3.2 Lebensstile: Die Oberfläche sozialer Ungleichheit

Das Konzept des Lebensstils hat schon in frühen soziologischen Schriften eine nicht unbedeutende Rolle gespielt (vgl. Konietzka 1995: 19), ist aber lange Zeit aus der Agenda theoretischer wie empirischer Arbeiten verschwunden. Neuen Auftrieb erhielt das Konzept erst wieder mit der Kritik an den traditionellen Analysekonzepten sozialer Ungleichheit. Mittlerweile werden Lebensstile in vielen Anwendungsbereichen wie etwa der Stadt- (Dangschat/Blasius 1994) oder Gesundheitssoziologie (Blaxter 1990, Schneider 2002) untersucht. Die nachfolgenden Ausführungen beziehen sich aber ausschließlich auf die Anwendungen des Lebensstilkonzepts im Rahmen der Analyse sozialer Ungleichheit.[77]

In diesem Bereich lassen sich zwei entgegengesetzte Ansätze der Lebensstilforschung unterscheiden: Der „Entstrukturierungsansatz" und der „Struktur-

---

77 Empirisch wurde das Lebensstilkonzept vor allem in der Werbewirtschaft verwendet; diese kommerziellen Untersuchungen inspirierten dann stark die soziologische Lebensstilforschung (Kleining 1995: 120).

ansatz" (Konietzka 1995: 20 f.). Der Strukturansatz betrachtet die Lebensstilanalyse im Wesentlichen als eine Erweiterung der Sozialstrukturanalyse; das Ziel ist hier, zu zeigen, dass Lebensstile durchaus von strukturellen Gegebenheiten beeinflusst werden, was die Bedeutung der Analyse solcher strukturellen Determinanten nur unterstreicht (vgl. Müller 1992). Der Strukturierungsansatz setzt einer Lebensstilanalyse erst einmal eine Sozialstrukturanalyse voraus. Diese zeichnet potentielle Trägergruppen des Lebensstils aus; es ist dann empirisch zu zeigen, ob die Annahme sozialstrukturell definierter Gruppen gemeinsamen Lebensstil auch gerechtfertigt ist.[78]

Der Entstrukturierungsansatz hingegen geht von gegenteiligen Annahmen aus: Lebensstile sind zumindest zum Teil von strukturellen Determinanten unabhängig, sie verdeutlichen die „Entstrukturierung des Verhältnisses von Struktur und Handeln, Lage und Bewußtsein" (Konietzka 1995: 21). Lebensstilkonzeptionen im Rahmen dieses Ansatzes betonen eine *Wahlfreiheit* der Individuen hinsichtlich ihrer Lebensgestaltung (z. B. Lüdtke 1990; Hörning et al. 1996), die Lebensstile unabhängig von Ungleichheitsstrukturen macht. Die Möglichkeit einer solchen „autonomen" Gestaltung von Lebensführungen aber unterstreicht nicht nur die relative Bedeutungslosigkeit von Ungleichheitsstrukturen für das soziale Leben, sie erhebt Lebensstile auch zu „neuartigen Vergesellschaftungsformen" (Konietzka 1995: 20, vgl. auch Michailow 1996). Dadurch wird das Lebensstilkonzept zu einem „neuen Grundbegriff der Analyse sozialer Ungleichheit" (Konietzka 1995: 21),[79] der die Stelle der angeblich inadäquat gewordenen Klassen- und Schichtkonzepte einnehmen kann.

Was wird in der sozialwissenschaftlichen Ungleichheitsforschung unter Lebensstilen genauer verstanden? Die Frage ist nicht leicht zu beantworten, da die zahlreichen Studien zu Lebensstilen zum Teil sehr verschiedene Lebensstilkonzepte verwenden. Folgende Explikation versucht einen gemeinsamen Nenner der Lebensstilkonzepte zu beschreiben: „‚Lebensstile' bezeichnen ästhetisch-expressive, relativ ganzheitliche Muster der alltäglichen Lebensführung von Personen und Gruppen, die in einem bestimmten Habitus und einem strukturierten Set von

---

[78] Das wichtigste Beispiel dieses Ansatzes wurde schon im zweiten Kapitel vorgestellt: Bourdieus Klassentheorie, die eine Strukturierung des Lebensstils durch die Klassenlage postuliert. Zunächst werden die Klassen durch den Besitz unterschiedlicher Kapitalsorten definiert; danach wird empirisch geprüft, ob die behauptete Prägung des Lebensstils durch die Klassenlage auch zutrifft.

[79] Oder, wie Rerrich und Voß es für ihren dem „Lebensstil" sehr ähnlichen Begriff der „Lebensführung" ausdrücken: „Lebensführung ist, so kann man sagen, sozusagen etwas drittes, ein System eigener Qualität; ein System *sui generis*, das zwischen Gesellschaft und Individuum steht" (Rerrich/Voß 1992: 255, Hervorhebung im Original). Die Eigenständigkeit des Lebensstilbegriffs betonen auch Schulze (1992) und Müller-Schneider (2000).

Konsumpräferenzen, Verhaltensweisen und Geschmacksurteilen zum Ausdruck kommen" (Band/Müller 1998: 429).

In dieser Definition werden die zentralen Elemente des Lebensstilkonzepts genannt, die in der einen oder anderen Weise in allen Lebensstilkonzepten relevant sind. Erstens betont sie eine wichtige *Funktion* von Lebensstilen: Lebensstile sind *expressiv*, sie drücken etwas aus, und machen es nach außen hin deutlich. Was da ausgedrückt wird, kann je nach Intention des Autors, der Lebensstile verwendet, sehr unterschiedlich sein: „Geschmackssicherheit" und kulturelle Kompetenzen (Bourdieu 1988), Wertorientierungen (Gluchowski 1987) oder „alltagsästhetische Schemata" (Schulze 1992), um nur einige mögliche Kandidaten für eine „hinter" oder „unter" den Lebensstilen liegende Entität zu nennen. Lebensstile sind aber gerade in der Ungleichheitsforschung deshalb interessant, weil sie etwas sichtbar machen – und sei es die „symbolische Darstellung der eigenen Privatsphäre" (Lüdtke 1990: 435). Diese expressive Funktion von Lebensstilen ist zum einen für den Forscher wichtig, weil Lebensstile dadurch zum Indikator werden, was sich anderweitig nicht beobachten lässt.[80] Zum anderen erhalten Lebensstile eine wichtige Rolle in der sozialen Interaktion: Lebensstile signalisieren Ähnlichkeiten und Unterschiede, ermöglichen damit Vergesellschaftung (ich kann Individuen finden, die mir ähnlich sind und mit denen ich interagieren möchte) und Distinktion (ich kann mich von den unähnlichen Individuen abgrenzen).

Zweitens finden sich in dieser Definition „empirischen Bestandteile", die *Indikatoren* von Lebensstilen: Lebensstile kommen in „Konsumpräferenzen", „Verhaltensweisen" und „Geschmacksurteile[n]" zum Ausdruck. Dabei betonen viele Autoren die Bedeutung sichtbarer, leicht beobachtbarer Verhaltensweisen, beziehungsweise die sichtbaren Resultate von Verhaltensweisen, beispielsweise der Besitz von bestimmten Konsumartikeln. Lebensstile in diesem Sinne sind „typische Performanzmuster" (Lüdtke 1990: 435). Die Betonung von Verhaltensweisen ist nicht verwunderlich, wenn man die expressive Funktion von Lebensstilen bedenkt: wenn Lebensstile Vergesellschaftung und Distinktion ermöglichen sollen, dann müssen sie wahrnehmbar sein – und in der Interaktion wahrnehmbar ist in erster Linie offenes Verhalten. Gleichwohl werden oft auch Einstellungen und Werthaltungen als Bestandteile des Lebensstils betrachtet, weil sie Ver-

---

80 Oder allgemein ausgedrückt: „Hinter dem Stil" steht ein (nicht direkt beobachtbares) Dispositionssystem, dem das eigentliche Interesse des Forschers gilt und den offen beobachtbaren Verhaltensweisen erst ein kohärentes Muster, eine umfassende Regelhaftigkeit, verleiht, die als Stil wahrgenommen werden kann (vgl. Konietzka 1995: 140 ff., Spellerberg 1995: 95). Es ist nun eine im Folgenden diskutierte Streitfrage, ob dieses Dispositionssystem durch strukturelle oder kulturelle Faktoren geprägt wird (dafür wäre Bourdieus Habitus ein Beispiel), oder ob dieses Dispositionssystem als individuenspezifisch betrachtet werden muss und sich weitgehend unabhängig von äußeren Gegebenheiten entwickelt.

haltensweisen prägen – und für den Beobachter manche Verhaltensweisen erst verstehbar machen und sie in den Rahmen eines „ganzheitliche Muster[s] der alltäglichen Lebensführung" einordnen lassen.[81] Manche Autoren operationalisieren Lebensstile ausschließlich mit Einstellungen und Werthaltungen (Gluchowski 1987, Rössel 2004), andere beziehen gar objektive Bedingungen in die Konzeption des Lebensstils ein (vgl. Lüdtke 1996: 141 ff., siehe auch Zapf et al. 1987). Dann aber wird das Lebensstilkonzept sehr breit angelegt. Solche Stilkonzepte stellen „umfassende Konzeptionen dar, die Lebensstile als systematische Konfiguration aus Handlungen *und* Ressourcen, motivationalen und kognitiven Elementen definieren *und* beschreiben. Das Konstrukt umfasst somit die verschiedensten Dimensionen der Lebensorganisation. Die notwendige Folge ist, dass Beziehungen zwischen diesen Komponenten nur noch als interne Relationen des Lebensstils zu denken sind und Lebensstile insofern ein *holistisches Konzept* werden" (Konietzka 1994: 161, Hervorhebung im Original).

Drittens verweist die Definition auf die *Träger* des Lebensstils: Personen beziehungsweise Gruppen von Personen.[82] Auch dies liegt nahe, da „Lebensstil" als Muster der Lebensführung definiert ist, und das ist eine sehr individuelle Angelegenheit (vgl. Berger 1994: 144). Entscheidend ist aber die Frage, ob und wie Trägergruppen für Lebensstile gefunden werden. Hier unterscheiden sich die beiden grundlegenden Ansätze der Stilforschung erheblich. Forschungsarbeiten des Strukturierungsansatzes haben meist eine klare Theorie, *wie* sozialstrukturelle Merkmale die Lebensstile prägen. Ausgehend von dieser Theorie hat man eine Leitlinie, wie Lebensstile einerseits, ihre Trägergruppen andererseits zu konzipieren sind; lässt sich eine Korrespondenz zwischen Stilen und Trägergruppen feststellen, kann dies als Beleg dafür gelten, dass die Theorie über die Strukturierung des Lebensstils zutrifft. Dabei können je nach Ansatz soziale Klassen (Bourdieu 1988) oder Haushaltsformen (Zapf et al. 1987) oder „Lebensformen" (Konietzka 1995: 147–166) als Trägergruppen fungieren.

Eine solche Vorgehensweise steht dem „Entstrukturierungsansatz" nicht offen. Eine Kernannahme dieses Paradigmas ist ja, dass Lebensstile nicht, oder zumindest nicht vollständig von objektiven Bedingungen geprägt werden, sondern vielmehr in wesentlichem Ausmaß die individuelle Wahlfreiheit der Menschen zum Ausdruck bringen. Das heißt aber auch, dass es keine theoretischen Annahmen darüber gibt, welche Gruppen die Träger von spezifischen Lebensstilen sind. Wenn Lebensstile nicht durch strukturelle Determinanten geprägt sind, gibt es

---

81 So ziehen etwa Konietzka (1995), Spellerberg (1995, 1996a, 1996b) sowohl Verhaltens- als auch Einstellungsvariablen zur Operationalisierung ihrer Lebensstilkonzepte heran.
82 Manche Lebensstilkonzeptionen betrachten den Haushalt als Untersuchungseinheit (vgl. Lüdtke 1990: 434).

auch keine Hinweise darauf, welchen Personengruppen vermutlich ein ähnlicher Lebensstil zugeordnet werden kann. Konsequenterweise konstruieren Untersuchungen, die dem Entstrukturierungsparadigma angehören, Lebensstilgruppen im Nachhinein: Es werden zunächst eine Menge von Einstellungen und Verhaltensweisen ausgesucht, die als Indikatoren des Lebensstils betrachtet werden können. Dann wird versucht, mit Hilfe faktor- und clusteranalytischer Verfahren Muster in diesen Einstellungen und Verhaltensweisen aufzudecken. Diese Muster bilden die Lebensstile ab (z. B. Spellerberg 1996b, Becker/Nowak 1985, Lüdtke 1990, Georg 1995, 1996). Anschließend kann man eruieren, welche Personengruppen diese Lebensstile mit hoher Wahrscheinlichkeit aufweisen. Auf diese Weise erhält man Lebensstilgruppen. In der Regel wird bei der Beschreibung dieser Lebensstilgruppen zwischen „aktiven" und „passiven" Variablen unterschieden (z. B. Spellerberg 1996a: 239). „Aktive" Variablen sind solche, die zur Konstruktion eines Lebensstils selbst herangezogen wurden, also etwa Freizeitverhalten, verwendete Konsumgegenstände usw. Passive Variablen sind Variablen, die die Träger eines bestimmten Lebensstils typischerweise kennzeichnen, aber nicht selbst zur Konstruktion des Stiles verwendet wurden, meist demographische oder andere eher „objektive" Merkmale. Auf diese Weise wird auch versucht, die sozialstrukturelle Verankerung von Lebensstilen nachzuzeichnen.[83]

3.3.3 Milieus: subjektive Charakteristika sozialer Ungleichheit

Auch der Milieubegriff wird keineswegs einheitlich in der Literatur verwendet; die theoretischen Explikationen und empirischen Operationalisierungen variieren mindestens ebenso stark wie beim „Lebensstil".[84] Aber auch hier gibt es Versuche, den „Minimalkonsens" des Milieubegriffs zu erfassen: „…in der neueren sozialwissenschaftlichen Forschung [werden] unter ‚Milieu' *Kontexte von u. U. heterogenen Umweltbedingungen* (seien sie materieller oder immaterieller Art, seien sie natürlich oder gesellschaftlich entstanden, seien sie ökonomisch, politisch administrativ oder sozio-kulturell einzuordnen) verstanden …, *die von bestimmten Bevölkerungsgruppen auf bestimmte Weise wahrgenommen und genutzt werden, so daß sich bestimmte Lebensweisen herausbilden*" (Hradil 1992: 25, Hervorhebung im Original).

Entscheidend an dieser Konzeption sind zwei Punkte. Erstens beziehen sich Milieus auf die *Umwelt*, die auf Individuen einwirkt; das unterscheidet den Mi-

---

[83] Ein typisches Beispiel für diese Vorgehensweise findet sich in den Untersuchungen Annette Spellerbergs (Spellerberg 1995, 1996a, 1996b). Ganz ähnlich auch Georg (1995, 1996).
[84] Zum Milieubegriff und seiner Geschichte siehe Hofmann/Rink (1996) und Hradil (1992).

lieubegriff wesentlich vom Lebensstilbegriff (auch wenn Milieu- und Lebensstilbegriff eng verbunden sind, wie in der Explikation auch schon anklingt). Milieus sind grundsätzlich auf der Makroebene sozialwissenschaftlicher Analyse angesiedelt, während „Lebensstil" auf der Mikroebene individueller Lebensführung ansetzt. Das bedeutet zweitens aber nicht, dass Milieus unabhängig von *subjektiven Komponenten* zu sehen sind. Ganz im Gegenteil: Die Gesamtheit der „sozialen und geistigen" Umweltkomponenten umfasst gerade auch Werthaltungen und andere Einstellungskomponenten. Das unterscheidet den Milieubegriff vom Begriff der „sozialen Lagen" der sich ausschließlich auf die objektiven Umweltbedingungen bezieht.

Diese subjektive Komponente der Milieus lässt sich an Hradils eigener Konzeption des Milieubegriffs verdeutlichen. Schon früh hat Hradil darauf hingewiesen, dass neben objektiven Bedingungen, die er vor allem in seinem Lagenbegriff erfassen will, auch „Einstellungen und Mentalitäten der Menschen", die als „subjektive intervenierende Faktoren" fungieren, berücksichtigt werden müssen, um das Ausmaß sozialer Ungleichheit angemessen erfassen zu können. Denn erst die subjektive Interpretation objektiver Bedingungen durch die Individuen im Lichte ihrer „Einstellungen, Absichten und wertgebundener Bedürfnisprioritäten" (Hradil 1987b: 161) entscheidet über die Bedeutung der objektiven Bedingungen für den Einzelnen.[85]

Objektive und subjektive Faktoren „verschmelzen" zu bestimmten Lebensstilen und diese sind wiederum kennzeichnend für soziale Milieus: „Unter *‚Milieu'* wird im Folgenden *eine Gruppe von Menschen verstanden, die solche äußeren Lebensbedingungen und/oder inneren Haltungen aufweisen, aus denen sich gemeinsame Lebensstile herausbilden*" (Hradil 1987b: 165, Hervorhebung im Original). In dieser Fassung des Milieubegriffs spielen also drei Komponenten eine wichtige Rolle: Milieus beschreiben ähnliche *objektive Bedingungen* (wie es die Lagen auch tun), berücksichtigen aber gleichzeitig die *subjektive Interpretation* dieser Bedingungen. Beides zusammen wird nach außen hin in *ähnlichen Lebensstilen* sichtbar. Diese enge Verbindung des Milieu- und des Lebensstilbegriffs ist durchaus häufig anzutreffen.[86]

Im Grunde ähnelt der Milieubegriff dem Geigerschen Schichtbegriff (oder, wie Vester et al. es ausdrücken: Milieus sind die „historische[n] Nachfahren der sozialen Klassen, Stände und Schichten" Vester et al. 2001: 25). Ebenso wie Schich-

---

85 „Das gleiche Ausmaß an Berufsprestige hat im Alltagsleben eines ehrgeizigen jungen Managers eine weit größere Bedeutung als im Leben seines weitgehend ehrgeizlosen, freizeitorientierten Kollegen. Und lebenslange soziale Sicherheit mag heißersehnt oder verabscheut sein, das hängt von der jeweiligen Einstellung ab" (Hradil 1987b: 161).
86 Für eine Abgrenzung von Lage-, Stil- und Milieubegriff siehe auch Hradil (1992: 30–33).

ten sind Milieus eine Art Kombination von objektiven Bedingungen und subjektiven Mentalitäten. Der Unterschied zwischen den beiden Konzepten besteht im Wesentlichen darin, dass Geiger eine konsistente Entsprechung bestimmter sozialer Lagen mit dafür „typischen" Mentalitäten angenommen hat (wenngleich er auch ebenso wie Hradil keinerlei Aussagen darüber gemacht hat, welche Verbindung zwischen objektiven und subjektiven Faktoren denn nun genau besteht), während Hradil davon ausgeht, dass in der gleichen sozialen Lage durchaus unterschiedliche Lebensstile, und damit unterschiedliche Milieus zu finden sind (vgl. auch Schulze 1990: 425). Ebenso ist es denkbar, dass sich Mentalitäten und Stile über verschiedene Lagen erstrecken, also Milieus lagenübergreifend sein können.

Deutlich wird dies in der Typologie der „ungleichheitsrelevanten Makro-Milieus" (Hradil 1987b: 168), die Hradil als beispielhafte Umsetzung seines Milieubegriffs vorstellt. Diese Typologie basiert auf einer empirischen Studie des mit Markt- und Meinungsforschung befassten SINUS-Institutes (Becker/Nowak 1985, dargestellt in Abbildung 9), die anhand von einundvierzig „Milieuindikatoren" acht soziale Milieus konstruiert: „Konservatives gehobenes Milieu", „Kleinbürgerliches Milieu", „Traditionelles Arbeitermilieu", „Traditionsloses Arbeitermilieu", „Aufstiegsorientiertes Milieu", „Hedonistisches Milieu", „Technokratisch-liberales Milieu" und „Alternatives/linkes Milieu". Auch Becker und Nowak betonen, dass Milieus objektive wie subjektive Komponenten simultan erfassen sollen (Becker/Nowak 1985: 14). Die Milieus lassen sich nach Becker und Nowak nach Schichtkriterien einerseits und nach grundlegenden Wertorientierungen andererseits differenzieren. Dabei übergreifen Milieus Schichten: Das technokratisch-liberale Milieu zum Beispiel erstreckt sich von der „unteren Mittelschicht" bis zur „Oberschicht". Umgekehrt lassen sich je nach Wertorientierung in einer Schicht verschiedene Milieus unterscheiden: In der Oberschicht findet sich eben nicht nur das technokratisch-liberale Milieu (das eine materielle Grundorientierung auszeichnet), sondern auch das „Alternative/Linke Milieu", die eine postmaterielle Grundorientierung einnimmt beziehungsweise als Avantgarde des Wertewandels fungiert.

Ähnlich wie der Lebensstilbegriff lässt auch der Milieubegriff die Frage nach der Strukturierung der Lebensführung der Menschen durch äußere Bedingungen merkwürdig unentschlossen beantwortet: Einerseits werden Zusammenhänge zumindest empirisch immer wieder hergestellt, konzeptionell wird aber meist die Eigenständigkeit und Unabhängigkeit der subjektiven Komponenten betont. Je nach Autor lassen sich verschiedene Akzentsetzungen finden: Während Autoren des „Entstrukturierungsansatzes" auch hinsichtlich der Milieus die autonome Subjektivität hervorheben, die zur Konstruktion lagenunabhängiger Milieus führen, passen Vertreter eines Strukturierungsansatzes (etwa Vester et al. 2001) Milieus gar in die Klassenanalyse ein.

Abbildung 9 „Soziale Milieus" in der westdeutschen Gesellschaft 1985

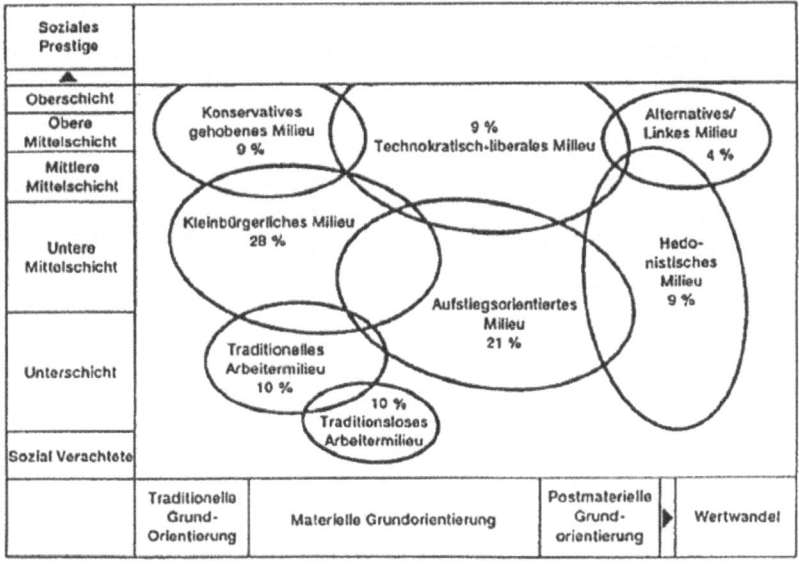

Quelle: Becker/Nowak 1985: 14

So oft jedoch von Seiten des Entstrukturierungsansatzes betont wird, dass Milieus (wie auch Lebensstile) einer eigenen Strukturlogik folgen und gerade auch als Gegenentwurf zum „ökonomischen Determinismus" der Klassen- und Schichtanalyse (Pakulski 1993) zu verstehen sind, so wenig findet sich eine klare theoretische Konzeption der eigenständigen, alternativen Strukturierungsmechanismen, die zur Genese lageunabhängiger Milieus führen. Eine Ausnahme hierzu bildet Gerhard Schulze, dessen Entwurf der „Erlebnisgesellschaft" (Schulze 1992) eine eigenständige Theorie der Milieubildung enthält.

3.4 Alte und neue Konzepte im Vergleich

Die „neuen" Ungleichheitskonzepte „Lage", „Milieu" und „Stil" sind entwickelt worden, weil der Strukturwandel moderner Gesellschaften „Klassen" und „Schichten" als Analysekonzepte untauglich geworden seien. Zum einen erfassten diese Konzepte die wesentlichen Charakteristika sozialer Ungleichheit nicht mehr. Zum anderen blieben Klassen- und Schichtlagen ohne Konsequenzen für das Denken und Handeln der Menschen. Diese These lässt sich aus verschiedenen Gesichtspunkten diskutieren. Erstens ist zu fragen, ob der Strukturwandel und seine Konsequenzen tatsächlich so tief greifend waren, wie es in manchen Abhandlungen behauptet wird. Zweitens ist zu fragen, ob die neuen Konzepte besser zur Analyse sozialer Ungleichheit geeignet sind als die alten. Das verweist drittens auf die Frage, welche Erkenntnisansprüche mit den unterschiedlichen Konzepten verbunden werden. Insbesondere ist zu diskutieren, welche Erkenntnisansprüche Klassen- und Schichtkonzepte angesichts der Kritik noch sinnvoller Weise erheben können.

Diese Fragen sollen hinsichtlich dreier Bereiche der Analyse sozialer Ungleichheit besprochen werden: der *Beschreibung und Erklärung* von Ungleichheitsstrukturen, und der *Erklärung sozialen Handelns*.

3.4.1 Die Beschreibung und Erklärung der Strukturen sozialer Ungleichheit

In der Diskussion „alte" versus „neue" Konzepte sozialer Ungleichheit (z. B. Berger/ Hradil 1990) weisen die Vertreter der letzteren immer wieder darauf hin, dass das deskriptive Potential der neueren Konzepte deutlich größer sei als das der alten:

- Lagenkonzepte können *mehr Dimensionen* sozialer Ungleichheit erfassen, als es selbst elaborierte Klassen- und Schichtkonzepte vermögen. Auch bieten sie bessere Möglichkeiten, *„typische Bündelungen"* von Bevor- und Benachteiligungen zu erfassen. So kann es durchaus lohnend sein, sich mit speziellen Gruppen wie zum Beispiel Langzeitarbeitslosen oder allein erziehenden Müttern zu befassen, deren Lebensqualität in besonderer Weise beeinträchtigt sein kann. *Regionale Disparitäten,* als wichtiges Element neuer Ungleichheiten immer wieder hervorgehoben (Bertram 1992), lassen sich im Lagebegriff ebenfalls besser beschreiben als in traditionellen Klassen- und Schichtkonzepten.
- Der Ansatz, nicht nur objektive Bedingungen, sondern gleichzeitig auch deren *subjektive Bewertung* in „Milieus" (manchmal auch „Lebensstilgruppen") zu erfassen, macht die neuen Konzepte sensibler gegenüber den „soziokulturellen Aspekten der sozialen Ungleichheit" (Berger/Hradil 1990).
- Die neuen Begriffe erfassen mehr *Lebensbereiche* als die alten: So spielt Freizeit gerade in der Lebensstilforschung eine große Rolle, während sich Klassen- und Schichtkonzepte auf den Bereich der Erwerbsarbeit konzentriert haben (Hradil 1996: 19).
- Sie erfassen auch potentiell eine größere *Positionen- bzw. Personengruppe* als die alten Konzepte. Klassen- und Schichtkonzepte tun sich schwer damit, Per-

sonen, die nicht an der Erwerbsarbeit teilnehmen, adäquat zu erfassen; Lagen, Milieus und Lebensstile haben hier keinerlei Probleme. Insbesondere ist es für die neuen Konzepte einfacher, „Geschlecht" als konstitutives Element zu berücksichtigen[87].

- Gelegentlich wird auch darauf hingewiesen, dass in der jüngeren Ungleichheitsforschung die *„Verzeitlichung sozialer Ungleichheit"* besser berücksichtigt werde. Gemeint ist damit, dass die neuere Biographie- und Lebensverlaufsforschung Statusinkonsistenzen und Wechsel von sozialen Lagen im Lebensverlauf genauer nachzuzeichnen sucht.

Nimmt man alle diese Punkte zusammen, dann liegt die Schlussfolgerung nahe, dass das deskriptive Potential der neueren Ungleichheitskonzepte deutlich größer ist als das der traditionellen Ansätze – mehr Phänomene lassen sich genauer beschreiben, als es mit den Klassen- und Schichtkonzepten der Fall ist. Es stellt sich aber die Frage, ob dieses deskriptive Potenzial immer nutzbar bzw. wünschenswert ist.

Denn erstens besteht die Gefahr, dass die neuen Ungleichheiten, die mit den neuen Konzepten genauer beschrieben werden können, zum Teil erst durch diese Konzepte selbst produziert werden. Die Aufnahme von Ungleichheitsdimensionen wie „Arbeitsbedingungen", „Freizeitbedingungen", „Wohnbedingungen", „soziale Beziehungen" u. a. erhöht schon auf der konzeptionellen Ebene die Chance auf Statusinkonsistenzen beträchtlich: Je mehr Ungleichheitsdimensionen berücksichtigt werden, desto schwieriger wird es, homogene soziale Lagen zu identifizieren (Berger 1987: 61). So ist es nicht verwunderlich, dass die „neuen" Kriterien sozialer Ungleichheit mit den „herkömmlichen" nicht hoch korrelieren (Hradil 1983: 107). Die Feststellung einer differenzierteren, pluralisierten Realität trägt möglicherweise nicht objektiven Strukturänderungen Rechnung, sondern geht auf die Verwendung differenzierterer begrifflicher Konzepte und verfeinerter Untersuchungsmethoden zurück, die, auf historische Verhältnisse angewendet, schon dort „sehr schnell" ähnlich „differenzierte", „komplexe" und bisweilen auch ziemlich „unübersichtliche" Muster sozialer Lagen und „komplizierte" Verwerfungen von Konfliktfronten" (Berger 1988: 505) zu Tage gefördert hätten.[88].

---

87 Allerdings scheint dies noch nicht hinreichend durchgeführt zu sein (vgl. Pokora 1994, Steinrücke 1996).
88 Umgekehrt lässt sich bezweifeln, dass die Konsistenz „traditioneller" Ungleichheitsdimensionen tatsächlich abgenommen hat (vgl. Mayer 1987, Mayer/Blossfeld 1990). Insbesondere kann die These zurückgewiesen werden, dass erhöhter gesellschaftlicher Wohlstand die Statusinkonsistenz vergrößere. Kohler (2005) findet im Gegenteil, dass ärmere Länder ein höheres Maß an Statusinkonsistenz aufweisen als reichere.

Zweitens kann es für manche Fragestellungen angemessen sein, auf die höhere Genauigkeit der neuen Konzepte zu verzichten, um eine übersichtlichere Darstellung der *relevanten* Aspekte sozialer Ungleichheit zu erhalten. Während die neuen Ungleichheitskonzepte darauf angelegt sind, „*alle* Dimensionen [zu] umfassen, die für das Leben und Zusammenleben der Gesellschaftsmitglieder relevant sind" (Schwenk 1999: 67, Hervorhebung M. G., vgl. auch Hradil 1983: 101), konzentrieren sich die traditionellen auf wenige Dimensionen, die als besonders wichtig erachtet werden, wobei die Frage, was „wichtig" ist, sich an den eingangs genannten Bewertungskriterien des „vertikalen Paradigmas" richtet. Das Festhalten an diesen Kriterien ist möglicherweise nicht ganz so ungerechtfertigt, wie die berichtete Kritik an den traditionellen Ansätzen es behauptet. Es gibt etliche Hinweise darauf, dass der Bedeutungsverlust der „vertikalen Dimension" nicht so gravierend ausgefallen ist, wie es oft angenommen wird. Sie hat nach wie vor eine hohe Relevanz im Bewusstsein der Menschen (vgl. Schnierer 1996, Hadler 2003). Zudem zeigen Studien zur sozialen Gerechtigkeit, dass die gerechte Verteilung von „traditionellen" Ressourcen immer noch ein wichtiges Thema ist (Liebig/Verwiebe 2000; Liebig/Wegener 1995; Wegener 1992a, 1992c; Wegener/Liebig 1995).[89] „Traditionelle" Ressourcen begrenzen beziehungsweise erweitern immer noch den „Raum der Möglichkeiten", die die Individuen zur Gestaltung eines angenehmen Lebens zur Verfügung haben[90] und prägen damit entscheidend ihre Lebensqualität (Hartmann 1995).[91]

Drittens laufen die neuen Konzepte Gefahr, wichtige kausale Mechanismen sozialer Ungleichheit aus dem Auge zu verlieren. Nach wie vor ist davon auszugehen, dass soziale Schließungsprozesse auf der Basis von Herkunft, dem Besitz von Credentials oder anderer kollektiver Merkmale die Verteilung des gesellschaftlichen Reichtums beeinflussen und Ausbeutungsverhältnisse induzieren – was die Legitimität sozialer Ungleichheit erheblich in Frage stellt. Die Freilegung solcher

---

89 Umgekehrt sind nicht unbedingt die neuerdings beachteten Ungleichheitsdimensionen an sich neu, sondern die *Aufmerksamkeit,* die sie erfahren (Hradil 1990). Selbst Hradil gesteht zu, dass die Zuwendung zu den neuen Ungleichheiten zumindest teilweise einer veränderten Forschungsperspektive, und nicht einer veränderten Situation der Menschen geschuldet ist: „Es waren also nicht nur die Veränderungen des gesellschaftlichen Gegenstandes, es war auch die Korrektur der soziologischen „Brille", die die neuen Kultur- und Lebensformen sichtbar machte" (Hradil 1992: 20).

90 Die „neuen" Konzepte, besonders „Milieu" und „Lebensstil", konzentrieren sich eher auf die Frage, auf welche Weise die Individuen den ihnen zur Verfügung stehenden Möglichkeitsraum nutzen.

91 Menschen, die verschiedenen Klassen und Schichten angehören, unterscheiden sich beispielsweise erheblich in ihrer Einkommenschancen (Terwey 1984, Herz 1990, Erbslöh et al. 1988, 1990), ihren Bildungs- und Mobilitätschancen (dazu ausführlich Kapitel vier), ihrer politischen Partizipationschancen und Kriminalisierungsrisiken (Geißler 1996).

Schließungs- und Ausbeutungsverhältnisse liegt aber nicht auf der Agenda der „neuen" Ungleichheitskonzepte, die sich in erster Linie auf die Deskription möglichst vieler Facetten sozialer Ungleichheit konzentrieren. Damit läuft man aber Gefahr, mit solchen Konzepten Probleme, die sich aus Bewertungen ungleicher Ressourcenverteilungen im Lichte „traditioneller" Bewertungsmaßstäbe ergeben, aus dem Auge zu verlieren. Um es mit Reiner Geißler zu sagen: „*Ungleichheitsforschung* ufert zur *Vielfaltsforschung* aus. [...] Im Zentrum des Erkenntnisinteresses steht nicht mehr die problematische Ungleichheit der Lebensbedingungen, sondern die bunte Vielfalt der Handlungsmöglichkeiten, Lebensformen, Lebensführung und Lebensstile" (Geißler 1996: 322, Hervorhebung im Original, vgl. auch Meyer 2001: 265f.).

3.4.2 Die Erklärung sozialen Handelns

Hinsichtlich der Erklärung sozialen Handelns sind zwei Gesichtspunkte von Interesse. Erstens zeige die Pluralisierung der Lebensstile, dass soziales Handeln im Allgemeinen als „entstrukturiert" zu betrachten sei und insbesondere die Klassenlage die Handlungsvollzüge der Menschen *nicht mehr* präge. Zweitens seien die neuen Lage-, Milieu- und Stilkonzepte *besser* geeignet, soziales Handeln zu erklären.

3.4.2.1 Die Pluralisierung der Lebensstile – reales Phänomen oder methodischer Artefakt?

Gegen die Behauptung, dass die Erscheinungsformen von Lebensstilen vielfältiger geworden seien, lässt sich einwenden, dass es kaum empirische Daten gibt, mit deren Hilfe man diese These überhaupt stützen – oder widerlegen – kann. Lebensstiluntersuchungen sind vergleichsweise neu; und soweit Daten vorliegen, scheinen sie eher für eine Konstanz von Lebensstilmustern zu sprechen (Müller-Schneider 2000).[92] Darüber hinaus besteht auch hier die Gefahr, dass die verwendeten Konzepte und Methoden die festgestellte Vielfalt selbst produzieren. Es gibt keine allgemeingültigen Maßstäbe, nach denen Verhaltensweisen in den üblicherweise zur Operationalisierung von Lebensstilen herangezogenen Cluster- und

---

92 Abgesehen davon ist auch die Annahme, dass in früheren Zeiten Klassen und Schichten durch homogene Milieuzugehörigkeiten und einheitliche Lebensstile gekennzeichnet gewesen seien (die der These der Pluralisierung von Lebensstilen zumindest implizit unterliegt), wenig stichhaltig (Rössel 2004: 97).

Faktoranalysen als ähnlich oder unähnlich einzustufen wären. Damit ist es „lediglich eine Frage des Forschungsdesigns, wie viele und welche [Lebensstile] ermittelt werden. Das Forschungsdesign ist wiederum abhängig von der Fragestellung und damit von dem Primärforscher, der bestimmte Lebensstile unterscheiden und den ihn interessierenden Bevölkerungsgruppen zuordnen möchte." (Blasius 1994: 254).[93] Zwar führen Milieu- beziehungsweise Lebensstilanalysen nicht immer bei vergleichbaren Untersuchungen zu völlig unterschiedlichen Ergebnissen (Schulze 1990: 418–422). Es besteht aber durchaus die Gefahr, dass von einer *konzeptuell bedingten* Vielfalt auf eine *reale* Pluralisierung der Lebensstile geschlossen wird.

Auch das Ergebnis, dass objektive Bedingungen keinen Einfluss auf Lebensstile mehr hätten, ist zu einem beträchtlichen Teil konzeptuellen Problemen des Lebensstilkonzepts geschuldet. Insbesondere die „holistischen" Lebensstilkonzepte, die nicht nur möglichst breite Einstellungs- und Verhaltensbereiche, sondern gelegentlich auch „harte" Kriterien wie Einkommen oder Bildung in die Operationalisierung von Lebensstilen mit einbeziehen, laufen Gefahr, Effekte objektiver Bedingungen auf Lebensstile zu übersehen. Die Konsequenz aus einer solchen Konzeptualisierung von Lebensstil ist, „daß im Kontext von Lebensstilanalysen unabhängige von abhängigen Momenten nicht mehr unterschieden werden können. Variablen können zugleich Merkmale, Determinanten und Derivate des Lebensstils sein" (Konietzka 1994: 161). Mithin kann eine Strukturierung (oder Entstrukturierung) des Lebensstils nicht mehr festgestellt werden – schon deshalb nicht, weil potentielle strukturelle Determinanten selbst Teil des Lebensstils sind.

Die Frage, ob ein Lebensstil von objektiven Bedingungen abhängig ist oder nicht, hängt zudem davon ab, *welche* Items zur Konstruktion des Lebensstils verwendet werden. Einige Verhaltensweisen werden stärker durch objektive Bedingungen als andere strukturiert (vgl. Otte 2005: 5 ff.). Es stellt sich daher immer die Frage, ob denn die zur Behandlung des Strukturierungsproblems adäquaten Lebensstilelemente auch hinreichend berücksichtigt worden sind. Im schlimmsten Fall muss eine misslungene Operationalisierung von Lebensstilen gar zum Beweis für die Entstrukturierungsthese herhalten: „Die Tatsache, daß die Clusteranalyse bei Lüdtke nicht zu irgendwie substantiell gehaltvoll erscheinenden Resultaten geführt hat, wird zur eindrucksvollen Bestätigung der These der Pluralisierung von Lebensstilen umdefiniert. Das Axiom der sozialen Entstrukturierung, als Voraus-

---

93 Als Beispiel seien etwa die Studien von Spellerberg (1996a) und Georg (1996) genannt, die trotz sehr ähnlicher Lebensstilkonzeptionen und empirischer Verfahrensweisen zu unterschiedlichen Lebensstiltypen kommen: Spellerberg unterscheidet in West- und Ostdeutschland je neun Lebensstile, Georg differenziert in Westdeutschland nur sieben (Georg 1996). (Vgl. auch Konietzka 1994: 162 f., Meyer 2001, in gewisser Weise selbstkritisch: Hradil 1992).

setzung für die Plausibilität einer nutzentheoretischen Konzeption der Lebensstile angenommen, bewährt sich auf diese Weise gerade an der Unmöglichkeit, Stile empirisch klar abgrenzen, geschweige denn interpretieren und theoretisch rückbinden zu können." (Konietzka 1995: 43).[94]

3.4.2.2 Zur Erklärungskraft „neuer" Analysekonzepte

Hinsichtlich des Erklärungspotenzials der „neuen" Konzepte ist ihr Vorteil vor allem darin zu sehen, dass sie Werte, Einstellungen und andere subjektive Elemente enthalten, also neben den äußeren Bedingungen sozialen Handelns auch deren subjektive Wahrnehmung und Bedeutung berücksichtigen. Insofern ist die Erwartung einer höheren Erklärungskraft sicher berechtigt. Umso enttäuschender ist das Ergebnis, dass im direkten Vergleich mit dem Klassenkonzept die neuen Konzepte nicht unbedingt besser abschneiden. So vergleicht Zerger (2000) den Einfluss von Klassenlage (operationalisiert durch das Goldthorpsche Schema) einerseits und den SINUS-Milieus andererseits auf Einkommen und einige Einstellungsvariablen. Eine klar bessere Erklärungsleistung des Milieukonzepts ist aber nicht zu finden. Zwar schneidet bei den Einstellungsvariablen das Milieukonzept erwartungsgemäß etwas besser ab, nicht aber bei der Vorhersage des Einkommens. Die Erklärungsleistung der Milieus (wie des Klassenkonzepts) bleibt besonders enttäuschend, wenn man sozialstrukturelle Variablen mit in das Modell aufnimmt (Zerger 2000: 242). Umgekehrt zeigen etliche Studien, dass sich die Klassenlage (bzw. Schichtposition) auf eine ganze Reihe von subjektiven Einstellungen auswirkt (Erbslöh et al. 1988, 1990, Wright 1997), auf abweichendes Verhalten und politische Aktivitäten (Geißler 1996), Geschmackspräferenzen (Bourdieu 1988), auf Heiratswahlen (Wirth/Lüttinger 1998), auf Parteipräferenzen und das Wahlverhalten. Besonders letzteres ist in der „Entstrukturierungsdebatte" auf Interesse gestoßen (Jagodzinski/Quandt 1997; Manza et al. 1995; Müller 1997, 2000; Schnell/Kohler 1995, 1997).

Diese und ähnliche Studien legen die Schlussfolgerung nahe, dass die Effektivität unterschiedlicher Konzepte sozialer Ungleichheit bei der Erklärung von Verhaltensweisen von der Beschaffenheit der abhängigen Variable abhängt – es kommt darauf an, *welche* Einstellungen und Verhaltensweisen man untersucht.

---

94 Zu diesen konzeptionellen Problemen kommt noch der Einwand, dass die Lebensstilsoziologie sich auf spezifische soziale Gruppen konzentriere: Auf diejenigen, die sich die Pluralisierung der Lebensstile eben leisten könne. Das hat ihr den Vorwurf eingebracht, eine „Yuppiesoziologie" (Hartmann 2001: 306) zu betreiben, die eine Individualisierung der höheren Bildungsgruppen unberechtigter Weise verallgemeinere (Konietzka 1995: 125).

Im „Handlungsfeld Wirtschaft/Arbeit (....) sind soziale Klassen das strukturdominante Konzept (...) Dagegen ist die Lebensstiltypologie in den Bereichen Freizeit und Kultur überlegen" (Otte 2005: 12, vgl. auch Herz 1990 und Otte 1997). So gilt denn ähnlich wie hinsichtlich der Beschreibung von Strukturen sozialer Ungleichheit: Welche Konzepte zur Erklärung sozialen Handelns besser geeignet sind, hängt von der Fragestellung ab.

Allerdings bleibt hinsichtlich der Erklärung sozialen Handelns durch die „neuen" Konzepte noch ein Vorbehalt zu äußern. „Erklärungen" sind immer dann mit Vorsicht zu betrachten, wenn keine klare Trennung zwischen Explanans und Explanandum gewährleistet ist. Der Vorteil von Milieu- und Stilkonzepten, Werte und Einstellungen zu beinhalten, kann in dieser Hinsicht schnell zum Nachteil gereichen. Wenn die Operationalisierung des erklärenden Konzepts Einstellungen verwendet, die eventuell zu erklärenden Einstellungen sehr ähnlich sind, ist die Annahme einer kausalen Beziehung problematisch (vgl. Hermann 2004). Eine hohe Erklärungskraft könnte sich dann leicht als Ausdruck einer tautologischen Beziehung statt einer kausalen Erklärung erweisen.[95] Lebensstile und Milieus sind dann nützlich für Erklärungen sozialen Handelns, wenn es eine Theorie gibt, die entscheidet, welche Verhaltensweisen und Einstellungen das Milieu beziehungsweise den Lebensstil definieren, und welche andererseits zu erklärende Phänomene darstellen.[96]

3.5 Zusammenfassung

Die Frage, inwieweit Klassenstrukturen zum sozialen Handeln beitragen, war und ist einer der wichtigsten Diskussionspunkte in der neueren Ungleichheitsforschung.[97] Die Kritik an Klassen- und Schichtkonzepten lautet, dass diese angesichts umfangreicher gesellschaftlicher Umbrüche in jüngerer Zeit, die „neue Ungleichheiten" ins Zentrum der öffentlichen Diskussion gerückt habe, zur Beschreibung von Ungleichheitsstrukturen, zur Erklärung der Entstehung sozialer

---

95 Rössel plädiert dafür, Lebensstile ausschließlich über Präferenzen zu konzeptualisieren, um klare Erklärungsmodelle aufstellen zu können (Rössel 2004).
96 So konnte gezeigt werden, dass Lebensstile Unterschiede in der Lebensqualität erklären können (Spellerberg 1996b), oder zur Prognose des Wahlverhaltens nützlich sind (Gluchowski 1987). Auch bei der Erklärung kriminellen Verhaltens, Gesundheitsproblemen und Mortalität, Viktimisierungsphänomenen und der Partnerwahl leistete das Lebensstilkonzept schon nützliche Dienste (Hermann 2004).
97 Entgegen der gelegentlich vorgetragenen Meinung, dass die „Entstrukturierungsdebatte" eine rein deutsche Angelegenheit sei, finden sich entsprechende Diskussionen auch auf internationaler Bühne (vgl. Waters 1991, Clark/Lipset 1991, Clark et al. 1993; Hout et al. 1993a; Pakulski 1993; Pakulski/Waters 1996).

Ungleichheit und zur Erklärung sozialen Handelns und sozialen Wandels nicht mehr tauglich seien. Die Diskussion wird dabei auf zwei Ebenen geführt, die faktisch zwar eng miteinander verbunden sind, analytisch aber unbedingt auseinander gehalten werden müssen: auf der konzeptionellen Ebene und auf der empirischen.

Hinsichtlich der konzeptionellen Ebene ist festzuhalten, dass die „neuen" Ungleichheitskonzepte zwar deskriptiv genauer sind, aber die Ungleichheiten, die sie genauer beschreiben können, zum Teil selbst produzieren. Zudem scheint es für manche Fragestellungen angebracht, sich zugunsten einer übersichtlicheren Darstellung relevanter Aspekte sozialer Ungleichheit auf eine höhere Genauigkeit zu verzichten (wobei die Frage, welche Aspekte sozialer Ungleichheit „relevant" sind, von ebendieser Fragestellung abhängt). Was die Erklärung des Zustandekommens sozialer Ungleichheit anbetrifft, ist zu bemerken, dass die „neuen" Konzepte Mechanismen der Generierung sozialer Ungleichheit erfassen können, für die „Klassen" und „Schichten" blind sind. Allerdings gilt umgekehrt, dass die nach wie vor wichtigen Schließungs- beziehungsweise Ausbeutungsprozesse in den „neuen" Konzepten nicht hinreichend berücksichtigt werden. Bezüglich des sozialen Handels und sozialen Wandels schließlich kann ebenfalls konstatiert werden, dass die Wahl des angemessenen Analysekonzepts wesentlich von der Fragestellung des Forschenden abhängt.

Hinsichtlich der empirischen Ebene bleibt zunächst festzuhalten, dass beide Konzeptfamilien nützlich sind. Je nach der Beschaffenheit der abhängigen Variablen entfalten mal Klassen- und Schichtkonzepte, mal Lage-, Stil- und Milieukonzepte eine größere Erklärungskraft. Ein abschließendes Urteil über die empirische Bewährung der einen oder der anderen Ungleichheitskonzeption steht derzeit noch aus. Insofern kann von einer Ablösung der traditionellen Konzepte durch die neuen nicht die Rede sein. Generell scheint sich die Auffassung durchzusetzen, dass „traditionelle" und „neue" Konzepte gleichermaßen wichtig sind und sich gegenseitig ergänzen (Hradil 2001). Das bedeutet allerdings auch, dass Schicht, vor allem aber Klassentheorien den Anspruch fallen lassen müssen, *den* zentralen Aspekt sozialer Ungleichheit überhaupt erfassen zu können. Klassen und Schichten analysieren *einen* Aspekt der Ungleichheit, und meines Erachtens einen sehr wichtigen. Zur Bearbeitung vieler Fragestellungen sind sie aber schlicht nicht geeignet. Klassen und Schichten leisten einen wichtigen Beitrag zur Analyse der Ungleichheit, können sie aber nicht vollständig erfassen.

Es gibt allerdings einen weiten Bereich der sozialen Ungleichheitsforschung, der für die Beurteilung der lebensweltlichen Relevanz von Klassen- und Schichtkonzepten jenseits der bisher dargestellten Überlegungen von enormer Bedeutung ist: die Erforschung sozialer Mobilität. Diesem Forschungsfeld sind die folgenden beiden Kapitel gewidmet.

4 Theorien und Methoden der intergenerationalen Mobilitätsforschung

Die Analyse der intergenerationalen Mobilität befasst sich mit der Frage, ob und inwieweit soziale Auf- und Abstiege in der Generationenfolge stattfinden. Werden berufliche Positionen von den Eltern auf die Kinder „vererbt", oder finden diese ihren Weg unabhängig von den Ressourcen, die das Elternhaus vermittelt? Diese Frage nach der Gleichheit oder Ungleichheit der *Chancen* auf die Erreichung begehrter Positionen ist aus einer gesellschaftspolitischen Perspektive fast noch wichtiger als die Frage nach der ungleichen Verteilung von Gütern. Während soziale Ungleichheit durchaus mit der Vorstellung einer gerechten Gesellschaft kompatibel sein kann, ist die Ungleichheit der beruflichen Chancen mit dem meritokratischen Ideal in keiner Weise vereinbar. Daher gehört die Analyse der intergenerationalen Mobilität zum Kernfeld sozialer Ungleichheit.

Die Untersuchung von Prozessen sozialer Mobilität wird spätestens seit Max Weber in engem Zusammenhang mit der Frage der *Klassenbildung* gesehen. Einerseits kann man sagen, dass Mobilitätsbarrieren helfen, soziale Klassen zu konstituieren. In dem Maße, in dem Mobilitätshemmnisse errichtet werden (oder anders ausgedrückt: Personen vom Zugang zu Ressourcen oder Positionen *ausgeschlossen* werden), entstehen Privilegierungen, womit eine wichtige Voraussetzung der Klassenbildung gegeben ist. Umgekehrt indizieren Mobilitätsbarrieren, wo Klassengrenzen verlaufen. Klassenbildung und Mobilitätsbarrieren bedingen sich gegenseitig. Bei absolut freier Mobilität kann es keine Klassenbildung geben, oder umgekehrt: Klassengrenzen stellen immer auch Mobilitätshemmnisse dar.

Die Erforschung intergenerationaler Mobilität lässt sich grob in drei aufeinander folgende „Generationen" (Ganzeboom et al. 1991) einteilen, die sich vor allem nach methodischen Gesichtspunkten unterscheiden lassen. Die erste beginnt kurz nach dem Ende des Zweiten Weltkriegs. In dieser Zeit regte das „Research Committee 28" der „International Sociological Association" eine Fülle von Studien an, die sich mit Prozessen der intergenerationalen Mobilität beschäftigten. In dieser

Zeit standen der Mobilitätsanalyse nur verhältnismäßig simple statistische Analysewerkzeuge (Analyse von Kreuztabellen mit Hilfe einfacher Assoziationsindizes) zur Verfügung. Inhaltlich fußte die Mobilitätsanalyse auf den Annahmen der „Industrialisierungsthese": Danach wurde vermutet, dass soziale Mobilität mit zunehmender Industrialisierung ansteigt und Klassen- und Schichten sich im Zuge der besseren Aufstiegsmöglichkeiten auflösen.

Die zweite Generation beginnt mit der Einführung der Pfadanalyse in die Mobilitätsstudien, was die Entwicklung des „Statusattainment-Modells" ermöglichte. Auch dieser Ansatz ging von einer Auflösung von Klassen und Schichten und einer Entwicklung zu einer individualisierten Gesellschaft aus. Begründet wurde dies mit der zunehmenden Bedeutung der Bildung im Vergleich zur sozialen Herkunft für die Erreichung beruflicher Positionen.

Die dritte Generation schließlich bringt die Klassen in die Mobilitätsanalyse zurück. Ausgehend von der Annahme, dass intergenerationale Mobilitätschancen erheblich durch die soziale Herkunftsklasse determiniert werden, stehen wieder Übergangsmatrizen in Form von Kreuztabellen zwischen Vater- und Sohnberufen im Mittelpunkt der Analysen.[98] Dabei werden diese Kreuztabellen aber mit Hilfe sehr komplexer „log-linearer" Modelle analysiert.

Das Untersuchungsfeld der intergenerationalen Mobilität ist ein Feld, das seit jeher weniger von theoretischen Entwicklungen als vielmehr von methodischen Neuerungen geprägt worden ist.[99] In mancher Hinsicht muss man gar konstatieren, dass – ganz im Sinne herrschender „Paradigmen" (Kuhn 1976) – theoretische Konzepte die Wahl bestimmter Methoden nahelegen, die wiederum in mancher Hinsicht die gefundenen Resultate präjudizieren. Daher werden hier nicht nur die Ergebnisse empirischer Mobilitätsstudien präsentiert, sondern auch in „methodischen Exkursen" die verwendeten Analyseverfahren erläutert.

4.1 Industrialisierung und soziale Mobilität

In den fünfziger Jahren versuchten Ausschüsse der International Sociological Association, Mobilitätsstudien anzuregen und zu koordinieren (Glass 1965). Auch aufgrund dieser Bemühungen wurden zunehmend Untersuchungen sozialer Mo-

---

98 Die Untersuchung sozialer Mobilität von Frauen wird erst in jüngerer Zeit unternommen (z.B. Korupp et al. 2002). Der hauptsächliche Grund dafür liegt darin, dass die Frauenerwerbsquoten sich bis in die fünfziger Jahre auf sehr niedrigem Niveau befanden.
99 Kaum ein Feld soziologischer Forschung wird so stark von methodologischen Fragen beeinflusst wie die Erforschung sozialer Mobilität (zum Beispiel Bibby 1975, Boudon 1973, Mayer/Müller 1972, Mayntz 1958b, Svalastoga 1961, Yasuda 1964, Jones 1992, Hout/Hauser 1992).

bilität mit hoher Qualität durchgeführt, die zwar nicht völlig identisch erhoben wurden, aber doch internationale Vergleiche ermöglichten.[100]

So stellten im Gegensatz zu der damals verbreiteten Annahme, dass sich die USA durch außergewöhnlich hohe Mobilitätsraten auszeichneten, Lipset und Bendix in ihrer bahnbrechenden Studie „Social Mobility in Industrial Society" (Lipset/Bendix 1963) eine weitgehende Übereinstimmung der Mobilitätsraten in Industrieländern westlicher Prägung fest. Industriegesellschaften sind *generell* durch hohe Raten sozialer Mobilität gekennzeichnet. Hohe Mobilitätsraten wiederum bedeuten, dass Industriegesellschaften *offen* sind, insoweit prinzipiell jeder die Chance hat, durch Ausbildungsbemühungen wünschenswerte Positionen zu erreichen.[101]

Das Anwachsen der Mobilitätsraten im Industrialisierungsprozess lässt sich dabei auf zwei grundlegende Prozesse zurückführen:

(1) Die technische Innovation führt zu einer völligen Umschichtung der Berufsstruktur. Berufsgruppen mit anspruchsvollen Tätigkeiten weiten sich aus, solche mit nur anspruchslosen, repetitiven Tätigkeiten schrumpfen. Dies wird insbesondere in der sektoralen Umschichtung von der Landwirtschaft zum industriellen, später auch zum Dienstleistungssektor deutlich. Diese Umstrukturierung führt *zwangsläufig* zur sozialen Mobilität: Ein Teil der Söhne von Vätern, die schrumpfenden Berufsgruppen angehören, müssen aufgrund der wegbrechenden Beschäftigungsmöglichkeiten in anderen Berufsgruppen unterkommen. Umgekehrt können sich wachsende Berufsgruppen nicht nur auf die eigenen Reihen verlassen, eine Rekrutierung aus „fremden" Gruppen ist unumgänglich. Die *„Strukturmobilität"* steigt in Industriegesellschaften stark an.

(2) Für die Einschätzung der Offen- oder Geschlossenheit von Gesellschaften ist aber ein anderer Prozess wesentlich bedeutsamer. Die Idee der offenen Gesellschaft basiert weniger auf den zu beobachtenden Mobilitätsraten als auf dem Einfluss der sozialen Herkunft auf die Platzierung von Individuen in das System der Ungleichheit. Gesellschaften gelten als geschlossen, wenn und insoweit die Herkunft festlegt, welche sozialen Positionen Individuen erreichen können. Die Auswirkungen der sozialen Schließung sind von den Auswirkungen des berufsstrukturellen Wandels zu unterscheiden. Auch in vollständig geschlossenen Gesellschaften wird soziale Mobilität erzwungen, wenn die Berufsstruktur sich verändert. Wenn die soziale Herkunft hingegen an Einfluss auf die berufliche Plat-

---

100 Für die Bundesrepublik siehe Bolte (1958), Janowitz (1958), Daheim (1961), Kleining (1971).
101 Nicht alle frühe Mobilitätsstudien sind so optimistisch ausgefallen wie die von Lipset und Bendix; insbesondere die europäischen Studien wiesen darauf hin, dass die Mobilitätschancen mit der Industrialisierung nicht so stark zugenommen haben, wie oft vermutet wurde (z. B. Kleinig 1971).

zierung verliert, steigt das Ausmaß der sozialen Mobilität, auch wenn die Berufsstruktur im zeitlichen Verlauf konstant bleibt. Denn die Motivierten und Talentierten der unteren Schichten steigen zunehmend auf, während die Unmotivierten und Unfähigen der oberen Schichten absteigen. Der Grad der Offenheit von Gesellschaften zeigt sich erst im Ausmaß der „Austauschmobilität".[102]

Die These, dass durch die Industrialisierung soziale Mobilität zunehme, bezieht sich auf beide Prozesse: Die Industrialisierung bringt eine Umschichtung der Berufsstruktur mit sich, gleichzeitig aber schwächt sich auch die berufliche „Vererbung" ab, da im Zuge der Industrialisierung Qualifikation, Motivation und Leistung für die Allokation von Personen auf Positionen an Bedeutung gewinnen, während die Herkunft als Allokationsmerkmal an Bedeutung verliert. Generell gesagt gewinnen in der modernen Industriegesellschaft so genannte *„achievement"- Kriterien* (wie Bildung) bei der Allokation von Personen auf soziale Positionen an Bedeutung (vgl. Lipset/Bendix 1963: 227), während *askriptive* Kriterien (wie Herkunft, Geschlecht oder ethnische Zugehörigkeit) an Bedeutung verlieren. Erhöhte Struktur- wie Austauschmobilität führen zu den hohen Mobilitätsraten. Und da alle Industrieländer sich nach dem gleichen Muster entwickeln, *konvergieren* sie alle zu der gleichen – hohen – Mobilitätsrate.

Die Studie von Lipset und Bendix ist vor allem deshalb so bedeutsam, weil sie die von Kerr et al. entwickelte „Industrialisierungsthese" zu bestätigen scheint, nach der in der Industriegesellschaft nicht nur die hohe Produktivität industrieller Fertigung die eine generelle Angleichung der Lebensbedingungen vorantreibt, sondern eben auch die Chancengleichheit in der sozialen Mobilität herstellt. Gleichheit der Lebensbedingungen und der Mobilitätchancen legitimieren aber nicht nur (verbliebene) soziale Ungleichheit, sie unterhöhlen nach Kerr et al. auch die Basis der Klassengesellschaft. Die voll entwickelte Industriegesellschaft bedeutet ihrer Meinung nach das *„Ende der Ideologien",* die den Klassenkonflikt auszeichnen (Kerr et al. 1966: 334). Zudem werde die Arbeiterschaft zunehmend durch die berufliche Spezialisierung und Differenzierung nach Qualifikation *segmentiert.* Die pragmatischen Konflikte um Einfluss auf die Gestaltung industrieller Beziehungen werden zunehmend durch Berufsgruppenvertretungen ausgetragen: „Immer mehr Berufe und Tätigkeiten werden in Organisationen zusammengefaßt werden" (Kerr et al. 1966: 345). *Interessensgruppen* lösen soziale Klassen ab. Makrosoziale Vereinheitlichungen und zunehmende Kontrolle am Arbeitsplatz gehen Hand in Hand mit individuellen Freiheiten und Gestaltungsmöglichkeiten

---

102 Zur Unterscheidung von Struktur- und Austauschmobilität siehe Yasuda (1964), Boudon (1973), Hazelrigg (1974), McCann (1977), McClendon (1977).

in der Freizeit (Kerr et al. 1966: 348 ff.). *Individualisierungstendenzen* sind nach Kerr et al. für Industriegesellschaften charakteristisch.[103]

4.1.1 Technische Anmerkungen: Inflow, outflow und der Assoziationsindex

So anspruchsvoll die Untersuchungsanlagen und Thesen waren, die in den frühen Mobilitätsstudien dargelegt wurden, so einfach waren die methodischen Verfahren, mit deren Hilfe diese Thesen geprüft werden sollten. Im Wesentlichen operierten die Studien mit großen, repräsentativen Studien, in denen der Beruf der Befragten (meist Männer im Alter von 16–65 Jahre), mit dem Beruf ihrer Väter (wohlgemerkt Väter, Mütter spielten bei diesen Analysen so gut wie keine Rolle) verglichen wurde. Dabei wurden die Studienteilnehmer meist nach dem Beruf des Vaters zu dem Zeitpunkt, zu dem die Befragten selbst 15 Jahre alt waren, befragt.

Die kreuztabellarische Gegenüberstellung von Vater- und Sohnberufen ergibt die „Mobilitätstabelle", die die Grundlage der Mobilitätsstudien darstellt. Eine solche Mobilitätstabelle erfordert eine recht grobe Kategorisierung der Berufe. Fein abgestufte Kategorien können eine Mobilitätstabelle schnell unübersichtlich werden lassen und machen sehr große Stichproben erforderlich, da manche Zellen sonst nicht mehr oder nur in sehr geringem Umfang besetzt sind. In Deutschland wurden meist die Kategorien der „beruflichen Stellung" verwendet. Internationale Vergleiche benötigten auch eine Angleichung der verwendeten Kategorienschemata; da das oft nur sehr schwer zu erreichen war, beschränkten sich vergleichende Studien meist auf nur sehr wenige Kategorien. Oft wurden nur manuelle Arbeiter, nichtmanuelle und im Agrarsektor Tätige unterschieden (Miller 1960) Im Folgenden ist ein Beispiel für eine Mobilitätstabelle aus dem Allbus 2002 (Tabelle 1) aufgeführt. Gezeigt werden die beruflichen Stellungen der hauptberuflich Erwerbstätigen (Spalten der Tabelle), gekreuzt mit der beruflichen Stellung ihres Vaters (Zeilen der Tabelle), als die Befragten 15 Jahre alt waren.

In den Diagonalen dieser Tabelle sind die Personen zu sehen, die nicht mobil sind: Hier finden sich die Selbständigen, deren Väter auch schon selbständig waren, usw. Zählt man alle diese Personen zusammen, dann kommt man auf einen Index der Immobilität: 497 oder 42.08 % der Befragten sind im Generationenverlauf in der gleichen Klassenlage wie ihre Eltern geblieben. Dementsprechend sind 57.92 % der Stichprobe mobil. Diese Gesamtmobilität ließe sich dann noch in

---

103 Es verblüfft, dass Kerr et al. bereits 1966 viele Argumente der von Beck aufgestellten Individualisierungsthese (vgl. drittes Kapitel) vorweggenommen haben.

Tabelle 1 Mobilitätskoeffizienten

	Landwirte	Selbständige	Beamte	Angestellte	Arbeiter	Total
Landwirte	3[a]	7	8	23	14	55
	0.23[b]	6.70	4.19	29.10	14.76	
	–[c]	1.04	1.90	0.79	0.95	
	5.45[d]	12.73	14.55	41.82	25.45	100.00
	60.00[e]	4.86	8.89	3.68	4.42	4.66
Selbständige	1	27	7	62	14	111
	0.47	13.53	8.46	58.74	29.79	
	–	2.00	0.83	1.05	0.47	
	0.90	24.32	6.31	55.86	12.61	100.00
	20.00	18.75	7.78	9.92	4.42	9.40
Beamte	0	13	17	57	14	101
	0.43	12.31	7.70	53.45	27.11	
	–	1.05	2.20	1.07	0.52	
	0.00	12.87	16.83	56.44	13.86	100.00
	0.00	9.03	18.89	9.12	4.42	8.55
Angestellte	0	53	29	223	48	353
	1.49	43.04	26.90	186.81	94.75	
	–	1.23	1.08	1.19	0.51	
	0.00	15.01	8.22	63.17	13.60	100.00
	0.00	36.81	32.22	35.68	15.14	29.89
Arbeiter	1	44	29	260	227	561
	2.38	68.40	42.75	296.89	150.58	
	–	0.64	0.68	0.88	1.51	
	0.18	7.84	5.17	46.35	40.46	100.00
	20.00	30.56	32.22	41.60	71.61	47.50
Total	5	144	90	625	317	1 181
	0.42	12.19	7.62	52.92	26.84	100.00
	100.00	100.00	100.00	100.00	100.00	100.00

Quelle: Allbus 2002, eigene Berechnungen
[a] Zellhäufigkeit; [b] erwartete Häufigkeit; [c] Assoziationsindex; [d] Zeilenprozente, Abstrom;
[e] Spaltenprozente, Zustrom

Aufwärts- und Abwärtsmobilität partitionieren, wenn es eine klare Rangordnung zwischen den Kategorien der beruflichen Stellung gäbe, die eine Klassifikation in Auf- oder Abstieg ermöglichen würde. Die Kategorien der beruflichen Stellung erlauben das aber nicht ohne weiteres – ist der Wechsel von der selbständigen Kategorie zu den Beamten ein Aufstieg? Oder ist ein solcher Wechsel als Abstieg zu begreifen? Andere Einteilungen, etwa beruhend auf der Zugehörigkeit zu Prestige-Schichten, erlauben hier klarere Aussagen.

Neben der „Partitionierung" der Tabelle in Mobile und Immobile ist die Betrachtung der so genannten „Zustrom"- und „Abstromprozente" zur Einschätzung der Mobilitätsprozesse hilfreich. Die Abstromprozente ergeben sich, wenn zeilenweise prozentuiert wird und lesen sich demgemäß am besten „von links nach rechts". So ist in der Tabelle zu sehen, dass 24.32 % der Söhne von Selbständigen wieder selbständig wurden – aber 55.86 % wurden Angestellte. Diese Abstromprozente geben also an, in welche Zielberufe die Abkömmlinge einer Berufskategorie strömen – und geben einen guten ersten Blick auf Verbleibswahrscheinlichkeiten, Aufstiegschancen und Abstiegsrisiken. Umgekehrt rechnen sich die „Zustromprozente" spaltenweise zu 100 % auf – sie geben an, aus welchen „Herkunftskategorien" sich die Zielberufe rekrutieren. In der Tabelle ist zum Beispiel zu sehen, dass ca. je ein Drittel (32.22 %) der jetzigen Beamten Väter hatten, die Angestellte oder Arbeiter waren – und nur 18.89 % der jetzigen Beamten stammen schon aus einem Beamtenhaushalt. Zustromprozente spiegeln damit auch die Homogenität einer beruflichen Kategorie hinsichtlich ihrer sozialen Herkunft wider.

Es ist zu beachten, dass die Zu- und Abstromprozente stark von den Randverteilungen abhängen. Kategorien, die schrumpfen, müssen zwangsläufig abströmen. So waren fast die Hälfte der Väter Arbeiter (47.5 %), während nur noch ein Viertel der jetzigen Berufstätigen (26.84 %) Arbeiter sind. Und das bedeutet, dass viele der Arbeitersöhne sich zwangsläufig andere Berufe suchen müssen – dementsprechend hoch sind die Abströme zu den Angestellten, die die größte Gruppe der aktuell Berufstätigen darstellen. Umgekehrt tendieren schrumpfende Kategorien dazu, sich in hohem Maße „aus sich selbst" zu rekrutieren – 71.61 % der jetzigen Arbeiter stammen schon aus einem Arbeiterhaushalt. Wachsende Kategorien hingegen müssen ihren „Nachwuchs" zwangsläufig aus anderen Kategorien rekrutieren – so stammt der größte Teil der jetzigen Angestellten ebenfalls aus Arbeiterhaushalten.

Die Betrachtung der Zu- und Abstromprozente macht schon deutlich, dass ein guter Teil der Mobilität aufgrund struktureller Umbrüche stattfinden muss – dies ergibt sich besonders aus den Betrachtungen der Randverteilungen. Gleichwohl kommen die Abströme in die beziehungsweise die Zuströme aus den „Fremdkategorien" nicht nur durch strukturellen Wandel zustande; auch die Austauschmobilität trägt zu diesen Mobilitätsströmen bei. Damit stellt sich das Problem, dass die

Effekte der Struktur- und der Austauschmobilität auf beobachtete Mobilitätsraten zu unterscheiden sind.

Zwei Möglichkeiten der Unterscheidung in Struktur- und Austauschmobilität wurden häufig verwendet. Die erste verwendet den so genannten „Dissimilaritätsindex". Man erhält ihn, wenn man die beiden Randverteilungen direkt vergleicht und die positiven Differenzen der korrespondierenden Anteile zusammenzählt. Ein Beispiel mag den Dissimilaritätsindex verdeutlichen. Die Tabelle 2 stellt die beiden Randverteilungen aus Tabelle 1 gegenüber.

Die erste Zahl in jeder Zelle gibt die absolute Besetzung der Kategorie an (es gibt 55 Landwirte bei den Vätern), die zweite ist der entsprechende prozentuale Anteil (das sind 4.66 %). Bei den Kindern gibt es nur noch 5 beziehungsweise 0.42 % Landwirte. Den Dissimilaritätsindex erhält man, wenn man nun alle *positiven* Differenzen der relativen Anteile der einzelnen Kategorien zusammenzählt (4.23 + 0.93 + 20.66), das sind 25.83 %. Man kann natürlich mit den absoluten Differenzen operieren: 305 ergibt sich als Summe der positiven absoluten Differenzen; das ist ein Anteil von 25.83 % an der gesamten Stichprobe.[104]

Der Dissimilaritätsindex gibt damit an, welcher Anteil der Personen in der Tabelle mobil sein *musste*, nur aufgrund der Tatsache, dass die Kategorien im Laufe der Zeit ihren Umfang geändert haben. Alternativ lässt sich diese Zahl auch als der Anteil der Personen interpretieren, der „umgesetzt" werden müsste, um Verteilungen der Väter und Söhne anzugleichen. Der Dissimilaritätsindex wurde aufgrund seiner Eigenschaften als Maß für den Anteil der Strukturmobilität in einer Tabelle verwendet. Die Austausch- oder auch „reine" Mobilität ergab sich dann als Differenz des Anteils der insgesamt Mobilen (57.92 %) minus dem Anteil der Strukturmobilen (25.83 %), hier also als 32.09 %.

Der zweite Index, der oft verwendet wurde, um den Grad der Austauschmobilität feststellen zu können, ist der so genannte „Assoziationsindex", der etwa zeitgleich von Rogoff in den USA (Rogoff 1960) und Glass in Großbritannien (Glass/Hall 1954) verwendet wurde. Der Index versucht, den Grad der Abweichung von einem Modell der „perfekten Mobilität" festzustellen. Ein Modell der perfekten Mobilität erhält man, wenn man davon ausgeht, dass der Vaterberuf den Beruf der Söhne in keiner Weise beeinflusst, dass es also keine Assoziation zwischen Herkunfts- und Zielberuf gibt. Es lässt sich nun leicht berechnen, welche Häufigkeiten in einer Kreuztabelle zu erwarten sind, wenn keine Assoziation in der Ta-

---

104 Alternativ kann man die Beträge aller Differenzen aufsummieren und durch 2 teilen, das kommt auf dasselbe Ergebnis.

Tabelle 2 Summarische Koeffizienten

	Landwirte	Selbständige	Beamte	Angestellte	Arbeiter	gesamt
Väter	55	111	101	353	561	
	4.66	9.40	8.55	29.89	47.50	
Söhne	5	144	90	625	317	
	0.42	12.19	7.62	52.92	26.84	
Differenz	50	−33	11	−272	244	305
	4.23	2.79	0.93	23.03	20.66	25.83

Quele: Allbus 2002, eigene Berechnungen

belle existiert[105]. In der Tabelle 1 sind diese erwarteten Häufigkeiten in der zweiten Zeile angegeben. Der Assoziationsindex, der in der dritten Zeile aufgeführt wird,[106] teilt nun einfach die tatsächlich beobachteten Häufigkeiten durch dieses erwartete Häufigkeiten. Ein Index größer 1 gibt dann an, dass mehr Personen in einer Zelle beobachtet wurden, als bei Unabhängigkeit erwartet werden kann, ein Index kleiner 1 weist entsprechend darauf hin, dass sich weniger Personen in der Zelle befinden als erwartet.

In Tabelle 1 ist nun zu sehen, dass alle Assoziationsindizes in den Diagonalen der Zelle deutlich größer sind als 1 – die Diagonalen sind damit deutlich stärker besetzt, als es bei Annahme der Unabhängigkeit zu erwarten wäre. Insbesondere bei den Selbständigen und bei den Beamten ist dies der Fall – hier finden sich etwa doppelt so viele Personen wie erwartet – was darauf hinweist, dass diese Berufskreise besonders stark abgeschlossen sind gegen andere. Söhne von Angestellten hingegen sind nur leicht überproportional wieder in der Angestelltenkategorie zu finden. Sie verteilen sich recht gleichmäßig auf alle anderen – bis auf die Arbeiterkategorie: Hier finden sich nur halb so viele Angestelltenkinder wie erwartet. Ebenso wie alle anderen Gruppen versuchen die Angestellten anscheinend, ein Arbeiterschicksal weitgehend zu vermeiden.

---

105 Man multipliziert einfach die Randhäufigkeiten der Zeile und der Spalte, in deren Kreuzungspunkt die Zelle steht, und teilt dieses Produkt durch die Gesamtzahl der in der Stichprobe enthaltenen Personen.
106 Er wurde allerdings nicht für die Befragten berechnet, deren Vater Landwirt war; die Besetzung dieser Zellen ist einfach zu klein, um halbwegs verlässliche Indizes zu berechnen.

4.1.2 Zusammenfassung

Die erste Phase der Erforschung intergenerationaler Mobilität ist von einer gewissen Diskrepanz zwischen theoretischem Ansatz und empirischer Methode gekennzeichnet.

Der theoretische Ansatz basiert auf der Industrialisierungsthese. Deren Kernaussage lässt sich schnell zusammenfassen: Die industrielle Gesellschaft ist mobil. Sektoraler Wandel erhöht nicht nur die „erzwungene" Strukturmobilität, sondern auch die „reine" Austauschmobilität steigt an, da der berufsstrukturelle Umbruch auch zu einem erhöhten Bedarf an qualifiziertem Personen führt und damit einen tief greifenden Wandel des dominierenden Mobilitätsregimes von „ascription" (der soziale Status wird zugeschrieben) zu „achievement" (der soziale Status wird aus eigener Kraft erreicht) nach sich zieht. Die Industrieländer entwickeln sich daher unisono zu offenen Gesellschaften mit hohen Mobilitätsraten.

Damit stehen, ohne je darauf explizit Bezug genommen zu haben, viele der frühen Mobilitätsstudien der funktionalistischen Schichtungstheorie nahe – insoweit angenommen wurde, dass zunehmend individuelle Faktoren und eben nicht die Klassenlage oder andere strukturelle Determinanten über die Positionierung im Ungleichheitssystem entscheidet. Gleichwohl aber wurden gerade keine graduellen Konzepte, sondern Klassenschemata als Ausgangspunkt der Mobilitätsstudien benutzt. Darüber hinaus wurden auch nicht die individuellen Determinanten der sozialen Mobilität untersucht, sondern eben nur Resultate der angenommen individuellen Mobilitätsprozesse auf hoch aggregierter Ebene. Man versuchte, die Wirksamkeit individueller Faktoren aus der zunehmenden Offenheit industrieller Gesellschaften, gemessen durch die relativen Mobilitätschancen der Klassen, herzuleiten; der direkte Einfluss individueller Faktoren wie Bildung auf den Mobilitätsprozess wurde nicht unmittelbar analysiert.

Diese Diskrepanz zwischen theoretischem Ansatz und empirischer Methode lässt sich nur dadurch erklären, dass die statistischen Methoden zu dieser Zeit noch nicht hinreichend entwickelt waren. Mehr als die tabellarische Gegenüberstellung von Vater- und Sohnberufen und die Analyse dieser Kreuztabellen mit Hilfe der hier vorgestellten einfachen Assoziationsindizes war zu dieser Zeit nicht möglich. Diese Art der Analysen widersprach aber nicht nur der Idee der Industrialisierungsthese, sondern kam mit der Zeit auch aus methodischen Gesichtspunkten zunehmend in die Kritik, weil viele Annahmen, die mit diesen Tabellen verbunden wurden, sich als trügerisch erwiesen. So stammten in der Regel die untersuchten Söhne, und damit auch ihre Väter, aus einer großen Altersspanne; damit ist aber die Annahme, dass die Randverteilungen in einer Mobilitätstabelle den intergenerationalen Wandel der Berufsstruktur abbilden, nicht erfüllt. Vielmehr stammten sowohl die Väter als auch die Söhne aus sehr unterschiedlichen Generationen. Zudem war eine eindeutige Klassenzuordnung auch nicht gewährleistet, weil sowohl Väter als auch Söhne durchaus noch Berufswechsel – und damit eventuell auch Klassenwechsel – vor sich haben konnten (Boudon 1973: 10, Bibby 1975: 109 f., vgl. auch Duncan 1966).

Diese problematischen Annahmen ließen insbesondere die Trennung zwischen Struktur- und Austauschmobilität fragwürdig erscheinen; hinzu kam, dass die Brauchbarkeit der hier vorgestellten Koeffizienten immer zweifelhafter erschien. Zwar wurden auch immer wieder verfeinerte Koeffizienten zur Analyse von Kontingenztabellen (Mayer/Müller 1972, Yasuda 1964) und gar differenzierte formale mathematische Modelle zur Interpretation der Tabellen (McCann 1977) entwickelt, doch setzte sich allmählich die Analyse kontinuierlicher Ungleichheitsmaße und darauf aufbauender Mobilitätskonzepte durch (McClendon 1977), die vor allem mit der Einführung des „Statusattainment-Modells" an Beliebtheit gewannen.

4.2 Der Statusattainment-Ansatz

Der Statusattainment-Ansatz geht ebenfalls mit der Industrialisierungsthese konform. Während Lipset und Bendix aber die Rolle der Bildung bei der sozialen Mobilität nur indirekt erschließen konnten, bietet der Statusattainment-Ansatz Möglichkeiten, die Auswirkung der Bildung auf den Statuserwerb direkt zu untersuchen. Der Statusattainment-Ansatz ist weniger eine Theorie als vielmehr eine spezifische Methodologie zur Untersuchung von Mobilitätsprozessen. Mit ihrer 1967 erschienenen Untersuchung „The American Occupational Structure" (Blau/Duncan 1967) verhalfen Blau und Duncan dieser Methodologie zum Durchbruch.

4.2.1 Das Pfadmodell

Die Statuserwerbsforschung zeichnet sich gegen die bis dahin gebräuchliche Analyse von Mobilitätstabellen durch folgende Komponenten aus. Der Statusattainment-Ansatz ist *mehrdimensional*. Statt bivariater Tabellen werden Pfadmodelle verwendet, die eine Vielzahl von Variablen gleichzeitig berücksichtigen können. Das von Blau und Duncan verwendete „Basismodell" enthält den Beruf und die Bildung der Väter, die Bildung der Befragten sowie deren erster und jetziger Beruf. Pfadmodelle erlauben eine *kausale Analyse*. Es kann genau gezeigt werden, in welchem Ausmaß sich Variablen gegenseitig beeinflussen, wobei eine klare Wirkungsrichtung angenommen wird: Die Herkunft, gemessen durch Vaterberuf und -bildung, beeinflusst die Bildung der Befragten; diese Variablen sind für den Status des ersten Berufes verantwortlich und alle zusammen für den Status des jetzigen Berufes. Anders als bei Mobilitätstabellen können (und müssen) in diesem Modell *kontinuierliche* Variablen verwendet werden, eine Klassifikation in bestimmte Berufsgruppen ist nicht nötig (und nicht möglich).[107]

In Abbildung 10 ist das von Blau und Duncun 1967 präsentierte Pfadmodell, das die wesentlichen Prozesse sozialer Mobilität in den USA zu diesem Zeitpunkt abbilden will, aufgeführt. Mittels eines solchen Diagramms lassen sich die Beziehungen zwischen den Variablen in einem pfadanalytischen Modell übersichtlich darstellen. Fünf Variablen sind beteiligt: Die Bildung der Väter (V), gemessen in Jahren, die die Väter im Schulsystem verbrachten, die ebenso gemessene Bildung der Befragten (U), und drei kontinuierliche Maße des beruflichen Status (Socio Economic Status, SES, vgl. Duncan 1961): der berufliche Status der Väter, als die Befragten 15 Jahre alt waren (X), der Status des ersten Berufs der Befragten (W), und schließlich der aktuelle berufliche Status der Befragten (Y).

Letzteres ist die abhängige Variable im Modell. Die anderen vier Variablen sollen erklären, wie dieser aktuelle berufliche Status zustande kommt. Die Pfeile im Diagramm zeigen nun die direkten Effekte (wenn sie gerade sind und nur eine Spitze haben) und Korrelationen (wenn sie geschwungen sind und zwei Spitzen haben) zwischen den Variablen an. Variablen, die nicht von einem Pfeil getroffen werden, werden nicht von anderen Größen im Modell beeinflusst und können somit als „exogen" betrachtet werden: Bildung und Beruf der Väter gelten als gegeben und werden nicht weiter erklärt. Die Bildung der Befragten und der Status ihres ersten Berufs sind sowohl abhängige als auch unabhängige Variablen im Modell: Sie werden durch die Herkunftsvariablen beeinflusst und üben selbst einen Einfluss auf andere Variablen aus (Bildung hat einen Effekt auf den Status des ersten Berufs und auf den Status des aktuellen Berufs; der Status des ersten Berufs hat einen Effekt auf den Status des aktuellen Berufs). Wenn es zwischen zwei Variablen keinen Pfeil gibt, dann bedeutet das auch, dass keine Beziehung zwischen diesen Variablen angenommen werden: So hat die Bildung der Väter im Rahmen des Modells keinen direkten Effekt auf den Status des ersten Berufes der Befragten.

Die „Pfadkoeffizienten", die an die Pfeile „angeheftet" werden, geben an, wie stark die Effekte und Korrelationen zwischen den Variablen sind. Sie können Werte zwischen +1 (perfekte positive Determinierung) und −1 (perfekte negative Determinierung) annehmen; quadriert man diese Werte, erhält man bei Korrelationen den Anteil der gemeinsamen Varianz zwischen zwei Variablen, bei gerichteten direkten Effekten den Anteil der Varianz der abhängigen Variable, die durch die unabhängige Variable erklärt werden kann. So wird etwa knapp 10 % der Va-

---

[107] Eine genaue Beschreibung der verwendeten kontinuierlichen Statusvariablen ist in Duncan (1961) zu finden.

Abbildung 10   Das basale Statusattainment-Modell

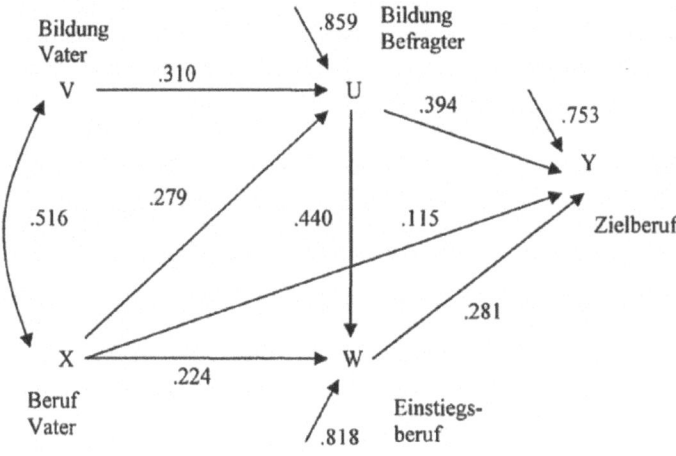

Quelle: Blau/Duncan 1967, S. 170, eigene Übersetzung.

rianz der Bildung der Befragten durch die Bildung der Väter erklärt (0.310²) und 7.8 % (.279²) durch den Beruf der Väter. Neben diesen direkten Effekten spielen aber auch indirekte Effekte eine Rolle: Der Beruf der Väter korreliert ja mit ihrer Bildung, und das bedeutet, dass sich der Beruf der Väter „über" die Bildung der Väter auch indirekt auf die Bildung der Befragten auswirkt. Ebenso hat die Bildung der Väter einen indirekten, sich über die Bildung der Befragten auswirkenden Effekt auf den Status des ersten Berufs der Befragten, obwohl die Abwesenheit eines Pfeils anzeigt, dass es keinen direkten Effekt der Vaterbildung auf den Status des ersten Berufes gibt. Pfeile, die von „außen" auf die abhängigen Variablen einwirken, zeigen an, was durch die Variablen im Modell *nicht* erklärt werden kann. Die Varianz der Bildung der Befragten wird nur zu ca. 17 % durch die beiden direkten Effekte der Herkunft erklärt, dazu kommen noch die indirekten Effekte; aber der Koeffizient des Pfeils von außen auf die Bildung der Befragten zeigt an, dass ca. 73.8 % (0.859²) der Varianz der Bildung der Befragten nicht durch die Variablen im Modell erklärt werden kann. Das kann drei verschiedene Ursachen haben: Die Bildung der Befragten wird durch eine Reihe von Variablen beeinflusst, die nicht im Modell enthalten sind (wie die Bildung der Mütter etc.); Messfehler in den Variablen verringern die Effekte; oder die Bildung lässt sich eben nicht erklären, sie kommt herkunftsunabhängig zustande.

Das Modell in Abbildung 10 lässt nun einige weitreichende Schlussfolgerungen zu. Erstens ist zu sehen, dass der direkte Effekt der sozialen Herkunft auf den aktuellen beruflichen Status marginal ist: Mit einem direkten Effekt von 0.115 wird nur ca. 1.3 % der Varianz im aktuellen beruflichen Status durch den Status des Vaterberufs erklärt; einen direkten Effekt der Bildung der Väter gibt es überhaupt nicht. Die soziale Herkunft wirkt sich damit hauptsächlich indirekt (über Bildungserwerb und den ersten Beruf) auf den aktuellen beruflichen Status aus, und diese Effekte sind vergleichsweise gering. Zweitens hat die Bildung der Befragten den weitaus stärksten Effekt auf den beruflichen Status der Befragten: Der direkte Effekt auf den Status des ersten Berufs ist der stärkste Effekt im Modell überhaupt. Der direkte Effekt der Bildung auf den aktuellen Status ist ebenfalls noch beträchtlich, dazu muss der indirekte Effekt über den Status des ersten Berufs noch hinzugerechnet werden. Drittens aber wird nun gerade die Bildung weitgehend unabhängig von der sozialen Herkunft erworben; wie erwähnt, kann der Bildungserwerb nur zu einem geringen Teil durch die Modellvariablen erklärt werden. In den USA im Jahre 1967 scheint also eine weitgehende Gleichheit der Bildungserwerbschancen erreicht zu sein, und die Bildung wiederum ist der wichtigste Faktor für die Erreichung des beruflichen Status. Damit wäre das meritokratische Ideal nahezu erfüllt.

Blau und Duncan interpretieren ihre Ergebnisse folgerichtig ganz im Sinne der Industrialisierungsthese. Sie führen die wachsende Bedeutung der Bildung für die berufliche Platzierung auf den permanenten technologischen Fortschritt zurück, der stets höhere Qualifikationsanforderungen an die Arbeitnehmer stellt. Damit gewinnen in Industriegesellschaften universelle Kriterien für die Allokation von Individuen auf berufliche Positionen gegenüber „partikularen" an Bedeutung. „The basic assumption underlying these conjectures is that a fundamental trend toward expanding universalism characterizes industrial society. Objective criteria that are universally accepted increasingly pervade all spheres of life and displace particularistic standards of diverse ingroups, intuitive judgments and humanistic values not susceptible to empirical verification ... Heightened universalism has profound implications for the stratification system. The achieved status of a man, what he has accomplished in terms of some objective criteria, becomes more important than his ascribed status, who he is in the sense of what family he comes from" (Blau/Duncan 1967: 429 f.).

Der Statusattainment-Ansatz erfreute sich lange Zeit großer Beliebtheit. Dafür dürfte unter anderem auch die hohe Flexibilität des pfadanalytischen Modells verantwortlich gewesen sein. Eine Vielzahl von Fragestellungen konnte einfach durch Aufnahme weiterer Variablen in das Basismodell bearbeitet werden.[108] Faktoren,

---

108 Für ein Resümee der Wirkungsgeschichte des Statusattainment-Modells vgl. Blau (1992) oder Sewell und Hauser (Sewell/Hauser 1992, Sewell et al. 2004).

die schon bei den eher theoretischen Überlegungen zu den Ursachen sozialer Mobilität bei Lipset und Bendix eine bedeutende Rolle spielten, konnten hier direkt untersucht werden. So war es auch durchaus möglich, den Effekt von Intelligenz und Motivation direkt zu schätzen. Hier ist insbesondere die „Wisconsin-Studie" zu nennen (vgl. Sewell et al. 1970; Sewell et al. 1969; Sewell/Hauser 1975, Schwarz 1984), die in einer Längsschnitterhebung den Einfluss kognitiver und motivationaler Faktoren auf die berufliche Platzierung untersuchte. Die Resultate zeigen, dass solche Faktoren durchaus eine wichtige Rolle spielen, sie scheinen damit die Annahmen der Industrialisierungsthese, dass individuelle Fähigkeiten für die Allokation von Individuen auf soziale Positionen wichtiger sind als zugeschriebene Merkmale, durchaus zu unterstützen.

Auch die Konvergenzthese wurde mit dem Statusattainment-Ansatz geprüft. Treiman/Yip 1989 kommen in einem Vergleich einer Reihe von Ländern zum Schluss, dass der Herkunftseinfluss auf Bildung und Beruf mit dem Industrialisierungsgrad sinkt. Darüber hinaus ist jedoch auch das Ausmaß der sozialen Ungleichheit wichtig: In Ländern mit höherer sozialer Ungleichheit ist der Herkunftseinfluss bei gleichem Industrialisierungsgrad stärker.[109]

4.2.2 Zusammenfassung

Der Gebrauch von Statusattainment-Modellen implizierte einen völligen Wechsel in der Mobilitätsanalyse. Es geht in diesen Modellen nicht mehr um die Frage der Vererbung sozialer Positionen oder um die Bestimmung des Ausmaßes der Mobilität in einer Gesellschaft. Diese auf der Makroebene angelegte Fragestellung hatte noch die Studie von Lipset und Bendix bestimmt. Mit dem Statusattainment-Ansatz wird der Fokus der Untersuchung auf die Mikroebene verlegt: Welche Faktoren beeinflussen die Platzierung von Individuen im System der sozialen Ungleichheit?

Im Rahmen des Statusattainment-Ansatzes bilden Theorie und Methode ein kohärentes Paradigma. Stärker noch als die früheren Mobilitätsstudien ist der Statusattainment-Ansatz der Industrialisierungsthese verpflichtet. Anders als diese aber ist der Statusattainment-Ansatz in der Lage, mit Hilfe des pfadanalytischen

---

109 Allerdings ist diese Studie mit methodischen Mängeln behaftet (vgl. Müller/Karle 1993: 2). Zu ähnlichen Ergebnissen kommen allerdings Tyree et al. (1979), die den Einfluss von ökonomischer Entwicklung und sozialer Ungleichheit auf das Ausmaß sozialer Mobilität anhand von Tabellenanalysen schätzen. Auch nach ihren Ergebnissen sind Gesellschaften mit hoher sozialer Ungleichheit eher geschlossen.

Modells einige zentrale Theoreme der Industrialisierungsthese direkt zu untersuchen: Der Wandel von „ascription" zu „achievement", die wachsende Bedeutung der Bildung im Vergleich zur Herkunft lässt sich direkt in den Pfadkoeffizienten ablesen, ebenso können andere individuelle Faktoren der sozialen Mobilität direkt modelliert werden. Der Statusattainment-Ansatz korrespondiert damit auch deutlich zur funktionalistischen Schichtungstheorie (vgl. Horan 1978 und Teckenberg 1985).

So impliziert der Statusattainment-Ansatz eine affirmative Haltung zur sozialen Ungleichheit: Industriegesellschaften mögen ungleich sein, doch bieten sie allen Individuen die gleichen Chancen, begehrt Positionen zu erreichen. Mehr noch: Da die Allokationsmechanismen der Industriegesellschaft Qualifikation und Leistung belohnen, erscheint die Ungleichheit legitim.

Doch blieben die Ergebnisse des Statusattainment-Ansatzes nicht unhinterfragt. Zum einen machten die Arbeiten der neueren Klassentheorie deutlich, dass ein großer Bildungseinfluss auf die Statuserreichung noch lange nicht die Wirksamkeit des meritokratischen Ideals bedeutet. Ein hoher Bildungseinfluss kann auch ein Zeichen eines credentialistischen Allokationsregimes sein, innerhalb dessen privilegierte soziale Klassen versuchen, ihre Positionen mit Akkumulation „kulturellen Kapitals" zu erhalten. Zum anderen muss sich der Statusattainment-Ansatz den Vorwurf gefallen lassen, dass er Ausschließungsprozesse sozialer Klassen schon aus methodischen Gründen nicht aufzeigen kann: Pfadanalytische Modelle auf der Basis kontinuierlicher Bildungs- und Statusvariablen sind wenig dazu geeignet, Klassenbarrieren im Mobilitätsprozess deutlich zu machen (vgl. Goldthorpe 1985). Zudem konfundieren solche Modelle die Effekte berufsstrukturellen Wandels mit den Effekten sozialer Schließung. Wie schon die „erste Generation" deutlich gemacht hat, kann eine erhöhte soziale Mobilität zum einen durch eine Veränderung der Verteilung von Berufen, zum anderen aber durch eine nachlassende soziale Schließung verursacht werden. Ähnliches gilt für den Effekt der sozialen Herkunft auf die Bildung der Kinder: Ein niedriger Pfadkoeffizient der Herkunft auf die Bildung kann zum einen durch die mangelnde Fähigkeit der Transmission des Familienkapitals (Abschwächung der Assoziation zwischen Herkunft und Bildung), aber auch einfach durch den allgemeinen Anstieg im Bildungsniveau zu Stande kommen (struktureller Wandel). Dass die weltweit zu beobachtende Bildungsexpansion zu einem allgemeinen Anstieg des Bildungsniveaus und zu besseren Bildungschancen aller sozialen Gruppen, und damit auch der unteren Schichten, geführt hat, ist aber unbestritten. Interessanter ist die Frage, ob die Bildungsexpansion auch zu einer *relativen Chancengleichheit* der sozialen Gruppen geführt hat oder ob die relativen Abstände zwischen ihnen erhalten oder sogar verstärkt wurden. Pfadkoeffizienten können gewissermaßen nicht zwischen „Strukturmobilität" und „Austauschmobilität" unterscheiden. Diese Kritikpunkte bildeten den Ausgangspunkt für die „dritte" Generation der intergenerationalen Mobilitätsforschung.

4.3 Klassenbasierte Mobilitätsstudien

Die „dritte Generation" der intergenerationalen Mobilitätsforschung (vgl. Breen/ Jonsson 2005 und Treiman/Ganzeboom 2000) wandte sich wieder vom Statusattainment-Modell ab, und zwar in mehrfacher Weise. Erstens bewegte man sich auf der theoretischen Seite weg von der Industrialisierungsthese hin zum Interesse an differentiellen Mobilitätschancen sozialer Gruppen. An die Stelle kontinuierlicher Ungleichheitsmaße traten wieder verstärkt Klassenmodelle zur Analyse von Mobilitätsströmen – diesmal aber nicht mangels genauerer Messungen und adäquater statistischer Verfahren, sondern aus dem theoretisch geleiteten Interesse an den Rigiditäten einer klassenstrukturierten Gesellschaft.

Zweitens wurden die institutionellen Rahmenbedingungen des Mobilitätsprozesses stärker beachtet. Können politisch-administrative Entscheidungsprozesse den Mobilitätsprozess beeinflussen? Hat insbesondere die Bildungsexpansion die Mobilitätschancen der unteren sozialen Schichten verbessert? Diese Konzentration auf institutionelle Rahmenbedingungen des Mobilitätsprozesses beförderte wieder international vergleichend angelegte Studien, die aber weniger bemüht waren, die Konvergenz der industrialisierten Länder als vielmehr ihre Besonderheiten in den Mobilitätsregimes herauszuarbeiten.

Drittens schließlich wurden neue Analysemodelle entwickelt, die besser als das Statusattainment-Modell in der Lage waren, Effekte des strukturellen Wandels einerseits, die Auswirkung der Assoziationen zwischen Herkunft und aktuellem Bildungs- und Berufsstatus andererseits genauer zu trennen. In Verbindung mit der klassenbasierten Mobilitätsanalyse führte dies zur Verbreitung so genannter „log-linearer" Modelle zur Analyse von Mobilitätstabellen.

Die Rückkehr des Klassenansatzes in die Mobilitätsforschung gibt aber eine Stufe der Differenzierung des Mobilitätsprozesses wieder auf, die der Statusattainment-Ansatz schon erreicht hatte: War dieser multivariat angelegt, muss sich eine klassenbasierte Mobilitätsanalyse wieder mit bivariaten Kreuztabellen bescheiden. Die Suche nach individuellen Determinanten des Mobilitätsprozesses wurde sozusagen zu Gunsten der Untersuchung differentieller Mobilitätschancen einzelner sozialer Klassen aufgegeben. Diese Aufgabe des multivariaten Ansatzes brachte auch mit sich, dass die simultane Betrachtung verschiedener Stadien des Mobilitätsprozesses (Herkunft, Ausbildungsstand, erster Beruf, aktueller Beruf) aufgegeben werden musste. Die Mobilitätsforschung spaltete sich in verschiedene „Spezialdisziplinen": Während sich ein Teil der Forschung verstärkt mit den differentiellen Chancen des Bildungserwerbs der unterschiedlichen sozialen Gruppen beschäftigt, stehen in anderen Studien der Zusammenhang zwischen sozialer Herkunft (meist: Berufsklasse des Vaters) und dem „Ziel" (aktuelle berufliche Klasse der Individuen) im Vordergrund.[110] Im Folgenden werden beide Disziplinen der intergenerationalen Mobilitätsforschung dargestellt, zuvor aber einige wichtige methodische Fragen geklärt.

4.3.1 Methodischer Exkurs: Bildungsskalen und log-lineare Modelle

Studien im Rahmen der jüngeren Bildungserwerbsforschung und der Klassenmobilität zeichnen sich durch drei methodische Neuerungen aus.

Erstens wird Bildung nicht mehr durch eine kontinuierliche Variable „Bildung in Jahren" erfasst. Stattdessen werden Bildungsabschlüsse in distinkte Kategorien gruppiert. Dadurch können qualitative Unterschiede zwischen Bildungsabschlüssen hinsichtlich ihrer Wertigkeit auf dem Arbeitsmarkt berücksichtigt werden, die bei der Verwendung kontinuierlicher Maße für die Bildung einer Person „verwischt" werden. Das ist insbesondere für international vergleichende Studien wichtig, da angesichts unterschiedlich gestalteter Bildungssysteme gleiche Ausbildungszeiten zu Bildungsabschlüssen unterschiedlicher Wertigkeit führen können.

Für die Einteilung der Bildung der untersuchten Personen in unterschiedliche Kategorien wird sehr häufig eine Klassifizierung verwendet, die im Rahmen des „CASMIN"-Projektes (Comparative Analysis of Mobility in Industrial Nations, vgl. (Erikson/Goldthorpe 1992) entwickelt wurde. In diesem Projekt wurden Prozesse der sozialen Mobilität in sieben europäischen Ländern[111] vergleichend untersucht. Die CASMIN-Klassifikation in ihrer ursprünglichen Fassung (König et al. 1987) unterscheidet 3 Hauptstufen von Bildungsabschlüssen (primäre, sekundäre, tertiäre Bildungsabschlüsse), die ihrerseits wiederum in drei Stufen unterteilt werden. Dabei spielt die Unterscheidung zwischen allgemeiner und beruflicher Bildung eine wichtige Rolle, daher sind die Abstufungen nicht rein hierarchisch

---

110 Auch der Übergang aus dem Bildungssystem in das Berufssystem ist Gegenstand der Mobilitätsforschung. Dies gehört aber in den Bereich der intragenerationalen Mobilitätsforschung und wird im nächsten Kapitel thematisiert.
111 Dazu gehören die BRD, Frankreich, Schweden, Ungarn, Polen, Irland und Großbritannien, wobei die drei britischen Regionen England/Wales, Schottland, und Nordirland getrennt betrachtet wurden.

interpretierbar.[112] Die Klassifizierung wurde im Laufe der Zeit überarbeitet, um den Ergebnissen der Bildungsreformen in verschiedenen Ländern gerecht zu werden (Brauns/Steinmann 1999).

Zweitens kann eine ergebnis- und eine prozessorientierte Betrachtungsweise des Bildungserwerbs unterschieden werden. Die ergebnisorientierte Betrachtungsweise konzentriert sich auf die Frage, welche Bildungserfolge Menschen verschiedener sozialer Herkunft am Ende ihres Ausbildungsweges verbuchen können. Die prozessorientierte Betrachtungsweise modelliert die Effekte der Herkunft auf den Bildungserwerb als mehrstufigen Entscheidungsprozess (Mare 1980; Mare 1981). Die erste Entscheidung steht mit der Beendigung der Pflichtschulzeit an: Die Schüler müssen sich entscheiden, ob sie das Bildungssystem verlassen oder eine zusätzliche Ausbildung aufnehmen. Nur für die, die eine weitere Ausbildung in Betracht gezogen haben, stellt sich dann bei der Beendigung des nächsten Bildungsabschnitts die Frage, ob die Ausbildung damit beendet wird oder ob sie eine weitere Ausbildung anstreben, usw. Auf diese Weise lässt sich der Ausbildungsprozess als eine Serie von aufeinander folgenden Transitionen aufteilen, wobei für jede Transition getrennt untersucht werden kann, welchen Einfluss Herkunft, strukturelle Bedingungen oder andere Faktoren auf die Fortführung der Bildung nehmen. In der Tat lässt sich zeigen, dass die Effekte auf den Bildungserwerb zwischen den Transitionsstufen variieren.

Drittens bemüht sich die dritte Generation, die Assoziation zwischen Herkunft und Bildungserwerb beziehungsweise zwischen Herkunft und beruflicher Platzierung klar von den Effekten, die sich aus Verteilungsänderungen ergeben, zu unterscheiden. Zwar werden auch Maße verwendet, die wie der Statusattainment-Ansatz beide Aspekte vermengen. Aber solche Maße dienen nur dazu, ein deskriptives Bild über den Bildungs- beziehungsweise beruflichen Erfolg der sozialen Klassen wiederzugeben. Gleichzeitig werden Verfahren und Maßzahlen verwendet, die gegenüber Verteilungsänderungen neutral sind und ausschließlich die Wirkung von Herkunftseffekten wiedergeben. Ein solches Verfahren ist die „log-lineare Tabellenanalyse", die in der Bildungserwerbsforschung und in der Untersuchung der Assoziation zwischen Herkunft und Beruf sehr prominent geworden ist (vgl. auch Breen 1985, Hauser 1978, Hout 1983 oder Poentinen 1982).

Dieses Verfahren kann immer dann genutzt werden, wenn die verwendeten Variablen kategorial abgestuft sind. Die Herkunft wird in der Regel mit einer Klas-

---

112 So umfasst die Kategorie „2a" die mittleren sekundären *berufliche* Bildungsabschlüsse, die Kategorie „2b" die mittleren sekundären *allgemeinbildenden* Bildungsabschlüsse. Es lässt sich nicht a priori sagen, welche Bildungsabschlüsse am Arbeitsmarkt bedeutender sind.

Tabelle 3 Herkunft und Bildungserwerb

	Kein Schulabschluss	Volks-/Hauptschule	Mittlere Reife	Fachhochschulreife	Abitur	
Landwirte	7	100	25	7	7	146
Selbständige	1	56	74	26	85	242
Beamte	2	40	53	22	76	193
Angestellte	2	95	211	58	231	599
Arbeiter	36	453	359	56	115	1 019
gesamt	50	744	722	169	514	2 199

Quelle: Allbus 2002, eigene Berechnungen

senvariable beschrieben,[113] Ausbildung der untersuchten Personen meist mit Hilfe des CASMIN-Schemas. Die Kreuztabelle zeigt dann, wie die Herkunftsklasse mit den Kategorien der aktuellen Ausbildung zusammenhängt. Die Funktionsweise dieser Modelle soll anhand eines einfachen Beispiels demonstriert werden. In Tabelle 3 ist eine einfache Kreuztabelle basierend auf den Daten des „Allbus 2002" dargestellt, die den Zusammenhang zwischen der beruflichen Stellung des Vaters und der Ausbildung der Befragten beschreibt.

Das log-lineare Modell versucht nun, aus verschiedenen Parametern, die die Struktur der Tabelle beschreiben, die Häufigkeiten in den Zellen der Tabelle vorherzusagen. Dabei beschreiben diese Parameter zwei Arten von Effekten. Die Häufigkeiten in den einzelnen Zellen hängen zum einen von den einfachen Häufigkeitsverteilungen der beteiligten Variablen ab. Je größer die betrachtete Stichprobe, desto höher ist die durchschnittliche Zahl der Fälle, die in den einzelnen Zellen zu erwarten ist; insofern gibt es einen reinen „Skaleneffekt" der ausschließlich vom Stichprobenumfang abhängt. Aber auch die Verteilung der beiden Variablen hat einen Effekt auf die Zellhäufigkeiten. Wenn eine Kategorie einer Variable stärker besetzt ist als die anderen Kategorien, dann sind in der Zeile beziehungsweise in der Spalte der Tabelle, die sich auf diese Kategorie beziehen, auch mehr Fälle zu erwarten.

So stammen die meisten der Befragten in der Beispieltabelle aus Arbeiterhaushalten; dementsprechend sind in allen Zellen der Tabellenzeile, die die Personen aus Arbeiterhaushalten enthalten, mehr Fälle zu erwarten als in den anderen Zei-

---

113 Meist werden die Vaterberufe benutzt, um soziale Klassen zu bilden, und oft wurde für die Klasseneinteilung das „EGP-Schema" (vgl. Kapitel 2) verwendet.

len der Tabelle. Die meisten der Befragten haben einen Volks- oder Hauptschulabschluss oder die mittlere Reife; dementsprechend sind die Zellen in diesen beiden Spalten durchschnittlich stärker besetzt als die Zellen in den anderen Spalten. Neben diesen Effekten, die rein auf den Randverteilungen beruhen (und die dem Konzept der oben beschriebenen „Strukturmobilität" nahe verwandt sind), ergeben sich ungleiche Häufigkeiten zwischen den Zellen auch aufgrund der Assoziation der beiden Variablen. Diese lässt sich sehr detailliert mit Hilfe von so genannten „Odds-Ratios" beschreiben. Ein „Odds-Ratio" beschreibt eine Assoziation in einem Teilbereich der Tabelle, der aus vier Feldern besteht. Der Odds-Ratio gibt im vorliegenden Beispiel den relativen Chancenvorteil einer Klasse im Vergleich zu einer anderen an, einen bestimmten Schulabschluss im Vergleich zu einem anderen zu erreichen. Betrachten wir zum Beispiel in Tabelle 3 die Chancen der Beamten im Vergleich zu den Arbeitern, das Abitur statt einen Volks- oder Hauptschulabschluss zu erhalten. Das lässt sich einfach wie folgt berechnen:

$$odds\text{-}ratio = \frac{\dfrac{f_{Beamte, Abitur}}{f_{Beamte, Volks\text{-}/Hauptschule}}}{\dfrac{f_{Arbeiter, Abitur}}{f_{Arbeiter, Volks\text{-}/Hauptschule}}} = \frac{\dfrac{76}{40}}{\dfrac{115}{453}} = \frac{1.90}{0.25} = 7.48$$

Zähler und Nenner bestehen aus einfachen Verhältnissen, oder „Odds". Diese geben die Chancen der Klassen an, bestimmte Schulabschlüsse statt andere zu erreichen. So ist die Chance eines Befragten aus einem Beamtenhaushalt fast doppelt so hoch (1.9-fach), ein Abitur statt ein Volks- oder Hauptschulabschluss zu erhalten. Die Chance eines Arbeiterkindes ist hingegen nur 0.25-fach, oder umgekehrt ausgedrückt: Das Risiko, nur ein Volks- oder Hauptschulabschluss statt ein Abitur zu bekommen, beträgt für ein Arbeiterkind 4:1. Das Odds-Ratio setzt nun die beiden odds ins Verhältnis: Die Chance, ein Abiturs statt ein Volks- oder Hauptschulabschluss zu bekommen, ist für ein Beamtenkind über sieben Mal größer als für ein Arbeiterkind. Insofern gibt der odds-Ratio sehr genau die Assoziation in diesem Teilbereich der Tabelle an.[114]

Das log-lineare Modell sagt nun die Häufigkeiten in den einzelnen Zellen mit Hilfe der Randverteilungen und den Assoziationen zwischen den beiden Variablen voraus. Formal kann man das darstellen als $F_{ij} = \eta \tau_i^A \tau_j^B \tau_{ij}^{AB}$ (vgl. Knoke/Burke

---

114 Der Odds-Ratio ist von der Idee her dem oben beschriebenen Assoziationsindex ähnlich. Allerdings ist der Assoziationsindex von den Randverteilungen abhängig und konfundiert damit die Assoziation zwischen den beteiligten Variablen mit ihren reinen Häufigkeitsverteilungen. Das Problem hat der Odds-Ratio nicht; er ist von den Randverteilungen völlig unabhängig.

1980). Dabei ist F_{ij} ein Symbol für die in der Zelle i,j erwartete Häufigkeit, rechts in der Gleichung stehen die Parameter, die die Effekte der Randverteilungen beziehungsweise der Assoziationen in der Tabelle beschreiben. η steht für den Effekt der Gesamtzahl der Fälle in der Tabelle auf die Häufigkeiten. τ_i^A und τ_j^B sind die Effekte der Randverteilungen der beiden beteiligten Variablen A und B, hier die Herkunftsklasse und die Ausbildung. τ_{ij}^{AB} schließlich steht für den Effekt der Assoziation der beteiligten Variablen. Es ist dabei wichtig, die Assoziationen in der Tabelle (diese werden mit Hilfe der Odds-Ratios erfasst) und die Effekte, die die Assoziationen auf die Häufigkeiten haben (das sind die Parameter τ_{ij}^{AB}) zu unterscheiden.

Mit Hilfe dieser Vorhersagen von Zellhäufigkeiten lassen sich nun spezifische Modelle bilden, die bestimmte Annahmen über die Assoziationen in der Tabelle oder über die Struktureffekte widerspiegeln. So kann man zum Beispiel die Zellhäufigkeiten vorhersagen unter der Annahme, dass es keine Assoziationen zwischen den beiden Variablen gibt, in diesem Fall also: Dass die Herkunft keinen Einfluss auf die Ausbildung hat ($\tau_{ij}^{AB} = 0$). Die Diskrepanz zwischen den so vorhergesagten Zellhäufigkeiten und den tatsächlich beobachteten Häufigkeiten erlaubt es dann, einzuschätzen, wie gut das Modell zu den Daten passt. Stimmen die vorhergesagten Häufigkeiten mit den beobachteten gut überein, dann kann man davon ausgehen, dass die Annahmen richtig sind; ist die Diskrepanz aber sehr groß, wird man die Annahmen verwerfen müssen. Verschiedene Statistiken, die auf dieser Diskrepanz zwischen erwarteten und beobachteten Häufigkeiten beruhen, ermöglichen einen formalen statistischen Test: es lässt sich genau berechnen, mit welcher Wahrscheinlichkeit man einen Irrtum begeht, wenn man die Hypothese, die das Modell darstellt, annimmt.[115]

Das log-lineare Modell ermöglicht eine sehr flexible Hypothesenbildung; so ist es zum Beispiel möglich, die Annahme zu modellieren – und zu testen –, ob bestimmte Assoziationen in der Tabelle die gleiche Größe haben. So könnte man in der obigen Tabelle vermuten, dass der relative Chancenvorteil der Selbständigen gegenüber den Arbeitern, einen bestimmten Schulabschluss zu erreichen, ge-

---

115 So ergibt sich für die hier aufgeführte Beispieltabelle hinsichtlich der Hypothese, dass es keine Assoziation zwischen Herkunft und Bildung gibt, ein „Likelihood-Ratio-Chiquadrat" von 2307.9. Diese Zahl zeigt an, dass die Diskrepanz zwischen beobachteten und erwarteten Häufigkeiten sehr groß ist, und viel größer, als es zu erwarten wäre, wenn es denn tatsächlich keine Assoziation gäbe. Die Wahrscheinlichkeit, einen Irrtum zu begehen, wenn man die Hypothese „keine Assoziation" verwirft, ist praktisch gleich 0. Mit anderen Worten: Wir können ziemlich sicher davon ausgehen, dass es eine (oder in Odds-Ratios ausgedrückt: mehrere) Assoziationen gibt. Das loglineare Modell erlaubt es außerdem, für einzelne Struktureffekte und Assoziationen Parameter zu schätzen, so dass man ziemlich genaue Vorstellungen über die Größe der einzelnen Assoziationen und ihrer Effekte erhält.

nauso groß ist wie der der Beamten (im Vergleich zu den Arbeitern). Man kann auch komplexere, mehrdimensionale Tabellen aufbauen und analysieren. So ist es zum Beispiel möglich, die Herkunfts-Bildungsassoziation in verschiedenen Ländern gleichzeitig zu betrachten und dann die Hypothesen zu testen, dass die Randverteilungen in den Ländern die gleiche Effekte haben, dass die Assoziationen sich in gleicher Weise auswirken, und vieles mehr. Die log-lineare Tabellenanalyse wurde nicht nur in der Bildungserwerbsforschung eingesetzt. Viel stärker noch wird sie in den Studien verwendet, die sich mit der Assoziation zwischen sozialer Herkunft und beruflicher Stellung befassen.

4.3.2 Herkunft und Bildungserwerb

Der Teil der intergenerationalen Mobilitätsforschung, der sich mit dem Erwerb von Bildungsabschlüssen beschäftigt, lässt sich durch drei zentrale Fragestellungen charakterisieren: Welchen Effekt hat die soziale Herkunft auf die Bildungserwerbschancen der Menschen? Unterscheiden sich die Herkunftseffekte zwischen Gesellschaften? Haben sich diese Effekte im Laufe der Zeit verändert? Hinsichtlich der letzten Fragestellung wird insbesondere die Auswirkung der in allen Industrieländern zu beobachtenden Bildungsexpansion diskutiert. Hat diese zu der erwünschten Abschwächung der Herkunftseffekte geführt?

4.3.2.1 Der Einfluss der sozialen Herkunft auf den Erwerb von Bildungstiteln

Zwar ist die Mobilitätsforschung stark methodisch orientiert, doch gibt es zumindest für die Bildungserwerbsforschung einige theoretische Überlegungen darüber, wie die soziale Herkunft den Erwerb von Bildungsabschlüssen beeinflusst. Eine Theorie zu diesem Thema wurde im zweiten Kapitel schon vorgestellt: Pierre Bourdieus Ansatz der Reproduktion sozialer Klassen durch den Transfer von kulturellem beziehungsweise der Transformation von ökonomischem Kapital. Ebenso wie Parkin (ebenfalls im zweiten Kapitel ausgeführt) sieht auch Bourdieu im Erwerb von Bildungsabschlüssen den Hauptweg zur Erreichung erwünschter sozialer Positionen. Allerdings haben die höheren sozialen Klassen weitaus bessere Möglichkeiten, diesen Weg auch zu beschreiten. Zum einen ist der Erwerb von Bildungstiteln kostenaufwendig. Es fallen nicht nur direkte Kosten wie eventuelle Gebühren und Aufwendungen für Lehrmittel an, sondern auch indirekte Opportunitätskosten. Die Aufnahme einer Ausbildung bedeutet den Verzicht auf eine bezahlte Arbeit, und die entgangenen Löhne stellen einen Kostenfaktor dar.

Solche Kosten können von den höheren Klassen aufgrund ihrer besseren Ausstattung an ökonomischem Kapital besser aufgebracht werden als von den unteren. Zum anderen befördert auch der Transfer kulturellen Kapitals den Erwerb von Bildungstiteln. Früh erworbene kulturelle Kompetenzen erleichtern die Aneignung des in Prüfungen relevanten Wissens.

Kritische Einwände gegen einen solchen ressourcenorientierten Ansatz machen geltend, dass diese zu deterministisch ausgelegt seien (vgl. Gambetta 1996). Die Entscheidungskalküle der Individuen hinsichtlich der Aufnahme beziehungsweise der Weiterführung einer Ausbildung seien stärker zu berücksichtigen. In diese Kalküle gehen nicht nur die zur Verfügung stehenden Ressourcen, sondern auch die zu *erwartenden Gewinne* durch eine Ausbildung, die Bewertung der eigenen *Erfolgsaussichten* (aufbauend auf zurückliegenden schulischen Leistungen) und *Präferenzen* hinsichtlich zur Verfügung stehender Alternativen ein. So können auch Kinder aus den höheren Klassen auf den Übergang zu höheren Schulen verzichten, wenn sie in ihrer bisherigen schulischen Laufbahn schlecht abgeschnitten haben oder auch an weniger qualifizierten Tätigkeiten Gefallen finden. Umgekehrt können Kinder aus den unteren Klassen (beziehungsweise ihre Eltern) eventuell nötige Entbehrungen auf sich nehmen oder gar die Aufnahme eines Kredites zur Ausbildungsfinanzierung in Betracht ziehen, wenn sie sich aufgrund guter Leistungen in der Schule berechtigte Hoffnung auf ein lohnenswertes Studium machen können.[116]

Der Ansatz „rationalen Wahl"[117] steht aber nicht im Gegensatz zu Klassentheorien. Im Gegenteil kann mit seiner Hilfe verdeutlicht werden, wie die soziale Herkunft auf den Bildungserwerb Einfluss nehmen kann. Denn zum einen treffen Individuen Entscheidungen immer nur im Rahmen struktureller Restriktionen („constraints"), die ihre Wahlmöglichkeiten limitieren. Ökonomische und kulturelle Ressourcen können mit einiger Berechtigung als solche Restriktionen betrachtet werden. Selbst wenn man berücksichtigt, dass Kredite einerseits, erhöhte Bildungsanstrengungen andererseits Defizite ökonomischer und kultureller Ressourcen ausgleichen können, bleibt die Situation vorteilhaft für diejenigen, die über solche Ressourcen ausreichend verfügen. Sie können sich Kreditzinsen und Lernaufwand sparen und vergrößern dadurch ihre Bildungsrenditen.

Zum anderen spricht einiges dafür, dass auch die Präferenzen von der sozialen Herkunft abhängig sind. Erstens können *subkulturelle Normen* dazu führen,

---

116 Die so genannte „Humankapitaltheorie" geht davon aus, dass Individuen Kosten und Rendite einer Bildungsinvestition rational kalkulieren und immer dann eine Ausbildung aufnehmen, wenn ihr erwarteter ökonomischer Nutzen die voraussichtlichen Kosten mindestens aufwiegt. Die Humankapitaltheorie wird im fünften Kapitel näher diskutiert.
117 Zur Erklärung differentieller Bildungschancen im Rahmen des „Rational-Choice-Ansatzes" vgl. Becker (2000), Goldthorpe (2000a), Goldthorpe (1996), Breen/Goldthorpe (1997).

dass sich die Aspirationslevel der sozialen Klassen unterscheiden. Während im „Bildungsbürgertum" (Müller/Karle 1993: 19) der Besuch weiterführender Schulen nahezu eine Verpflichtung darstellt, stehen die unteren Klassen höherer Bildung eher fern. Zweitens ist der *Zeithorizont* der unteren sozialen Klassen geringer als der der oberen (Sørensen 2000a: 25): Aufgrund ihrer unsicheren ökonomischen Situation sind sie weniger in der Lage, langfristige Karriereplanungen zu unternehmen, tendieren dazu, Karrierestrategien einzuschlagen, die kurzfristig zu Erfolg führen, und sehen von langwierigen Ausbildungswegen eher ab. Drittens beinhaltet der Versuch, über höhere Bildung eine bessere soziale Position zu finden, ein nicht unerhebliches Risiko des Scheiterns. Es finden sich aber Hinweise darauf, dass die unteren Klassen „risikoaversiver" sind als die oberen. Diese Risikoaversion ist keineswegs irrational: Aufgrund der geringeren Ressourcenausstattung schlägt ein Verlust der Investitionskosten in Bildung bei einem (späten) Scheitern der Bemühungen um höhere Bildung beziehungsweise bessere Arbeitsplätze für die unteren Klassen stärker zu Buche als für die höheren. Aus diesem Grunde ist zu vermuten, dass Angehörige unterer sozialer Klassen auch *schneller auf schulische Misserfolge* reagieren und zu schnellen Abbrüchen der Ausbildung neigen, wenn die Ergebnisse von Prüfungen nicht wie gewünscht ausfallen. Aus dem gleichen Grund reagieren sie möglicherweise schneller auf die Erwartung sinkender Renditen von Bildungstiteln. Wenn etwa im Zuge der Bildungsexpansion zu erwarten ist, dass höhere Bildungsabschlüsse in geringerem Maße mit hohen Einkommen verbunden sind, dann neigen die unteren Klassen schneller dazu, alternative Berufswege einzuschlagen, die mit weniger Aufwand an Ausbildungsanstrengungen verbunden sind.

So lässt auch die Theorie der rationalen Wahl erwarten, dass der Erwerb von Bildungsabschlüssen von der sozialen Herkunft abhängt – nicht trotz, sondern wegen rationaler Entscheidungskalküle der Individuen, die unterschiedliche, ihrer Klassenlage angemessene „Mobilitätsstrategien" (Goldthorpe 2000a) bilden. Angehörige unterer Klassen wählen aus den genannten Gründen eher eine „Strategie von unten", die auf Karrierewege mit kurzfristigen Erfolgen setzt. Angehörige oberer sozialer Klassen können sich eine „Strategie von oben" erlauben, die auf den Erhalt ihrer günstigen Klassenposition durch langwierige Ausbildungsverfahren ausgerichtet ist.[118]

Die Abhängigkeit des Bildungserwerbs von der sozialen Herkunft ist empirisch gut dokumentiert – sowohl was die absoluten als auch die relativen Vorteile

---

118 Zusätzlich zu den hier geschilderten Annahmen des Ansatzes der rationalen Wahl geht Goldthorpe davon aus, dass das Ziel, sozialen Abstieg zu vermeiden, Priorität vor einem angestrebten sozialen Aufstieg hat. Das erhöht die Motivation der höheren Klassen, die zum Erhalt ihrer Position nötigen Ausbildungswege einzuschlagen.

der oberen Klassen betrifft. So erreichten über 90 % der zwischen 1960 und 1969 geborenen Kinder von Angehörigen der oberen Dienstklasse einen Abschluss mit mindestens mittlerer Reife, aber nur 40 % der Kinder ungelernter Arbeiter (Müller/Haun 1994: 16)[119]. Selbst nach Kontrolle einer Reihe von Kovariaten wie Bildung des Vaters und der Mutter sind die relativen Vorteile der höheren Klassen gegenüber den unteren eklatant: Angehörige der Dienstklasse dieses Jahrganges haben eine mehr als fünffach höhere Chance, mindestens die mittlere Reife zu erreichen, als Angehörige der un- und angelernten Arbeiter (Müller/Haun 1994: 20). Diese relativen Vorteile vergrößern sich erheblich, wenn man auf die Kontrolle der Kovariate verzichtet.[120]

Allerdings lässt der Einfluss der Herkunft im Laufe des Fortschritts der Individuen im Bildungssystem nach. Ausbildungswege lassen sich als eine Serie von aufeinander folgenden Übergangsentscheidungen auffassen (soll nach Abschluss eines Ausbildungsabschnitts eine weiterführende Ausbildung begonnen oder die Ausbildung abgebrochen und eine berufliche Tätigkeit aufgenommen werden?), wobei die Wahrscheinlichkeit, einen weiterführenden Bildungsabschnitt zu besuchen, von der sozialen Herkunft abhängt. Dieser Herkunftseffekt ist aber umso schwächer, je weiter die Schüler schon im Bildungssystem fortgeschritten sind (Müller/Karle 1993). Der abnehmende Einfluss der Herkunft lässt sich durch Selektionseffekte erklären, da mit jeder Übergangsstufe die Zahl derjenigen, die weitermachen, kleiner wird, wobei besonders die Erfolglosen von einer Weiterführung der Ausbildung absehen. Da aber gerade die Angehörigen der unteren Klassen von Misserfolgen entmutigt werden, sinkt ihr Anteil überproportional. Zudem ist zu bedenken, dass die Bildungsentscheidungen in jüngeren Jahren von den Eltern, und nicht von den Schülern selbst getroffen werden. Diese direkte Abhängigkeit der Kinder von ihren Eltern verringert sich aber im Laufe der Jahre. Ein geringerer Einfluss der Herkunft bei späteren Übergangsentscheidungen bedeutet keinesfalls, dass die Herkunft für den Erwerb höherer Abschlüsse insgesamt keine oder nur eine geringe Bedeutung hätte. Es bedeutet lediglich, dass dieser Einfluss schon früh ausgeübt wird: Wer in früheren Übergängen das Bildungssystem verlässt, kann auch keinen höheren Abschluss mehr erreichen. So steigt der Anteil der „Dienstklassen" – Nachkommen von Transitionsstufe zu Transitionsstufe, was

---

119 Diese Zahlen beziehen sich auf die Analysen des Mikrozensus. Müller und Haun berichten auch Analysen mit dem „Sozio-ökonomischen Panel", die auf geringere Klassendifferenzen hinweisen.
120 Ob man das tun sollte oder nicht, hängt von der Fragestellung ab. Kontrolliert man die Bildung, erhält man den Klasseneinfluss (gemessen durch Berufspositionen), der über die Bildungsunterschiede hinausgeht. Andererseits kann man die Bildung der Eltern auch als integralen Bestandteil ihrer Klassenlage auffassen, dann gibt es keinen Grund, Bildung als Kontrollvariable in das entsprechende Modell einzuführen.

dazu führt, dass absolut gesehen sich ihre Vorteile gegenüber den anderen Klassen mit der Höhe der erreichten Bildungsabschlüsse vergrößern.

4.3.2.2 Internationale Variation des Herkunftseinflusses

Auch hinsichtlich der Herkunftseffekte auf den Bildungserwerb nimmt die international vergleichende Perspektive einen großen Raum ein. Der Vergleich von Gesellschaften ermöglicht die Untersuchung der Frage, ob und welche makrostrukturellen Charakteristika von Gesellschaften den Einfluss der sozialen Herkunft auf den Bildungserwerb befördern oder abschwächen.

Hypothesen zu solchen Fragestellungen lassen sich aus den theoretischen Ansätzen der Mikroebene ableiten. Wenn die Menge verfügbarer Ressourcen die Bildungsentscheidungen beeinflusst, dann sollten Klassenunterschiede im Bildungserwerb umso deutlicher ausfallen, je stärker sich die Klassen hinsichtlich ihrer Ressourcenausstattung unterscheiden, also je stärker das *Ausmaß sozialer Ungleichheit* in einer Gesellschaft ist. Mit anderen Worten: Die „Ungleichheit der Bedingungen" zieht eine „Ungleichheit der Gelegenheit" nach sich. Das gleiche Argument führt auch zur Annahme, dass Klassenunterschiede mit dem allgemeinen *Wohlstandsniveau* einer Gesellschaft abnehmen. Selbst bei gleich bleibenden Ungleichheitsrelationen zwischen den Klassen haben bei einem Anheben des allgemeinen Wohlstandsniveaus die unteren Klassen bessere Möglichkeiten, in die Ausbildung ihrer Kinder zu investieren.[121] Schließlich sollten dann auch *politisch administrative Entscheidungen* Herkunftseffekte auf den Bildungserwerb beeinflussen können. So sollten wohlfahrtsstaatliche Leistungen zu einem Abbau von Bildungsungleichheiten beitragen: Einerseits, weil sie durch Umverteilungsmaßnahmen die Ressourcenausstattung der unteren Klassen erhöhen, andererseits, weil sie durch eine Reduktion ökonomischer Unsicherheit (Verstetigung von Einkommensströmen) den Zeithorizont dieser Klassen verlängern können.

Die Frage, ob und in welcher Weise *Bildungssysteme* zur Klassenstrukturierung des Bildungserwerbs beitragen oder ihr entgegenwirken, ist auf besonderes Interesse gestoßen. Bildungssysteme stellen für die Individuen ebenfalls eine strukturelle Restriktion für ihre Bildungsentscheidungen dar: Sie setzen die Regeln und Prozeduren, die die Zulassung, Selektion und Zertifizierung der Schüler festlegen (Gambetta 1996: 30). Zwei Hypothesen hinsichtlich der Auswirkung von Bildungssystemen können formuliert werden. Zum einen wird vermutet, dass der Herkunftseinfluss auf den Bildungserwerb umso größer ausfällt, je stratifizierter

---

121 Diese sehr alte Hypothese wurde von Beck im Rahmen der „Individualisierungsthese" aufgegriffen, vgl. drittes Kapitel.

ein Bildungssystem ist. Ein Bildungssystem wird stratifiziert genannt, wenn höhere Bildungsabschlüsse im Vergleich zu den unteren sehr selten sind. In diesem Falle dürfte es den unteren Klassen umso schwerer fallen, mit den höheren Klassen im Rennen um die knappen (und damit auch wertvollen) höheren Bildungstitel bestehen zu können.

Zum anderen wird angenommen, dass Herkunftseffekte umso deutlicher ausfallen, je selektiver ein Bildungssystem ist. „Selektivität" meint zum einen, dass Bildungssysteme eventuell dazu tendieren, einen „Oberklassenhabitus" bei der Selektion der Schüler für höhere Bildungsstufen zu bevorzugen. Zum anderen bezieht sich der Begriff auf die Tatsache, dass Bildungssysteme in unterschiedliche Laufbahnen unterteilt werden können, die unter Umständen stark gegeneinander abgeschottet sind. Angesichts der Tatsache, dass Herkunftseffekte in früheren Phasen der Ausbildung stärker sind als in späteren, dürften Bildungssysteme, die eine frühe Selektion der Schüler in voneinander abgeschotteten Laufbahnen die Herkunftseffekte auf den Bildungserwerb verstärken.[122]

Empirische Studien haben zwischen Gesellschaften beträchtliche Unterschiede in den Bildungserwerbschancen der Menschen gefunden. So haben Müller et al. 1990 in einer vergleichenden Studie im Rahmen des CASMIN-Projektes aufgedeckt, dass sich die Verteilungen der Bildungsabschlüsse in den beteiligten Ländern erheblich unterscheiden, und damit auch die (absoluten) Chancen der Individuen, bestimmte Bildungsabschlüsse zu erwerben. Zwar übt die Klassenlage der Eltern in allen untersuchten Ländern den erwarteten Einfluss auf den Bildungserwerb der Kinder aus. Allerdings unterscheiden sich die Assoziationen von Herkunft und Bildung zwischen den untersuchten Ländern. So werden zum Beispiel in Deutschland, Schweden und Ungarn die Angehörigen der Dienstklasse stärker bevorteilt als in den britisch-irischen Regionen oder in Polen; ungelernte Arbeiter haben in Deutschland noch schlechtere Bildungschancen als in den anderen Ländern. In Großbritannien hingegen sind Angehörige der „service class I" deutlich weniger bevorteilt als in den anderen Ländern. Müller et al. führen diese Unterschiede in den Bildungsverteilungen und in den Herkunfts-Bildungsassoziationen vor allem auf Unterschiede in den Bildungssystemen der untersuchten Länder zurück, die ihrerseits wiederum von politisch-administrativen Entscheidungsprozessen abhängen. So machte sich die damalige sozialistische Verfassung Ungarns und Polens in den relativ besseren Bildungschancen der Arbeiterklassen bemerkbar.

---

122 So gibt es Hinweise darauf, dass die Verlängerung der Schulpflicht einerseits sowie die Etablierung der Fachhochschulen andererseits die Selektivität des deutschen Bildungssystems etwas verringert haben (vgl. Müller/Pollak 2004).

Auch hinsichtlich des (generell nachlassenden) Einflusses der sozialen Herkunft auf Übergänge im Bildungssystem (Müller/Karle 1993, vgl. auch Müller 1996) zeigt sich die unterschiedliche selektive Funktion von Bildungssystemen. So steigt der Anteil der Angehörigen der „service class" in den sukzessiven Transitionen in Frankreich deutlich schneller als etwa in Schweden oder England; die übrigen Länder befinden sich zwischen diesen Extremen. Dabei kann ausgeschlossen werden, dass die Unterschiede in den Herkunftseffekten ausschließlich auf die unterschiedlichen Klassengrößen oder Bildungsverteilungen zurückzuführen sind, was die Selektivität der Bildungssysteme als wichtigsten Faktor für die Strukturierung des Bildungserwerbs durch die soziale Herkunft hervortreten lässt.

4.3.2.3 Bildungserwerb im Zeitverlauf

Neben dem internationalen Vergleich bildet die Untersuchung der Auswirkung der zeitlichen Veränderung der nationalen Bildungssysteme einen weiteren Schwerpunkt der dritten Generation der Mobilitätsforschung. „Zeitliche Veränderung" impliziert zum einen die Bildungsexpansion, die in allen industrialisierten Ländern zu beobachten war. Diese führte in erster Linie dazu, dass in der Nachkriegszeit immer mehr Menschen in den Genuss immer höherer Ausbildungsabschlüsse gekommen sind. Jenseits der Vergrößerung der Partizipationsraten sind aber auch weithin Reformen der institutionellen Ausgestaltung vieler Bildungssysteme zu beobachten, die unter anderem die Bildungschancen der unteren sozialen Klassen verbessern sollten.[123]

Welche Konsequenzen Bildungsexpansion und Bildungsreformen auf den Einfluss sozialer Herkunft auf die Bildungserwerbschancen haben, ist allerdings in der Theorie umstritten. Die Industrialisierungsthese würde einen nachlassenden Herkunftseffekt erwarten. Aus ihrer Perspektive ist die Bildungsexpansion das zentrale Mittel, den notwendigen meritokratischen Allokationsregimes zum Durchbruch zu verhelfen. Die Intention von Bildungsreformen entspricht auch diesem Anliegen. Explizites Ziel vieler Reformvorhaben war es ja gerade, die soziale Selektivität der Bildungssysteme abzubauen. Hinzu kommt, dass das erhöhte Wohlstandsniveau die unteren sozialen Klassen in die Lage versetzen sollte, an den gesteigerten Bildungsgelegenheiten auch zu partizipieren. Gegen einen nachlassenden Einfluss des Herkunftseffektes spricht allerdings, dass die höheren sozialen Gruppen die größeren Bildungsangebote besser nutzen können. Das höhere Angebot an Bildungsgelegenheit käme den unteren Bildungsgruppen erst

---

123 Zu Bildungsexpansion und Bildungsreformen vgl. Schneider (1982), Müller et al. (1997), Müller (1999), Köhler (1992).

dann zu Gute, wenn die höheren Klassen einen gewissen „Sättigungsgrad" erreicht haben.[124] Darüber hinaus ist auch zu berücksichtigen, dass mit der „Inflation der Bildungstitel" deren Wert auf dem Arbeitsmarkt zu sinken droht. Ein Absinken der Bildungserträge schreckt aber, wie oben dargelegt, eher die unteren Klassen von Investitionen in längere Ausbildungswege ab. Damit lässt sich auch aus der Perspektive der Rational-Choice-Theorie eine Stabilität von Herkunftseffekten bei einer Expansion des Bildungssystems vorhersagen. Die Parameter der Kosten-Nutzen-Balance der unteren Klassen kann sich so verschieben, dass die Klassenungleichheiten konstant bleiben: Bildungstitel sind zwar leichter erreichbar (Effekt struktureller Restriktionen), aber weniger erstrebenswert (Verschiebung der Präferenzen; vgl. Breen/Goldthorpe 1997, Becker 2000).

Insgesamt lässt die Theorie damit keine eindeutige Erwartung zu den Auswirkungen der Bildungsexpansion auf die Herkunftseffekte hinsichtlich des Bildungserwerbs zu. Leider sind auch die empirischen Ergebnisse in dieser Frage nicht eindeutig. Zwar berichten alle Bildungsstudien übereinstimmend, dass die absoluten Bildungschancen sich für alle Klassen erheblich verbessert haben, gleichzeitig bleiben jedoch absolute und relative Ungleichheiten der Bildungserwerbschancen zwischen den sozialen Klassen immer noch weiter bestehen.[125] Strittig ist aber die Frage, ob die relativen Chancenvorteile der höheren Klassen in nennenswerter Weise reduziert wurden.

Eine international vergleichende Studie (Blossfeld/Shavit 1993a; Blossfeld/Shavit 1993b), kommt zu dem Schluss, dass der Herkunftseinfluss auf die Ausbildung im Laufe der Industrialisierung keineswegs gesunken ist. Nur Schweden und die Niederlande lassen eine Lockerung des Zusammenhangs erkennen, der aber der langen wohlfahrtsstaatlichen Tradition in diesen Ländern zugeschrieben wird. Eine Persistenz ungleicher Bildungschancen in Deutschland betont auch Köhler (1992). Handl (1985) bleibt in dieser Frage eher unschlüssig. Zwar konstatiert er, dass die Ungleichheiten in den Bildungsergebnissen konstant geblieben sind, warnt aber davor, aus dieser Ergebnisungleichheit auf die Konstanz der Ungleichheiten im Bildungserwerbsprozess zu schließen. Müller und Haun (1994) hingegen stellen eine kontinuierliche Verringerung der Ungleichheiten (auch vor Erreichen einer „Sättigung" der oberen Klassen) in den klassenspezifischen Bildungserwerbschancen fest. Zum gleichen Ergebnis kommen Henz und Maas

---

124 Eine etwas elaboriertere Version dieser These ist die These der „maximally maintained inequaliy", vgl. Hout et al. 1993b).
125 Das oben berichtete Ergebnis, dass über 90 % der Angehörigen der Dienstklasse, aber nur 40 % der ungelernten Arbeiter mindestens die mittlere Reife erreichen, gilt für die jüngste untersuchte Kohorte. In der ältesten Kohorte (1910–1919 geboren) erreichten ca. 75 % der Nachkommen der Dienstklasse dieses Bildungslevel, Kinder ungelernter Arbeiter hatten aber keine nennenswerte Chance auf einen Abschluss dieses Levels.

(1995), Jonsson et al. (1996) und Schimpl-Neimanns (2000). Die Unterschiede in den Resultaten könnten in unterschiedlichen methodologischen Ansätzen begründet sein. Die Studien, die ein Nachlassen der Herkunftseinflüsse festgestellt haben, verwendeten sehr umfangreiche Datensätze, die Beobachtungen über sehr lange Zeiträume enthielten. Kleinere Datensätzen mit Beobachtungen über vergleichsweise kurze Zeiträume liefern möglicherweise nicht genügend Informationen, um Veränderungen in den Herkunftseffekten aufdecken zu können.

4.3.2.4 Zusammenfassung

Zusammenfassend kann festgehalten werden, dass sich die (absoluten) Bildungschancen aller sozialen Gruppen in den industrialisierten Ländern im Zuge der Bildungsexpansion stark verbessert haben. Das beruht zum einen auf der Ausweitung der Bildungsgelegenheiten, von denen auch die unteren sozialen Gruppen profitiert haben. Aber auch die relativen Vorteile der oberen sozialen Klassen scheinen sich in vielen Ländern, darunter auch Deutschland, vermindert zu haben.

Nachlassende Effekte der sozialen Herkunft auf die Bildungschancen der Kinder scheinen auf den ersten Blick die Industrialisierungsthese zu bestätigen. Aber die Abschwächung des Herkunftseffektes ist kein Automatismus, der der industriellen Entwicklung innewohnt. Die internationalen Vergleiche zeigen, dass gleiche Bildungsgelegenheiten auch politisch gewollt sein müssen, da die Stärke von Herkunftseinflüssen auch von politisch-administrativen Entscheidungen und insbesondere von der Ausgestaltung von Bildungssystemen abhängt.

Zu unterstreichen ist auch, dass die Bildungschancen noch lange nicht gleich geworden sind. Die Diskussion in der Literatur über die sich abschwächenden Herkunftseffekte auf den Bildungserwerb überdeckt etwas die Tatsache, dass die absoluten und relativen Unterschiede zwischen den Klassen immer noch stark ausgeprägt sind. So bedeuten die nachlassenden Herkunftseffekte etwa, dass 5.5 % der Kinder unqualifizierten Arbeiter in Deutschland einen Universitätsabschluss erhalten – statt 3.3 %, die bei unveränderten Herkunftseffekten zu erwarten gewesen wären (Jonsson et al. 1996: 196). Die Chancen auf einen Universitätsabschluss der Nachkommen der „Dienstklasse" sind immer noch ca. zehn Mal höher als die der unqualifizierten Arbeiter (ebenda, S. 199). Von einer Bildungsgleichheit kann also noch lange nicht die Rede sein. Zudem ist angesichts der Bedeutung politisch-administrativer Prozesse für die Bildungschancen keineswegs garantiert, dass der berichtete Trend ungebrochen weitergeht. Der aktuelle Abbau wohlfahrtsstaatlicher Leistungen, eine mögliche Einführung von Studiengebühren und andere Faktoren können sehr wohl dazu beitragen, dass sich die Klassenunterschiede wieder verschärfen.

4.3.3 Herkunft und berufliche Position

Der Zweig der Mobilitätsforschung in der dritten Generation, der sich mit der Assoziation zwischen sozialer Herkunft und beruflicher Platzierung befasst, wurde von den Arbeiten John Goldthorpes und Robert Eriksons geprägt (Erikson et al. 1979, 1982, 1983; Erikson/Goldthorpe 1992; Erikson/H. 1992; Goldthorpe 1985; Goldthorpe 1987, Gallie 1990; Müller 1990). In diesem Zweig der Forschung lassen sich gewissermaßen zwei „Wellen" unterscheiden. In der ersten werden für den europäischen Bereich die Datensätze des CASMIN-Projektes analysiert, die während der siebziger Jahre erhoben wurden. In der zweiten Welle werden neuere, teils auch wesentlich umfangreichere Datensätze verwendet. Die Ergebnisse der ersten Welle weisen auf zeitlich konstante Schließungsprozesse hin. Erst die Ergebnisse der zweiten Welle deuten auf gewisse Tendenzen zur größeren Offenheit moderner Gesellschaften.

4.3.3.1 Die erste Welle der „dritten Generation": Konstanz der Mobilitätsraten

Erikson und Goldthorpe haben mit der Verwendung log-linearer Tabellenanalysen einen Paradigmenwechsel herbeigeführt (vgl. kritisch: Kelley 1990). Während das Statusattainment-Modell sich auf Mobilitätsprozesse auf individueller Ebene herauszuarbeiten suchte, konzentrierten sich Erikson und Goldthorpe wieder auf den makrosoziologischen Aspekt der intergenerationalen Mobilität. Im Zentrum ihrer Arbeiten stand, ebenso wie in der ersten Generation der Mobilitätsforschung, die Frage, wie „offen" oder „geschlossen" Gesellschaften sind. Dabei sollte zum einen untersucht werden, welches Ausmaß soziale Mobilität in unterschiedlichen Gesellschaften hat. Zum anderen sollte herausgearbeitet werden, inwieweit die zu beobachtende Mobilität auf Änderungen in der Berufsstruktur, oder aber auf Austausch- beziehungsweise Schleißungsprozesse zwischen sozialen Klassen zurückzuführen ist.[126]

Statt der Trennung von „Struktur-" und „Austauschmobilität" verwenden die Autoren allerdings eine andere Methode, um die Offenheit von Gesellschaften messen zu können. Goldthorpe und Erikson unterscheiden zwischen „absoluten" und „relativen" Mobilitätsraten. *Absolute Mobilitätsraten* beziehen sich auf die in einer Mobilitätstabelle erkennbaren Übergänge, ohne diese an den Randverteilungen zu relativieren und umfassen Maßzahlen, die auch schon in der „ersten Generation" gebräuchlich waren. Dissimilaritätsindizes, Zustrom- und Abstrom-

---

[126] Das Goldthorpsche Klassenmodell wird ausführlich im 2. Kapitel beschrieben.

prozente oder der Anteil der insgesamt Mobilen sind Maßzahlen, mit deren Hilfe absolute Mobilitätsraten beschrieben werden können. Zwei Aspekte der sozialen Mobilität lassen sich mit absoluten Mobilitätsraten adäquat erfassen. Zum einen geben sie Aufschluss darüber, wie homogen beziehungsweise heterogen Klassen hinsichtlich ihrer sozialen Herkunft sind. Zum anderen lässt sich das Ausmaß der „Vererbung" von sozialen Positionen feststellen; hier geht es um die Frage, wie groß die Chance (beziehungsweise das Risiko) ist, in der gleichen Klasse zu enden, in der man aufgewachsen ist. Diese beiden Aspekte sind vor allem für die Frage der Klassenbildung und des kollektiven Handelns wichtig.

Unter *relativen Mobilitätsraten* verstehen Erikson und Goldthorpe die Chance bestimmter Klassen im Vergleich zu anderen Klassen, begehrte Positionen zu erreichen beziehungsweise das Risiko zu vermindern, in unbegehrte zu gelangen. Zur Bestimmung dieser relativen Chancen verwendete Goldthorpe die loglineare Tabellenanalyse, die schon im Rahmen der Diskussion der Bildungserwerbsforschung vorgestellt wurde. Diese Analyse vollzieht sich in drei Schritten. Im ersten Schritt wird ein Modell entwickelt, das angibt, für welche Klassen welche Übertrittswahrscheinlichkeiten erwartet werden. Das Modell berücksichtigt neben hierarchischen Über- und Unterordnungsverhältnissen zwischen einigen der Klassen auch die Möglichkeit zur Vererbung von Ressourcen und Barrieren zwischen Arbeitsmarktsektoren. Im zweiten Schritt werden nun auf Basis dieses Modells und unter Berücksichtigung der empirischen Verteilungen der beobachteten Ursprungs- und Zielklasse die Zellenbesetzungen der Mobilitätstabellen vorhergesagt. Das Modell „passt", wenn diese vorhergesagten Zellhäufigkeiten statistisch nicht signifikant von den tatsächlich beobachteten abweichen. Im dritten Schritt können dann die relativen Mobilitätraten der unterschiedlichen Klassen mit Hilfe geschätzter Parameter und aus den vorhergesagten Odds-Ratios bestimmt werden. Sie geben an, um wie viel größer die Chance einer bestimmten Ursprungsklasse als die einer anderen Ursprungsklasse ist, eine bestimmte Zielklasse zu erreichen. In den relativen Mobilitätsraten sehen Erikson und Goldthorpe die adäquate Operationalisierung des Terminus „offene Gesellschaft": Eine Gesellschaft ist dann offen, wenn alle Gruppen im Vergleich zu jeder anderen Klasse die gleiche relative Chance hat, bestimmte soziale Positionen zu erreichen. Je geschlossener die Gesellschaft, desto besser die Chancen einer bestimmte Klasse im Vergleich zu anderen, begehrte Positionen zu erreichen, beziehungsweise desto höher ist das relative Risiko, in benachteiligte Positionen zu geraten.

Man kann die relativen Mobilitätsraten auch als die Beschreibung des „Genotypus" sozialer Mobilität auffassen, da sie die strukturellen Barrieren zwischen den sozialen Klassen beschreiben, während die absoluten Mobilitätsraten eine Art oberflächliches Erscheinungsbild sozialer Mobilität darstellen. Ebenso wie der berufsstrukturelle Wandel sind sie ein kausaler Faktor sozialer Mobilität. Zwar kann berufsstruktureller Wandel ein bestimmtes Ausmaß an sozialer Mobilität erzwingen, aber welches Muster die Mobilitätsströme annehmen, hängt eben auch von der Durchlässigkeit beziehungsweise Festigkeit bestimmter Klassenbarrieren ab.[127] Die wichtigsten Ergebnisse von Erikson und Goldthorpes umfangreichen Studien lassen sich wie folgt zusammenfassen:

- Die *absoluten* Mobilitätsraten haben zwar in der frühen Phase der Industrialisierung einen gewissen Anstieg erfahren, sind aber dann auf diesem Level stehen geblieben. Dies widerspricht der Industrialisierungsthese, da diese ein stetiges Ansteigen der Mobilitätsraten erwartet. Im Gegensatz zu der von Lipset und Bendix festgestellten Gleichheit der Mobilitätsraten finden Goldthorpe und seine Mitarbeiter doch deutliche Unterschiede in den Mustern der absoluten Mobilität zwischen den von ihnen untersuchten Ländern (zum Beispiel Erikson et al. 1979), wofür sie vor allem berufsstrukturelle Differenzen verantwortlich machen. Insbesondere Unterschiede im Anteil des landwirtschaftlichen Sektors, den Lipset und Bendix weithin vernachlässigten, und in der Geschwindigkeit der sektoralen Umstrukturierung führen zu unterschiedlichen Mobilitätsraten. Auch dies widerspricht der Industrialisierungsthese, die eine Konvergenz der Mobilitätsraten erwartet.
- Die *relativen* Mobilitätsraten sind im Zeitverlauf erstaunlich konstant und im interkulturellen Vergleich überraschend ähnlich (Erikson et al. 1982, 1983). Erikson und Goldthorpe unterstützen ausdrücklich die von Featherman, Jones und Hauser (Featherman/Hauser 1978) aufgestellte Hypothese (die als „FJH-These" bekannt geworden ist), dass die von Lipset und Bendix behauptete Gleichheit der Mobilitätsraten zwar nicht auf absolute, wohl aber auf relative Mobilitätsraten zutrifft.

Die relativen Mobilitätsraten sind allerdings nicht völlig identisch. Es lassen sich sehr wohl signifikante Unterschiede zwischen den betrachteten Ländern aufzeigen. Hinsichtlich dieser Unterschiede gilt es folgendes zu bemerken:

- Diese Unterschiede sind zwar signifikant, Erikson und Goldthorpe halten sie aber substantiell für nicht sehr bedeutsam. Ca. 95 % des Zusammenhangs zwischen Ursprungs- und Zielklasse über alle untersuchten Länder hinweg lassen sich mit einem loglinearen Modell erklären, das von identischen relativen Raten ausgeht.

---

127 Erikson und Goldthorpe sprechen davon, dass relative Mobilitätsraten die „social fluidity" abbilden. Ich werde stattdessen den Terminus „Durchlässigkeit" (von Klassenbarrieren) verwenden.

- Nichtsdestotrotz schenken Erikson und Goldthorpe den Abweichungen von diesem Modell der „common association" einige Aufmerksamkeit. Als Erklärungsfaktoren für unterschiedliche Mobilitätsraten kommen politische Intervention (Schweden, das eine lange sozialdemokratische Tradition hat, zeigt sich als etwas offener als die übrigen Länder) und ökonomische Ungleichheit in Frage (größere ökonomische Gleichheit führt tendenziell auch zu gleicheren Mobilitätschancen (Erikson/Goldthorpe 1992: 379–389). Gleichwohl beharren die Autoren auf der Auffassung, dass Abweichungen vom Modell der „common association" sehr vorsichtig betrachtet werden müssen und ziehen genaue historische Betrachtungen eines jeden untersuchten Landes einer systematischen Erklärung dieser Abweichungen vor.
- Insofern kommen sie zu dem Schluss, dass die Unterschiede in den relativen Mobilitätsraten ebenso wie die Unterschiede in den absoluten Mobilitätsraten am ehesten als „trendless fluctuation" beschrieben werden können – eine systematische Erklärung ist nicht möglich. Ein Muster der zunehmenden Offenheit mit steigendem Industrialisierungsgrad sei schon gar nicht zu erkennen.

Der Befund der Gleichheit der relativen Raten in den verschiedenen Ländern untergräbt die Industrialisierungsthese noch weit mehr. Zwar könnte man hier die vorhergesagte Konvergenz der Mobilitätsraten ablesen. Dies trifft jedoch insoweit nicht zu, als bei den relativen Raten innerhalb der Länder eine zeitliche Konstanz festgestellt werden kann: Die Mobilitätsraten haben sich nicht im Verlauf der Industrialisierung angeglichen. Sie waren schon immer gleich und haben sich nicht geändert. Insbesondere ist zu bemerken, dass eben keine Entwicklung zur größeren Offenheit moderner Gesellschaften stattgefunden hat. Die moderne Industriegesellschaft ist immer noch geschlossen.

4.3.3.2 Die zweite Welle: Wird die Industriegesellschaft doch „offener"?

Die zweite Welle der dritten Generation bedient sich der gleichen Methodologie wie Goldthorpes vergleichende Studien, verwendet aber aktuellere Daten aus mehr Ländern und zumindest zum Teil auch umfangreichere Datensätze.[128] Die wichtigsten Ergebnisse können wie folgt zusammengefasst werden:

Die Klassenstrukturen nähern sich zwischen den Ländern immer mehr an. Sowohl die Verteilungen der Herkunftsklassen wie der Zielklassen werden sich

---

128 In „Social Mobility in Europe" (Breen 2004) werden die Ergebnisse der ‚zweiten Welle' zusammengetragen: 117 Datensätze aus elf Ländern aus dem Zeitraum 1970–2000 werden analysiert.

immer ähnlicher. Auch die absoluten Mobilitätsraten konvergieren weiter. Der hauptsächliche Grund für beide Phänomene ist in zwei Strukturwandlungsprozessen zu sehen. Der erste besteht in der Transition von der Agrar- zur Industriegesellschaft. Im Zuge dieses Prozesses schrumpfen die Klassen, die mit dem landwirtschaftlichen Sektor verbunden sind, die Arbeiterklassen werden größer. Der zweite Schritt ist durch ein Schrumpfen der Arbeiterklassen (vor allem der unqualifizierten Arbeiter) und einem Anstieg der Dienstklassen im Zuge der Ausweitung des Dienstleistungssektors gekennzeichnet. In den Gesellschaften, in der dieser Prozess weit fortgeschritten ist, sind sich Ursprungs- und Zielklassen sehr ähnlich geworden; das ist ein Zeichen dafür, dass solche langfristigen Wandlungsprozesse abgeschlossen sind. Strukturunterschiede zwischen den Ländern, die in Goldthorpes Analysen noch zu finden waren, haben sich mittlerweile zumindest zum größten Teil eingeebnet. Jetzt noch bestehende Abweichungen sind auf die Länder zurückzuführen, die den Prozess noch nicht ganz durchschritten haben (z.B. Polen und Ungarn), eine weitere Konvergenz der absoluten Mobilitätsraten ist hier zu erwarten. Die Konvergenz der absoluten Raten gilt insbesondere für Männer; die Mobilitätsströme für Frauen unterscheiden sich noch stärker, da die Frauenerwerbsquoten zwischen den untersuchten Ländern noch stark variieren.

Insoweit unterscheiden sich die Ergebnisse nicht so sehr von denen Goldthorpes beziehungsweise die Unterschiede können mit Mechanismen erklärt werden, die schon Goldthorpe herausgearbeitet hat. Was wirklich neu ist, ist das Resultat, dass sich auch die relativen Mobilitätsraten in den meisten Ländern geändert haben, und zwar dergestalt, dass diese Gesellschaften offener geworden sind. Das gilt insbesondere für Frankreich, die Niederlande und Schweden, in der eindeutige Tendenzen zu einer größeren Durchlässigkeit der Klassenbarrieren zu finden sind. In Ungarn, Polen und Irland sind ebenfalls Öffnungstendenzen zu erkennen, wenngleich weniger eindeutig. In Großbritannien sind die Mobilitätsraten dagegen eindeutig stabil geblieben. Die jeweiligen Trends in den verschiedenen Ländern sind für Männer und Frauen ähnlich.

In Deutschland ist die Lage etwas unklar. Hier zeigen sich zwar ebenfalls Tendenzen einer Öffnung, diese sind aber im statistischen Sinne nicht signifikant. Während Breen und Luijkx letzteren Aspekt betonen und die relativen Raten in Deutschland im Wesentlichen als stabil betrachten (Breen/Luijkx 2004a, 2004b), unterstreichen Müller und Pollak leichte Öffnungstendenzen (Müller/Pollak 2004). Sie zeigen, dass diese den vertikalen Aspekt der Mobilität betreffen, während sich die sektoralen Barrieren (zwischen manuellen und nichtmanuellen Berufen, dem Agrarsektor und den nicht-agrarischen Bereichen) nicht verändert haben. Für die Abschwächung der vertikalen Klassenbarrieren machen sie vor allem die geringere Selektivität des Bildungssystems verantwortlich. Vertikale Barrieren, die über Vererbung ökonomischen Kapitals etabliert werden (besonders für die Selbständigen relevant), wurden nicht gelockert.

Insgesamt betrachtet sind zwar keine systematischen Divergenzen in den relativen Mobilitätsraten zu erkennen, aber die Ergebnisse zeigen klar, dass nicht mehr von gleichen relativen Mobilitätsraten in fortgeschrittenen Industriegesellschaften ausgegangen werden kann. Dabei zeigen Deutschland, Frankreich und Irland den höchsten Grad der Schließung, Polen und Schweden sind die Länder mit der höchsten Durchlässigkeit.

4.3.4 Zusammenfassung

Die Entwicklungen der Klassenstrukturen und der absoluten Mobilitätsraten in den untersuchten Ländern ist leicht nachzuvollziehen: Sie beruhen im Wesentlichen auf dem berufsstrukturellen Wandel. Die Diskrepanz zwischen den Ergebnissen der „ersten" und der „zweiten Welle" hinsichtlich der relativen Mobilitätsraten einerseits, sowie die spezifischen Entwicklungen dieser Mobilitätsraten in den verschiedenen Ländern andererseits sind hingegen nur schwer zu erklären. Es gibt jedenfalls keine Änderungen in wesentlichen ökonomischen Charakteristika der untersuchten Länder, die systematisch mit den beobachteten Änderungen in den relativen Mobilitätsraten in Verbindung gebracht werden könnten. Weder das Ausmaß sozialer Ungleichheit noch das Wohlstandsniveau der Gesellschaften können für die Unterschiede in der Durchlässigkeit der Klassenbarrieren zwischen den Gesellschaften und über die Zeit hinweg verantwortlich gemacht werden (Breen/Luijkx 2004a).

Damit müssen sowohl die „FJH"-These, die besagt, dass die relativen Mobilitätsraten in entwickelten Industriegesellschaften im Wesentlichen gleich seien, als auch die Industrialisierungsthese, die eine Konvergenz solcher Gesellschaften zur offenen Gesellschaft hin behauptet, zurückgewiesen werden. Außer dem Hinweis darauf, dass die relativen Mobilitätsraten in einer Nation von gesellschaftlich und historisch spezifischen Faktoren abhängen (Breen/Luijkx 2004a: 401), scheint nur der Versuch aussichtsreich, die Ursache veränderter Mobilitätsraten im institutionellen Wandel einer gegebenen Gesellschaft zu suchen. Insbesondere scheinen die Bildungsexpansion in den verschiedenen Ländern zumindest zu einem bestimmten Teil zu einer erhöhten Durchlässigkeit beizutragen. In den drei Ländern, die eine deutliche Öffnung erkennen lassen (Frankreich, Niederlande, und Schweden), ist auch ein nachlassender Effekt der sozialen Herkunft auf den Bildungserwerb zu beobachten. Gleichwohl genügt die geringere Selektivität der Bildungssysteme nicht zur Erklärung der höheren Durchlässigkeit. Zum einen sind Bildungstitel nur für den hierarchischen Aspekt sozialer Mobilität bedeutsam.

Zum anderen ist der Teil der Assoziation zwischen Herkunfts- und Zielklasse, der auf die Wirkung von Bildungstiteln zurückgeführt werden kann, eher gering. Der größere Teil der Assoziation zwischen Herkunfts- und Zielklasse ist anderen Faktoren zuzurechnen (Breen/Luijkx 2004a: 407–410).

4.4 Industrialisierungsthese versus Klassenbildung

Führt die Industrialisierung zu einer Auflösung der Klassengesellschaft, oder bleiben die Unterschiede in den Mobilitätschancen zwischen den sozialen Klassen trotz berufsstrukturellen Wandels, damit einhergehendem steigenden Qualifikationsbedarf und steigendem Wohlstand erhalten? Diese Frage durchzieht den gesamten Bereich der Erforschung intergenerationaler Mobilität seit dem Zweiten Weltkrieg und bestimmt auch die aktuelle Diskussion, wobei sich die expliziten oder impliziten Anhänger der Industrialisierungsthese und die Vertreter einer Klassenstrukturierungsthese gegenüberstehen.

Beide Lager heben die enorme Bedeutung der intergenerationalen Mobilität für die Klassenbildung hervor. Die Vertreter der Industrialisierungsthese machen geltend, dass umfangreiche Mobilitätsströme, die durch „achievement"-Kriterien gelenkt werden, Klassenbarrieren auflösen und dadurch soziale Ungleichheit legitimieren. „It follows from these unproved but plausible considerations that high rates of mobility permit extant differences in rewards to persist and even to grow. Inasmuch as high chances of mobility make men less dissatisfied with the system of social differentiation in their society and less inclined to organize in opposition to it, they help to perpetuate this stratification system, and they simultaneously stabilize the political institutons that support it" (Blau/Duncan 1967: 440).[129]

Die Vertreter einer Klassenstrukturierungsthese weisen auf der anderen Seite darauf hin, dass Mobilitätsbarrieren im Bildungserwerb und im Zugang zu beruflichen Positionen auf die Existenz sozialer Klassen verweisen. Mobilitätsbegrenzungen sind hierbei in mehrfacher Weise von Bedeutung.

Erstens indizieren sie – oder schaffen sogar erst – die *Klassenstruktur*. Im zweiten Kapitel wurde ausgeführt, dass die Klassenstruktur durch Schließungsprozesse definiert wird. Durch Ausschließung von potentiellen Mitbewerbern von begehrten Positionen entstehen erst ungerechtfertigte Privilegien oder Benachteiligungen, die mit den verschiedenen Klassenpositionen verbunden sind. Mobilitätsbarrieren zeigen, wie die Grenzen sozialer Schließung verlaufen. Man kann es auch umgekehrt betrachten: Die Errichtung von Mobilitätsgrenzen lässt Pri-

---

[129] Zur Diskussion des Zusammenhangs zwischen der hohen Mobilität in den USA und der Stabilität der amerikanischen Demokratie vgl. Blau und Duncan (Blau/Duncan 1967: 423–441).

vilegien entstehen, was eine wichtige Voraussetzung für die Entstehung sozialer Klassen ist. Je rigider diese Mobilitätsbarrieren sind, d. h. je besser die Zugangsbeschränkungen zu begehrten Ressourcen funktionieren, desto größer sind die Privilegien beziehungsweise Benachteiligungen, die mit bestimmten Klassenlagen verbunden sind. Aus dieser Perspektive betrachtet, ist „Klassen*struktur*" ein graduelles Konzept. Klassenbarrieren können mehr oder weniger stark ausgeprägt sein. Dementsprechend kann die Privilegierung bestimmter Klassen stärker oder schwächer ausfallen.

Zweitens ist zu vermuten, dass die Ausbildung eines *Klassenbewusstseins* und des *Klassenhandelns* von der Rigidität der Klassenstruktur abhängig ist, und zwar aus zweierlei Gründen. Zum einen ist eine gewisse zeitliche Stabilität der Klassenlage (oder eine „demographische Identität", Goldthorpe 1985: 184) förderlich für die Ausbildung gemeinsamer Wertorientierungen, Lebensstile, Beziehungsmuster und ähnlicher Phänomene, die als Bestandteile einer selbstbewussten, kollektiv handelnden Klasse betrachtet werden können. Zum anderen dürfte die Wahrnehmung von Mobilitätschancen für Klassenbildungsprozesse eine bedeutende Rolle spielen. Individuen, die der Meinung sind, gute Aufstiegschancen zu haben und diese auch selbst beeinflussen zu können, werden sich kaum in kollektiven Aktionen engagieren, um ihre soziale Lage zu verbessern. Wenn sie aber der Meinung sind, an ihrer sozialen Lage aus eigener Kraft nichts ändern zu können, werden sie sich eher mit anderen solidarisieren, die ebenfalls in ihrer Klasse verbleiben müssen. Auch hier ist ein kontinuierlicher Zusammenhang zu vermuten: Je rigider die Mobilitätsschranken sind, desto höher ist die Wahrscheinlichkeit, ein Klassenbewusstsein auszubilden, und umso umfassender wird dieses Klassenbewusstsein sein.[130] Insofern sind Mobilitätschancen in zweierlei Hinsicht wichtig für die Klassenbildung: Sie prägen entscheidend die Rigidität der Klassenstruktur und beeinflussen subjektive Phänomene wie Einstellungen und Handlungsweisen. Beide Aspekte müssen aber strikt getrennt werden: Selbst bei einer rigiden Klassenstruktur ist es möglich, dass aufgrund bestimmter Umstände eine subjektive Klassenbildung nicht zustande kommt. Generell ist aber festzuhalten, dass Mobilitätsbarrieren sowohl für den „strukturellen" wie den „psychologischen" Aspekt der Klassenbildung ausgesprochen wichtig sind.[131]

---

130 Ein ähnliches Argument kann für die Ausbildung typischer Mentalitäten für Schichten formuliert werden: Diese dürfte umso stärker ausgeprägt sein, je stärker Schichten durch Mobilitätsbarrieren voneinander abgegrenzt sind.

131 Diese Auffassung von Klassenbildungsprozessen unterscheidet eine „weberianische" Auffassung von Klassenstrukturen (vgl. auch Giddens 1984) von der marxistischen. Für marxistische Klassentheorien sind Klassenstrukturen durch die Lokalisierung beruflicher Positionen in den Produktionsverhältnissen eindeutig definiert. Oder in der marxschen Terminologie

Drittens betreffen Mobilitätsbarrieren auch die *Funktion von Bildungstiteln für die Klassenbildung*. Im zweiten Kapitel wurde erläutert, dass Bildungstitel im Rahmen der Klassenbildung als „*Credentials*" von Bedeutung sind. Sie sind nicht (wie das die Industrialisierungsthese annehmen würde) reine Indikatoren beruflich relevanter Qualifikationen, sondern fungieren auch als Mittel zur Ausschließung, mit deren Hilfe sich insbesondere die höheren Klassen den Zugang zu begehrten sozialen Positionen sichern. Diese Funktion können Bildungsabschlüsse aber umso besser übernehmen, je seltener sie sind und je stärker ihr Erwerb von der sozialen Herkunft abhängt. Mobilitätsschranken im Bildungserwerb geben Aufschluss darüber, wie gut Bildungstitel als Mittel der Ausschließung beziehungsweise als Credentials fungieren.

Was besagen nun die empirischen Ergebnisse der Mobilitätsforschung hinsichtlich dieser drei Aspekte der Klassenbildung?

Zur Beantwortung dieser Frage muss zunächst unterstrichen werden, dass es auch in diesem Forschungsbereich gewisse „Homologien" zwischen Methode und theoretischem Hintergrund gibt, die die Validität mancher Ergebnisse schwer einschätzen lassen. So sind Messungen und statistische Verfahren im Statusattainment-Ansatz so gestaltet, dass sie zur Stützung einer Klassenbildungsthese kaum geeignet sind; daher ist die weitgehende Bestätigung der Industrialisierungsthese des Statusattainment-Ansatzes aus methodologischen Überlegungen mit Vorsicht zu betrachten.

Hinsichtlich der klassenanalytisch orientierten Studien sind die *relativen Mobilitätsraten* oder vergleichbare, „verteilungsfreie" Maße am besten geeignet, den *strukturellen* Aspekt der Klassenbildung aufzuzeigen. In den relativen Vor- und Nachteilen der sozialen Klassen ist am besten zu sehen, ob und wieweit Schließungsprozesse funktionieren. Die empirischen Ergebnisse zeigen hier, dass in jüngerer Zeit viele Gesellschaften offener geworden sind. Das geschah zwar nicht in einer Weise, wie es die Industrialisierungsthese beinhaltet, aber die Klassenstrukturen sind in diesen Gesellschaften heute deutlich weniger rigide als noch drei Dekaden zuvor. Das gilt für den Bildungserwerb noch stärker als für die Assoziation zwischen Herkunft und beruflicher Position.

Die „*subjektive*" Seite der Klassenbildung hängt hingegen eher von den „*absoluten*" Mobilitätsraten ab. Für die Wahrnehmung von Mobilitätschancen sind weniger „in der Tiefe" gesellschaftlicher Strukturen verborgene Schließungsprozesse als die wahrnehmbaren Bewegungen an der Oberfläche von Bedeutung, und diese

---

ausgedrückt heißt das, dass „Klassen an sich" objektiv gegeben sind. Die Frage nach der „Klassenbildung" stellt sich allenfalls hinsichtlich des psychologischen Aspekts.

werden durch die absoluten Mobilitätsraten abgebildet.[132] Hier sind zwei Tendenzen zu beobachten. Die Bildungschancen aller sozialen Gruppen haben sich durch die Bildungsexpansion stark erhöht; dieser Prozess reicht bis in die jüngste Zeit. Die absolute berufliche Mobilität wird stark durch berufsstrukturellen Wandel beeinflusst. Dieser war in den fortgeschrittenen Industriegesellschaften kurz nach dem Zweiten Weltkrieg am stärksten[133] und scheint sich nach der Ausweitung des Dienstleistungssektors zunächst einmal abzuschwächen. Gleichwohl ist das Ausmaß der absoluten beruflichen Mobilität in modernen Gesellschaften durchaus beachtlich.

Die empirischen Studien der neueren Mobilitätsforschung bieten also durchaus Anhaltspunkte für die Vermutung, dass Klassenbarrieren in jüngerer Zeit durchlässiger geworden sind. Das bedeutet aber weder, dass sich die Klassenstruktur schon vollständig aufgelöst hat, noch dass sie dies in näherer Zukunft tun wird. Fünf Punkte sprechen dafür, dass eine Klassenstrukturierung nach wie vor stattfindet. Erstens sind die Unterschiede zwischen den sozialen Klassen in den Zugangsmöglichkeiten zu Bildung einerseits sowie zu beruflichen Positionen andererseits immer noch erheblich, und zwar sowohl hinsichtlich der absoluten als auch der relativen Chancen.[134] Zweitens müssen zur Einschätzung des Ausmaßes sozialer Mobilität „kurze" und „lange" Reichweiten der Mobilitätsschritte unterschieden werden. Die absoluten Bildungserwerbsquoten der unteren sozialen Klassen sinken beträchtlich mit der Höhe der Bildungsabschlüsse. Ebenso sind die Übertrittsquoten unterer sozialer Klassen zu höheren im Generationenverlauf umso kleiner, je größer der vertikale Abstand der Herkunfts- und Zielklasse ist. Drittens scheint sich die Annäherung der Klassenstrukturen der Herkunfts- zur aktuellen Klasse in einer zunehmenden Homogenisierung der Klassen niederzuschlagen; eine beginnende langfristige Stabilität der Klassenstrukturen könnte zu weiter sinkenden absoluten Mobilitätsraten führen.[135] Viertens ist unklar, ob sich der Trend zur Öffnung der Gesellschaft ungebrochen fortsetzt. Anhaltende wirtschaftliche Probleme im Rahmen der „Globalisierung" und Abbau wohlfahrtsstaatlicher Leistungen könnten durchaus wieder zu einer Schärfung der Klassen-

---

132 Aus diesem Grund kritisiert Payne (1990) Goldthorpes Überbetonung der relativen Mobilitätsraten. Dieser Vorwurf trifft auf sehr viele Studien der „dritten Generation" zu.
133 Möglicherweise erfuhr deshalb die Industrialisierungsthese durch die frühen ISA-Studien, die sich weitaus stärker als jüngere Mobilitätsstudien mit absoluten Mobilitätsraten befasst haben, eine solch starke Unterstützung.
134 Das gilt insbesondere für Deutschland, wo allenfalls leichte Tendenzen zur Erhöhung der Durchlässigkeit zu finden sind.
135 Hier ist auch zu bedenken, dass sich der Grad sozialer Homogenität zwischen den Klassen unterscheidet: Die mittleren Klasse sind grundsätzlich heterogener als die Klassen an den extremen Polen hinsichtlich der vertikalen Dimension (Goldthorpe 1985). Das könnte sich entsprechend auf Klassenbildungsprozesse auswirken.

barrieren beitragen. Fünftens könnte eine anhaltende Abwanderung industrieller Produktion die soziale Mobilität zwar wieder erhöhen – allerdings eher in Richtung eines sozialen Abstiegs weiter Bevölkerungskreise. Das würde die Ausbildung eines Klassenbewusstseins aber kaum untergraben.

Es gibt also eine Menge Hinweise darauf, dass intergenerationale Mobilitätsbarrieren nach wie vor wirksam sind und zur Klassenbildung beitragen. Allerdings erfordert die *inter*generationale Stabilität auch die Existenz *intra*generationaler Mobilitätsbarrieren. Intergenerationale Mobilitätsbarrieren können nicht bestehen, wenn Individuen im Verlauf ihres Erwerbslebens „beliebig" aufsteigen können. Prozesse am Arbeitsmarkt sind zentral für die Mobilitätschancen der Menschen und damit für Klassenbildungsprozesse. Dieser Punkt wird in den nächsten beiden Kapiteln ausführlicher diskutiert.

Arbeitsmarktstrukturen und Muster der intragenerationalen Mobilität

5

Im letzten Kapitel wurde herausgearbeitet, dass intergenerationale Mobilitätsprozesse erhebliche Konsequenzen für die Bildung sozialer Klassen haben. Das „strukturelle Argument" beinhaltet, dass Mobilitätsbarrieren auf Ausschließungsprozesse und damit auf die strukturelle Basis der Klassenbildung verweisen. Das „subjektive Argument" verweist darauf, dass eine gewisse zeitliche Stabilität in einer gegebenen sozialen Lage vonnöten ist, um ein Klassenbewusstsein auszubilden.

Ähnliche Argumente kann man für den Bereich der intragenerationalen Mobilität geltend machen. Die Ausbildung eines Klassenbewusstseins ist bei häufigen beruflichen Wechseln kaum denkbar, zumal wenn eine hohe intragenerationale Mobilität zu der Wahrnehmung führt, dass soziale Positionen nach Belieben aus eigener Kraft zu erreichen wären.

Das strukturelle Argument ist hinsichtlich der Mobilität am Arbeitsmarkt sogar eher noch stärker. Klassenverhältnisse werden in der Regel als Ausbeutungsverhältnisse konzipiert. Ausbeutung bedeutet im Rahmen der schließungstheoretisch angelegten Klassenkonzepte die Erzielung von Einkommen, die über dem marktüblichen Einkommen liegen. Einkommen werden aber am Arbeitsmarkt generiert.[136] Die hier vorzufindenden Entlohnungsmechanismen entscheiden darüber, ob Einkommen als marktgemäß zu betrachten sind oder von der im Lichte des meritokratischen Prinzips angemessenen Höhe abweichen. Insofern kann man davon ausgehen, dass Arbeitsmarktprozesse eine erhebliche Bedeutung für die Bildung von Klassenstrukturen haben und es ist sehr verwunderlich, dass Al-

---

136 Am Arbeitsmarkt werden nicht nur monetäre Einkommen erzielt, sondern auch andere „Vergütungen" wie Wertschätzung, Karriereaussichten, Selbstverwirklichungsmöglichkeiten usw. Die folgenden Ausführungen können ohne Einschränkungen auch auf solche Gegenleistungen für den Einsatz von Arbeitskraft angewendet werden. Aus sprachlichen Gründen beschränke ich mich aber auf Einkommen, das mit Abstand auch als wichtigster Bestandteil der Entlohnung betrachtet werden kann.

lokations- und Entlohnungsmechanismen im Arbeitsmarkt im Rahmen der gängigen Klassentheorien eine eher untergeordnete Rolle spielen. Die ersten beide Abschnitte befassen sich mit zwei grundlegenden „Familien" von Arbeitsmarktkonzepten und diskutieren deren jeweilige Implikationen hinsichtlich der Allokations- und Entlohnungsmechanismen am Arbeitsmarkt.[137] Im dritten Abschnitt wird die „Theorie der geschlossenen Positionen" vorgestellt, die die gängigen Arbeitsmarktkonzepte integriert und eine Brücke zwischen Arbeitsmarkt- und Ungleichheitsforschung herstellt. Das Kapitel endet mit einer kurzen Erörterung der Konsequenzen, die sich aus dieser Theorie für die Frage der Klassenbildung ergeben. Dieses Kapitel verwendet – besonders was die Darstellung der Theorie der geschlossenen Positionen anbetrifft – stark kontrastierende Idealtypen, um die grundlegenden Ideen der besprochenen Arbeitsmarktansätze zu erläutern und ihre Konsequenzen für die Ungleichheitstheorie zu verdeutlichen. Die Diskussion des Zusammenhangs von Arbeitsmarkt und Klassenbildung wird im sechsten Kapitel differenzierter und empirisch fundierter fortgeführt.

5.1 Neoklassische Arbeitsmarkttheorie: Ungehinderte Mobilität und Äquivalententausch

Neoklassische Arbeitsmarkttheorien (Pfriem 1978, Kalleberg/Sørensen 1979: 354 ff., Lang/Dickens 1994) gehen davon aus, dass der Arbeitsmarkt wie jeder andere Markt auch funktioniert. Angebot von und Nachfrage nach Arbeitskraft werden über den Preismechanismus – das heißt hier über die Höhe der Löhne – abgeglichen. Betriebe verhalten sich in Übereinstimmung mit dem Grenznutzentheorem: Sie stellen Arbeitskräfte ein, wie deren Ertrag (durch den Verkauf von Güter, die mit der Arbeitskraft geschaffen werden, erzielte Erlöse) die Kosten (Löhne) übersteigen. Genau genommen werden mögliche Ertragssteigerungen und Kostenzuwächse („Grenzerträge" und „Grenzkosten") miteinander verglichen. Im Marktgleichgewicht entsprechen sich Grenzkosten und Grenznutzen. Ist das Arbeitsangebot größer als die Nachfrage, sinken die Löhne. Damit sind die möglichen Ertragszuwächse, die durch die Nutzung von mehr Arbeitskraft erzielt werden können, größer als die Kosten, die durch die Arbeitskraftnutzung entstehen – es werden mehr Arbeitsuchende eingestellt werden. Höhere Arbeitsnach-

---

137 Es muss betont werden, dass Arbeitsmarkttheorien hier nur insoweit von Interesse sind, als sie Anregungen für die Klassentheorie bieten. Die Darstellung von Arbeitsmarktkonzepten ist daher sehr knapp und an manchen Stellen stark vereinfachend. Für eine sehr gute Einführung in die Arbeitsmarkttheorie vgl. Sesselmeier/Blauermel (1997), vgl. darüber hinaus Kalleberg/Sorensen (1979), Sullivan (1981), Kalleberg (1988), Althauser (1989), Breiger (1995).

frage führt wiederum zu steigenden Löhnen, was mehr Menschen auf den Arbeitsmarkt lockt, so dass sich bald wieder ein Gleichgewicht zwischen Angebot und Nachfrage einstellt.[138] Geht man davon aus, dass die Arbeitskraft homogen ist, wie es ältere, sehr einfache Varianten der klassischen Arbeitsmarkttheorie tun, dann folgt daraus, dass bei gleicher Arbeitszeit die Arbeitnehmer alle dasselbe verdienen. Da alle Arbeitnehmer jede Arbeit verrichten können, kann es keine dauerhaften Lohndifferentiale geben.

Es liegt auf der Hand, dass die neoklassische Arbeitsmarkttheorie in ihrer „reinen" Form nicht zutrifft: Die Einkommen der Arbeitnehmer variieren erheblich. Eine wichtige Variante der neoklassischen Arbeitsmarkttheorien, die *Humankapitaltheorie* (Becker 1964, Mincer 1974, Becker 1993)[139], erklärt Einkommensunterschiede durch die unterschiedliche Ausbildung der Arbeitnehmer. Die zentralen Annahmen dieser Theorie bestehen erstens im Produktivitätstheorem – Arbeitnehmer werden nach ihrer Produktivität entlohnt – und zweitens in der These, dass die Produktivität der Arbeiter mit deren Ausbildung variiert. Investitionen in Humankapital (also eine Ausbildung aufnehmen, Fortbildungskurse besuchen usw.) erhöhen die Produktivität eines Arbeitnehmers und damit seinen Lohn. Dies resultiert in einer klaren „je-desto"-Beziehung zwischen Bildungsinvestition und erzielter Rendite: Jedes Jahr, das man in seine Ausbildung investiert, wird sich – zumindest mit einer bestimmter Wahrscheinlichkeit – in einem entsprechend höheren Lohn niedergeschlagen.[140]

Die Humankapitaltheorie impliziert, dass die Entlohnung der Arbeitnehmer als Äquivalentenausch aufzufassen ist: Der Lohn der Arbeitnehmer entspricht dem Wert ihres Arbeitsproduktes. Der Markt entscheidet, was das Arbeitsprodukt wert ist, und die Marktteilnehmer werden sich an dieser Orientierungslinie hal-

---

138 Die Implikationen des Grenznutzentheorems sind allerdings umfangreicher als hier dargestellt und werden in der soziologischen Literatur oft nicht zureichend gewürdigt (Granovetter 1981: 17 f.). Für die folgenden Betrachtungen, in denen das neoklassische Einkommensdeterminationsmodell im Wesentlichen die Rolle eines „Baseline-Modells" spielt, genügen jedoch die hier dargelegten Grund züge dieses Theorems.
139 Zur kritischen Würdigung der Humankapitaltheorie siehe Blaug (1976). Andere Varianten der neoklassischen Arbeitsmarkttheorie versuchen jeweils spezifische Unzulänglichkeiten der „neo-klassischen Basistheorie" zu überwinden. So lässt zum Beispiel der „Jobsearch-Ansatz" (Stigler 1961, Stigler 1962) die unrealistische Annahme vollständiger Markttransparenz fallen, die Effizienzlohntheorie (Ackerlof 1982, Katz 1986) handelt das Produktivitätstheorem flexibler.
140 Wichtig ist dabei die Unterscheidung zwischen „spezifischem" und „allgemeinem" Humankapital. Das allgemeine Humankapital wird im Wesentlichen im Bildungssystem erworben und besteht aus Kenntnissen und Fertigkeiten, die unabhängig von den spezifischen Gegebenheiten eines Betriebes eingesetzt werden können. „Spezifisches" Humankapital bezeichnet hingegen Kenntnisse und Fertigkeiten, die im Verlauf der beruflichen Tätigkeit erworben und nur in einem bestimmten Betrieb verwendet werden können.

ten. Arbeitnehmer, die sich unterbezahlt fühlen, suchen sich eine neue Arbeitsstelle. Arbeitgeber, die zu viel bezahlen, werden mit ökonomischen Verlusten bestraft. Wenn dieses „Produktivitätstheorem" gilt, dann entspricht die Entlohnung dem meritokratischen Prinzip: Jeder erhält das, was er seinen Leistungen gemäß verdient. Irgendeine Form von Ausbeutung im Sinne der ungerechtfertigten Aneignung von Ressourcen, ohne dafür einen entsprechenden Gegenwert zu bieten, gäbe es dann nicht.

Es lässt sich aus dieser Perspektive sogar begründen, dass soziale Ungleichheit aus einer Lebensverlaufsperspektive betrachtet jenseits von Unterschieden, die aus natürlichen Begabungen und freiwilligem Verzicht resultieren, gar nicht existiert. Einkommensunterschiede, die in einer zeitlichen Querschnittsbetrachtung gefunden werden, spiegeln nur Unterschiede in aktuellen Leistungen, in berufsrelevanten Qualifikationen und in Renditen ökonomischen Kapitals wider. Wer also mehr verdienen möchte, muss entweder mehr arbeiten, oder in ökonomisches Kapital oder Humankapital investieren (gegebenenfalls unter Aufnahme eines Kredites). Die im Laufe des Berufslebens aufsummierten Renditen der Investitionen entsprechen immer den Investitionskosten.[141] Das bedeutet aber, dass die Einkommen über die Lebenszeit gerechnet durchschnittlich[142] für alle Menschen gleich sind: Professoren verdienen zwar mehr als Arbeiter, dafür müssen sie aber auch erheblich größere Aufwendungen für ihre Ausbildung[143] leisten. Unterschiede in den Lebenseinkommen entstehen im Wesentlichen durch freiwilligen Verzicht auf Arbeitszeiten (also durch Präferenzunterschiede) oder durch unterschiedliche natürliche Talente: Die Investitionskosten begabter Menschen in Humankapital sind geringer als die der unbegabten. Bei gleichen Renditen des Humankapitals fällt die Einkommensbilanz für sie besser aus.

Wie alle neoklassische Arbeitsmarkttheorien trifft auch die Humankapitaltheorie einige sehr restriktive Annahmen (z. B. Pfriem 1978, Sesselmeier/Blauermel 1997). Neben der Annahme, dass alle Marktteilnehmer nutzenmaximierend handeln und dass der Markt vollständig transparent ist, setzen sie vor allem die Existenz eines „freien" Arbeitsmarktes voraus. Der „freie" Arbeitsmarkt ist dadurch gekennzeichnet, dass es keine Mobilitätsbeschränkungen im Arbeitsmarkt gibt.

---

141 Wären die Renditen bedeutend größer, würden mehr Menschen solche Investitionen aufnehmen. Das entsprechend vergrößerte Angebot auf dem Markt lässt die Renditen wieder sinken, und vice versa. Auf lange Sicht gleichen sich kumulierte Investitionskosten und -erträge an.
142 Diese Betrachtungen gelten aber nur für den „Gleichgewichtszustand" bei vollkommener Information über zukünftige Renditen usw. Bei Nachfrageschwankungen können Renditen sehr wohl über, aber auch unter den Investitionskosten liegen.
143 Zu den Aufwendungen gehören neben den direkten Kosten auch Kosten in Form von in der Ausbildungszeit entgangener Löhne.

Nur bei vollständiger, ungehinderter Konkurrenz kann der Preismechanismus den Ausgleich von Angebot und Nachfrage regeln. Dementsprechend ist *keinerlei Strukturierung der intragenerationalen Mobilität* zu erwarten. Jeder Arbeitnehmer kann jede Arbeit aufnehmen, die er will (strukturelle Arbeitslosigkeit existiert nicht, da der Preismechanismus den Markt räumt), und jeder Arbeitgeber kann sich die Arbeitnehmer aussuchen, die seinen Vorstellungen entsprechen. Das Mobilitätsniveau in einem solchen „hire-and-fire" Arbeitsmarkt ist hoch, da Nachfrageanpassungen der Produktion, technologische Änderungen oder ähnliche Entwicklungen sich in Entlassungen und Einstellungen widerspiegeln. Die Mobilität ist unstrukturiert in dem Sinn, dass ausschließlich individuelle Qualifikation und Leistung über das Fortkommen entscheidet. Damit kommt als einzige Determinante sozialer Mobilität die Ausbildung der Individuen in Betracht, und diese ist individuell gestaltbar. Jeder Teilnehmer des Arbeitsmarktes ist prinzipiell in der Lage, in seine Bildung zu investieren; und er wird es nach seinem individuellen Nutzenkalkül auch solange tun, wie ihm diese Investition entsprechende Renditen verspricht. Jenseits der Bildung gibt es keine Mobilitätsdeterminanten. Insbesondere können auf dem freien Markt keine Mobilitätshemmnisse Bestand haben, die sich rein an askriptiven Merkmalen der Individuen, also etwa an bestimmten Gruppenzugehörigkeiten, orientieren. Denn Diskriminierungen aufgrund von Geschlecht, ethnischer oder sozialer Herkunft wären ineffizient für die Produktion, würden also die Konkurrenzfähigkeit des diskriminierenden Betriebes beeinträchtigen.[144]

Funktioniert der Arbeitsmarkt nach neoklassischen Prinzipien ist also erstens ein hohes Maß intragenerationaler Mobilität zu erwarten, die zweitens ausschließlich von Qualifikations- und Leistungsmerkmalen der Arbeitnehmer determiniert wird. Drittens ist der Entlohnungsmechanismus auf dem Arbeitsmarkt durch den Äquivalententausch gekennzeichnet. In einer Gesellschaft mit einem solchen Arbeitsmarkt ist kaum zu erwarten, dass es zu Schicht- oder gar zu Klassenbildungen kommt. Die hohe Mobilität verhindert die Ausbildung eines wie auch immer gearteten Klassenbewusstseins, und es existieren keinerlei Ausbeutungsprozesse, die die Grundlage einer Klassenbildung darstellen. Die Ungleichheitsstruktur einer solchen Gesellschaft würde ziemlich genau dem entsprechen, was die funktionalistische Schichtungstheorie (vgl. erstes Kapitel) erwartet.

---

144 Gemeint ist vor allem eine auf einem „taste for discrimination" beruhende Diskriminierung, nicht jedoch die „statistische" Diskriminierung, die sich daraus ergibt, dass askriptive Merkmale als Produktivitätssignale verwendet werden. In diesem Punkt verwischen die Grenzen zwischen neoklassischen Arbeitsmarkttheorien und Segmentationsansätzen (vgl. Sesselmeier 1994: 71 ff.) und die nachfolgenden Ausführungen.

5.2 Segmentationsansätze in der Arbeitsmarkttheorie: Mobilitätsbarrieren und Ausbeutungsprozesse

Die so genannten „Segmentationsansätze" in der Arbeitsmarkttheorie (vgl. Köhler und Krause 2010) gehen davon aus, dass der Preismechanismus im Arbeitsmarkt nicht das einzige, vielleicht noch nicht einmal das dominante Instrument ist, das die Besetzung von Arbeitsstellen mit Arbeitskräften regelt. Besonders deutlich wird dies in der Unterscheidung zwischen „internen" und „externen" Arbeitsmärkten. Das Konzept des „internen Arbeitsmarktes" ist mit den Arbeiten von Doeringer und Piore bekannt geworden. Ein interner Arbeitsmarkt ist „an administrative unit, such as a manufacturing plant, within which the pricing and allocation of labor is governed by a set of administrative rules and procedures" (Doeringer/Piore 1985[1971]: 2f., vgl. auch Giesecke und Groß 2012).

Der Marktmechanismus ist also, sowohl was die Allokation von Arbeitskräften auf die Arbeitsplätze, als auch was die Höhe der Entlohnung betrifft, außer Kraft gesetzt. Nicht das Gesetz von Angebot und Nachfrage entscheidet, sondern *institutionalisierte Regeln* geben für diese Prozesse den Ausschlag. Diese Regeln können wiederum sehr unterschiedliche Kriterien für Lohnfestsetzung und Allokationsentscheidungen heranziehen. Selbst das durch das Marktgesetz vorgeschriebene Effizienzkriterium kann hierbei eine Rolle spielen. Aber das Effizienzkriterium ist nicht das einzige mögliche Kriterium. Seine Geltung kann durch andere Kriterien außer Kraft gesetzt oder zumindest eingeschränkt werden. Marktgemäße Regelungsmechanismen sind dem externen Arbeitsmarkt vorbehalten: Auf dem externen Arbeitsmarkt gilt, dass „pricing, allocating, and training decisions are controlled directly by economic variables" (Doeringer/Piore 1985[1971]: 3). Interner und externer Arbeitsmarkt sind durch „Eingangsstellen", den „ports of entry", miteinander verbunden. Die Besetzung dieser ports of entry erfolgt im Wesentlichen nach Marktbedingungen. Der weitere Karriereweg bestimmt sich dann aber nach den Regeln des internen Arbeitsmarktes.[145]

Die geographischen oder institutionellen Grenzen eines internen Arbeitsmarktes können sehr verschieden sein. Obwohl der Begriff in vielen Studien so gebraucht wird (z. B. Carroll/Mayer 1986), ist ein interner Arbeitsmarkt nicht mit dem Arbeitsmarkt innerhalb einer Firma gleichzusetzen. Interne Arbeitsmärkte können durchaus mehrere Firmen umfassen (Althauser/Kalleberg 1990: 308).[146]

---

145 Die Anzahl der „ports of entry", die Gestaltung dieser Eingangsjobs und die Restriktivität der Eingangskriterien definieren den Grad der Offenheit interner Arbeitsmärkte zu den externen Arbeitsmärkten (Doeringer/Piore 1985[1971]: 42ff.).
146 Andererseits werden manchmal auch nur Teilmengen von Jobs in einer Firma als interner Arbeitsmarkt bezeichnet (Althauser 1989: 145ff.).

Die innere Struktur interner Arbeitsmärkte wird durch die Art des herrschenden Mobilitätsregimes bestimmt. Diese lässt sich durch „Mobilitätscluster" beschreiben. Arbeitsplatzwechsel spielen sich hauptsächlich zwischen den Arbeitsplätzen ab, die zum gleichen Cluster gehören. Solche Cluster bestehen aus Arbeitsplätzen, die ähnliche Fertigkeiten benötigen, ähnliche Tätigkeiten zum Inhalt haben, sich um den gleichen Arbeitsabschnitt gruppieren oder der gleichen funktionalen oder organisationalen Einheit angehören (Doeringer/Piore 1985[1971]: 50 f.). Der Prototyp eines solchen Mobilitätsclusters ist die sogenannte „Karriereleiter". Die Arbeitsplätze einer Leiter sind hierarchisch angeordnet. Stellen am oberen Ende der Hierarchie können nur besetzt werden, wenn die darunter liegenden Positionen durchlaufen wurden. Meist werden zur Ausübung der Tätigkeiten der oberen Stellen Kenntnisse benötigt, die in den unteren Positionen erworben werden.

Während das Konzept des „internen Arbeitsmarktes" versucht, einen Mechanismus zu verdeutlichen, der anstelle des Marktprinzips die Allokation von Arbeitskräften zu Arbeitsstellen regelt, wollen andere Segmentationsansätze die Bereiche des Arbeitsmarktes abgrenzen, in denen diese unterschiedliche Allokationsmechanismen zu finden sind. So fassen Doeringer und Piore alle Bereiche des Arbeitsmarktes, in denen interne Arbeitsmärkte dominieren zum „primären" Arbeitsmarktsegment zusammen, während die „externen" Arbeitsmarktbereiche den „sekundären" Arbeitsmarkt bilden. Allerdings orientieren sich Segmentationsansätze in der Regel nicht unmittelbar an Allokationsmechanismen, wenn sie Arbeitsmarktbereiche abgrenzen, sondern an den Merkmalen der Arbeitsstellen, die in diesen Bereichen zu finden sind[147]: Der „primäre" Arbeitsmarktsektor ist der Bereich des Arbeitsmarktes mit sicheren Arbeitsplätzen, guten Arbeitsbedingungen, und höherer Entlohnung, während die Arbeitsplätze des „sekundären Sektors" unsicher sind, schlechter entlohnt werden und andere Nachteile mit sich bringen. Andere Konzepte grenzen Arbeitsmarktbereiche nach der Art der Bindung von Arbeitgebern und Arbeitnehmern (Sengenberger 1987), nach Qualifikationsmerkmalen (Blossfeld/Mayer 1988), nach Branchen (Stinchcombe 1979) oder nach spezifischen Kombinationen von solchen Merkmalen ab (Sakamoto/Chen 1991).[148]

---

147 Welche Merkmale zur Definition beziehungsweise Operationalisierung von Arbeitsmarktsegmenten benutzt werden, hängt letztlich von der jeweiligen Untersuchungsfragestellung ab. Baron/Bielby (1980: 740) weisen auf die Gefahr zirkulärer Argumente hin, etwa wenn Arbeitskraftcharakteristiken zur Operationalisierung von Arbeitsmarktsektoren herangezogen werden, die dann wiederum individuelles „Attainment" erklären sollen.
148 Fast alle Segmentationskonzepte kombinieren mehrere Arbeitsplatz- bzw. Arbeitskraftmerkmale zur Abgrenzung von Segmenten. Die hier genannten Zuordnungen sollen lediglich verdeutlichen, welchen Merkmalen die Autoren besondere Beachtung schenken. Segmentationsansätze unterscheiden sich nicht nur nach ihren Definitionskriterien und ihren Ope-

Nichtsdestotrotz unterstellen alle Segmentationsansätze, dass sich die abgegrenzten Segmente in der Art der vorherrschenden Allokationsmechanismen unterscheiden. Darüber hinaus nehmen sie zumindest implizit an, dass diese unterschiedlichen Allokationsmechanismen für die spezifischen Arbeitsplatz- und Arbeitskraftmerkmale der Segmente kausal verantwortlich sind. Die institutionalisierten Allokationsregeln des internen Arbeitsmarktes sichern die Arbeitsplatzsicherheit im primären Segment, die relativ hohe Entlohnung und bevorzugen Arbeitnehmer mit hohen Bildungsabschlüssen usw. Insgesamt lassen sich damit die Arbeitsmarktsegmente als Bereiche des Arbeitsmarktes abgrenzen, in denen spezifische Mobilitätsmuster, aber auch spezifische Entlohnungsmechanismen gelten.

So sind in Arbeitsmarktbereichen, in denen der Marktmechanismus als Allokationsprinzip nicht oder nicht vollständig funktioniert, Qualifikation und Leistung nicht die einzigen Determinanten sozialer Mobilität oder kommen im Extremfall gar nicht zur Geltung. Strukturelle Restriktionen wie die Schrumpfung oder Expansionen von Firmen oder Branchen können Mobilitätsströme induzieren oder verhindern. In einer schrumpfenden Branche sind mit besten Qualifikationen nur schwer Arbeitsplätze zu finden, Wachstumsbranchen bieten selbst für ungenügend qualifizierte Arbeitnehmer gute Beschäftigungschancen.[149] Darüber hinaus ermöglichen institutionalisierte Arbeitsplatzentscheidungen, die nicht unbedingt den Markterfordernissen entsprechen müssen, die Diskriminierung von Arbeitnehmern aufgrund von askriptiven Merkmalen wie Geschlecht, ethnischer Zugehörigkeit usw.

Ohne funktionierenden Marktmechanismus muss auch die Entlohnung von Arbeitsstellen nicht mehr einem Tausch von Äquivalenten entsprechen. Wenn Allokation und Lohnfestsetzung Sache von institutionalisierten, regelgeleiteten Entscheidungsprozessen sind, kann die Anpassung von Arbeitsangebot und -nachfrage nicht mehr über das Lohnniveau erfolgen. Die Lohnniveaus sind rigide und gehorchen keineswegs den Marktgegebenheiten (Doeringer/Piore 1985[1971]: 33). Das Auseinanderdriften von Löhnen und Arbeitsproduktivität ist vor allem darauf zurückzuführen, dass Löhne nicht direkt an Arbeitnehmer mit bestimmten Eigenschaften und Leistungen gezahlt werden, sondern an Arbeitsstellen gekoppelt sind. Das bedeutet, dass nach der Besetzung von Arbeitsstellen die Lohnzahlung zumindest zu einem bestimmten Grad von den Eigenschaften der Ar-

---

rationalisierungen, sondern auch nach den Analyseebenen, auf denen die definierenden Merkmale angesiedelt sind. Segmente können als Aggregation von Individuen beziehungsweise Arbeitsplätzen (Blossfeld/Mayer 1988), Organisationen (Doeringer/Piore 1985[1971]) oder auch Branchen (Stinchcombe 1979) erhalten werden.

149 Zum Einfluss struktureller Restriktionen auf den Mobilitätsprozess vgl. Baron/Bielby (1980), Granovetter (1986), Carroll/Mayer (1986), Mayer/Carroll (1987), Preisendörfer (1987), Carroll et al. (1990), Hachen (1992), DiPrete (1993), DiPrete/Nonnemaker (1997).

beitnehmer unabhängig ist (Doeringer/Piore 1985[1971]: 77, vgl. auch Granovetter 1981). Die Festsetzung der Löhne hängt wiederum von einer ganzen Reihe von Faktoren ab. Institutionalisierte Regeln – von informellen Gewohnheiten in einer gegebenen Unternehmenskultur bis hin zu formalisierten Tarifverträgen – nehmen Einfluss auf die Lohngestaltung. Die Einbindung einer Arbeitsstelle in einen bestimmten Unternehmensbereich kann wichtiger für ihre Entlohnung sein als die aktuelle Produktivität der Arbeitnehmer, die in den Stellen tätig sind. Machtspiele auf Arbeitnehmerebene (Arbeitnehmer in sicherer Beschäftigung können sich etwa „Bummelei" erlauben) wie zwischen kollektiven Akteuren (Löhne werden durch konfligierende Arbeitnehmer- und Arbeitgeberverbände ausgehandelt) beeinflussen die Verdienste. Insgesamt sind Löhne eher als Resultate kollektiver Handlungen und Entscheidungen aufzufassen denn als Äquivalente individueller Produktivitäten. Löhne werden mehr durch Merkmale von Arbeitnehmergruppen als durch individuelle Leistungen bestimmt, da formalisierte und schriftlich fixierte Entscheidungsregeln leicht erkennbare, generell adressierbare Merkmale wie Alter, Geschlecht oder Zertifikate, an die sie sich richten können, brauchen.

Arbeitsmarktsegmente können damit als klar abgegrenzte Bereiche des Arbeitsmarktes gelten, in denen jeweils spezifische Mechanismen, die die Allokation von Arbeitskräften auf Arbeitsstellen regeln, spezifische Mobilitätsmuster und korrespondierende Entlohnungsmechanismen nach sich ziehen. In einigen Segmenten kann der Marktmechanismus funktionieren, was bedeutet, dass in diesen Arbeitsmarktbereichen Qualifikation und Leistung für das Fortkommen in der beruflichen Karriere entscheidend sind und die Entlohnungen als Produktivitätsäquivalente aufgefasst werden können. In anderen Bereichen hingegen können strukturelle Restriktionen oder Diskriminierungspraktiken dazu führen, dass Qualifikation und Leistung für die berufliche Mobilität und für die Entlohnung nur eine untergeordnete Rolle spielen und dass Arbeitnehmer im Vergleich zu einem marktlich regulierten Arbeitsmarktsegment hinsichtlich ihrer Karrierechancen entweder bevorteilt oder benachteiligt werden.[150]

---

150 Ein wichtiger Gesichtspunkt ist dabei, dass die Segmentgrenzen selbst als Mobilitätsbarrieren zu betrachten sind: Könnten sich Arbeitnehmer ungehindert von einem Arbeitsmarktsegment zu jedem beliebigen anderen bewegen, dann würden segmentspezifische Privilegierungen oder Benachteiligungen schnell abgebaut werden. Ein guter Teil der Segmentationsliteratur befasst sich daher mit der Mobilität über Segmentgrenzen hinweg. Es konnte vielfach gezeigt werden, dass Mobilität vor allem innerhalb der Segmente stattfindet, Bewegungen über die Segmentgrenzen hinweg hingegen seltener sind (vgl. Jacobs/Breiger 1994: 46, Blossfeld/Mayer 1988, Sakamoto/Chen 1991). Aus der Perspektive interner Arbeitsmärkte bedeutet das vor allem, dass Jobwechsel innerhalb von Firmen häufiger sein sollten als Jobwechsel zwischen verschiedenen Unternehmen (Carroll/Mayer 1986, DiPrete 1993, Althauser/Kalleberg 1990, Hachen 1992).

Für die Klassentheorie hat die Arbeitsmarkttheorie einschneidende Konsequenzen. Träfe die neoklassische Arbeitsmarkttheorie zu, würde also die Karrieremobilität ausschließlich durch Qualifikation und Leistung gesteuert und entspräche die Entlohnung der Arbeitnehmer ihrer Produktivität, dann könnten sich soziale Klassen nicht bilden. Da es keine Ausbeutungsprozesse gäbe, hätten die Arbeitnehmer auch keinen Grund dafür, in kollektiven Handlungen auf die Gestaltung der Arbeitswelt Einfluss zu nehmen. Hohe soziale Mobilität würde zudem die Ausbildung kollektiver Handlungsstrategien kaum zulassen. Das bedeutet im Umkehrschluss, dass Klassenbildungsprozesse Allokations- und Entlohnungsmechanismen voraussetzen, die von den Segmentationsansätzen beleuchtet werden. Allerdings ist eine unmittelbare Berücksichtigung der Segmentationsansätze und der von ihnen geleitete empirische Forschung in der Klassentheorie kaum möglich. Die empiristische Ausrichtung der Arbeitsmarktliteratur hat zur Folge, dass eher „kleinräumige", spezifische Untersuchungsdesigns entstehen, denen eine Vielzahl unterschiedlicher Fragestellungen unterliegt, die dementsprechend unterschiedliche Definitionen und Operationalisierungen ihrer zentralen Konzepte verwenden und sich auf höchst unterschiedliche Untersuchungseinheiten beziehen. Das macht es schwer, die Ergebnisse solcher Studien auf das makrosoziale Konzept „Klasse" zu beziehen. Erst Aage Sørensens „Theorie der geschlossenen Positionen" arbeitet die wesentlichen Aspekte der so verschiedenen Arbeitsmarktansätze heraus, und ermöglicht damit den Anschluss der Arbeitsmarkt- an die Ungleichheitstheorie.

5.3 Die Theorie geschlossener Positionen

Auch Aage Sørensen entwickelte seine Theorie der „geschlossenen Positionen" im Rahmen der Untersuchung von Mobilitäts- und Entlohnungsmechanismen am Arbeitsmarkt (Sørensen 1975a, 1975b, 1977, 1979, 1986; Sørensen/Kalleberg 1981). Erst in seinen späteren Arbeiten hat er sich mit den Konsequenzen der Arbeitsmarkt- für die Ungleichheitsstruktur befasst (Sørensen 1991b, 1996, 2000a, 2000b).

Sørensen (1983) unterscheidet Systeme offener und geschlossener Positionen. Der Begriff der „geschlossenen Position" geht ebenso wie der Schließungsbegriff Parkins auf den Begriff der sozialen Schließung von Weber zurück. Beide beinhalten, dass Individuen aufgrund bestimmter Merkmale von Ressourcen beziehungsweise Belohnungen ferngehalten werden. Sørensen konkretisiert den Schließungsbegriff aber im Rahmen seiner Anwendung auf die Eigenschaften von Arbeitsstellen und schafft damit ein Scharnier zwischen den makrosoziologischen Ungleichheitstheorien einerseits und den eher auf der Mesoebene angelegten Arbeitsmarkttheorien andererseits. Geschlossen sind Positionen nach Sørensen dann, wenn sie nur verfügbar sind, wenn der frühere Positionsinhaber die Position geräumt hat: „Positions will be referred to as closed when they are available only when vacated by the previous incumbent. (…) In contrast, incumbents of positions in open position systems can be replaced at any moment in time" (Sørensen 1983: 206).

Neoklassische Arbeitsmarkttheorien liefern eine adäquate Beschreibung der Funktion von Systemen offener Positionen. In Systemen offener Positionen ist der freie Wettbewerb der Marktteilnehmer – die wichtigste Voraussetzung neoklassischer Theorien – gewährleistet. Hier ist es jederzeit möglich, dass Arbeitsangebot und -nachfrage über den Preismechanismus ausgeglichen werden. In Systemen geschlossener Positionen ist genau dies nicht gegeben, da der Arbeitnehmer – und nicht der Arbeitgeber – den Zeitpunkt neuer Allokationen kontrolliert: „(…) new matches usually cannot be established when changes in individual performances, or the availability of a candidate with qualifications believed to be superior to an incumbent, would make it desirable" (Sørensen 1983: 206). Die indefinite Dauer der Besetzung geschlossener Positionen verhindert die freie Konkurrenz. Damit ist die problemlose Anpassung des Arbeitsangebots an die Nachfrage ebenso wenig möglich wie die Anpassung der Löhne an die tatsächliche Leistung der Arbeitnehmer.

5.3.1 Muster intragenerationaler Mobilität in Systemen geschlossener Positionen

Systeme geschlossener Positionen beinhalten wichtige Implikationen für den Mobilitätsprozess. Ausgangspunkt ist die Tatsache, dass geschlossene Positionen nur besetzt werden können, wenn der vorige Inhaber die Stelle verlassen hat – wenn also eine *Vakanz*, eine „leere Position", entstanden ist. Das wird besonders in den Karriereleitern des internen Arbeitsmarktes deutlich: Aufstiege sind nur möglich, wenn auf der nächst höheren Hierarchieebene Stellen frei werden.

Wenn aber Stellen in der Karriereleiter frei werden, entstehen *Vakanzketten* (vgl. auch White 1970; White 1974). Wenn eine Vakanz auf einer bestimmten Ebene mit einem Bewerber aus der nächst tieferen Hierarchiestufe besetzt wird, entsteht auf der unteren Ebene erneut eine Vakanz, die mit einem Bewerber von einer Stufe noch weiter unten besetzt wird usw.[151] Die Vakanz verschwindet erst, wenn sie auf der untersten Stufe von einem Bewerber außerhalb des Systems ge-

---

151 Auf einem gegebenen Level des Systems können also Vakanzen entstehen, weil Personen auf diesem Level das System verlassen, oder weil Vakanzen von „oben ankommen" – was bedeutet, dass Personen aufsteigen.

füllt wird. Die Bewegung von Personen vom Beginn einer Karriereleiter bis an die Spitze entspricht einer entgegengesetzten Bewegung einer Vakanz von der Spitze der Kette bis zum unteren Ende (Sørensen 1983: 208).

Auf jeder Stufe gibt es nun eine *Schlange von Kandidaten*, die sich um die Vakanz der nächst höheren Stufe bewerben. Der beste Kandidat aus dieser Warteschlange erhält die freigewordene Stelle. Die Anordnung der Kandidaten in dieser Warteschlange erfolgt nach ihren persönlichen Eigenschaften: Alle Merkmale, die einen Bewerber für eine Stelle geeignet erscheinen lassen – der Besitz bestimmter Bildungstitel, gewonnene Erfahrungen, Geschlecht, ethnische Zugehörigkeit – verhelfen ihm zu einem der vorderen Plätze in der Warteschlange.

Dieses „Vakanzkettenmodell" intragenerationaler Mobilität hat zwei entscheidende Konsequenzen für das Verständnis von Mobilitätsprozessen auf dem Arbeitsmarkt. Zum einen macht es deutlich, wie strukturelle Restriktionen Mobilitätschancen beeinflussen können. Zum anderen rückt es andere Determinanten von Mobilitätsprozessen in den Vordergrund als etwa das neoklassische Modell des Arbeitsmarktes.

5.3.1.1 Gelegenheitsstruktur und Mobilitätsprozesse

Die erste Konsequenz, die sich aus dem Vakanzkettenmodell ergibt, liegt auf der Hand: Mobilitätschancen sind von der Verfügbarkeit von Vakanzen abhängig. Je mehr freie Positionen in einem System geschlossener Positionen zur Verfügung stehen, desto besser sind die Gelegenheiten zum Eintritt in das System beziehungsweise zum Aufstieg innerhalb des Systems, wobei unter „System" in der Regel eine Organisation verstanden wird.[152]

Die Gesamtzahl der Vakanzen, die innerhalb eines geschlossenen Systems zu einem gegebenen Zeitpunkt zur Verfügung stehen, hängt von verschiedenen Parametern ab, die die *Gelegenheitsstruktur* dieses Systems definieren. Dazu gehören die Zahl der Hierarchieebenen innerhalb des Systems, die Zahl der Positionen auf den einzelnen Ebenen, die Rate, mit der Vakanzen auf den unterschiedlichen Hierarchieebenen entstehen, und nicht zuletzt die „Form" des gesamten Systems,

---

152 Das Modell der geschlossenen Positionen ist aber keineswegs auf die Ebene der Organisationen beschränkt. Sørensen versucht gerade, die Annahmen des Models für die Analyse sozialer Ungleichheit nutzbar zu machen. Man kann Teilarbeitsmärkte oder gar den gesamten Arbeitsmarkt als System geschlossener Positionen auffassen (vgl. Sørensen 1977). Austritte aus dem System sind dann durch Verrentung gegeben, Eintritte durch Übergänge vom Bildungssystem zum Arbeitsmarkt. Die Hierarchie geschlossener Positionen ist in diesem Fall durch die Statusverteilung aller Jobs gegeben.

die in der Regel als pyramidenförmig angenommen wird. Je weniger Hierarchieebenen, je weniger Positionen auf den Ebenen, je seltener Vakanzen auf den einzelnen Hierarchiestufen entstehen, und je steiler die Pyramide sich zuspitzt, desto ungünstiger ist die Gelegenheitsstruktur des Systems (Sørensen 1977: 968).

Die Gelegenheitsstruktur eines Systems geschlossener Positionen setzt den Rahmen, innerhalb dessen individuelle Charakteristika den Prozess sozialer Mobilität überhaupt beeinflussen können. Selbst die beste Qualifikation und der größte Arbeitseinsatz nützen nichts für die Karriere, wenn die Gelegenheitsstruktur ungünstig ist (Sørensen/Kalleberg 1981: 68). Ohne Vakanzen sind Aufstiege schlicht nicht möglich. Umgekehrt können bei günstiger Gelegenheitsstruktur auch schlecht qualifizierte Individuen gute Positionen erhalten.

Organisationsdemographische Modelle (Preisendörfer 1987: 213 ff.) versuchen nachzuzeichnen, wie die Gelegenheitsstruktur solcher Organisationen die Mobilitätschancen der Mitarbeiter beeinflusst. Sie zeigen, dass die Form der Organisation, Austrittsraten, Wachstum und Schrumpfung von Organisationen die Zahl offener Stellen in internen Arbeitsmärkten und damit die Geschwindigkeit beeinflussen, mit der Individuen durch die Karriereleitern geschleust werden (vgl. Brüderl et al. 1991, DiPrete 1993).[153]

5.3.1.2 Die Funktion individueller Charakteristika im Mobilitätsprozess

Während die Gelegenheitsstruktur den Mobilitätsprozess via Entstehung von Vakanzen prägt, beeinflussen individuelle Merkmale soziale Mobilität insoweit, als diese die Fähigkeit von Individuen determinieren, die gegebenen Vakanzen auch zu nutzen (Sørensen 1977: 967). Zum einen hängt es von diesen Merkmalen ab, welche Positionen für die Individuen maximal erreichbar sind: „... for a given level of personal resources, there is an attainment level that is the best a person can hope to obtain" (Sørensen 1977: 972). Zum anderen legen sie die *relative Position* der Kandidaten für eine Vakanz auf der Warteschlange fest.

Das bedeutet aber, dass individuelle Merkmale allenfalls *ordinalen* Charakter haben. Insbesondere kann nicht wie in der Humankapitaltheorie beziehungsweise im Statusattainment-Ansatz davon ausgegangen werden, dass Humankapitalinvestitionen klar abschätzbare Mobilitätserfolge nach sich ziehen, nach der Lo-

---

153 Für eine Übersicht über Studien, die sich mit organisationalen Modellen der Karrieremobilität befassen siehe neben Preisendörfer (1987) auch Carroll et al. (1990). Letztere machen auch auf die Bedeutung des Umfeldes aufmerksam, in das Organisationen eingebunden sind.

gik etwa dass einer bestimmten Bildungsinvestition zu einer beruflichen Position mit entsprechendem Status führt. Bei günstiger Gelegenheitsstruktur kann schon eine geringe Investition in Humankapital große Erfolge zeitigen – im besten Fall ist ein Aufstieg ohne jede Investition möglich. Umgekehrt kann bei ungünstiger Gelegenheitsstruktur jede noch so große Humankapitalinvestition folgenlos bleiben: Wenn die Investition nicht genügt, um sich am Erstplatzierten in der Warteschlange für eine Vakanz vorbeizuschieben, erzielt sie keinerlei Renditen.

Darüber hinaus gewinnen in Systemen geschlossener Positionen *askriptive* Merkmale für die Allokation von Personen auf Positionen an Bedeutung. Das resultiert aus der unbestimmten Dauer der Besetzung geschlossener Positionen. Der für eine geschlossene Position eingestellte Arbeitnehmer könnte sich nach seiner Einstellung als höchst unproduktiv erweisen. Da man ihn aber nicht mehr entlassen kann, würde das einen nicht unerheblichen Verlust für den Arbeitgeber bedeuten. Der Arbeitgeber muss daher die Besetzung nach Kriterien vornehmen, die eine möglichst gute zukünftige Produktivität versprechen.

Einige Indikatoren wie psychologische Eignungstests oder die Beobachtung der aktuellen Performanz von Beförderungskandidaten auf ihrem jetzigen Posten geben recht guten Aufschluss über aktuelle Qualifikationen und Leistungsbereitschaft. Ein Nachteil solcher Merkmale ist aber darin zu sehen, dass sie nur mit erheblichem Zeit- und Kostenaufwand zu erheben sind. Eignungstests sind schwierig durchzuführen, aktuelle Performanz als Indikator kommt nur in längeren Karriereleitern als Beförderungskriterium in Frage, deren Organisation auch nicht ganz einfach zu handhaben ist. Zudem sind bei solchen Indikatoren Täuschungen möglich. So gibt es spezielle Trainingskurse für spezifische Eignungstests, innerhalb von Karriereleitern ergibt sich das Problem des opportunen Verhaltens: Arbeitnehmer geben sich solange Mühe, bis sie befördert worden sind, danach sinkt die Einsatzbereitschaft ab.

Merkmale wie Geschlecht und ethnische Zugehörigkeit sind zwar weniger genaue Indikatoren für die Produktivität, doch sie sind schnell und kostengünstig zu erheben. Vor allem gilt auch, dass die Beziehung solcher Indikatoren zu den interessierenden individuellen Eigenschaften zeitlich stabil ist und keine Täuschungen durch opportunes Verhalten erlaubt. Daher verlassen sich die Arbeitgeber lieber auf äußere Kriterien: „One result [opportunistischer Selbstdarstellung, M. G.] should be heavy reliance on ‚objective' characteristics, such as educational credentials, and visible attributes, such as race and sex ..." (Sørensen1983: 210). Mithin ist zu erwarten, dass in Systemen geschlossener Positionen äußerliche, objektive Merkmale eine größere Bedeutung erlangen als die individuellen. Neben ethnischer Zugehörigkeit und Geschlecht kommt dabei Bildungstiteln eine hohe Bedeutung für die Zuweisung von Personen auf berufliche Positionen zu: Sie sind leicht zu beobachten, signalisieren recht gut individuelle Qualifikationen und können auch als Indikator für Motivation und Leistungsbereitschaft verstanden werden.[154]

5.3.2 Entlohnungsmechanismen in Systemen geschlossener Positionen

Auch die Entlohnungsmechanismen in Systemen geschlossener Positionen unterscheiden sich fundamental von den Entlohnungsmechanismen in offenen Positionen. Geschlossene Positionen sind im Gegensatz zu den offenen Positionen hinsichtlich der Einkommenschancen priviliegiert. Sørensen versucht dies mit Hilfe des Konzepts der „ökonomischen Rente" zu zeigen (vgl. Sørensen 2000b).

5.3.2.1 Renten

Renten entstehen immer dann, wenn das Angebot produktiver Ressourcen eingeschränkt ist und daher nicht auf die Nachfrage reagieren kann. Rohstoffe, Land, Technologien, ökonomisches Kapital oder auch die Arbeitskraft sind Ressourcen, die zur Produktion von Waren und Dienstleistungen benötigt werden. Die Besitzer solcher Ressourcen müssen in Transaktionen eintreten, um ihre Ressourcen optimal einsetzen zu können: Sie müssen die Ressourcen, die sie benötigen, aber nicht selbst besitzen, mit den anderen Ressourcenbesitzer tauschen, um ihre eigenen Ressourcen verwerten zu können.

Bei einem uneingeschränkten Markt findet dabei auf der „Mikroebene" des Tauschs eine Transaktion äquivalenter Güter statt – eine spezifische Ressource wird gegen eine andere, gleichwertige getauscht. Auf der Makroebene regelt der Preismechanismus den optimalen Ressourceneinsatz. Steigt zum Beispiel die Nachfrage nach einem Rohstoff, ziehen die Preise an. Das macht wiederum das Geschäft für andere Anbieter attraktiv, die auf den Markt treten und den Rohstoff ebenfalls anbieten. Über den erhöhten Preis wird sichergestellt, dass die benötigte Ressource ausreichend angeboten wird. Übersteigt das Angebot die Nachfrage, fallen die Preise wieder; der Marktpreis, der sich letztlich durch das Wechselspiel von Angebot und Nachfrage einstellt, ist damit der Preis, der nötig ist, um den optimalen Ressourceneinsatz sicherzustellen.

---

154 Gleichwohl ist zu bedenken, dass Bildungstitel nicht mit individuellen Qualifikationen gleichzusetzen sind, vgl. die Diskussion zu Parkin und Bourdieu im zweiten Kapitel. Dementsprechend bedeutet eine wichtige Rolle von Bildungstiteln im Mobilitätsprozess auch nicht, dass das neoklassische Produktivitätstheorem erfüllt ist.

Bei funktionierenden Märkten geht demnach eine optimale Ressourcenallokation auf der Makroebene mit einem Tausch äquivalenter Waren und Dienstleistungen auf der Mikroebene einher. Anders sieht es aus, wenn der Markt sich nicht frei entfalten kann. Wenn zum Beispiel ein Kartell von Anbietern die Angebotsmenge des Rohstoffes kontrolliert, wird dieser Mechanismus außer Kraft gesetzt. Trotz Preiserhöhung werden nicht weitere Mengen der benötigten Ressource auf dem Markt angeboten. Die künstliche Verknappung des Angebotes führt dazu, dass der Preis des Rohstoffes dauerhaft hoch bleibt; er bewegt sich über dem Niveau des Preises, der sich bei freiem Markt einstellen würde. Diese Differenz ist eine Rente für das Anbieter-Kartell, das einfach einen Erlös einstreicht „für nichts" – bei freiem Markt würden sie den Rohstoff auch für einen geringeren Gegenwert zur Verfügung stellen. „Economic rent is the component of a person's income over and above the amount needed to bring about a certain level of effort, or investment in human or physical capital" (Sørensen 1996: 13). Damit verschafft der Besitz rentengenerierender Ressourcen klare ökonomische Vorteile – Vorteile, die zu Lasten anderer gehen. Die Mehrzahlung, die das Kartell durch die Verknappung des Rohstoffes einstreicht, geht schließlich zu Lasten ihrer Kunden – die müssten bei freiem Markt schließlich weniger zahlen.[155]

5.3.2.2 Mechanismen der Rentengenerierung

Sørensen nennt zwei Mechanismen, die dazu führen, dass Ressourcen Renten erzeugen. Die „Grundform" der Rentenbildung liegt in der Bildung von *Monopolen*. Monopole können einerseits durch *Besitzrechte* an knappen Ressourcen entstehen. Das oben erwähnte Beispiel des Rohstoff-Kartells ist ein Paradebeispiel dafür, wie Besitzmonopole knapper Ressourcen zu Renten führen. Andererseits können Monopole aus *Mobilitätsbeschränkungen* herrühren. So können bestimmte Güter deshalb knapp werden, weil Transportwege nicht vorhanden sind oder die Transportkosten exorbitant hoch wären. Aber auch soziale Mobilitätsbarrieren spielen bei der Entstehung von Monopolen eine bedeutende Rolle. So kann der Zugang zu beruflichen Positionen begrenzt werden. Staatlich reglementierte Zulassungsbedingungen, Zuzugsbeschränkungen, Kündigungsschutzregelungen und ähnliche Regelungen behindern den Ausgleichsmechanismus von Angebot und Nach-

---

155 Gleichzeitig schädigen Renten die Ökonomie, da sie Zahlungen ohne Gegenleistungen darstellen, die anderweitig durchaus produktiv eingesetzt werden könnten – und damit werden Ressourcen verschwendet. Renten sind auch aus Legitimitätsgesichtspunkten heraus problematisch: Das Kartell streicht Zahlungen ein, die durch keine wie auch immer geartete Leistung gedeckt sind, und verletzen damit das meritokratische Prinzip.

frage und führen zu Entlohnungen, die über dem Lohnsatz liegen, der bei freiem Markt zu erreichen wäre. Ein Teil des Einkommens der Inhaber solcher Positionen sind daher Renten im Sinne Sørensens.[156]

Ein anderer Mechanismus der Rentengenerierung ergibt sich daraus, dass die Kontrolle des Angebots über produktive Ressourcen nicht immer vollständige mit dem legalen Besitz der Ressource gegeben ist. Entscheidend ist nicht, wer die Ressource besitzt; entscheidend ist vielmehr, wer die Nutzung der Ressource im Produktionsprozess kontrollieren und sich die Rendite der Ressource aneignen kann – und das muss nicht immer der Besitzer sein. So haben etwa die Aktionäre einer Firma das legale Besitzrecht an dieser Firma, aber sie können doch nicht die Firma leiten, da sie nicht die nötigen Kompetenzen und Informationen dazu besitzen. Sie teilen die Kontrolle ihres Besitzes mit den Managern der Firma, die diesen Tatbestand dazu ausnutzen können, sich einen Teil der Aktienrendite, etwa über überhöhte Gehälter, und damit eine Rente anzuzeigen. Ein anderes Beispiel: Arbeitnehmer verkaufen ihre Arbeitskraft (oder besser, sie vermieten sie für eine gewisse Zeit), behalten aber doch ein hohes Maß der Kontrolle über den Einsatz dieser Arbeitskraft, was wiederum die Möglichkeit zur Rentengewinnung bietet – Arbeitnehmer können einen Teil ihrer Arbeitskraft zurückhalten, obwohl sie den vollen Preis dafür einstreichen (siehe nächster Abschnitt).

Man kann dies auch folgendermaßen ausdrücken. Transaktionen, die der Nutzung von Ressourcen dienen, beinhalten den Transfer von Nutzungsrechten an Ressourcen; diese Transfers können aber unvollständig sein in dem Sinne, dass Kontrollmöglichkeiten an den Ressourcen bei Akteuren verbleiben, die eben nicht die Besitzrechte erworben haben. *Unvollständige Transfers* von Nutzungsrechten führen aber insofern zu Renten, als dass zwar das nominelle Nutzungsrecht über die getauschte Ressource an den neuen Eigentümer (oder Mieter) gegangen ist, dieser aber die volle Nutzung nicht durchsetzen kann. Andere Parteien sind in der Lage, sich einen Teil der Rendite, die die Ressource mit sich bringt und die dem neuen Besitzer zusteht, anzueignen, ohne dazu berechtigt zu sein. Während Mobilitätsbeschränkungen zu Monopolrenten führen, entstehen die Renten aufgrund unvollständiger Transfers von Rechten aus *Informationsdefiziten* hinsichtlich der Nutzungsmöglichkeiten von produktiven Ressourcen. Wären alle Nutzungsmöglichkeiten der Ressourcen allen Transaktionsteilnehmern bekannt, so würde sich der potentiell benachteiligte Transaktionspartner kaum auf den Transfer der Nutzungsrechte einlassen beziehungsweise den vollständigen Transfer der Rechte durchzusetzen versuchen. Die Aktionäre eines Unternehmens würden überhöhte Managergehälter verhindern, wenn sie die entsprechenden Kompeten-

---

156 Diese Form der Rentenbildung hat schon in Parkins Klassentheorie eine bedeutende Rolle gespielt, siehe Kapitel zwei.

zen dazu hätten. Wenn Arbeitgeber alle Nutzungsmöglichkeiten der gemieteten Arbeitskraft kennen, dann lassen sie keine Renten durch unvollständigen Einsatz der Arbeitskraft zu. Insofern gehen unvollständige Informationen über die Nutzungsmöglichkeiten von Ressourcen und unvollständige Transfers von Nutzungsrechten Hand in Hand.

Erst aufgrund dieser Mechanismen – Monopolbildung und unvollständiger Transfer von Nutzungsrechten – können produktive Ressourcen Renten generieren.

5.3.2.3 Beschäftigungsrenten

Sørensen zeigt nun, dass *geschlossene* berufliche Positionen sui generis Renten erzielen können. Die Mobilitätsrestriktionen in Systemen geschlossener Positionen setzen den Marktmechanismus außer Kraft, wodurch die beiden oben genannten Mechanismen der Rentengenerierung zum Zuge kommen.

Erstens ist mit der Schließung von Positionen das Arbeitskräfteangebot erheblich eingeschränkt. Selbst wenn es einen Überhang an Bewerbern für geschlossene Positionen gibt, die bei freien Marktbedingungen zu einer Lohnsenkung führen würde, bleibt dieser Tatbestand in Systemen geschlossener Positionen völlig ohne Konsequenzen. Da die gut bezahlten „Insider" (Lindbeck/Snower 1988) in geschlossenen Positionen durch unterbietende Konkurrenten nicht ersetzt werden können (die *Zugangskontrolle* zu geschlossenen Positionen liegt in den Händen der Arbeitnehmer), bleiben die Löhne auf einem höheren Niveau, als es unter Marktbedingungen zu erwarten wäre. Insofern diese Rente auf einer mengenmäßigen Einschränkung des Arbeitskräfteangebots, also auf einer Monopolbildung beruht, ist dieser Einkommensbestandteil als *Monopolrente* zu betrachten.

Zweitens können in geschlossenen Positionen auch Renten durch unvollständige Transfers gebildet werden. Denn auch die *Kontrolle der Performanz* in geschlossenen Positionen liegt weitgehend in den Händen der Arbeitnehmer. Die Arbeitnehmer verkaufen – oder vermieten – für eine gewisse Zeit ihre Arbeitskraft; sie erhalten dafür einen Lohn, der ihrer Produktivität entsprechen soll. Die Produktivität ergibt sich aber aus der Qualifizierung der Arbeitnehmer für die Tätigkeit, die sie ausführen sollen, und ihrer vollzogener Arbeitsleistung. Unter den Bedingungen eines freien Marktes – in offenen Positionen also – kann die Äquivalenz zwischen Produktivität und Lohn jederzeit garantiert werden: Arbeitnehmer, die sich als unqualifiziert erweisen oder ihre Arbeitskraft nicht in vollem Maße einsetzen, werden entweder mit Lohnabschlägen bestraft oder entlassen. Das aber ist in Systemen geschlossener Positionen nicht möglich. Der Lohn ist fix, da an die Position gekoppelt, und selbst sich nach der Besetzung einer Position als unqualifiziert erweisende oder nur Minderleistungen erbringende Arbeitnehmer können nicht entlassen werden. Dadurch kann der Lohn von Arbeitnehmern in geschlossenen Positionen deutlich über dem Produktivitätsäquivalent liegen (also einen Rentenanteil enthalten), da die Arbeitnehmer zwar ihre Arbeitskraft verkaufen, aber die Rechte an dem Gut Arbeit nicht vollständig übergeben. Möglich ist dies, weil beim Austausch von Arbeit gegen Lohn ein Informationsdefizit besteht: Der Arbeitgeber kann nie vollständig wissen, wie qualifiziert der einzustellende Arbeitnehmer wirklich ist und wie stark er sich für seine Arbeit einsetzt. Diese Informationsasymmetrie impliziert, dass ein Teil der Kontrolle der Ressource „Arbeitskraft" immer beim Arbeitnehmer verbleibt; und der unvollständige Transfer der Kontrollrechte an der Arbeitskraft kann eine Basis für Renten darstellen.[157]

Zusammenfassend kann man festhalten, dass in Systemen geschlossener Positionen Monopolbildung und unvollständige Transfers von Nutzungsrechten an der Arbeit zur Bildung von Renten führen können.[158] Sørensen nennt diese Renten in geschlossenen Positionen „Beschäftigungsrenten" („employment rents"), um sie von anderen Rentenarten (wie Renten auf ökonomisches oder kulturelles Kapital) abzugrenzen. Ressourcen einerseits, geschlossene Positionen andererseits können eher als zwei völlig verschiedene Quellen von Renten betrachtet werden. Klassentheorien konzentrieren sich bislang auf die rentengenerierenden *Ressourcen*.[159] Welche Konsequenzen die Berücksichtigung rentengenerierender Positionen für die Klassentheorie hat, wird im Folgenden zu diskutieren sein.

5.4 Systeme geschlossener Positionen, Klassenbildung und das Ausmaß sozialer Ungleichheit

Man kann nun die Schließung beruflicher Positionen in zweierlei Weise als (notwendige, wenn auch nicht hinreichende, s. u.) Voraussetzung für die Bildung von Klassen betrachten. Zum einen ist die Schließung von Positionen wichtig für den

---

157 Die Logik der Rentenbildung ist hier eine etwas andere als bei der reinen Monopolrente. Es geht nicht darum, einen Lohn zu erzielen, der besonders hoch ausfällt, sondern umgekehrt geht es darum, für einen bestimmten Lohn so wenig wie möglich zu arbeiten. Im Ergebnis macht das aber keinen Unterschied. Der Lohn ist höher, als mit der gezeigten Leistung bei offenem Arbeitsmarkt zu erzielen wäre; oder anders ausgedrückt: Lohn und Produktivität stimmen nicht überein.
158 Es ist auch zu unterstreichen, dass offene berufliche Positionen per se keine Renten generieren können. Hier sorgt das Walten des „freien Marktes" dafür, dass die Arbeitnehmer gemäß ihrer Leistungen entlohnt werden; ungerechtfertigte Mehrverdienste können nicht entstehen. Allerdings können restringierte Ressourcen *in* offenen Positionen Renten erzeugen.
159 Vergleiche die Diskussion im zweiten Kapitel. Die Bedeutung rentengenerierender Ressourcen wie Bildung und ökonomisches Kapital hat vor allem Parkin herausgearbeitet, spielt aber implizit in allen modernen Klassentheorien eine wichtige Rolle.

„subjektiven" Aspekt der Klassenbildung. Das Argument, dass hohe Mobilitätsraten und Abhängigkeit der individuellen Mobilitätschancen von persönlicher Qualifikation und Leistung die Ausbildung eines Klassenbewusstseins verhinderten, gilt auch für die berufliche Mobilität. Wer der Meinung ist, dass jede beliebige Position nur durch eigene Leistung und adäquate Humankapitalinvestitionen erreichen werden kann, wird sich kaum mit einer sozialen Klasse identifizieren. Dementsprechend ist in Systemen offener Positionen nicht mit Klassenbildungsprozessen zu rechnen. In Systemen geschlossener Positionen hingegen können ungünstige Gelegenheitsstrukturen das Ausmaß der Mobilität stark begrenzen. Zudem kommt die Zugehörigkeit zu Kollektiven als wichtige Determinante sozialer Mobilität ins Spiel. Wenn aber die Karriereaussichten eher gering sind und der Besitz von Credentials oder gar die Herkunft aus der „richtigen" Klasse für das berufliche Fortkommen entscheidend sind, dann wird die Ausbildung eines Klassenbewusstseins schon wahrscheinlicher. Man identifiziert sich mit der Gruppe, der man den jetzigen Vorteil verdankt und solidarisiert sich mit ihr, wenn es darum geht, die Mechanismen, die die Vorteile generieren, zu erhalten oder zu verbessern. Ein Beispiel wären etwa die „Akademiker", die die Fähigkeit ihrer Bildungstitel als Zugangsschlüssel für geschlossene Positionen erhalten wollen und sich entsprechend mit ihren „Standesvertretern" solidarisieren. Ebenso wie hinsichtlich der intergenerationalen Mobilität kann man auch hinsichtlich der intragenerationalen Mobilität von kontinuierlichen Abstufungen der Klassenbildung ausgehen: Je geringer das Ausmaß der beruflichen Mobilität, und je stärker die Mobilitätschancen von der Zugehörigkeit zu Kollektiven ab hängen, desto höher ist die Wahrscheinlichkeit, ein Klassenbewusstsein zu entwickeln.

Zum anderen lässt sich die Generierung von Renten in geschlossenen Positionen als „moderne" Variante der Ausbeutung verstehen, die entsprechende Konflikte nach sich ziehen. Klassenkonflikte sind aus Sørensens Sicht nichts anderes als Konflikte um solche Renten. Denn der Besitz rentengenerierender Ressourcen zieht die Entstehung antagonistischer Interessen nach sich. „Exploitation classes defined by the presence and absence of rent-producing assets have antagonistic interests because rents create advantages to owners of rent-producing assets, and these advantages are obtained at the expense of nonowners" (Sørensen 2000b: 1525). Die Besitzer rentengenerierender Ressourcen möchten die Renten maximieren, und werden daher versuchen, die Kontrolle über das Angebot der Ressource zu bewahren oder gar zu verstärken; diejenigen, die unter der künstlichen Verknappung des Angebots leiden, möchten die Verhältnisse gerne ändern – also den freien Markt herstellen, oder selbst die Kontrolle über das Angebot der Ressource erhalten. Damit entstehen auch Konflikte zwischen Inhabern geschlossener Positionen, die versuchen, ihre Beschäftigungsrenten zu maximieren, und denjenigen, die nur offene Positionen innehaben, die also eher ausgebeutet werden.

Hinsichtlich der Generierung von Renten müssen allerdings noch zwei Anmerkungen gemacht werden. Erstens können gerade die Konflikte um Renten dazu führen, dass potentielle Renten nicht aktualisiert werden. So können etwa Arbeitgeber versuchen, durch Kontroll- und Anreizsysteme dafür zu sorgen, dass auch Arbeitnehmer in geschlossenen Positionen die Leistung erbringen, die ihrer Entlohnung entspricht (oder sie gar zu einer Produktivität anzuregen, die das Lohnäquivalent übersteigt). Ob also Renten wirklich entstehen oder nicht, ist nicht immer klar. Für die Entstehung von Konflikten ist aber die Aktualisierung einer möglichen Rente nicht entscheidend. Ausschlaggebend ist vielmehr, dass bestimmte Ressourcen das Potential zur Rentengenerierung in sich tragen – schon die schiere Möglichkeit zur Rentengenerierung reicht zur Initialisierung von Konflikten aus. Gerade der Konflikt um die Schließung beziehungsweise Öffnung von beruflichen Positionen durch Maßnahmen zur Flexibilisierung von Arbeitsmärkten einerseits, durch gewerkschaftliche Aktivitäten zur Erhaltung der Beschäftigungssicherheit andererseits machen die konfliktinduzierende Wirkung von Rentenpotentialen deutlich (vgl. Giesecke/Groß 2005).

Zweitens bedeutet die Privilegierung geschlossener Positionen hinsichtlich der Einkommensgenerierung nicht, dass Arbeitnehmer in geschlossenen Positionen immer mehr verdienen als Arbeitnehmer in offenen. Individuen in offenen Positionen, die über besondere Fähigkeiten und Fertigkeiten verfügen und sich für ihre Arbeit einsetzen, können durchaus mehr verdienen als Individuen in vergleichbaren Berufen in geschlossenen Positionen. Generell lässt sich vermuten, dass die Schließung von Positionen deren durchschnittliche Entlohnung erhöht, da „Schließung" immer auch Monopolisierung bedeutet. Gleichzeitig variieren die Einkommen zwischen Inhabern vergleichbarer beruflicher Positionen nur wenig, da die Löhne unmittelbar an die Charakteristiken der Positionen gekoppelt sind. Umgekehrt ist zu erwarten, dass offene Positionen durchschnittlich zwar geringer entlohnt werden als vergleichbare geschlossene Positionen, gleichzeitig aber die Einkommen zwischen Personen in vergleichbaren Positionen stärker streuen, da die Entlohnung hier individuelle Qualifikationen und Leistungen unmittelbarer reflektiert.

Man kann das auch so ausdrücken: Systeme geschlossener Positionen dämpfen das Ausmaß der Einkommensungleichheit, das auf persönliche Qualifikation und Leistung zurückzuführen ist. Davon profitieren besonders Personen mit geringer Qualifikation und geringer Einsatzfreude. Die Einkommenschancen besonders hoch qualifizierter und motivierter Menschen können in geschlossenen Positionen sogar schlechter ausfallen als in offenen. Die Öffnung von geschlossenen Positionen lässt dann aber einen Anstieg der Einkommensungleichheit erwarten. Zum einen deshalb, weil das Rentenpotential beruflicher Positionen sinkt, und damit das Rentenpotential ökonomischen Kapitals steigt – die Einkommensschere zwischen „Kapital" und „Arbeit" geht auseinander. Zum anderen auch deshalb, weil die qualifikations- und leistungsbasierte Einkommensungleichheit innerhalb der Arbeitnehmer zunimmt.

5.5 Zusammenfassung

Die vorangegangenen Ausführungen sollten zeigen, dass die Berücksichtigung von Arbeitsmarktprozessen unerlässlich ist, wenn man Fragen der Klassenbildung diskutieren will. Wenn es richtig ist, dass erst die Stabilität sozialer Lagen die Ausbildung eines wie auch immer verstandenen Klassenbewusstseins ermöglicht – eine Annahme, die in der intergenerationalen Mobilitätsforschung schon immer eine zentrale Stellung hatte – dann sind auch intragenerationale Mobilitätsprozesse für die Klassenbildung wichtig. Die Idee, dass man sein Schicksal selbst in der Hand habe und mit Qualifikation und Leistung jede gewünschte berufliche Position erreichen kann, verträgt sich nicht mit der Annahme klar voneinander abgegrenzter sozialer Klassen. Mindestens ebenso wichtig für einen sinnvollen Gebrauch des Klassenkonzeptes ist die Annahme von Privilegierungs- beziehungsweise Ausbeutungsverhältnissen: Sie bilden, wie vor allem in den ersten beiden Kapiteln diskutiert, den Ausgangspunkt für klassenbasierte Handlungs- und Konflikttheorien. Ob aber Ausbeutungsverhältnisse existieren oder nicht hängt aber wesentlich von den Strukturen des Arbeitsmarktes ab.

Im Bereich der Arbeitsmarktforschung gibt es zu dieser Frage zwei konträre Ansichten. Neoklassische Varianten der Arbeitsmarkttheorie betonen die Notwendigkeit „freier" Märkte, in der ungehinderte Arbeitsmarkmobilität die Entstehung von Privilegierungsverhältnissen verhindert, wodurch die Bildung sozialer Klassen jede Grundlage verliert. Segmentationsansätze heben gerade die Beschränkungen der Mobilität auf dem Arbeitsmarkt hervor, was in vielfacher Weise zu „marktfremden" Privilegierungsverhältnissen führt. Damit machen die Segmentationsansätze deutlich, in welcher Weise Arbeitsmarktstrukturen zur Klassenbildung beitragen können. Ob nun aber die neoklassische Arbeitsmarkttheorie oder aber die Segmentationstheorien das Geschehen am Arbeitsmarkt besser beschreiben ist eine empirische Frage.

Umgekehrt bedeutet das, dass die Klassentheorie auf die Ergebnisse der Arbeitsmarktforschung rekurrieren müsste, um die behauptete Existenz sozialer Klassen hinreichend zu fundieren. Dass das nur selten geschieht (zu Ansätzen in dieser Richtung vgl. Kreckel 1983 und Goldthorpe 2000c) hat vor allem damit zu tun, dass die Arbeitsmarktliteratur eher „kleinräumig" und empiristisch ausgerichtet ist. Sie kümmert sich um Mobilitäts- und Entlohnungsmechanismen in bestimmten Arbeitsmarktbereichen, Branchen oder gar Betrieben, was den Anschluss ihrer Ergebnisse an ein Makro-Konzept wie „sozialer Klasse" sehr erschwert. Einen Anschluss der Arbeitsmarkt- an die Klassentheorie auf konzeptioneller Ebene bietet Sørensens „Theorie der geschlossenen Positionen". Mit dem Konzept der geschlossenen Positionen extrahiert Sørensen aus den vielfaltigen Arbeitsmarktansätzen das zentrale gemeinsame Element, das für die Klassentheorie von Bedeutung ist: Arbeitsmarktsegmente lassen sich als Bereiche offener beziehungsweise geschlossener Positionen verstehen. Geschlossene Positionen bieten die Möglichkeit zur Generierung von „Renten", ebenso wie ökonomisches oder kulturelles Kapital, deren Rentenpotentiale in der Klassentheorie schon immer eine wichtige Rolle spielten. Das Konzept der Beschäftigungsrenten erweitert die Klassentheorie in erheblicher Weise. Erstens kann der Ausbeutungsbegriff mit Bezug auf das Rentenkonzept neu formuliert werden. Zweitens kommen geschlossene berufliche Positionen als Quellen ökonomischer Renten sui generis in Betracht. Drittens lassen sich Klassenkonflikte als Konflikte um Rentenpotentiale von Ressourcen und Positionen interpretieren.

Damit steht die Klassentheorie aber auch vor einer neuen Herausforderung. Die Berücksichtigung der Konsequenzen beruflicher Mobilität für die Klassenbildung stellt die Vorgehensweise der Klassentheorien, Berufe mit ähnlichen Tätigkeiten in eine Klasse einzugruppieren, in Frage. Denn diese Vorgehensweise unterstellt, dass die auf diese Weise zusammengefassten Berufe in gleicher Weise privilegiert oder benachteiligt werden. Die Arbeitsmarktforschung verdeutlicht, dass dies keineswegs der Fall sein muss. Denn die Schließung beruflicher Positionen hängt von einer Vielzahl von Faktoren ab. Der Grad der Schließung einer Position variiert mit der Branche, mit Charakteristika des Betriebes (darunter besonders die Betriebsgröße), sogar mit dem individuellen Arbeitsvertrag (ist der Vertrag unbefristet oder befristet?). Welche Konsequenzen sich daraus für Klassenbildungsprozesse ergeben, wird im nächsten Kapitel diskutiert.

Arbeitsmarktflexibilisierung und Klassenbildungsprozesse   6

Im letzten Kapitel wurde dargelegt, dass die Schließung beruflicher Positionen im Arbeitsmarkt eine wesentliche Ursache der Bildung sozialer Klassen darstellt. Aber Arbeitsmärkte unterscheiden sich sehr beträchtlich was das *Ausmaß* der Schließung beruflicher Positionen und die *Form* der Schließung der in ihnen enthaltenden beruflichen Positionen angeht. Die Konsequenzen, die sich aus diesen Unterschieden für Klassenbildungsprozesse ergeben, werden in diesem Kapitel diskutiert.

Im ersten Abschnitt werden einige allgemeine Aspekte des Zusammenhangs zwischen Arbeitsmarktstrukturen und Klassenbildungsprozessen dargelegt. Im zweiten Abschnitt soll verdeutlicht werden, dass die institutionellen Rahmenbedingungen des Arbeitsmarktes für die Frage, in welchem Ausmaß und in welcher Form berufliche Positionen geschlossen werden, eine wesentliche Rolle spielen. Neben rechtlichen Regelungen von Arbeitsbeziehungen und wohlfahrtsstaatlichen Sicherungssystemen ist hier auch die Funktionsweise von Bildungssystemen zu beachten. Der dritte Abschnitt schließt an die „Entstrukturierungsdebatte" an, die im dritten Kapitel diskutiert wurde. Hier geht es um die Frage, in welcher Weise in modernen Gesellschaften noch sinnvollerweise von „Klassenbildung" gesprochen werden kann. Die seit einiger Zeit zu beobachtenden Tendenzen zur „Deregulierung" und „Flexibilisierung" des Arbeitsmarktes verändern diese Rahmenbedingungen erheblich. Daher ist auch damit zu rechnen, dass sich im Zuge der Flexibilisierungsmaßnahmen die Klassenstrukturen in fortgeschrittenen Industriegesellschaften verändern werden. Einige Überlegungen hierzu werden im vierten Abschnitt vorgestellt.

6.1 Arbeitsmarktstrukturen und Klassenbildung

In diesem ersten Abschnitt werden einige Begriffe vorgestellt, mit deren Hilfe Arbeitsmärkte näher charakterisiert werden können. Hinsichtlich des Ausmaßes der Schließung beruflicher Positionen in einem gegebenen Arbeitsmarkt sind der *allgemeine Grad der Schließung* und das Ausmaß der *Fragmentierung* eines Arbeitsmarktes zu berücksichtigen. Was die Form der Schließung betrifft, ist die Parkinsche Unterscheidung zwischen *individualistischer und kollektivistischer Schließung* nützlich. „Berufsinterne Arbeitsmärkte" und „firmeninterne Arbeitsmärkte" unterscheiden sich hinsichtlich dieser Aspekte.

6.1.1 Der Grad der Schließung und die Fragmentierung von Arbeitsmärkten

Arbeitsmärkte lassen sich nach dem generellen Grad der Schließung der beruflichen Positionen, die sie enthalten, unterscheiden. Theoretisch ist vorstellbar, dass ein Arbeitsmarkt vollkommen offen ist in dem Sinne, dass jeder Arbeitnehmer in jeder Position nach Belieben des Arbeitgebers entlassen werden kann. In einem vollständig geschlossenen Arbeitsmarkt wären Entlassungen praktisch ausgeschlossen. Vollständig offene oder geschlossene Arbeitsmärkte gibt es empirisch nicht, aber sie lassen sich zwischen diesen beiden Extremen einordnen.

Aus den Erörterungen des letzten Kapitels lässt sich ableiten, dass der Grad der Schließung der beruflichen Positionen in einem Arbeitsmarkt erhebliche Konsequenzen für Klassenbildungsprozesse hat. Erstens gibt es in offenen Positionen keine Beschäftigungsrenten, und das Rentenpotential der üblicher Weise in Klassentheorien verwendeten Ressourcen ist erheblich vermindert. Damit entfällt die strukturelle Basis des Klassenkonflikts. Zweitens ist das Ausmaß beruflicher Mobilität in offenen Positionen deutlich höher; damit wird die Ausbildung eines Klassenbewusstseins erschwert. Es entfällt also auch die „subjektive" Basis der Klassenbildung. Daraus folgt aber unmittelbar, dass das Ausmaß der Klassenbildung in einer gegebenen Gesellschaft in hohem Maße von dem Grad der Öffnung beziehungsweise der Schließung des Arbeitsmarktes abhängt. *Je geschlossener die beruflichen Positionen in einem Arbeitsmarkt sind, desto stärker ist auch das Ausmaß der Klassenstrukturierung.*

Allerdings haben die im letzten Kapitel vorgestellten Segmentationsansätze auch verdeutlicht, dass sich der Schließungsgrad beruflicher Positionen zwischen Arbeitsmarktsegmenten erheblich unterscheiden kann. Beispielsweise beschreiben „primäre" Arbeitsmarktsegmente Bereiche geschlossener Positionen, sekundäre Arbeitsmarktsegmente Bereiche offener Positionen. Wenn diese Segmentierung mit beruflichen Tätigkeiten stark korreliert, dann bezeichne ich den entsprechenden Arbeitsmarkt als *homogen*. Werden die gleichen beruflichen Tätigkeiten aber sowohl in offenen als auch in geschlossenen Positionen ausgeführt, dann bezeichne ich einen Arbeitsmarkt als *fragmentiert*.

Ein fragmentierter Arbeitsmarkt, der in Bereiche offener und geschlossener Positionen gegliedert ist, die nicht mit beruflichen Tätigkeiten korrespondieren, erschwert die Bildung sozialer Klassen. Denn die gleiche berufliche Tätigkeit kann einmal in sehr stabilen Beschäftigungsverhältnissen ausgeführt werden, ein andermal in instabilen. Dementsprechend kann sie in einem Fall Renten erzielen, in dem anderen nicht. Wenn aber die Rentenpotentiale der gleichen beruflichen Tätigkeiten je nach Arbeitsmarktsituation stark variiert, dürfte das der Klassenbildung sehr abträglich sein. Solche Unterschiede im Rentenpotential eines Berufes je nach seiner Einbindung in eine spezifische Arbeitsmarktstruktur geht nicht mit der Idee einer sozialen Klasse konform, die im Wesentlichen aus gleichen beziehungsweise ähnlichen Berufen mit ähnlichen Privilegierungen beziehungsweise Benachteiligungen besteht – einer Idee, die, wie im zweiten Kapitel ausgeführt, letztlich allen Klassentheorien zu Grunde liegt. Daraus lässt sich ebenfalls eine klare Hypothese über den Zusammenhang zwischen Arbeitsmärkten und Klassenbildungsprozessen herleiten: *Je fragmentierter ein Arbeitsmarkt ist, desto unwahrscheinlicher wird die Bildung sozialer Klassen.*

In homogenen Arbeitsmärkten sind Klassenbildungen wahrscheinlicher, da hier alle Angehörigen einer Berufsgruppe in ähnlicher Weise privilegiert oder benachteiligt werden. Diese Vorstellung unterliegt etwa dem Goldthorpschen Klassenschema (vgl. Goldthorpe 2000c und die entsprechenden Ausführungen im zweiten Kapitel). Seine Beschreibung der „service contracts" legt nahe, dass diese in Sørensens Terminologie privilegierte geschlossene Positionen definieren, die „labor contracts" hingegen beschreiben eher offene Positionen ohne Potential zur Rentengenerierung. Gleichzeitig werden die Vertragstypen bestimmten Berufsgruppen zugeordnet. Wenn die Annahme eines in diesem Sinne homogenen Arbeitsmarktes stimmt, wären Berufe wie etwa Ärzte oder Architekten immer in hohem Maße privilegiert, da sie über ein hohes Rentenpotential verfügen. Andere Berufe wie unqualifizierte Arbeiter werden benachteiligt, weil sie den Marktbedingungen unmittelbar unterworfen sind.[160] Unter diesen Umständen kann man klare Unterschiede in den Lebensumständen der Angehörigen vergleichbarer Berufsgruppen erwarten, die zu einem großen Teil auf die Erzeugung von Renten zurückgeführt werden kann. Das macht Klassenbildungsprozesse wahrscheinlich.

---

160 Mit großen Einkommensstreuungen ist bei unqualifizierten Arbeitern auch in offenen Positionen nicht zu rechnen.

Es ist allerdings fraglich, ob die Annahme, dass Arbeitsmärkte in dieser Weise homogen sind, immer zutrifft. Diese Annahme wäre vielmehr für jede Gesellschaft, auf die Goldthorpes Klassenschema angewendet wird, zu prüfen.

6.1.2 Die Form der Schließung: Individualistische versus kollektivistische Schließungsmechanismen

Im letzten Kapitel wurde dargelegt, dass Sørensen davon ausgeht, dass Renten beziehungsweise Rentenpotentiale zu Klassenkonflikten führen. Diese Annahme muss an dieser Stelle etwas relativiert werden. Nicht alle Konflikte um Renten sind mit kollektiven Konflikten verbunden, mithin können nicht alle Rentenkonflikte als Klassenkonflikte verstanden werden. So hat Goldthorpe darauf hingewiesen, dass hinter manchen Konflikten über Renten oft sehr überschaubare Interessensgruppen stehen, die in keiner Weise als soziale Klasse betrachtet werden können. Darüber hinaus könne man davon ausgehen, dass es innerhalb von Klassen zu Konflikten zwischen Interessensgruppen kommen kann, die die Klassen stark fragmentieren – womit Klassengrenzen leicht verschwimmen können. Es sei daher nötig, Klassenkonflikte „that through the solidaristic transcendence of special interests can possibly find expression at the societal level" und „Interessensgruppenkonflikten" „that remains in its nature sectional and localized" (Goldthorpe 2000b: 1577) zu unterscheiden.

Dieses Argument lässt sich noch verallgemeinern. Rentenkonflikte sind gar auf individueller Ebene denkbar. So können Karriereleitern in internen Arbeitsmärkten zu Konflikten führen, wenn die geschlossenen Positionen in diesen Leitern Rentenpotentiale mit sich bringen. Aber welche Konflikte induzieren solche Renten im Rahmen einer Karriereleiter? Nicht zwischen Arbeitnehmern und Arbeitgebern als Kollektive: Für die Arbeitgeber ist der interne Arbeitsmarkt als solcher durchaus nützlich, da er insgesamt die Produktivität steigert, in Konflikte geraten sie allenfalls mit einzelnen Arbeitnehmern, die die Rentenpotentiale tatsächlich zu nutzen versuchen. Die Arbeitnehmer werden ebenfalls nicht kollektiv das Beförderungssystem in Frage stellen oder sich in vergleichbare Arbeitskämpfe verstricken, da sie auf die Beförderung hoffen. Konflikte gibt es allenfalls zwischen potentiellen Kandidaten in der Warteschlange: Sie konkurrieren um die gut dotierten Stellen der oberen Etagen und werden versuchen, potentielle Mitbewerber um die nächste Vakanz nach Möglichkeit auszustechen. Mit anderen Worten: Karriereleitern bieten nicht nur Leistungsanreize und sind daher trotz Schließung der einzelnen Positionen möglicherweise hoch effizient, sondern induzieren auch Konkurrenz und damit höchst *individuelle Konflikte unter den Arbeitnehmern* – womit ein Klassenkonflikt effektiv verhindert werden würde.

So mögen geschlossene Positionen im Arbeitsmarkt Renten generieren und daher zu Konflikten führen – aber diese Konflikte sind nicht immer kollektive Konflikte. Diese entstehen nur dann, wenn die Rente, die eine Person in einer geschlossenen Position erhält (beziehungsweise die Benachteiligung die die Person erleidet) den Schließungsbemühungen einer Gruppe zugerechnet werden können. Dabei sind zwei grundlegende Fälle denkbar. Zum einen kann es sein, dass rentengenerierende Mechanismen in beruflichen Positionen direkt vom kollektiven Handeln der Positionsinhaber abhängen. Ein typisches Beispiel für diesen Fall sind die professionalisierten Berufe, die aufgrund der restriktiven Zulassungsbedingungen Renten mit sich bringen. Erst die Begrenzung der Zahl der potentiellen Berufsangehörigen durch die Errichtung von mobilitätshemmenden Zulassungsverfahren ermöglicht die Rentengenerierung. Das Funktionieren der Mobilitätsbarrieren ist aber in hohem Maße von dem Handeln der Positionsinhaber abhängig; insofern wird solidarisches Handeln zur Beibehaltung der restriktiven Zulassungsverfahren sehr wahrscheinlich. Ähnlich verhält es sich mit gewerkschaftlich ausgehandelten Solidaritätslöhnen im Rahmen von branchenweiten, nach Qualifikationsgruppen abgestuften Tarifverträgen: Die Angehörigen der entsprechenden Qualifikationsgruppen kommen in den Genuss der Renten aufgrund des kollektiven Handelns der Berufsinhaber, und dementsprechend sind auch kollektive Aktionen zur Aufrechterhaltung der Renten zu erwarten.

Zum anderen ist es möglich, dass berufliche Positionen Renten auch ohne kollektive Aktionen der Positionsinhaber mit sich bringen können. Ein Beispiel sind etwa allgemein geltende Kündigungsschutzgesetze. Diese schließen berufliche Positionen, ohne dass diese Schließung unmittelbar von kollektiven Aktionen abhängt. Ob nun solcherart geschlossene Positionen zur Klassenbildung beitragen, hängt sehr davon ab, nach welchen Kriterien die Arbeitnehmer auf die geschlossenen Positionen allokiert werden. Wenn die Besetzung der Position von individueller Leistung abhängt, kann der Positionsinhaber zwar eine Rente erhalten, schreibt sich diese aber seinen eigenen Bemühungen und nicht der Zugehörigkeit einer Gruppe zu. Wenn die Allokation durch gewerkschaftlich ausgehandelte Senioritätsregeln erfolgt, oder wenn die soziale Herkunft für die Besetzung von Positionen verantwortlich ist, ist eine Identifizierung beziehungsweise Solidarisierung mit solchen Kollektiven schon eher wahrscheinlich. In diesem Fall wäre zwar nicht die Generierung der Renten von kollektivem Handeln abhängig, wohl aber die „Abschöpfung". Dann aber besteht ein gewisser Anlass, sich mit dem Kollektiv, dem man den Zugang zu den privilegierten Positionen zu verdanken hat, auch zu solidarisieren.

Entweder die *kollektive Erzeugung* von Renten oder aber eine *Allokation* von Individuen auf rentengenerierende Positionen *nach kollektiven Merkmalen* ist eine unabdingbare Voraussetzung kollektiver Konflikte. Erst wenn die Individuen auch subjektiv wahrnehmen, dass der Genuss der Rente nicht, zumindest nicht ausschließlich, ihrer eigene Leistungsfähigkeit zu verdanken ist, sondern wenigstens zum Teil auf der Zugehörigkeit zu einem Kollektiv beruht, haben sie einen Anlass, sich mit diesem Kollektiv zu solidarisieren – nur so kann es zu kollektiven Formen sozialen Handelns überhaupt kommen. Um es mit Parkin zu sagen: Es sind die *kollektivistischen Schließungsprozesse,* die zu kollektiven Konflikten führen; individualistische Schließungsprozesse (die den Zugang zu begehrten Positionen oder Ressourcen anhand individueller Merkmale steuern) mögen zwar ebenfalls Renten nach sich ziehen, induzieren aber allenfalls individuelle Konflikte und Handlungsstrategien. Allerdings ist es für die Art der entstehenden Konflikte entscheidend, *welchem* Kollektiv die Privilegien zu verdanken sind. So kann zum Beispiel Geschlecht oder ethnische Zugehörigkeit eine bedeutende Rolle bei der Allokation von Individuen auf rentengenerierende Positionen spielen, und entsprechende Konflikte sind zu erwarten. Gleichwohl würde man solche Konflikte nicht als Klassenkonflikte bezeichnen.

Um von „Klassenkonflikten" reden zu können, muss die Schließung der Positionen entweder durch kollektive Akteure, die als „Vertreter" sozialer Klassen wahrgenommen werden, verursacht werden, oder die Allokation auf geschlossene Positionen muss nach Merkmalen erfolgen, die als Kriterien der Klassenzugehörigkeit verwendet werden können. Drei Arten kollektiver Schließung erfüllen diese Bedingung: Erstens die Allokation von Personen auf berufliche Positionen nach ihrer sozialen Herkunft. Das ist das Thema der intergenerationalen Mobilitätsforschung. Zweitens credentialistische Allokationsregimes. Die Renten, die durch die Etablierung restriktiver Zulassungsregeln erzielt werden können, führen zu einer Solidarisierung der Profiteure mit dem Ziel, diese Allokationsregimes zu erhalten beziehungsweise zu optimieren. Hier finden wir das Aktionsfeld von Berufsverbänden für höher qualifizierte Berufe. Drittens kollektive Aktionen von Arbeitnehmern beziehungsweise Arbeitnehmervertretern, die der Sicherung von Beschäftigungsverhältnissen, der Abwehr von Kontrollmaßnahmen und Leistungselementen bei Allokationsentscheidungen dienen. Das betrifft eher die weniger qualifizierten Berufe und ist das typische Aktionsfeld der Gewerkschaften.

Zusammenfassend kann man festhalten, dass die Schließung von beruflichen Positionen im Arbeitsmarkt zwar eine notwendige, aber keineswegs eine hinreichende Voraussetzung der Klassenbildung ist. Es kommt auf die Form der Schließung an. „Individualistisch" geschlossene Positionen erzeugen individuelle Konkurrenz. Nur kollektivistische Schließungspraktiken im Verlauf der beruflichen Karriere tragen zur Klassenbildung bei. Dabei kann man annehmen, dass die Form der Schließung stark davon abhängt, aufgrund welcher Ursache sie zu Stande gekommen ist. Schließungsprozesse, die von Arbeitnehmern, Angehörigen bestimmter Berufsgruppen, oder ihren „Vertretern" wie Gewerkschaften oder Berufsverbänden in Gang gesetzt wurden, werden eher kollektivistisch ausgerichtet sein. Schließungsprozesse, die von Unternehmen etwa im Rahmen der Etablierung interner Arbeitsmärkte initiiert wurden, werden sich eher an individuelle Kriterien richten.

6.2 Institutionen, Arbeitsmärkte und Klassenbildung

Der Grad und die dominierende Form der Schließung in einem spezifischen Arbeitsmarkt sind in hohem Maße von den institutionellen Rahmenbedingungen einer Gesellschaft abhängig. Die Bedeutung von Arbeitsmarktstrukturen für Klassenbildungsprozesse unterstreicht damit einen wichtigen Aspekt der Klassenbildung, der in den bisherigen Ausführungen hin und wieder angesprochen, aber bislang noch nicht systematisch ausgeführt wurde: Das Institutionensystem einer Gesellschaft nimmt durch die Begrenzung von Mobilitätschancen erheblichen Einfluss auf die Klassenbildung.[161] Die folgenden Ausführungen versuchen, neben einer allgemeinen Diskussion des Zusammenhangs zwischen Institutionen, Arbeitsmarktstruktur und Klassenbildungsprozessen auch eine (grobe) Skizze der Situation in Deutschland zu zeichnen.

6.2.1 Beschäftigungssicherheit und der Schließungsgrad beruflicher Positionen

Der generelle Grad der Schließung beruflicher Positionen hängt stark von Regulierungen des Arbeitsmarktes ab. Der gesetzliche Kündigungsschutz kann als sehr mächtiges Instrument zur Schließung betrachtet werden: Er verhindert oder verteuert die Entlassung unproduktiver Arbeitnehmer und verstärkt damit das Potential zur Generierung von Beschäftigungsrenten. Wohlfahrtsstaatliche Regelungen können dieses Potential noch verstärken.

Der Schutz vor Kündigung resultiert aus zwei Quellen. Zum einen können Beschäftigungssicherungen tarifvertraglich geregelt werden. Vor allem in jüngerer Zeit sind Beschäftigungssicherungsabkommen bekannt geworden, in denen Ar-

---

161 Darauf hat zwar schon Parkin hingewiesen (vgl. Kapitel zwei), aber er diskutierte nur die Rolle von Institutionen für das Rentenpotential ökonomischen und kulturellen Kapitals. Zudem konzentrierte er sich auf die Unterschiede zwischen kapitalistischen und sozialistischen Gesellschaften, schien aber davon auszugehen, dass sich die Institutionengefüge entwickelter kapitalistischer Gesellschaften nicht wesentlich unterscheiden.

beitnehmer etwa auf Lohnsteigerungen verzichten (oder gar Einkommenskürzungen hinnehmen), wofür Arbeitgeber für eine festgelegten Zeitraum auf betriebsbedingte Kündigungen verzichten. Zum anderen können gesetzliche Regelungen die Kündigung von Arbeitsverträgen seitens der Arbeitgeber erheblich erschweren oder gar unmöglich machen.[162]

Die wichtigsten gesetzlichen Regelungen in Deutschland (vgl. Brandes et al. 1991, Büchtemann 1993) zur Beschäftigungssicherung bestehen im Betriebsverfassungsgesetz und im Kündigungsschutzrecht. Das Betriebsverfassungsgesetz schreibt bei Kündigungen verpflichtende Konsultationen mit dem Betriebsrat fest. Dadurch entsteht eine erste Hürde bei beabsichtigten Entlassungen. Aber selbst wenn der Betriebsrat einer Entlassung zustimmt, definiert die Kündigungsschutzgesetzgebung umfangreiche individuelle Schutzrechte, die von den Arbeitnehmern gerichtlich geltend gemacht werden können. Der Kern des Kündigungsschutzes besteht darin, dass die Beendigung des Arbeitsverhältnisses nur aus bestimmten Gründen zulässig ist, die sich in personenbedingte, verhaltensbedingte und wirtschaftlich bedingte Gründe unterscheiden lassen. Bei Entlassungen im größeren Umfang kann der Betriebsrat einen Sozialplan erzwingen, der Umschulungsangebote für die entlassenen Mitarbeiter, ihre Versetzungen in andere Betriebsteile, die Gründung von Auffanggesellschaften oder Abfindungen regelt. Zusätzlich sind bestimmte Gruppen von Arbeitnehmern in besonderer Weise vor Entlassungen geschützt. Schwerbehinderte, Schwangere, Beamte oder auch Angestellte im öffentlichen Dienst werde genießen aufgrund besonderer gesetzlicher Regelung oder spezieller vertraglicher Regelungen ein besonders hohes Maß an Beschäftigungssicherheit.

Zwar gelten die genannten Beschäftigungssicherungsmaßnahmen nicht für alle Arbeitnehmer in gleichem Maße, aber die gesetzliche und tarifvertragliche Regulierung der Beschäftigungssicherheit verleiht ihr nicht nur eine hohe Verbindlichkeit, sondern führt auch dazu, dass zwar nicht alle, aber doch ein Großteil der Arbeitnehmer in der einen oder anderen Weise vor Entlassungen geschützt sind. Internationale Vergleiche kommen daher regelmäßig zum Schluss, dass die Beschäftigungssicherheit in Deutschland deutlich stärker ausgeprägt ist als in anderen Ländern (Büchtemann/Walwei 1996, OECD 1999).

---

162 Allerdings spielen in Deutschland tarifvertragliche Regelungen im Vergleich zu gesetzlichen Regulierungen nur eine untergeordnete Rolle (vgl. Birk 1993).

6.2.2 Wohlfahrtsstaat und Klassenbildung

Der Zusammenhang zwischen Wohlfahrtsstaat und Klassenanalyse wird des Öfteren thematisiert. Zum einen wird diskutiert, ob und inwieweit Klassenkonflikte die Entwicklung des Wohlfahrtsstaates vorangetrieben haben (Giddens 1983). Zum anderen wird die Frage diskutiert, in welcher Weise sich die Entwicklung des Wohlfahrtsstaates auf die Klassenstruktur auswirkt.

Auswirkungen des Wohlfahrtsstaates auf die Klassenstruktur werden mit seiner „de-kommodifizierenden" Wirkung begründet. Klassenverhältnisse beruhen ja darauf, dass die Arbeitnehmer ihre Arbeitskraft auf dem Markt anbieten müssen. Ihr Wohlergehen ist daher vollkommen von dem Marktpreis der Arbeitskraft abhängig. Soziale Rechte sollen diese Abhängigkeit abmildern, in dem sie „alternative, nicht-marktförmige Mittel der Wohlfahrtsproduktion [bereitstellen]. De-Kommodifizierung kann sich entweder auf die erbrachten Dienste oder den Status einer Person beziehen, aber in jedem Fall steht sie für das Maß, in dem Verteilungsfragen vom Marktmechanismus entkoppelt sind" (Esping-Andersen 1998: 36). In der De-Kommodifizierung ist auch das Interesse der Arbeitnehmer daran begründet, wohlfahrtsstaatliche Leistungen möglichst umfassend zu etablieren.

Hinsichtlich der Konsequenzen der de-kommodifizierenden Wirkung des Wohlfahrtsstaates auf die Klassenstruktur gibt es drei verschiedene Thesen.

Die erste wurde bereits dargelegt und besagt, dass der Ausbau des Wohlfahrtsstaats zur *Auflösung der Klassenstruktur* führt. Wie im dritten Kapitel beschrieben, sehen die Individualisierungsthese und verwandte Ansätze in der zunehmenden Unabhängigkeit der Arbeitnehmer von der marktlichen Verwertung ihrer Arbeitskraft einen wichtigen Grund für die Entstrukturierung sozialen Handelns und damit für die Aufhebung der Klassengesellschaft als solcher.

Ein zweiter Argumentationsstrang macht den Wohlfahrtsstaat für die Entstehung eines ganz neuen Typus von Klassen verantwortlich (vgl. Lepsius 1979, Alber 1984, Haller 1986, Esping-Andersen 1993). Analog zu Webers Definition von Besitz- und Erwerbsklassen definiert Lepsius „Versorgungsklassen": „Versorgungsklasse' soll eine Klasse insoweit heißen, als Unterschiede in sozialpolitischen Transfereinkommen und Unterschiede in der Zugänglichkeit zu öffentlichen Gütern und Dienstleistungen die Klassenlage, d. h. die Güterversorgung, die äußere Lebensstellung und das innere Lebensschicksal bestimmen" (Lepsius 1979: 179). Aus dieser Perspektive führt der Wohlfahrtsstaat zu einer *Transformation der Klassenstruktur*.

Aus den hier vorgestellten Überlegungen ergibt sich eine dritte These. Wohlfahrtsstaatliche Leistungen stärken die Verhandlungsposition der Arbeitnehmer gegenüber den Arbeitgebern in vielfacher Hinsicht. Durch Zahlung von Transfereinkommen im Falle der Arbeitslosigkeit mindert der Wohlfahrtsstaat die ökonomischen Folgen eines Arbeitsplatzverlustes. Weiterbildungsmöglichkeiten und Vermittlungsagenturen helfen bei der Suche nach einem neuen Arbeitsplatz. Die Sozialhilfe stellt einen faktischen Mindestlohn dar, der von Arbeitgebern nicht unterlaufen werden kann. Die De-Kommodifizierung der Arbeitnehmer wirkt damit ähnlich wie die Schließung beruflicher Positionen: Sie gibt den Arbeitnehmer eine gewisse Sicherheit nicht *des* Beschäftigungsverhältnisses, aber *im* Beschäftigungsverhältnis, die die Möglichkeit zur Leistungszurückhaltung und damit der Generierung von Renten (aufgrund unvollständiger Transfers von Nutzungsrechten) erweitert. Aus dieser Perspektive resultiert aus der Entwicklung des Wohlfahrtsstaates eine *Verstärkung der Klassenstruktur*, oder anders ausgedrückt: Sie trägt zur Klassenbildung bei.[163]

Zwar ist der Grad der De-Kommodifizierung in „konservativen" oder „korporatistischen" Wohlfahrtsstaaten wie in Deutschland nicht ganz so hoch wie im „sozialdemokratischen" Typus (z. B. Schweden), aber andererseits ist er deutlich höher als in „liberalen" Wohlfahrtsstaaten (z. B. Großbritannien, Esping-Andersen 1990: 47 ff.). Daher ist durchaus zu erwarten, dass der Wohlfahrtsstaat in Deutschland zu einer Verstärkung der Klassenstruktur beiträgt.

Die Verstärkung der Klassenstruktur vollzieht sich noch in einer anderen Weise. Im korporatistischen Typus ist der Wohlfahrtsstaat auf die Erhaltung von Statusunterschiede ausgerichtet: Rechte sind hier klassen- und statusgebunden (Esping-Andersen 1998: 44). Das wird beispielsweise am Versicherungsprinzip im Rahmen des Systems der Altersrenten deutlich. Im Gegensatz zu einem Grundsicherungssystem im Rahmen eines „sozialdemokratischen" Wohlfahrtsstaates, in dem alle Beteiligten die gleiche Altersrente beziehen, reflektieren die Altersrenten im Versicherungssystem die eingezahlten Beiträge und damit die vorgängigen Statusdifferenzen. Statusunterschiede im Berufsleben werden dadurch in den Ruhestand hineingetragen (Heinze 1986). Aus der Perspektive der Erwerbstätigen bedeutet das, dass aktuelle Ungleichheiten noch verschärft werden: Aktuelle Lohndifferentiale werden durch Unterschiede in den zu erwartenden Alterseinkünften akzentuiert. Die Ungleichheit in den lebenszeitlichen Einkünften fällt dementsprechend größer aus.

---

163 Ähnlich Esping-Andersen: „Völlig marktabhängige Arbeiter sind nur schwerlich für solidarisches Handeln zu gewinnen. ... De-Kommodifizierung stärkt den Arbeiter und schwächt die absolute Autorität des Arbeitgebers. Eben deshalb haben sich letztere immer gegen die De-Kommodifizienung gesträubt." (Esping-Andersen 1998: 37)

6.2.3 Bildungssysteme und Arbeitsmarktstruktur

Bildungssysteme lassen sich anhand von vier Dimensionen charakterisieren (vgl. Allmendinger 1989a, Müller/Shavit 1998, Groß 1998): nach dem Grad ihrer *Standardisierung* (signalisiert der gleiche Bildungstitel immer die gleiche Qualifikation, oder kann je nach Ausbildungsinstitution der gleiche Bildungstitel mit sehr unterschiedlichem Wissen und Fertigkeiten erreicht werden?), dem Grad der *Stratifizierung* (wie selten sind höhere Bildungsabschlüsse im Vergleich zu den niedrigeren?), dem Grad der *horizontalen Differenzierung* (gibt es für spezifische Berufsfelder „passgenaue" Bildungsabschlüsse?) und dem Grad der *vertikalen Differenzierung* (wie stark ist das Bildungssystem in voneinander abgeschottete Laufbahnen gegliedert?).

Die Struktur der Bildungssysteme ist hinsichtlich der Klassenbildung in zweierlei Weise relevant. Zum einen ist sie ausschlaggebend für die Frage, wie gut sich Bildungstitel als rentengenerierende Ressourcen eignen. Zum anderen prägt das Bildungssystem die Signalfunktion von Bildungstiteln – je nach Ausgestaltung der Bildungssysteme lassen sich die von ihm vergebenen Bildungstitel mehr oder weniger gut als Indikatoren für berufsrelevante Qualifikationen und Fertigkeiten verwenden.

In stratifizierten Bildungssystemen wird beispielsweise der Zugang zu höherer Bildung eher erschwert, höhere Bildungstitel damit künstlich verknappt – womit ihr Marktwert deutlich höher liegt als es in unstratifizierten Bildungssystemen der Fall ist. Anders ausgedrückt: Das Rentenpotential höherer Bildungstitel ist in stratifizierten Bildungssystemen größer als in unstratifizierten. In standardisierten und differenzierten Bildungssystemen gibt es für bestimmte Berufe spezifische Bildungsabschlüsse, und die Arbeitgeber können zudem sicher sein, dass die Träger eines Bildungstitels auch über die für die Ausübung des Berufes nötigen Qualifikationen und Fertigkeiten verfügen (will heißen: Bildungstitel können sehr gut als Signale für berufsrelevante Qualifikationen verwendet werden). In unstandardisierten und undifferenzierten Bildungssystemen ist das nicht unbedingt der Fall: Passende Bildungsabschlüsse fehlen, und die tatsächlichen Fertigkeiten der Inhaber des gleichen Bildungstitels können stark schwanken.

Der Arbeitsmarkt reagiert aber auf das Angebot verfügbarer Bildungsabschlüsse. Wenn diese nicht als verlässliche Signale für erforderliche Qualifikationen betrachtet werden können, bilden die Arbeitgeber ihr Personal im Rahmen des „on-the-Job-Trainings" in internen Arbeitsmärkten verstärkt selbst aus. Unstratifizierte, unstandardisierte und undifferenzierte Bildungssysteme ziehen damit die Fragmentierung des Arbeitsmarktes in kleinräumige interne, meist „firmeninterne" Arbeitsmärkte nach sich, die durch hohe Mobilität zwischen verschiedenen Arbeitsstellen, die als „Ausbildungsstationen" fungieren, gekennzeichnet sind.

Da, wie eingangs dargelegt, solche Arbeitsmarktstrukturen eher individuelle Konkurrenz als kollektive Konflikte induzieren, ist mit Klassenbildungsprozessen hier kaum zu rechnen. Standardisierte, stratifizierte und differenzierte Bildungssysteme befördern hingegen die Ausbildung „berufsinterner" Arbeitsmärkte. Da die Firmen weniger selbst Ausbildungsfunktionen übernehmen müssen, bleiben die Betriebshierarchien flacher, dementsprechend reduziert sich das Ausmaß der Arbeitsplatzmobilität. Und weil Bildungstiteln ein sehr hoher Signalwert zugeschrieben wird, gewinnen sie an Gewicht bei der Auswahl der Bewerber für die grundsätzlich stabileren Arbeitsstellen.

Insgesamt ist also davon auszugehen, dass in Gesellschaften mit standardisierten, stratifizierten und differenzierten Bildungssystemen Bildungstitel und Berufe viel enger aneinander gekoppelt sind als in Gesellschaften mit unstandardisierten, unstratifizierten und undifferenzierten Bildungssystemen – es entstehen credentialistische Allokationsregimes. Kollektivistische Schließungsprozesse werden hier viel wahrscheinlicher. Die Funktion, die Bildungstitel im Prozess der Zuweisung von Personen auf berufliche Positionen übernehmen, wird leicht zum Gegenstand kollektiver Konflikte. Professionelle Berufsverbände, Gewerkschaften und andere kollektive Akteure können versuchen, das rentengenerierende Potential von Bildungstiteln zu maximieren beziehungsweise auszudünnen. Wie im zweiten Kapitel erörtert wurde, ist das Konfliktpotential credentialistischer Allokationsregimes mehr oder weniger stark Gegenstand aller modernen Klassentheorien. Allerdings berücksichtigen diese Klassentheorien nicht, dass das Konfliktpotential solcher Allokationsregimes je nach der Struktur des Bildungssystems zwischen Gesellschaften stark variieren kann.

Für Deutschland lässt sich konstatieren, dass das Bildungssystem im Vergleich zu anderen Ländern in hohem Maße standardisiert, stratifiziert und differenziert ist (Allmendinger 1989b, Müller/Shavit 1998). Dementsprechend sind in Deutschland tertiäre Bildungsabschlüsse immer noch vergleichsweise selten und haben ein beträchtliches Potenzial zur Rentengenerierung. Die Signalwirkung aller Bildungsabschlüsse ist hoch, und die Kopplung des Bildungs- mit dem Berufssystem insgesamt sehr eng. Entsprechend dominieren in Deutschland berufsinterne Arbeitsmärkte, während firmeninterne Arbeitsmärkte eine vergleichsweise geringe Bedeutung haben (vgl. Blossfeld/Mayer 1988). In Deutschland ist das Ausmaß intragenerationaler Mobilität geringer als in anderen Ländern (Kappelhoff/Teckenberg 1987, Allmendinger/Hinz 1997), die Effekte von Bildungstiteln auf das Berufsprestige etwa doppelt so groß wie in Großbritannien, Japan oder den USA. Die Wahrscheinlichkeit von Personen mit Hochschulabschluss, einen Beruf innerhalb der „service class" zu finden, ist 2 000 mal größer als für Personen mit den niedrigsten Abschlüssen (in den USA ist dieses Verhältnis etwa 90:1, in Großbritannien weniger als 30:1). Berufsbildende Abschlüsse sind deutlich wichtiger als in anderen Ländern, um Zugang zu qualifizierten manuellen Berufen zu finden (Müller/Shavit 1998).[164] Deutschland zeichnet sich durch ein dezidiert credentialistisches Allokationsregime aus.

6.3 Institutionen und Klassenbildung heute

Betracht man die Auswirkungen intragenerationaler Mobilitätsmuster auf die Klassenbildung in Deutschland, so kann festgehalten werden, dass die institutionellen Rahmenbedingungen sehr günstige Voraussetzungen für die Bildung sozialer Klassen liefern:

- Gesetzlicher Kündigungsschutz, eine auf Beschäftigungssicherung ausgerichtete Strategie starker Gewerkschaften und flankierende Absicherung durch das Wohlfahrtsystem führen zu einem hohen Maß an Beschäftigungssicherheit. Mithin kann festgestellt werden, dass der *Grad der Schließung beruflicher Positionen (und damit ihr Rentenpotential) vergleichsweise hoch* ist.
- Zudem sorgen die weithin bindende Kraft des gesetzlichen Schutzes und die branchenweit operierenden und nach Berufsgruppen organisierten Gewerkschaften und Berufsverbände dafür, dass der Arbeitsmarkt hinsichtlich der Schließung von beruflichen Positionen relativ *homogen* ist.
- Die hohe Bedeutung credentialistischer Allokationsregimes und der kollektiven Akteure für die Schließung von Positionen beziehungsweise für die Allokation von Individuen auf geschlossene Positionen implizieren, dass die *Form der Schließung eine kollektivistische* ist.
- Im vierten Kapitel wurde bereits dargelegt, dass auch die *intergenerationalen Klassenbarrieren* in Deutschland vergleichsweise *rigide* ausfallen.

Mit anderen Worten: Das Ausmaß der „strukturellen" Klassenbildung ist in Deutschland vergleichsweise hoch. Aber wie sieht es mit der „subjektiven" Seite der Klassenbildung aus? Offensichtlich hat sich in der soziologischen Ungleichheitsforschung nicht die Vorstellung durchgesetzt, dass Deutschland ein durch Klassenkonflikte geschütteltes Land sei; ganz im Gegenteil wurde schon mehrfach das Ende der Klassengesellschaft verkündet (vgl. drittes Kapitel). Woher kommt

---

164 Vergleiche auch Allmendinger (1989a), König/Müller (1986), Haller (1989), Blossfeld (1987). Zu betonen ist das Ergebnis, dass Bildungstitel vor allem für den *ersten* Beruf von hoher Bedeutung sind (Blossfeld 1985, Müller et al. 1998). Das unterstreicht die These, dass Bildungszertifikate als Signale für vermutete Qualifikationen wichtig sind.

diese Diskrepanz zwischen strukturellem und subjektivem Aspekt der Klassenbildung?

Die Antwort umfasst zwei Aspekte teils methodischer, teils empirischer Natur. Erstens besteht keine Einigkeit darüber, was unter „Klassenbewusstsein" oder „Klassenhandeln" genau zu verstehen ist. Und zweitens hängt das Ausmaß der subjektiven Klassenbildung von historischen Umständen ab.

6.3.1 Was bedeutet „Klassenhandeln"?

Der erste Punkt betrifft die Tatsache, dass unterschiedliche Autoren höchst unterschiedliche Aspekte sozialen Handelns unter den Begriff „Klassenbewusstsein" beziehungsweise „Klassenhandeln" subsumieren. Während die einen die Existenz sozialer Klassen mit Hilfe von Einstellungsindizes nachzuweisen versuchen (Erbslöh et al. 1990), verneinen andere eben diese Existenz mit dem Hinweis darauf, dass es keine klassenspezifischen Milieus mehr gebe (Beck 1983), wobei „Milieu" ein sehr umfassendes Einstellungs- und Verhaltenssyndrom bezeichnet.

Dementsprechend variieren die Berichte über empirische Nachweise von Klassenbildungsprozessen. Effekte der Klassenlage auf Einstellungen und Verhaltensweisen sind des Öfteren nachgewiesen worden und werden in der Diskussion um die angemessenen Ungleichheitskonzepte immer wieder angeführt (vgl. die entsprechende Diskussion im dritten Kapitel).[165] Autoren, die die Existenz sozialer Klassen bestreiten, weisen allerdings darauf hin, dass die Menschen sich *selbst nicht als Klassenmitglieder begreifen* und damit die Ungleichheitsstruktur auch nicht als Klassenstruktur wahrnehmen. Klassen können auch kaum noch als „historische Subjekte" aufgefasst werden (Eder 1993, Kreckel 1998: 34).[166]

---

165 Ein Problem bei der Beurteilung der Ergebnisse solcher Studien ist allerdings, dass es auch zur Beurteilung der Erklärungskraft von Klassenkonzepten keine allgemein verbindlichen Maßstäbe gibt. Schon gar nicht lässt sich sagen, welches Ausmaß an „erklärter Varianz" ausreicht, um von einer Bedeutsamkeit der Klassenstruktur zu reden. Auch zeitliche Vergleiche der Erklärungskraft von Klassenkonzepten sind mangels ausreichender Datenbasis und aufgrund methodologischer Probleme schwierig. So ist die Debatte der „Entstrukturierungsthese" schon aus methodologischen Gründen auch mit empirischen Mitteln auf absehbare Zeit kaum zu beenden. Für einen interessanten Versuch, die Entstrukturierungsthese durch eine international vergleichende Studie zu prüfen (mit der Annahme dass nach der Individualisierungsthese wohlhabendere Länder eine geringere Klassenstrukturierung aufweisen sollten, vgl. Kohler 2005).

166 Allerdings ist zu bezweifeln, dass es Klassen in diesem Sinne je gegeben hat. Insofern erscheint die Kritik, die darauf beruht, dass sich das Ungleichheitssystem so gewandelt habe, dass es solche Klassen heute *nicht mehr* gäbe, etwas fragwürdig. „Insgesamt bleiben sie [Vertreter der Individualisierungsthese, M.G.] den Beweis dafür schuldig, daß die spezifische Art von Ungleichheitssystemen, deren Wandel sie konstatieren, je existiert hat. Wo und wann

Die Beantwortung der Frage, ob sich eine Klassenbildung empirisch nachweisen lässt oder nicht, hängt damit stark davon ab, was unter „Klassenhandeln" verstanden wird. Ist man mit dem Nachweis zufrieden, dass sich die Klassenlage auf unterschiedliche Aspekte von Einstellungen und Handlungsweisen auswirkt, dann kann man auch heute noch „Klassenhandeln" nachweisen. Verlangt man aber, dass sich die Klassenmitglieder als solche selbst definieren, dann kann man kaum noch von der Existenz lebensweltlich verankerter sozialer Klassen sprechen.

Ein ähnliches Argument lässt sich hinsichtlich der Erklärung sozialen Wandels einwenden. Auch diesbezüglich ist klar, dass sich Klassenkonzepte in ihren Erklärungsansprüchen bescheiden müssen. Revolutionäre Transformationen kapitalistischer Wirtschaftssysteme sind nicht in Sicht. Klassenkonzepte müssen in modernen Gesellschaften nicht nur in der Lage sein, mit Differenzierungen (statt Homogenisierung) sozialer Klassen zurecht zu kommen, sie müssen auch mit der – für manche erstaunlichen – Stabilität kapitalistischer Systeme zurechtkommen. Das bedeutet aber nicht, dass es in kapitalistischen Gesellschaften keine durch Klassenkonflikte induzierten Wandlungsprozesse gibt – sie verlaufen nur gemächlich, eher reformatorisch als revolutionär, und nicht immer zu Gunsten der Arbeitnehmer. Zwei Bereiche sind hier zu nennen.

Erstens sind in der Ökonomie ständig Wandlungsprozesse zu beobachten: Konflikte um Entlohnungen, Arbeitsbedingungen und Arbeitszeiten verändern die industriellen Arbeitsbeziehungen ständig. Diese Konflikte haben zum Teil einschneidende Konsequenzen für die Lebensbedingungen der Menschen. Der relative Wohlstand auch der unteren sozialen Gruppen, der von Beck et al. als Ausgangspunkt der Individualisierungsthese genommen wird, ist auch als Resultat extensiver Klassenkonflikte zu begreifen (vgl. hierzu auch das folgende Kapitel). Zweitens schlagen sich Klassenkonflikte in der politischen Sphäre nieder. Tarifrecht, Arbeitsschutzgesetze und Kündigungsschutzregeln sind nicht nur Institutionen, die zur Klassenstrukturierung beitragen; sie sind auch als Resultat von Klassenbildungsprozessen zu betrachten. Kritiker des Klassenkonzepts haben immer wieder geltend gemacht, dass der Wohlfahrtsstaat den Klassenkonflikt entschärft habe; umgekehrt ist aber zu konstatieren, dass der Ausbau des Wohlfahrtsstaates auch ein Resultat langwieriger Klassenkonflikte ist (Giddens 1983, Esping-Andersen/Korpi 1984).

---

in der Zeit nach dem Zweiten Weltkrieg gab es eigentlich streng voneinander getrennte soziale Schichten, subkulturelle Klassenidentitäten und ständisch eingefärbte Klassenlagen? Wer sich aber die Vergangenheit selbst konstruiert, der kann beliebige Trendbehauptungen ableiten." (Mayer/Blossfeld 1990: 313).

6.3.2 Historische Bedingungen der Klassenbildung

Klassenbildungsprozesse hängen nicht nur von der Klassenstruktur, sondern auch von kulturellen, historischen und situativen Faktoren ab (ein Punkt, der wie im ersten Kapitel berichtet, schon von Marx gesehen wurde). Kulturelle Deutungsmuster und Wertvorstellungen (eventuell propagiert von kollektiven Akteuren wie Gewerkschaften und Parteien), das Vorhandensein von Alternativen zu Klassenkonflikten zur Verbesserung der eigen ökonomischen Position, Unterschiede in Persönlichkeitsmerkmalen und viele andere Faktoren können die Realisierung solcher Interessen im Rahmen von Klassenkonflikten befördern oder behindern. Daraus resultiert, dass Klassenlagen das Auftreten bestimmter Einstellungen, die die korrespondierenden postulierten Interessen widerspiegeln, und daraus resultierende Verhaltensweisen, nicht determinieren, aber zu einem gewissen Grad wahrscheinlich werden lassen. Das Erklärungsmodell sozialen Handelns kann im Rahmen von Klassenanalysen nur ein *probabilistisches* sein. Das Ausmaß der Klassenbildung ist umso höher, je stärker die strukturelle Seite der Klassenbildung ausgeprägt ist, also je rigider Mobilitätsregimes, je geschlossener berufliche Positionen sind usw. Aber das Ausmaß der psychologischen Klassenbildung hängt auch von „Ko-Faktoren" ab, die wahrnehmbare Klassenkonflikte verhindern können, auch wenn die Klassenstruktur rigide ist.

Daraus folgt, dass das Ausmaß der Klassenbildung zeitlichen Schwankungen unterworfen sein kann, *ohne dass sich die Klassenstruktur geändert hat*. Schon Weber bemerkte, „daß eine gewisse (relative) Stabilität der Grundlagen von Gütererwerb und Güterverteilung [die ständische Gliederung] begünstigt, während jede technisch-ökonomische Erschütterung und Umwälzung sie bedroht und die ‚Klassenlage' in den Vordergrund schiebt." (Weber 1980: 539).

Es ist zu bezweifeln, dass das hohe Wohlstandsniveau der Nachkriegsjahre die Klassen*struktur* erodiert hat. Gleichwohl könnte das hohe Wohlstandsniveau dazu beigetragen haben, dass die subjektive Klassenbildung lange Zeit nur wenig ausgeprägt war. Zwar gab es immer wieder Konflikte, die die Maximierung von Renten (wie das alljährliche Spiel zwischen Gewerkschaften und Arbeitgebern um die Höhe der Tariflöhne) betrafen, aber jenseits der Verhandlungen kollektiver Akteure war von Klassenkonflikten auf individueller Ebene nicht viel zu spüren. Es liegt daher nahe, zu vermuten, dass sich die Individualisierungsthese in den „ökonomisch ruhigen" achtziger Jahren entwickeln konnte, weil die solide wirtschaftliche Basis die „ständischen" Stilisierungsfragen in den Vordergrund der öffentlichen Wahrnehmung schob – der Wohlstand also Klassenkonflikte trotz weiter bestehender Klassenstruktur verhindert hat.

Ökonomische Umbrüche in Folge der Globalisierung lassen seit den Neunzigern aber ökonomische Konflikte mit neuer Schärfe aufbrechen (Dangschat

1998, siehe auch Kapitel 7). Diese Konflikte erhalten nicht nur eine hohe öffentliche Aufmerksamkeit, auch große Teile der Arbeitnehmer sind sehr persönlich in Form von Demonstrationen oder Streiks an diesen Konflikten beteiligt. Die Schärfe der Konflikte rührt daher, dass sie nicht nur die Erträge von Rentenpotentialen zum Gegenstand haben, sondern in hohem Maße die Schließung von Positionen und damit die Basis der Rentenbildung selbst betreffen. Der Ausgang dieser Konflikte könnte in der Tat die Klassenstruktur beträchtlich ändern.

6.4 Die Flexibilisierung des Arbeitsmarktes

Die Arbeitsmärkte in fortgeschrittenen Industriegesellschaften befinden sich momentan in einer Umbruchsphase. Es zeichnet sich ab, dass dieser Umbruch erheblich auf die Struktur sozialer Ungleichheit einwirken wird, wenn auch die Folgen dieses Prozesses derzeit noch nicht in Gänze überblickt werden können. Dieser letzte Abschnitt unternimmt einige spekulative Anmerkungen darüber, welche Folgen dieser Umbruch für die Klassenstruktur hat.

Ursachen, Charakter und Ausmaß dieses Umbruchs sind derzeit noch nicht hinreichend erforscht. Gemeinhin wird angenommen, dass die zunehmende „Globalisierung" der Märkte (Hurrell et al. 1995) in den letzten Dekaden den internationalen Wettbewerb erheblich verschärft hat, und auch die wohlhabenden und technologisch fortgeschrittenen Industrieländer zu entsprechenden Anpassungsmaßnahmen zwingt. Der Druck zu einer effizienteren Produktion führe unter anderem auch zu einer Deregulierung der Arbeitsmärkte, um diese flexibler gestalten zu können (vgl. Emerson 1988, Bode et al. 1991, Traxler 1994, Immerfall 1997).

Die Flexibilisierung des Arbeitsmarktes aber betrifft unmittelbar die Schließung von beruflichen Positionen: In manchen flexiblen Beschäftigungsverhältnissen verlieren Arbeitnehmer die Sicherheit der Beschäftigung, die Positionen werden offener. Wenn aber die Schließung von Positionen eine zentrale Säule der Klassenbildung darstellt, dann ist auch zu erwarten, dass die Flexibilisierung des Arbeitsmarktes erhebliche Folgen für die Klassenstruktur haben könnte.

6.4.1 Formen der Flexibilisierung

Die Flexibilisierungstrategien können sich zwischen Gesellschaften stark unterscheiden. Eine *„universelle"* Flexibilisierung versucht, den Arbeitsmarkt insgesamt flexibler zu gestalten. Ansatzpunkte hierzu wären etwa die Senkung der generellen Beschäftigungssicherheit durch gesetzliche Regelungen zum Abbau des Kündigungsschutzes, zur Schwächung der Gewerkschaften oder ähnliche Maßnahmen. Eine solche Strategie wurde etwa in Großbritannien schon in den achtziger Jahren verfolgt (vgl. Kastendiek 1998).

In Deutschland hingegen ist eher eine *„partikulare"* Form der Flexibilisierung zu finden. Damit ist gemeint, dass sich die Arbeitsbedingungen für die Arbeitnehmer, die zur „Kernbelegschaft" der Betriebe gehören und als Teil des primären Arbeitsmarktsegments zu verstehen sind, nicht viel ändern. Die Flexibilisierung vollzieht sich vielmehr in der „Peripherie", also bei dem Teil der Belegschaft, der zum „sekundären" Arbeitsmarktsegment gehört und ohnehin die weniger attraktiven Arbeitsstellen innehat. Hier sind die so genannten „atypischen Arbeitsverhältnisse"[167] zu finden, die den Flexibilitätserfordernissen besser entsprechen als die Normalarbeitsverhältnisse[168]. Flexibilisierung vollzieht sich zum einen *im* peripheren Bereich durch verstärkte Nutzung solcher atypischen Arbeitsverhältnisse und durch die *Ausdehnung des* peripheren Bereichs. Das kann zum einen dadurch geschehen, dass Arbeitsstellen innerhalb des Betriebes im Zuge von Rationalisierungsmaßnahmen umdefiniert (also etwa reguläre Stellen in atypische umgewandelt werden), oder ganze Tätigkeitsbereiche ausgegliedert werden („Outsourcing").

Eine weitere wichtige Unterscheidung von Flexibilisierungsstrategien ist die zwischen *„interner"* und *„externer"* Flexibilisierung. Interne Flexibilität kann durch den Bezug auf Ressourcen innerhalb des Betriebes hergestellt werden, externe Flexibilität bezieht sich auf Ressourcen außerhalb des Unternehmens (Giesecke 2006: 23, vgl. auch Matthies et al. 1994, Dragendorf et al. 1988). Interne Flexibilisierung lässt sich etwa durch eine Variation der Arbeitszeit (Einsatz von Teilzeitarbeit), Qualifikationsanpassungen der Arbeitnehmer oder durch einen variablen Einsatz der Arbeitnehmer innerhalb eines Betriebes auf verschiedenen Arbeitsplätzen erreichen. Externe Flexibilisierung wird etwa durch Auslagerung von Betriebsteilen, „Subcontracting" oder den Einsatz befristeter Beschäftigung oder Leiharbeit erreicht. Letztere erleichtern den Rückgriff auf den externen Arbeitsmarkt zur Anpassung der Produktion an etwaige Nachfrageschwankungen.

---

167 Zu „atypischen Beschäftigungsverhältnissen" vgl. Büchtemann/Quack (1989), Bollinger et al. (1991), Landenberger (1991), Walwei (1995), Neuhold (1999), Tálos (1999), Kalleberg (2000), Booth et al. (2000), Giesecke/Groß (2005).
168 Unter dem „Normalarbeitsverhältnis" wird in der Regel eine weisungsgebundene abhängige Vollzeitbeschäftigung hoher Kontinuität (unbefristeter Arbeitsvertrag, hohe Beschäftigungssicherheit) mit reproduktionssicherndem Einkommen verstanden, das mit umfassenden Ansprüchen an die sozialen Sicherungssysteme verbunden ist (vgl. Landenberger 1991, Osterland 1990, König 1990, Mutz 1997, Dombois 1999).

6.4.2 Folgen der externen Flexibilisierung

Vor allem von externen Flexibilisierungsmaßnahmen sind erhebliche Konsequenzen für die Struktur sozialer Ungleichheit zu erwarten. Sie bedrohen „den Bestand des Arbeitsverhältnisses selbst" (Matthies et al. 1994: 36), da sie die Schutzrechte untergraben, die mit dem Normalarbeitsverhältnis verbunden sind. Am deutlichsten tritt dies beim Einsatz befristeter Beschäftigung zu Tage. Befristete Beschäftigungsverhältnisse hebeln den Kündigungsschutz aus, was den Arbeitgebern ermöglicht, den Personalbestand flexibel an die Produktnachfrage anzupassen. Wenn befristet Beschäftigte nicht mehr benötigt werden, wird ihr Arbeitsvertrag einfach nicht erneuert. Der Arbeitgeber umgeht somit die Verpflichtungen, die ihm das Kündigungsschutzrecht auferlegt. Aber auch die anderen Formen externer Flexibilisierung bringen entscheidende Benachteiligungen für die Arbeitnehmer mit sich. „Subcontracting" führt oft zu dem Phänomen der „Scheinselbständigkeit": Arbeitnehmer führen die gleiche Arbeit, die sie zuvor innerhalb eines abgesicherten Normalarbeitsverhältnisses durchgeführt haben, auf eigene Rechnung aus und unterliegen oft ohne Ansprüche an die Systeme sozialer Sicherung unmittelbar den Risiken des Marktes (vgl. z. B. Gottschall 1999). Auch Leiharbeitsverhältnisse und andere Formen atypischer Beschäftigung sind im Vergleich zu den sozialrechtlich abgesicherten Normalarbeitsverhältnissen in vielerlei Hinsicht benachteiligt.

Das zentrale Moment der externen Flexibilisierung ist darin zu sehen, dass sie die Arbeitnehmer in unsichere Beschäftigungsverhältnisse verweist und dadurch ihre Verhandlungsposition schwächt. Die Arbeitnehmer müssen nicht nur auf wichtige Vergütungselemente verzichten – extern flexible Beschäftigungsverhältnisse sind schlechter bezahlt und oft nicht in die sozialen Sicherungssysteme eingebunden – sondern sehen sich auch einem erhöhten Leistungsdruck ausgesetzt. Da der Arbeitgeber sie jederzeit entlassen kann, können sie sich „Bummeleien" nicht erlauben, sondern müssen sich in besonderer Weise anstrengen, wenn sie ihre weitere Beschäftigung sichern wollen. In der Terminologie Sørensens ausgedrückt bedeutet das, dass Arbeitnehmer in atypischen Beschäftigungsverhältnissen nur eine geringe Kontrolle über die Besetzung ihrer Position haben: Extern flexible Beschäftigungsverhältnisse sind *offener* als Normalarbeitsverhältnisse. Damit entfällt die Möglichkeit, Renten zu erzeugen. Arbeitnehmer in solchen Positionen müssen jederzeit damit rechnen, durch Konkurrenten auf dem externen Arbeitsmarkt ersetzt zu werden (damit entfallen Monopolrenten) und können es sich daher nicht erlauben, erwartete Leistungen zurückzuhalten (damit entfallen Renten aufgrund unvollständiger Transfers von Nutzungsrechten).

Eine externe Flexibilisierung des Arbeitsmarktes schwächt auch den Konnex zwischen Bildungs- und Beschäftigungssystem und reduziert damit das Potential von Bildungstiteln zur Generierung von Renten. Bildungstitel sind als Zugangsschlüssel für geschlossene Positionen vor allem deshalb so wichtig, weil Arbeitgeber die zukünftige Produktivität der Arbeitnehmer möglichst reliabel einschätzen müssen, da unproduktive Arbeitnehmer in geschlossenen Positionen nicht mehr entlassen werden könnten und dauerhaft Produktivitätsverluste verursachen würden. In flexiblen Beschäftigungsverhältnissen spielt die Einschätzung künftiger Produktivität keine so bedeutende Rolle, da unproduktive Arbeitnehmer in extern flexiblen Beschäftigungsverhältnissen leicht ausgetauscht werden können. Dementsprechend verlieren Bildungstitel für die berufliche Allokation generell an Bedeutung.

Empirisch wurden die Konsequenzen extern flexibler Beschäftigungsverhältnisse bislang besonders am Beispiel befristeter Beschäftigung dokumentiert.[169] Die Ergebnisse lassen sich in fünf zentralen Punkten zusammenfassen:

1) Befristete Beschäftigungsverhältnisse führen zu „Unsicherheitskarrieren". Es finden vergleichsweise häufige Wechsel zwischen befristeten Beschäftigungsverhältnissen und Arbeitslosigkeitsphasen statt. Befristete Beschäftigung erhöht auch die Wahrscheinlichkeit, künftig wieder eine befristete Beschäftigung zu erhalten. Dieses Ergebnis bestätigt die Annahme, dass Befristung die Beschäftigungssicherheit senkt (und nicht etwa Einstiegsstellen in unbefristete Beschäftigungsverhältnisse darstellen) und Teil einer „partikularen" Flexibilisierungsstrategie ist: Befristet werden Angehörige des sekundären Arbeitsmarktes, die auch dort verbleiben (Giesecke/Groß 2003, Giesecke/Groß 2004a).
2) Befristet Beschäftigte verdienen deutlich weniger als unbefristet Beschäftigte. Dieses Ergebnis lässt sich nicht durch Qualifikationsunterschiede oder sonstige Merkmale der Arbeitnehmer oder des Arbeitsplatzes erklären. Die befristeten Stellen ziehen per se einen Einkommensabschlag nach sich. Dieses Ergebnis geht konform mit der Annahme, dass die Rentengenerierung in befristeten Stellen entfällt (Schömann/Kruppe 1993, Giesecke 2009).
3) Diese Annahme wird ebenfalls bestätigt durch das Ergebnis, dass die Determination des Einkommens durch berufliche und Arbeitsplatzmerkmale in befristeten Beschäftigungen geringer ausfällt als in unbefristeten. Das unterstreicht die Vermutung, dass Entlohnungen sich in offenen Positionen stärker an persönlichen Leistungen orientieren und weniger an die Arbeitsstelle selbst gekoppelt sind und damit die Möglichkeit zur Rentengewinnung durch Leistungszurückhaltung entfällt (Giesecke/Groß 2005).

---

169 Zu befristeten Beschäftigungsverhältnissen und ihre Rolle am Arbeitsmarkt vgl. Linne/Voswinkel (1991), Büchtemann (1991), Schömann et al. (1995), Dragendorf et al. (1988), Giesecke (2006).

4) Die Renditen von Bildungstiteln sind in befristeter Beschäftigung erheblich geringer als in unbefristeter Beschäftigung. Das ist ein Hinweis auf das Zusammenwirken rentengenerierender Ressourcen mit geschlossenen Positionen: Die Fähigkeit von Bildungstiteln, Einkommen zu generieren, ist in den offenen befristeten Stellen deutlich geringer als in den geschlossenen unbefristeten (Groß 2001).
5) Die Befristung von Beschäftigungsverhältnissen wird insbesondere im Bereich des öffentlichen Dienstes genutzt. Hier sind solche Beschäftigungsverhältnisse häufiger zu finden als in der Privatwirtschaft. Aber auch die Effekte der Befristung auf die intragenerationale Mobilität und die Einkommen fallen im öffentlichen Dienst stärker aus als im privatwirtschaftlichen Bereich. Diese Ergebnisse unterstreichen die Rentenpotentiale geschlossener Positionen: Je geschlossener die Positionen in einem Arbeitsmarktsegment sind, desto stärker fallen Entlohnungs- und Mobilitätsrisiken aus, wenn einzelne Positionen in diesem Segment geöffnet werden. Zudem wird deutlich, dass Befristungen besonders in rigiden Arbeitsmarktsegmenten als Instrument der Arbeitsmarktflexibilisierung benötigt werden (Giesecke/Groß 2004b).

Alle diese Ergebnisse belegen die These, dass die Arbeitsmarktflexibilisierung zur Öffnung beruflicher Positionen beiträgt und mit dieser Öffnung eine wichtige Basis zur Rentenerzeugung entfällt. Dementsprechend sind auch Auswirkungen der Arbeitsmarktflexibilisierung auf die Klassenstruktur zu erwarten.

6.4.3 Szenario I: Universelle Flexibilisierung und Klassenbildung

Die vorangegangen Überlegungen und empirischen Ergebnisse zu den Folgen externer Flexibilisierung verdeutlichen, dass die Flexibilisierung des Arbeitsmarktes die strukturelle Basis der Klassenbildung untergräbt. Gleichzeitig ist zu vermuten, dass das erhöhte Ausmaß der intragenerationalen Mobilität auch die Ausbildung eines Klassenbewusstseins erschwert. Eine umfassende Flexibilisierung des Arbeitsmarktes im Zuge einer universellen Flexibilisierung (etwa durch Wegfall des Kündigungsschutzes und weiteren Abbau wohlfahrtsstaatlicher Maßnahmen) würde dann, so könnte man vermuten, die Klassenstrukturierung einer Gesellschaft völlig erodieren. Sørensen, der Prozesse der Klassenbildung primär aus der arbeitsmarkttheoretischen Perspektive betrachtet, prognostiziert eine solche Entwicklung (Sørensen 2000b), die er (zusammen mit marktliberalen Ökonomen) gelegentlich positiv zu bewerten scheint: Die Zerstörung von Renten im Arbeitsmarkt verhilft dem meritokratischen Prinzip zum Durchbruch und führt letztlich zur klassenlosen Gesellschaft.

Eine solche Argumentation vergisst aber, dass es auch noch andere Rentenquellen gibt. Insbesondere das Potential ökonomischen Kapitals zur Rentengenerierung dürfte von einer Flexibilisierung des Arbeitsmarktes kaum beeinträchtigt werden. Monopole auf Basis des ökonomischen Kapitals würden ja von einer Öffnung beruflicher Positionen nicht berührt. Ganz im Gegenteil: Das Potential zur Rentengenerierung auf Basis ökonomischen Kapitals würde eventuell sogar größer werden. Denn die Renten der Arbeitnehmer gehen zu Lasten der Gewinne der Unternehmen. Überhöhte Löhne aufgrund gewerkschaftlicher Aktivitäten und Produktivitätsverluste durch Zurückhaltung von Arbeitskraft schmälern die Renditen, und damit auch die Renten, die mit ökonomischem Kapital erzielt werden können. Neben der flexibleren Anpassung der Produktion an die Nachfrage bildet deshalb gerade die Zerstörung von Renten eine wichtige Motivation der Unternehmen zur Flexibilisierung des Arbeitsmarktes.

Solange ökonomisches Kapital aufgrund entsprechender institutioneller Rahmenbedingungen in der Lage ist, durch Monopolisierung Renten zu erzielen, führt eine Öffnung beruflicher Positionen nicht einfach zu „mehr Markt", und dementsprechend zu einer „leistungsgerechten" Entlohnung, sondern zu einer Verschiebung des Rentenpotentials zwischen Kapital und Arbeit. Unternehmen versuchen, diese Renten zu maximieren – mit Strategien, die der Generierung von Beschäftigungsrenten in geschlossenen Positionen genau entgegengesetzt sind: Der Monopolisierung der Arbeitskraft zwecks Erhöhung der Löhne versuchen sie durch eine Maximierung der Konkurrenz der Arbeitnehmer untereinander zwecks Senkung der Löhne entgegenzuwirken. Die Chancen hierzu sind derzeit aufgrund der anhaltend hohen Arbeitslosigkeit und der Möglichkeit, die Produktion in Länder mit geringeren Arbeitskosten zu verlegen, recht günstig. Gleichzeitig können vor dem Hintergrund der angespannten Arbeitsmarktes auch Renten aufgrund unvollständiger Rechtetransfers gut bekämpft weden: Der Zurückhaltung von Arbeitsleistung kann die Forderung nach deren maximalen Ausnutzung entgegengehalten werden.

So gesehen bietet die Schließung von Positionen nicht einfach ein Potential zur Generierung von Renten – sondern auch einen Schutzmechanismus vor der Strategie von Unternehmen, ihrerseits Renten zu maximieren. Löhne sind zu einem guten Teil auch Resultate von Machtkämpfen in der Konkurrenz zweier entgegengesetzter Schließungsstrategien, und es sprechen einige Faktoren dafür, dass die Arbeitgeber aufgrund ihrer leichteren Organisierungsfähigkeit deutliche Vorteile in diesem Machtkampf haben (Kreckel 1990). Die Frage, welche Seite sich im Endeffekt durchsetzt und eine Rente erzielt, ist eine Frage der Effektivität von Schließungsstrategien, und nicht unbedingt die eines Marktgleichgewichts. Welche Seite dabei die Oberhand behält, ist in der Regel schwer einzuschätzen. Vielleicht stellt sich gelegentlich auch ein „Schließungsgleichgewicht" ein, das einem fiktiven Marktgleichgewicht entspricht. Die einseitige Öffnung beruflicher Positionen jedenfalls führt zunächst nur dazu, dass sich das „Schließungsgleichgewicht" zugunsten der Unternehmen verschiebt. Ob das im Endeffekt dazu führt, dass das Schließungsgleichgewicht dem fiktiven Marktgleichgewicht entspricht, oder ob das bedeutet, dass eventuelle Renten der Unternehmen maximiert werden, sei dahingestellt.

Es ist aber auf alle Fälle zu erwarten, dass sich die Einkommensungleichheit zwischen Kapital und Arbeit bei einer Öffnung des Arbeitsmarktes vergrößert, da der Wegfall von Beschäftigungsrenten jeder Art und die verbesserten Möglichkeiten zur Maximierung von Kapitalrenten die Unternehmensgewinne vergrößern.

Ein ähnliches Argument gilt für Bildungstitel oder kulturelles Kapital. Das Potential von Bildungstiteln zur Rentenerzeugung wird zwar durch die Öffnung geschlossener Positionen empfindlich beeinträchtigt. Auch Arbeitnehmer mit höheren Bildungsabschlüssen sind stärker dem Markt ausgesetzt. Aber erstens können knappe Bildungstitel auch in offenen Arbeitsmärkten zu Renten führen. Wenn das Angebot an bestimmten Bildungszertifikaten eingeschränkt wird, etwa durch eine enge Kopplung von Bildungserwerb an die soziale Herkunft oder durch Rationierung des Ausbildungsangebots durch Rigiditäten des Bildungssystems, kann durchaus noch eine Monopolrente erwartet werde.[170] Zweitens würde auch der umfassende Abbau von Arbeitnehmerrechten nicht zur völligen Öffnung des Arbeitsmarktes führen. Nach wie vor wären Unternehmen daran interessiert, Investitionen in spezifisches Humankapital zu schützen und damit erhielten besonders die Hochqualifizierten das Maß an Beschäftigungssicherheit, das ein gewisses Rentenpotential mit sich bringt. Eine universelle Flexibilisierung des Arbeitsmarktes könnte zwar credentialistische Allokationsregimes unterhöhlen, aber die Firmen wären immer noch daran interessiert, ihre besonders qualifizierten Mitarbeiter zu halten. Eine umfassende Flexibilisierung des Arbeitsmarktes würde „firmeninterne" Arbeitsmärkte nicht betreffen.

Ebenso wie die Öffnung beruflicher Positionen eine Vergrößerung des Einkommensabstandes zwischen Kapital und Arbeit nach sich zieht, ist damit zu rechnen, dass sie die Einkommensungleichheit *zwischen Arbeitnehmern* vergrößert. Der Wegfall des Schutzes – oder des Rentenpotentials, je nach Betrachtungsweise – geschlossener Positionen betrifft alle Arbeitnehmer, aber die unqualifizierten aus den genannten Gründen stärker als die Qualifizierten. Systeme geschlossener Positionen schützen vor allem die, deren Ressourcenausstattung am schlechtesten ausfällt. Durch Gewerkschaften ausgehandelte Tariflöhne etwa sind immer als „Solidaritätslöhne" in der Weise zu verstehen, dass gerade die unquali-

---

170 Das gilt insbesondere dann, wenn die Arbeitsmarktflexibilisierung nicht die Kopplung spezifischer Bildungstitel an bestimmte berufliche Positionen beseitigt.

fizierten Positionen ein Lohnniveau erreichen können, die im freien Markt nicht zu erzielen wären. Gleichzeitig werden Ansprüche der höher qualifizierten Berufsgruppen mit weniger Nachdruck vertreten. Systeme geschlossener Positionen neigen dazu, Lohnungleichheiten innerhalb der Arbeitnehmer zu dämpfen. Bei einer Flexibilisierung des Arbeitsmarktes ist umgekehrt mit einer Öffnung der Einkommensschere entlang der Qualifikationsdimension zu rechnen.[171]

Zusammenfassend kann festgehalten werden, dass eine Flexibilisierung des Arbeitsmarktes „mehr Markt" bedeutet, da eine Quelle der Rentenbildung entfällt und eine andere beeinträchtigt wird. Aber sie bedeutet nicht die vollständige Implementierung einer Marktgesellschaft. Das Rentenpotential ökonomischen Kapitals wird sogar gesteigert. Das Rentenpotential kulturellen Kapitals wird zwar geschmälert, aber verschwindet nicht völlig. Die Veränderungen in diesen Potentialen wirken sich in zweierlei Weise auf die Verteilung des gesellschaftlichen Wohlstandes aus. Zum einen verschiebt sich der Anteil von „Kapital" und „Arbeit" an den Ergebnissen der wirtschaftlichen Produktion zu Gunsten des Kapitals. Zum anderen öffnet sich eine Einkommensschere innerhalb der Arbeitnehmer: Der relative Abstand zwischen Qualifizierten und Unqualifizierten steigt – teils wegen der Stärkung des Marktprinzips, die höherqualifizierte Arbeit stärker belohnt, teils auch deswegen, weil höhere Bildungstitel nach wie vor ein gewisses Potential zur Rentengenerierung innehaben, die den unqualifizierten nicht mehr zur Verfügung steht.

Damit führt die Arbeitsmarktflexibilisierung nicht zur klassenlosen Gesellschaft, schwächt aber die Basis der Klassenbildung besonders für die *Arbeitnehmer*. Den unqualifizierten Arbeitnehmern in offenen Positionen stehen keine Quellen zur Rentenbildung mehr zur Verfügung. Sie sind in instabiler Beschäftigung dem Markt ausgeliefert und für sie trifft am ehesten zu, dass „völlig marktabhängige Arbeiter … nur schwerlich für solidarisches Handeln zu gewinnen" sind (Esping-Andersen 1998: 37). Besitzer höherer Bildungszertifikate können zwar unter Umständen noch Renten erhalten. Aber grundsätzlich sind auch die höherqualifizierten Arbeitnehmer verstärkt dem Markt ausgesetzt, was das Interesse an kollektiven Aktionen schwächt. Zweitens gehen die verbleibenden Rentenpotentiale auf individualistische Schließungspraktiken im Rahmen firmeninterner Arbeitsmärkte zurück, was ebenfalls keine Basis solidarischen Handelns darstellt. Allenfalls Restriktionen des Bildungssystems, die bestimmten Bildungszertifika-

---

171 Das wäre selbst dann der Fall, wenn die Flexibilisierung des Arbeitsmarktes die Renten auf Bildungstitel vollständig zerstören würde: Im völlig freien Markt könnten höhere Qualifikationen zwar keine Renten, aber höhere Renditen erzielen, da die Subventionierung unqualifizierter Arbeit entfiele. Eine Beibehaltung des Rentenpotentials verstärkt diese Tendenz zur Spreizung der Einkommensungleichheit zwischen Arbeitnehmern erheblich. Vgl. die Diskussion zur These des „skill-biased technological change" im siebten Kapitel.

ten ein residuales Rentenpotential verleihen, könnten Versuche evozieren, diese Restriktionen zu bewahren, vor allem wenn der Erwerb entsprechender Titel an die Herkunft gebunden ist. In diesem Sinne führt die Flexibilisierung des Arbeitsmarktes tatsächlich zu einer Individualisierung der Arbeitnehmer: Die Unqualifizierten hätten ein Interesse an den Schutzmechanismen geschlossener Positionen, aber kein Mittel, diese Interessen durchzusetzen. Die Qualifizierten können noch auf den Schutz geschlossener Positionen rechnen, werden diese aber sehr „egoistisch" zu nutzen versuchen und sich eher in Konkurrenzkämpfe mit potentiellen Mitbewerbern um sichere Positionen im internen Arbeitsmarkt begeben als sich in solidarischen Aktionen für das Wohl aller Arbeitnehmer (beziehungsweise der potentiellen Klassenmitglieder) einzusetzen.

Um es etwas überspitzt zu formulieren: Die Flexibilisierung des Arbeitsmarktes führt zurück zur Zwei-Klassengesellschaft. Kapitalisten auf der einen Seite mit erheblichen Möglichkeiten zu kollektiven Schließungsprozessen stehen Arbeitnehmern auf der anderen Seite gegenüber, die entweder keine Schließungsmöglichkeiten haben oder nur noch individualistische. Allerdings ist diese große Klasse der Arbeitnehmer alles andere als homogen. Sie differenziert sich vielmehr nach Qualifikation – und letztlich auch nach allen Fähigkeiten und Merkmalen, die auf dem Markt verwertet werden können. Ohne Mobilitätsrestriktionen bilden sie fein abgestufte Erwerbsklassen im Weberschen Sinne, die nicht von einer kontinuierlichen Schichtung unterschieden werden können. Mit Klassenbildungen ist hier in keiner Weise zu rechnen.

Im Grunde hat die Individualisierungsthese genau dieses Bild von der deutschen Gesellschaft der achtziger Jahre gezeichnet. Sie hat die Individualisierung meines Erachtens aber zum Teil auf falsche Ursachen bezogen. Weder die Steigerung des Wohlstandsniveaus noch der Ausbau des Wohlfahrtsstaates führte zu Individualisierungsprozessen im hier gemeinten Sinne. Diese sind genuin auf Flexibilisierungsprozesse auf dem Arbeitsmarkt zurückzuführen, deren Bedeutung für die Individualisierung auch Beck schon hervorgehoben hat. In dieser Hinsicht aber wurde die Individualisierungsthese zu früh formuliert. Die Arbeitsmarktstrukturen sind bis heute in den wesentlichen Aspekten stabil. Das hier vorgestellte Szenario ist erst dann zu erwarten, wenn die universelle Flexibilisierung sich weitgehend durchgesetzt hat. Das ist aber augenblicklich noch nicht abzusehen, da die Konflikte um Flexibilisierungsmaßnahmen und damit verbundene Veränderungen von Rentenpotentialen noch nicht entschieden sind und in Deutschland bislang eine „partikulare" Flexibilisierungsstrategie gewählt wurde.

6.4.4 Szenario II: partikulare Flexibilisierung

Das vorangegangene Szenario setzt einen vollständig universell flexibilisierten Arbeitsmarkt voraus. In diesem dürfte tatsächlich die Basis einer Klassenstrukturierung in weiten Teilen untergraben werden. Diese Form der Flexibilisierung hat in Deutschland allerdings bislang kaum eine Rolle gespielt. Beschäftigungssichernde Institutionen wie Kündigungsschutz und de-kommodifizierender Wohlfahrtsstaat, starke Gewerkschaften, credentialistische Allokationsregimes etc. haben nach wie vor einen hohen Stellenwert. Bislang dominierte das Paradigma der „partikularen" Flexibilisierung: Geöffnet wurden vor allem die Positionen im peripheren Bereich der Betriebe.

Die Folgen einer solchen partikularen Flexibilisierung sind ganz anders einzuschätzen. Prinzipiell ist mit einer „Spaltung" des Arbeitsmarktes zu rechnen, die die bisherigen Differenzierungen in „primäre" und „sekundäre" Arbeitsmarktsegmente noch vertieft. Die ohnehin benachteiligten Positionen in den sekundären Arbeitsmarktsegmenten werden durch die verstärkte Nutzung flexibler Arbeitsverhältnisse noch schlechter gestellt, hier vollzieht sich die Durchsetzung des Marktes beziehungsweise individualistischer Schließungsstrategien. Die Rentenpotentiale in den anderen Arbeitsmarktbereichen werden nicht oder zumindest nicht in gleichem Maße beeinträchtigt.

Insgesamt betrachtet sinkt damit das Ausmaß der Klassenbildung, da die Flexibilisierungsmaßnahmen den Arbeitsmarkt stärker fragmentieren, die Arbeitnehmer in den offenen Bereichen unvermittelt dem Markt ausgesetzt sind, und damit keine Basis einer wie auch immer gearteten Klassenstrukturierung auszumachen ist. Für Arbeitnehmer in den offenen Bereichen (aber auch nur für diese) ist eine zunehmende Individualisierung anzunehmen. In den verbleibenden geschlossenen Bereichen werden Klassenstrukturen aber nicht wesentlich beeinträchtigt. In gewisser Weise entstehen zwei parallele Strukturierungsprinzipien sozialer Ungleichheit: Die geschlossenen Bereiche bilden nach wie vor eine starke Basis solidarischen Handelns, die offenen folgen eher den individualistischen Schichtungsmodellen.

6.5 Zusammenfassung

Dieses Kapitel versuchte zu verdeutlichen, dass Arbeitsmarktstrukturen und arbeitsmarktrelevante Institutionen einen wesentlichen Einfluss auf Klassenbildungsprozesse nehmen. Ausgangspunkt ist die im letzten Kapitel dargelegte Überlegung, dass die Schließung von Positionen eine wichtige Quelle der Rentengenerierung darstellt. Dementsprechend sind der Grad der Schießung von Positionen in einem Arbeitsmarkt, die Fragmentierung des Arbeitsmarktes in Bereiche offener und geschlossener Positionen sowie die Art der Schließung von Positionen in Arbeitsmärkten wesentliche Faktoren der Klassenbildung. Offene, fragmentierte und individualistisch geschlossene Arbeitsmärkte machen Klassenbildungsprozesse unwahrscheinlich. Kollektivistisch geschlossene und homogene Arbeitsmärkte befördern die Bildung sozialer Klassen. Arbeitsmärkte, die sich nach dem Muster „berufsinterner" Arbeitsmärkte gestalten, kommen dem Bild eines homogenen, kollektivistisch geschlossenen Arbeitsmarktes näher als „firmeninterne" Arbeitsmärkte.

In Deutschland ist der Arbeitsmarkt aufgrund des stark ausgeprägten Kündigungsschutzes und eines de-kommodifizierenden Wohlfahrtstaates in hohem Masse geschlossen. Das standardisierte, stratifizierte und differenzierte Bildungssystem beförderte eine „berufsinterne" Strukturierung des Arbeitsmarktes. Die Konsequenzen dieses Institutionensystems zeigen sich in den Mustern intragenerationaler Mobilität: Das Ausmaß beruflicher Mobilität ist vergleichsweise niedrig und wird in hohem Maße über den Besitz von Credentials gesteuert. Insofern sind nicht nur aus der Perspektive der intergenerationalen Mobilitätsforschung (vgl. Kapitel 4), sondern auch aus der Perspektive intragenerationaler Mobilitätsforschung die Voraussetzungen für die Bildung einer Klassenstruktur relativ günstig.

Der vergleichsweise hohe Grad struktureller Klassenbildung macht sich auch in Einstellungen und Verhaltensweisen bemerkbar, die als Formen des Klassenbewusstseins und Klassenhandelns interpretiert werden können – obwohl diese Interpretation nicht von allen Sozialwissenschaftlern geteilt wird. Das Ausmaß öffentlich wahrnehmbarer Klassenkonflikte war aber lange Zeit relativ gering, wozu auch die günstigen ökonomischen Umstände der Nachkriegszeit beigetragen haben dürften. Bestrebungen zur Flexibilisierung des Arbeitsmarktes lassen Klassenkonflikte aber derzeit wieder stärker aufleben, da diese Konflikte die Grundlagen der Rentenerzeugung, das Rentenpotential geschlossener Positionen, unmittelbar betreffen.

Eine fortschreitende Flexibilisierung des Arbeitsmarktes könnte die Klassenstrukturierung allerdings untergraben, wobei aber zwischen einer „universellen" und einer „partikularen" Flexibilisierung unterschieden werden muss. Die „universelle" Flexibilisierung würde das Rentenpotential beruflicher Positionen im gesamten Arbeitsmarkt zerstören und würde dadurch auch das Rentenpotential kulturellen Kapitals beeinträchtigen. Dies resultiert in einer Zunahme sozialer Ungleichheit. Der Einkommensabstand zwischen Kapital und Arbeit, aber auch die Einkommensstreuung in Bezug auf Qualifikationsunterschiede würde steigen. Obwohl das Ausmaß der Ungleichheit steigt, würde die Klassenstrukturierung abnehmen, da die Arbeitnehmer entweder keine Möglichkeiten zur Rentengenerierung zur Verfügung haben, oder nur noch eine individualistische.

Die „partikulare" Flexibilisierung betrifft nur bestimmte Arbeitsmarktsegmente. Dadurch vertieft sich die Spaltung des Arbeitsmarktes in offene und geschlossene Bereiche. Während die Ungleichheitsstruktur in den offenen Bereichen zunehmend individualisiert wird, bliebe die Basis der Klassenbildung in den geschlossenen Bereichen unberührt.

Der Wandel der Einkommensungleichheit 7

Obschon die „neuen" Konzepte sozialer Ungleichheit (siehe Kapitel 3) die Multidimensionalität sozialer Ungleichheit betonen, stellt Einkommen nach wie vor eine sehr zentrale – wenn nicht die wichtigste – Dimension sozialer Ungleichheit dar. An der Verteilung der Einkommen lässt sich am besten ablesen, wie gleich oder ungleich eine Gesellschaft ist. Die Einkommensungleichheit aber hat in jüngerer Zeit deutlich zugenommen – ein Umstand, der merkwürdigerweise in der Soziologie lange unbeobachtet blieb (Myles 2003, DiPrete 2007, Green 2007). Merkwürdig erscheint es deshalb, weil „soziale Ungleichheit" von Beginn an eines der zentralen Themenfelder der Soziologie darstellt, der Wandel von Ungleichheitsstrukturen ja geradezu als Geburtshelfer der Soziologie betrachtet werden muss (vgl. Kapitel 1).

Allerdings hat die Beschäftigung mit dem Wandel der Einkommensungleichheit in jüngster Zeit wieder Eingang in die soziologische Forschung gefunden – und die Debatte um die „Entstrukturierung" abgelöst. Von dieser neueren Ungleichheitsdebatte berichtet das folgende Kapitel. Diese Debatte lässt sich aber nur im Kontrast mit ähnlichen Diskussionen in angrenzenden Disziplinen verstehen. Daher werden im Folgenden zunächst einige empirische Fakten zum Wandel der Einkommensverteilung dargestellt. Anschließend werden drei „Narrative" zur Erklärung dieses Wandels vorgestellt: Die wirtschaftswissenschaftliche These des „skill-biased technological change" (SBTC), der soziologische Schließungsansatz (schon bekannt aus Kapitel 5 und 6, hier aber angewendet auf den Wandel der Einkommensungleichheit) und der politökonomische „Finanzialisierungs"-Ansatz. Die zusammenfassende Diskussion im letzten Abschnitt will zeigen, dass sich diese unterschiedlichen theoretischen Ansätze eher ergänzen als widersprechen, jedoch sehr unterschiedliche Bewertungen des Einkommenswandels und dementsprechend unterschiedliche Implikationen für politische Steuerungsversuche dieses Prozesses mit sich führen.

Die Debatte um den Wandel der Einkommensverteilung spiegelt die Diskussion über den Wandel des Arbeitsmarktes im letzten Kapitel. Dort ging es um die Frage, inwieweit eine Flexibilisierung bzw. Spaltung des Arbeitsmarktes zur Auflösung beziehungsweise Verstetigung von Klassenstrukturen beiträgt; hier geht es um die Frage, ob denn der Wandel der Einkommensverteilung eher als Resultat einer zunehmenden Vermarktlichung von Arbeitsbeziehungen (und damit auch der Auflösung von Klassenstrukturen) oder gerade als Folge von Klassenkonflikten zu verstehen ist. Die SBTC vertritt die erste Sichtweise, der Schließungsansatz die zweite; der Finanzialisierungsansatz verbindet beide Perspektiven in eigentümlicher Weise.

7.1 Der Wandel der Einkommensverteilung

Dieser Abschnitt wirft einen rein deskriptiven Blick auf den Wandel der Einkommensungleichheit in jüngerer Zeit. Hier wird das Explanans der drei genannten Erklärungsansätze beschrieben – es ist dann zu diskutieren, ob und inwieweit die unterschiedlichen Ansätze mit den hier dargelegten Beobachtungen tatsächlich konform gehen.

7.1.1 Der Wandel der verfügbaren Haushaltseinkommen

Hinsichtlich der Einkommen sind *Markteinkommen* von den *verfügbaren Haushaltseinkommen* zu unterscheiden. Zur Bestimmung des letzteren werden alle Einkommen eines Haushalts aufaddiert (also Markteinkommen, Vermögenseinkommen, Renten und Pensionen, Sozialtransfers, private Transfers usw., gelegentlich auch Einkommen, die sich aus der Nutzung eigenen oder verbilligten Wohnraums ergeben (vgl. Grabka et al. 2012: 4)) und alle Abgaben (Steuern, Sozialabgaben, Schuldendienste) abgezogen. Die verfügbaren Einkommen spiegeln unmittelbar den Lebensstandard eines Haushalts wider, was sie besonders für die Lebenslagenforschung zu einem wichtigen Untersuchungsgegenstand macht. Was der so erhaltene Umfang des Einkommens für das Auskommen der einzelnen *Haushaltsmitglieder* bedeutet, hängt natürlich sehr stark von der Größe des Haushalts ab: 2 000 Euro ermöglichen einen recht angenehmen Lebensstandard für einen Einzelnen, bedeuten aber ein Leben in Armut für eine vielköpfige Familie. Daher wird das verfügbare Haushaltseinkommen durch die Anzahl der Haushaltsmitglieder geteilt. Hier sind aber unterschiedliche Bedarfe unterschiedlicher Haushaltsstrukturen zu berücksichtigen. Größere Haushalte haben gegenüber kleineren Kostenvorteile, weil Mieten und andere Kostenfaktoren nicht proportional mit der Haushaltsgröße steigen; zudem haben Kinder einen geringeren Konsumbedarf als Erwachsene. Dies wird durch Gewichtungsfaktoren in der Berechnung des Prokopfeinkommens (hier gibt es eine Reihe von unterschiedlichen Varianten) berücksichtigt und man erhält dann das so genannte „Haushaltsnettoäquivalenzeinkommen", das als guter Indikator des Lebensstandards für jedes Haushaltsmitglied dient. Der Vergleich der Verteilung der verfügbaren Haushaltseinkommen mit den Haushaltsmarkteinkommen gibt zudem einen guten Eindruck über die Umverteilungswirkung des Sozialstaates. Nach Berücksichtigung von Steuern und Sozialtransfers wird die Einkommensverteilung in Deutschland deutlich weniger ungleich als die Verteilung der (Brutto-)Markteinkommen.

Neuere Studien zeigen nun, dass die verfügbaren Haushaltseinkommen in jüngerer Zeit deutlich ungleicher geworden sind, wobei sich dieser Anstieg vor allem zwischen 2000 und 2005 vollzogen hat. So hat sich der Gini-Koeffizient[172] in diesem Zeitraum um ca. 20 % vergrößert (Grabka et al. 2012: 7). Danach (heißt: bis 2010) ist die Ungleichheit der verfügbaren Einkommen in Westdeutschland wieder etwas zurückgegangen und stagniert in Ostdeutschland auf dem erreichten hohen Niveau (wobei die Ungleichheit der verfügbaren Einkommen in Westdeutschland deutlich höher ist als in Ostdeutschland).

Der Anstieg der Ungleichheit der verfügbaren Einkommen lässt sich potenziell auf eine Reihe verschiedener Faktoren zurückführen (Biewen und Juhasz 2012): Umfang und Art der Beteiligung am Arbeitsmarkt, Änderung der Haushaltsstruktur (Größe der Haushalte, Bildungsstatus, Altersstruktur, Migrationsstatus), sich ändernde „Returns" am Arbeitsmarkt zu solchen Merkmalen (also Entlohnungsvorteile resp. -benachteiligungen, die mit solchen Merkmalen verbunden sind, insbesondere Bildungsreturns, genauere Diskussion siehe unten), Änderungen im sozialstaatlichen Transfersystem („Hartz-Reformen"), Änderungen im Steuersystem (i. e. mehrfache Steuersenkungen zwischen 1999 und 2005).

Biewen und Juhasz finden nun, dass die Veränderung in der Haushaltsstruktur und im Transfersystem nur wenig zum Anstieg der Einkommensungleichheit beigetragen haben (entgegen einer weit verbreiteten Ansicht haben die Hartz-Reformen sogar zu einer leichten Reduzierung der Ungleichheit geführt). Bedeutsam waren allerdings die Änderungen im Steuersystem, die eine Verschiebung der Verteilung von mittleren zu höheren Einkommen zur Folge hatte. Am wichtigsten sind jedoch Umfang und Art der Arbeitsmarktbeteiligung sowie sich ändernde Arbeitsmarktreturns. Steigende *Arbeitslosigkeit* (resp. Erwerbslosigkeit) zieht eine steigende Ungleichheit der verfügbaren Einkommen nach sich, dementsprechend wirkt ein Anziehen der Konjunktur, wie sie nach 2005 (unterbrochen allerdings

---

172 Der Gini-Koeffizient ist ein gebräuchliches Maß der Einkommensungleichheit und rangiert zwischen 0 (Gleichverteilung) und 1 (größtmögliche Konzentration).

Abbildung 11 Der Wandel der Einkommensverteilung

Ungleichheit der realen Haushaltsmarkteinkommen[1]
Gini-Koeffizient

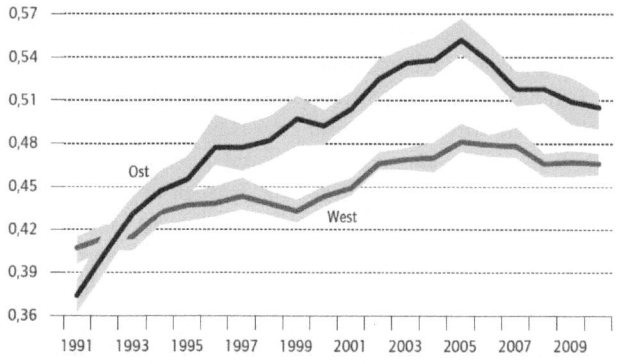

[1] Jahreseinkommen im Folgejahr erhoben, Markteinkommen inklusive eines fiktiven Arbeitgeberanteils für Beamte, bedarfsgewichtet mit der modifizierten OECD-Äquivalenzskala.
Die graue Schattierung zeigt die 95-Prozent-Konfidenzbänder (siehe auch Kasten 3).
Quelle: SOEPv28.

© DIW Berlin 2012

In Ostdeutschland sind die Markteinkommen ungleicher verteilt als in Westdeutschland, der Abstand verringert sich jedoch.

Quelle: Grabka et al. 2012: 7

von der Finanzkrise 2008/2009) zu beobachten war, ungleichheitsdämpfend. Hinsichtlich der *Form der Arbeitsmarktbeteiligung* ist zu vermerken, dass die Verbreitung eher geringer bezahlter Tätigkeiten (Teilzeitarbeit, geringfügige Beschäftigung) erheblich zur Steigerung der Ungleichheit beigetragen hat. Sich ändernde *Arbeitsmarktreturns* der Haushaltscharakteristiken bedingten ebenfalls in bedeutsamer Weise einen Anstieg der Ungleichheit verfügbarer Einkommen.

Die Studie unterstreicht, dass der Arbeitsmarkt nach wie vor der hauptsächliche Ort der Generierung sozialer Ungleichheit darstellt. Hier wird der größte Anteil der verfügbaren Einkommen geschaffen, und neben Eingriffen in das System der Umverteilung (durch die mehrfachen Steuersenkungen) sind es vor allem die Änderungen der Einkommensgenerierungsmechanismen im Arbeitsmarkt, die den Wandel der Verteilung der verfügbaren Einkommen verursacht. Daher werden im Folgenden die Wandlungsprozesse der auf dem Arbeitsmarkt erzielten Einkommen näher betrachtet.

7.1.2 Der Wandel der Markteinkommen

Der Wandel der Markteinkommen und die zugrunde liegenden Ursachen sind schon seit längerem Gegenstand vor allem ökonomischer Studien, wobei hier die individuellen Arbeitsmarkteinkommen (genauer: Brutto-Stundenlöhne) im Zentrum des Interesses stehen, da sich an ihnen die Wirkungsweise von Arbeitsmarktmechanismen am besten nachvollziehen lässt. Der Trend zu größerer Ungleichheit ist in den meisten entwickelten Industrieländern zu verzeichnen, seit etwa den siebziger Jahren in den USA (Autor et al. 2006, Autor et al. 2008), ab den achtziger Jahren auch in Deutschland (Dustmann et al. 2009), wobei hier, wie auch in den verfügbaren Haushaltseinkommen, ein vorläufiger Höhepunkt etwa 2005 erreicht zu sein scheint (Grabka et al. 2012).

Für die unten folgende Diskussion der Ursachen dieses Einkommenswandel sind zwei methodische Gesichtspunkte wichtig: Die Unterscheidung zwischen erklärter und residualer Einkommensvariation, und die getrennte Betrachtung des oberen und unteren Einkommensbereiches.

Die „residuale" Variation bezieht sich auf übliche Versuche, die Höhe des Einkommens der Individuen (und darauf aufbauend, die Einkommensverteilung und deren Wandel) mit Hilfe von Charakteristika des Arbeitsangebots (also der Individuen) und der Arbeitsnachfrage (Unternehmen) zu erklären. So sagt die im Zuge der Verbreitung der Humankapitaltheorie prominent gewordene Mincer-Gleichung (Mincer 1974) die Höhe des Einkommens auf der Basis von Bildung und Berufserfahrung voraus. Es lässt sich dann feststellen, welche Effekte diese Variablen auf das Einkommen haben und wie viel der Variation des Einkommens durch diese Variablen erklärt werden kann. Natürlich können niemals alle relevanten Angebots- oder Nachfragecharakteristika in solche Gleichungen eingeschlossen werden (in der Regel schon deshalb nicht, weil viele wichtige Charakteristika von Individuen und Unternehmen in den üblicherweise verwendeten Datensätzen gar nicht erhoben werden). Die Effekte der nicht beobachteten Variablen gehen dann in den Fehlerterm der Regressionsgleichung ein und verursachen entsprechend die Varianz dieser Fehler, die „Residualvarianz". Während der Wandel der erklärten Varianz dann Rückschlüsse auf die dem Wandel der Einkommensungleichheit zugrunde liegenden Mechanismen recht klar zulässt, ist ein Wandel der Residualvarianz schon schwieriger zu deuten und lässt Spekulationen großen Raum (vgl. Lemieux 2006).

Die getrennte Betrachtung zwischen oberer und unterer Einkommensverteilung ist wichtig, weil unterschiedliche Mechanismen der Ungleichheitsgenerierung unterschiedliche Personengruppen betreffen. So sind Tarifverträge oder Mindestlöhne vor allem für niedrige Statusgruppen von Bedeutung – die Einführung eines Mindestlohns, die zum Zeitpunkt der Drucklegung dieses Buches in

Deutschland vorgenommen wird, dürfte die Einkommenssituation von Freiberuflern wenig berühren. Umgekehrt wirkt sich ein steigender Return für Universitätsabschlüsse nicht auf das Einkommensdifferential von Facharbeitern im Vergleich zu den Unqualifizierten aus.

Die Entwicklungen in den verschiedenen Abschnitten der Einkommensverteilung resp. der erklärten und residualen Varianzen verläuft nun keineswegs parallel. In den USA steigt die gesamte Einkommensungleichheit seit den siebziger Jahren, besonders stark in den Achtzigern, etwas abflachend in den Neunzigern.[173] Aber hinter diesem generellen Trend liegen unterschiedliche Prozesse. So ergibt sich die Abflachung des Anstiegs der Gesamtungleichheit ab den neunziger Jahren aus zwei unterschiedlichen Trends: Während der Anstieg der Ungleichheit im oberen Einkommensbereich unverändert anhält, stoppt er im unteren Bereich gänzlich – je nach Datensatz kann man im unteren Bereich sogar einen leichten Rückgang der Ungleichheit feststellen (Autor et al. 2008). Betrachtet man die durch Bildung erklärte vs. residuale Varianz, kann man sehen, dass in den sechziger Jahren eine stark steigende Bildungsungleichheit mit einer moderat steigende residualen Ungleichheit einherging; in den Siebzigern kombiniert sich eine fallende Bildungsungleichheit mit einer steigenden residualen; in den Achtzigern steigen alle drei Ungleichheitsmaße, die Bildungsungleichheit aber besonders stark.

In Deutschland verlaufen die Trends etwas anders (Dustmann et al. 2009). Hier steigt die Ungleichheit erst seit den achtziger Jahren[174], zunächst moderat, dann in den neunziger Jahren verstärkend, und zwar sowohl die Gesamtungleichheit wie auch die residuale Ungleichheit (diese wiederum trägt mehr zum Anstieg der Gesamtungleichheit bei als die durch Bildung und Berufserfahrung erklärten Anteile). Während auch hier die Ungleichheit im oberen Einkommensbereich im gesamten Zeitraum zunahm, verhält sich die Entwicklung der Ungleichheit im unteren Einkommensbereich genau entgegengesetzt zu den USA: Anfänglich (also hier: in den Achtzigern) bleibt sie nahezu stabil (resp. ist deutlich weniger gestiegen als im oberen Bereich), um in den Neunzigern deutlich zuzunehmen. Dieser Anstieg der Ungleichheit im unteren Bereich ist vor allem darauf zurückzuführen, dass die Löhne im unteren Bereich gesunken sind (und nicht etwa darauf, dass die Löhne im mittleren Bereich stärker gestiegen sind als im unteren).

---

173 Die hier grob zusammenfassend berichteten Ergebnisse beziehen sich in der Regel nur auf Männer. Trends für Frauen sind ähnlich, aber nicht identisch; für Details muss ich hier auf die Originalliteratur verweisen.

174 Hier unterscheiden sich allerdings die Berichte, je nach verwendeten Datensätzen. Studien auf Basis des GSOEP finden für die achtziger Jahre noch keinen Anstieg der Einkommensungleichheit (vgl. Prasad 2004). Ein Vergleich unterschiedlicher Datenbasen findet sich in Dustmann et al. 2009.

Die unterschiedlichen Verläufe der Entwicklung der erklärten vs. unerklärten Einkommensungleichheit und in unterschiedlichen Bereichen der Einkommensskala deuten darauf hin, dass der Wandel der Ungleichheit von sehr unterschiedlichen Faktoren angetrieben wird. Die drei im Folgenden erläuterten theoretischen Ansätze unterscheiden sich vor allem dadurch, dass sie die Bedeutung bestimmter Mechanismen betonen, anderer eher vernachlässigen.

7.2 Die These des „Skill-biased technological change"

Die These des „skill-biased technological change" (SBTC) ist besonders in der Ökonomie die wichtigste These der Erklärung des Wandels der Einkommensungleichheit (Acemoglu 2002, kritisch: Card und DiNardo 2002). Im Wesentlichen besagt sie, dass der Wandel hauptsächlich auf die Erhöhung der Bildungsreturns zurückzuführen ist – diese Erhöhung wird wiederum durch die erhöhte Nachfrage nach höheren Qualifikationen im Rahmen des technologischen Wandels begründet. Neue Produktionstechnologien, insbesondere informationsverarbeitende Technologien, machen einerseits viele unqualifizierte Tätigkeiten überflüssig, bedürfen andererseits aber auch entsprechender Kenntnisse und Fertigkeiten, um diese Technologien einsetzen zu können. Infolgedessen geht die Nachfrage nach niedrigen Qualifikationen zurück, die nach höheren steigt, was zu einer Erhöhung der Bildungsreturns führt. Die SBTC baut damit auf der Humankapitaltheorie auf (vgl. Abschnitt 5.1) und erklärt den Wandel der Einkommensverteilung mit Nachfrageveränderungen nach Qualifikationen auf dem Arbeitsmarkt.

Zu beachten ist, dass die SBTC einen durchaus weiten Qualifikationsbegriff nutzt. Er umfasst (wie in 5.1 beschrieben) zunächst allgemeines Humankapital, wie es durch Bildungsabschlüsse erfasst werden kann. Hier sollten Anstiege der Returns zu finden sein, da gerade Menschen mit den höchsten Qualifikationen – also Universitätsabschlüsse – Computertechnologien einsetzen. Darüber hinaus bezieht sich die SBTC auch auf Fähigkeiten und Fertigkeiten die – wie etwa Organisationstalent, strukturiertes Denken, soziale Kompetenzen – für den Umgang mit neuen Technologien in neuen Organisationsformen der Arbeit nützlich sind, aber üblicherweise in umfangreichen Einkommensstudien nicht beobachtet werden. In der gestiegenen Nachfrage nach solchen „unbeobachteten Qualifikationen" sehen die Vertreter der SBTC den Grund dafür, warum die residuale Einkommensungleichheit angestiegen ist: Wenn solche Fähigkeiten immer wichtiger für die Erklärung des Einkommens werden, diese aber mangels Messung nicht in den üblichen Einkommensregressionen berücksichtigt werden können, dann kann das Einkommen durch die beobachteten Variablen auch immer weniger erklärt werden – und die Residualvarianz steigt (vgl. Acemoglu 2002).

Diese einfache Variante der SBTC wurde entwickelt, um die in den USA beobachteten gestiegenen Returns höherer Bildungsabschlüsse erklären zu können. Eigentlich hätten diese Returns aufgrund der extensiven Bildungsexpansion im gleichen Zeitraum fallen müssen. Dass der Wert der höheren Bildungsabschlüsse trotz stark ausgeweitetem Angeboten gestiegen ist, konnte aus Sicht der Ökonomen nur einen Grund haben: Die Nachfrage musste noch stärker gestiegen sein (Autor et al. 2008: 306). Die gestiegene Nachfrage wiederum ließ sich gut mit dem technologischen Wandel erklären.

Allerdings bereitet diese Erklärung Schwierigkeiten, wenn man die oben beschriebenen unterschiedlichen Entwicklungen der Einkommensungleichheit im oberen und unteren Bereich der Einkommensskala betrachtet. Das stetige Auseinanderdriften der Einkommen im oberen Bereich lässt sich ganz gut durch die Nachfrageverschiebung erklären, aber nicht das Absinken der Ungleichheit im unteren Bereich seit den achtziger Jahren: Nach der bisher erläuterten simplen Fassung der SBTC hätte sich auch die Ungleichheit im unteren Bereich stetig vergrößern müssen, weil ja die Nachfrage nach mittleren Qualifikationen im Vergleich zu den unteren stetig gestiegen wäre. Das Schrumpfen der Ungleichheit im unteren Bereich stellt daher eine große Herausforderung für die SBTC dar, weshalb sie zur „Polarisierungsthese" erweitert wurde (Autor et al. 2008, Autor et al. 2006, Goos und Manning 2007).

Nach dieser Polarisierungsthese betrifft die technologische Entwicklung vor allem Aufgabengebiete, die den höheren und mittleren beruflichen Positionen zuzuordnen sind: Computertechnologien sind zu höheren beruflichen Tätigkeiten *komplementär*, weshalb die Nachfrage nach Arbeitskraft in diesen Bereichen steigt. Computertechnologien *substituieren* aber nichtmanuelle Routinetätigkeiten, die im mittleren Bereich der Berufshierarchie zu finden sind, weshalb dort die Nachfrage stark sinkt. Im unteren Bereich der beruflichen Hierarchie werden aber vor allem manuelle einfache Tätigkeiten wie Putzen, Lastwagen fahren etc. ausgeführt, für die ein Einsatz komplexerer Technik nicht benötigt wird. Das bedeutet aber, dass sich die Nachfrage nach Arbeit nicht gleichmäßig über die berufliche Statushierarchie verändert, sondern vor allem im oberen Bereich steigt, im mittleren Bereich sinkt und im unteren Bereich aufgrund von Verdrängungsprozessen (leicht) ansteigt – die (relative) Nachfrage polarisiert sich also, mit einer „Delle" in der Mitte und einer ausgeprägten Spitze oben (vgl. Abbildung 12, die Nachfrageveränderungen über unterschiedliche Bereiche der Einkommensverteilung darstellt).

Das erklärt, warum in den neunziger Jahren in den USA die Einkommensungleichheit im unteren Bereich nicht mehr zugenommen hat. Der besonders starke Einbruch der Arbeitsnachfrage im mittleren Bereich hat deren Einkommensposition relativ sowohl nach oben verschlechtert, weshalb die Ungleichheit

Die These des „Skill-biased technological change"

Abbildung 12 Polarisierung der Arbeitsnachfrage

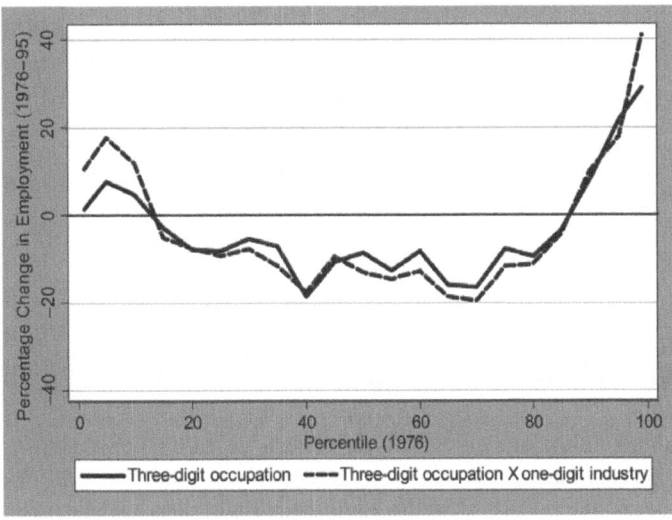

Notes: Data are taken from the NES using three-digit SOC90 codes. Employment changes are taken between 1976 and 1995. Percentiles are the 1976 wage density percentiles.

Quelle: Goos und Manning 2007: 124.

im oberen Bereich stetig steigt, als auch nach unten, weshalb die Einkommensabstände im unteren Bereich nicht weiter steigen oder gar sinken. Für die Entwicklung in Deutschland findet die Polarisierungsthese allerdings keine so eindeutige Bestätigung. Zwar lässt sich in der Tat ein polarisierendes Nachfragemuster über die berufliche Hierarchie hinweg aufzeigen, doch anders als in den USA geben Einkommensgleichungen keinen klaren Hinweis, dass sich mit der polarisierten Nachfrage die beobachteten Einkommensänderungen erklären lassen (Dustmann et al. 2009: 869–872, Antonczyk et al. 2008).

Die SBTC liefert aufbauend auf der Humankapitaltheorie eine einfache und plausible Erklärung für den Anstieg der Einkommensungleichheit. Insoweit sie auch einen umfassenden Erklärungsanspruch mit sich führt (der technologische Wandel ist der wenn nicht der einzige, so doch der zentrale Grund für den Anstieg der Einkommensungleichheit) stellt sie ein „grand narrative" dar – eine (einfache) Erzählung, die sehr umfassende und komplexe Phänomene und Prozesse erklären kann.

Dass der technologische Wandel zu veränderten Qualifikationsnachfragen geführt hat, ist unbestreitbar; dass diese Nachfrageänderungen auch zu Änderungen von Entlohnungsmustern führen, kann ebenfalls kaum in Zweifel gezogen werden. Es mehren sich allerdings die Zweifel, dass damit schon die ganze Geschichte erzählt ist. Zum einen geht nicht jeder Aspekt des Einkommenswandels konform mit den Prognosen der SBTC. Zum anderen mehren sich die Stimmen gerade auch in der soziologischen Forschung (insbesondere auf Basis der Schließungstheorie), dass nicht alle Veränderungen von Entlohnungsmustern veränderte Produktivitätsäquivalente widerspiegeln. Die aus der Schließungstheorie resultierenden macht- und konflikttheoretischen Einwände, die den Wandel der Einkommensverteilung auch als Resultat von Klassenkonflikten deutlich werden lassen, werden im Folgenden näher erörtert.

7.3 Soziale Schließung und der Wandel der Einkommensungleichheit

Die grundsätzlichen Einwände der Schließungstheorie gegen ein humankapitaltheoretisches Entlohnungsmodell wurden in Abschnitt 5.3 dargestellt: Das Produktivitätstheorem, das besagt, dass die Entlohnungshöhe der Arbeitnehmer deren Grenzproduktivität entspricht, gilt allenfalls in offenen Positionen. In geschlossenen Positionen werden Lohnsetzungen durch institutionelle Regelungen getroffen, die zu Rentengenerierungen führen können. Für die Erklärung des Einkommenswandels hat das zwei weitreichende Implikationen: Erstens kann es sein, dass sich ändernde Einkommensdifferentiale keineswegs Produktivitätsänderungen auf Basis einer sich wandelnden Technologie widerspiegeln, sondern sich verschiebende Machtgefälle zwischen Arbeitnehmergruppen, die zur Erhöhung bzw. Verminderung des Potentials solcher Gruppen, Renten zu generieren, führen. In diesem Sinne ist die Schließungstheorie als alternativer Ansatz zur SBTC zu verstehen, der bei der Erklärung bestimmter Aspekte des Einkommenswandels ohne Bezug zur Produktivität auskommt und als eine der Ursachen des Wandels der Einkommensungleichheit Klassenkonflikte ins Spiel bringt. Zweitens kann die Verschiebung solcher Machtgefälle durchaus implizieren, dass Arbeitnehmer produktivitätsadäquater als vorher entlohnt werden: Die produktivitätsgerechte Entlohnung von Arbeit erfordert unter Umständen die Öffnung geschlossener Positionen (vgl. Abschnitt 5.4). In diesem Sinne wäre die Schließungstheorie eher als Ergänzung zur SBTC zu verstehen – allerdings eine wichtige Ergänzung, die deutlich macht, dass die Auswirkungen des technologischen Wandels nicht unmittelbar zu veränderten Arbeitsorganisationen und Entlohnungsmustern führen, sondern dass solche Prozesse institutionell eingebunden sind und erst durch mitunter konflikthaftes soziales Handeln implementiert werden.

7.3.1 Klassenkonflikt und Wandel der Ungleichheit

Wenn – wie in Kapitel 5 ausgeführt – Schließungsprozesse die Basis der Klassenbildung darstellen und diese Schließungsprozesse dazu dienen, für die privilegierten (Berufs-)Klassen Renten zu generieren, dann sollten zwischen sozialen Klassen Einkommensunterschiede bestehen, die eben nicht auf Produktivitätsunterschiede der Klassenangehörigen zurückzuführen sind. In der Tat finden sich etliche empirische Hinweise darauf, dass Einkommensdifferentiale zwischen Berufsklassen nicht vollständig durch Bildungsunterschiede, Berufserfahrung und anderen Qualifikationsmerkmalen der Klassenangehörigen erklärt werden können. So zeigt zum Beispiel Weeden 2002, dass typische berufliche Schließungsstrategien (in erster Linie solche, die credentialistische Allokationsregimes (vgl. Abschnitte 2.2 und 4.3) implementieren) für Einkommensunterschiede zwischen Berufsgruppen verantwortlich sind[175]. Bol (2014) kann zeigen, dass der „Meisterzwang" in Deutschland, der eine typische Ausschließungsstrategie darstellt, zu Einkommensvorteilen für Berufe führt, die einem solchen Zwang unterliegen.

Es stellt sich nun die Frage, ob und in welchem Ausmaß die Änderung von solchen Schließungsmechanismen resp. die daraus resultierenden Änderungen in den Rentenpotentialen der davon betroffenen Berufsklassen zum Wandel der Einkommensungleichheit beitragen. Auch hier gibt es deutliche Hinweise darauf, dass der Wandel von Klassendifferentialen in den Einkommen (jenseits von mit solchen Klassendifferentialen korrespondierenden Bildungsdifferentialen) erheblich zum Wandel der Einkommensungleichheit beigetragen hat. So zeigen z. B. Giesecke und Verwiebe in mehreren Studien (Giesecke und Verwiebe 2008, Giesecke und Verwiebe 2009a, Giesecke und Verwiebe 2009b), dass die Bildungsrenditen keineswegs steigen (bzw. sogar fallen), wenn man die Klassenposition der Arbeitnehmer in entsprechenden Einkommensregressionen kontrolliert. Das deutet darauf hin, dass die gestiegenen Bildungseffekte, die in vielen empirischen Studien gezeigt wurden, nicht unbedingt steigende Produktivitätspotentiale widerspiegeln, sondern sich ändernde Rentenpotentiale der Berufsklassen: Der Wert der Bildung steigt eben auch deshalb, weil höhere Bildungsabschlüsse den Zugang zu den Berufspositionen der höheren Klassen bieten, die ihrerseits durch erfolgreiche Schließungsstrategien ihre Renten steigern konnten (resp. umgekehrt: weil die Nachteile der unteren Klassen aufgrund sich ändernder Schließungsmecha-

---

175 Zur Diskussion der Bedeutung „großer Klassen" vs. „Mikroklassen" für die Einkommensverteilung und deren Wandel vgl. auch Weeden et al. 2007.

nismen stärker hervortreten, vgl. Weeden und Grusky 2014 und untenstehende Diskussion des sich ausweitenden Niedriglohnsektors).[176]

7.3.2 Gewerkschaften und Tarifverträge

Sowohl die SBTC als auch die berufsgruppenbasierten Schließungsansätze vernachlässigen den eigentlichen Ort der Generierung der Einkommensungleichheit: Den Betrieb (oder allgemeiner: Die Organisation, wenn man in Rechnung stellt, dass Einkommen nicht nur in Wirtschaftsunternehmen generiert werden). Die SBTC unterstellt ebenso wie die ihr zugrunde liegende Humankapitaltheorie, dass Betriebe effizient der Marktlogik folgen, also die Löhne so festsetzen, dass sie Produktivitätsäquivalente im Rahmen gegebener Angebots- und Nachfrageausgleichs darstellen. Diese Annahme missachtet jedoch den Einfluss struktureller Faktoren auf die Lohnsetzung: Betriebe müssen neben den gegebenen Marktbedingungen auch externe institutionelle Regelungen und interne Konflikte zwischen Beschäftigtengruppen berücksichtigen. Alle Faktoren zusammen münden in betriebliche Entlohnungsregimes, die Markt- und Produktivitätslogiken nur unvollständig implementieren (vgl. Kalleberg und van Buren 1996a, Kalleberg und van Buren 1996b, Cardoso 2000, Gerlach und Stephan 2005a, Sørensen 2007, Groß 2009, Stainback et al. 2010, Avent-Holt und Tomaskovic-Devey 2010, Card et al. 2012, Groß 2012). Ähnliches gilt für Schließungsansätze, die auf sehr generellen Ebenen wie Berufen oder Klassen als Träger von Schließungsstrategien ansetzen: Auch wenn solche „Großgruppen" über hohes Schließungspotential verfügen, ist die Realisierungsmöglichkeit dieser Potentiale stark durch organisationale Strukturen geprägt, was in makroanalytischen Untersuchungen nicht hinreichend berücksichtigt wird.

Ein wichtiges Charakteristikum des Betriebes hinsichtlich der Einkommensgenerierung ist die Frage, ob die betriebliche Lohnsetzung unter gewerkschaftlichem Einfluss steht oder nicht. Im Gewerkschaftshandeln sehen wir ein Paradebeispiel kollektiver Schließungsstrategien. Kollektiv ausgehandelte Entlohnungen behindern die Etablierung individueller Produktivitätslöhne, wobei die Diskrepanz zwischen Produktivität und Entlohnung vom Machtpotential der Verhandlungspartner abhängen, das wiederum weitgehend von institutionellen Rahmenbedingungen (in Deutschland etwa das Tarifvertragsgesetz), von Marktgegeben-

---

176 Dabei zeigen Giesecke und Verwiebe auch, dass steigenden Effekte der Klassenlage tatsächlich auf sich ändernde Klassendifferentiale (also „Struktureffekte") und nicht etwa auf sich ändernde Größenverhältnisse der Berufsklassen („Kompositionseffekte") zurückzuführen sind.

heiten und von der Organisationsfähigkeit der Arbeitnehmer abhängt. Letztlich aber entscheidet sich auf der Betriebsebene, wie stark der Gewerkschaftseinfluss werden kann.

Zunächst ist aber zu klären, was Gewerkschaftseinfluss überhaupt bedeutet – der sieht nämlich je nach institutioneller Regelung des Arbeitsmarkts sehr unterschiedlich aus. In der Regel werden drei verschiedene Indikatoren verwendet, um den Effekt der Gewerkschaften auf die Entlohnung der Arbeitnehmer festzustellen: Die Mitgliedschaft in einer Gewerkschaft, der Abdeckungsgrad des gewerkschaftlichen Einflusses, und die Gewerkschaftsdichte.

Die Verwendung der *Mitgliedschaft* als Indikator für den Gewerkschaftseinfluss auf die Entlohnung der Arbeitnehmer beruht auf der Vorstellung, dass Gewerkschaften für ihre Mitglieder höhere Löhne aushandeln. Dies trifft aber oft nicht zu. Ob und inwieweit die Gewerkschaftsmitgliedschaft für die Lohnsetzung eine Rolle spielt, ist stark von institutionellen Gegebenheiten abhängig und international sehr verschieden. In Deutschland verhindert die „negative Koalitionsfreiheit" (Art. 9 Abs. 3 GG) die Besserstellung von Gewerkschaftsmitgliedern. Gewerkschaften handeln Regelungen nicht für ihre Mitglieder, sondern für institutionelle Einheiten aus: Betriebe, Berufsgruppen, oder ganze Branchen, so dass der Gewerkschaftseinfluss auch wirksam wird für Nichtmitglieder. Damit kann die *„Abdeckung" (Coverage)* des Gewerkschaftseinflusses deutlich umfangreicher sein als Mitgliedschaft in einer Gewerkschaft und ist damit in der Regel wichtiger für die Lohnsetzung. Die Mitgliedschaft in der Gewerkschaft wird aber in der Bestimmung der *„Gewerkschaftsdichte"* relevant. Damit ist der Organisationsgrad von Gewerkschaften gemeint (also dem Anteil der Gewerkschaftsmitglieder an allen Erwerbstätigen), wobei man sich auf den ganzen Arbeitsmarkt beziehen kann (i. d. R. wichtig bei Gesellschaftsvergleichen) oder aber auf jeweils untersuchungsrelevante Teilstrukturen (Dichte in Branchen beispielsweise). Die Gewerkschaftsdichte dient als Indikator für die Verhandlungsmacht von Gewerkschaften – eine hohe Mitgliederzahl vergrößert die finanziellen Ressourcen und die Mobilisierungsbasis einer Gewerkschaft.

In Deutschland nehmen Gewerkschaften hauptsächlich durch Tarifverträge Einfluss auf die Lohnsetzung, die typischerweise für einzelne Betriebe („Firmentarifvertrag") oder ganze Branchen („Flächentarifvertrag") Geltung erlangen.[177] Die Verhandlungen für Letztere werden zwischen Arbeitgeberverbänden und

---

177 Allerdings ist gerade in Deutschland der Einfluss der Betriebsräte auf die Entlohnung gesondert zu betrachten. Die Effekte von Betriebsräten auf die Entlohnung verhält sich ähnlich zu den Lohneffekten der Tarifverträge; der Einfluss der Betriebsräte auf die Lohnsetzung ist insbesondere in nicht tarifgebundenen Firmen wichtig (vgl. Addison et al. 2006, Hübler und Jirjan 2001).

Gewerkschaften geführt. Jeder Betrieb, der Mitglied im entsprechenden Arbeitgeberverband ist, ist an den Tarifvertragsabschluss gebunden und muss ihn für alle Arbeitnehmer anwenden, die unter den Regelungsbereich des Tarifvertrags fallen. Das deutsche Tarifvertragswesen ist über diese grundsätzlichen Regelungen hinaus recht ausdifferenziert, aber hinsichtlich der Lohnsetzung ist die Unterscheidung zwischen Flächentarifverträgen, Firmentarifverträgen und eben individuellen Vereinbarungen von Belang (z. B. Fitzenberger et al. 2013, Gerlach und Stephan 2005b, Heinbach und Spindler 2007).

In der folgenden Diskussion wird im Wesentlichen auf den „Abdeckungsgrad" eingegangen. Mit „Gewerkschaftssektor" des Arbeitsmarkts sind alle Arbeitnehmer gemeint, deren Entlohnung unter dem Einfluss der Gewerkschaften zustande kommt. In Deutschland bezieht sich dies im Wesentlichen auf tarifvertragliche Regelungen, in anderen Ländern wird dies je nach institutionellem Setting unterschiedlich gehandhabt.

Gewerkschaften wirken sich in zweierlei Weise auf die Lohnsetzung aus. Zum einen beeinflussen sie die durchschnittliche *Höhe* der Löhne – das erklärte Ziel der Gewerkschaften ist es, die Löhne ihrer Klientel zu maximieren. Zweitens nehmen sie aber gerade mit dem Instrument kollektiver Lohnverhandlungen unmittelbaren Einfluss auf die *Streuung* der Entgelte – unter ihrem Einfluss wird die Entlohnung der Arbeitnehmer weniger ungleich. Wie stark diese Gewerkschaftseffekte sind und wie genau sie zu Stande kommen, wird in der Literatur breit diskutiert.

Hinsichtlich der Unterschiede in den durchschnittlichen Entlohnungen zwischen Gewerkschafts- und Nicht-Gewerkschaftssektor lassen sich durchaus unterschiedliche Hypothesen aufstellen. Klar ist, dass Gewerkschaften höhere Löhne für ihre Klientel verhandeln wollen, unklar ist aber, in welchem Ausmaß ihnen das gelingt. Zu beachten sind insbesondere Spillover-Effekte (Übertragungseffekte) vom Gewerkschafts- zum Nicht-Gewerkschaftssektor (Fitzenberger et al. 2013: 171 f.): Der „Droh-Effekt" (threat-effect) kann dazu führen, dass die Arbeitgeber höhere Löhne im Nicht-Gewerkschaftssektor zahlen, mit dem Ziel, eine weitere Ausweitung des Gewerkschaftseinflusses zu verhindern, um eventuell noch höhere Gewerkschaftslöhne zu vermeiden – das würde den Abstand zwischen Gewerkschafts- und Nicht-Gewerkschaftssektor aber vermindern. Ein „crowding"-Effekt ergibt sich daraus, dass Arbeitgeber versuchen, die teure Beschäftigung im Gewerkschaftssektor möglichst klein zu halten (etwa durch Austritt aus dem Arbeitgeberverband, s. u.). Das bedeutet aber, dass das Angebot an Arbeitskraft im Nicht-Gewerkschaftssektor steigt, und die Löhne dort (noch weiter) fallen – was den Abstand zwischen den Sektoren erhöht.[178]

---

[178] Während diese Diskussion dieser beider Effekte den relativen Abstand zwischen den beiden Arbeitsmarktsektoren betrifft, wird gelegentlich bezweifelt, dass Gewerkschaften überhaupt

Gewerkschaften beeinflussen aber nicht nur die durchschnittliche Entlohnung der Arbeitnehmer, sondern auch deren Streuung – Gewerkschaften wirken ungleichheitsdämpfend. Dies ist schon in der Struktur kollektiver Lohnverhandlungen begründet. Lohnunterschiede kommen nur noch durch die Zuordnung von Personen zu bestimmten Tätigkeitsbereichen zustande. Damit entsteht ein tätigkeitsspezifischer Durchschnittslohn, während individuelle Performanz und damit Produktivitätsunterschiede zwischen den Arbeitnehmern nicht mehr zur Geltung kommen. Genau hier liegt auch der Schließungscharakter der gewerkschaftlichen Lohnsetzung: Entlohnungen können über dem Produktivitätsniveau liegen, Renten entstehen.[179] Dabei folgen Gewerkschaften egalisierenden Normen (Rosenfeld und Western 2011), was auch Lohnunterschiede zwischen unterschiedlichen Tätigkeitsbereichen eher komprimieren dürfte.[180]

Die Effekte der Gewerkschaften auf Mittelwerte und Streuungen des Einkommens konnten vielfach bestätigt werden: In Gewerkschaftssektoren des Arbeitsmarktes sind Entlohnungen höher und Streuungen geringer, wobei die Gewerkschaftseffekte am oberen Ende der Einkommensskala kleiner sind als im unteren/ mittleren Bereich (Blanchflower und Bryson 2002, Gerlach und Stephan 2005a,

---

die Produktivitätsentlohnung beeinflussen können. Höhere Löhne im Gewerkschaftssektor können zumindest zum Teil auch dadurch erklärt werden, dass Arbeitnehmer im Gewerkschaftssektor über mehr Humankapital verfügen als Arbeitnehmer im Nicht-Gewerkschaftssektor, so dass Lohnunterschiede zwischen den entsprechenden Gruppen einfach nur Produktivitätsunterschiede widerspiegeln (vgl. Gürtzgen 2006). Andererseits ist zu beachten, dass auch tarifgebundene Firmen jederzeit mehr zahlen können, als es die Tarifverträge vorschreiben – was sie auch tun, um Anreize für Weiterqualifizierungen und bessere Performance bieten zu können. (Kohaut und Schnabel 2003, Jung und Schnabel 2011). Tariflöhne bilden dann eher eine Art Lohnuntergrenze im Betrieb, besonders auch gestützt durch Betriebsräte (Addison et al. 2006).

179 Geringere Streuungen bedeuten aber u. U. geringere Diskriminierungseffekte. So lässt sich zeigen, dass in tarifgebundenen Unternehmen in Deutschland die Verdienstlücke zwischen Männern und Frauen geringer ist als in ungebundenen Unternehmen (Teschner 2009a, Teschner 2009b).

180 Von dieser egalisierenden Wirkung der Gewerkschaften profitieren aber vor allem die schlechter qualifizierten und schlechter performenden Arbeitnehmer – gerade die höher qualifizierten und besonders motivierten Arbeitnehmer könnten bei individueller Lohnsetzung mehr verdienen. Dass sie dennoch ein Interesse an gewerkschaftlicher Lohnsetzung haben könnten (und daher einer Gewerkschaft beitreten), lässt sich aus einer Art „Versicherungsmotiv" erklären: Auch höher qualifizierte Arbeitnehmer können sich nicht sicher sein, ihr Humankapital immer optimal verwerten zu können. Die egalisierenden Gewerkschaftslöhne mögen auch für sie besser sein als das, was sie unter ungünstigen Bedingungen erreichen können. Mit der Unterstützung des Gewerkschaftslohns gehen sie damit einen eventuellen Lohnverzicht ein für die Aussicht auf ein berechenbares Gehalt – sie zahlen also mit der Akzeptanz des für sie suboptimalen Gewerkschaftslohns eine Art Risikoprämie (das machen dann besonders die risikoaversen Hochqualifizierten, vgl. Agell und Lommerud 1992).

Gerlach und Stephan 2006, Gerlach und Stephan 2002, Gerlach und Stephan 2005a, Fitzenberger und Kohn 2005, Kohn und Lembcke 2007, Fitzenberger et al. 2013)[181]. So werden die Effekte der Tarifbindung am oberen Ende der Einkommensverteilung geringer und können sogar negativ werden (Addison et al. 2006, Heinbach und Spindler 2007). Auch die Auswirkung auf die Lohnstreuung variiert über die Einkommensskala: Lohnkompression durch Gewerkschaftseinfluss findet besonders am unteren Ende der Lohnverteilung statt (Blau und Kahn 1996).

Im Zusammenhang mit dem Wandel der Einkommensungleichheit stellt sich nun die Frage, ob und in welchem Ausmaß die in den letzten Jahren international beobachtete Schwächung der Gewerkschaften (z. B. Rosenfeld und Western 2011 für die USA; Schnabel 2005 für Deutschland) zum Anstieg der Einkommensungleichheit beigetragen hat. Mit „Schwächung" ist erstens ein Rückgang der Mitgliederzahlen gemeint, zweitens aber auch politisch gewollte Änderungen der institutionellen Rahmenbedingungen, die einen Einfluss der Gewerkschaften auf die Lohnsetzung vermindern. In Deutschland bedeutet dies vor allem die Erosion des Tarifvertragswesens: Zum einen dadurch, dass Arbeitgeber die verhandelnden Verbände verlassen, so dass ihre Betriebe nicht mehr der Tarifbindung unterliegen, zum anderen dadurch, dass Öffnungsklauseln und andere Sonderbestimmungen die allgemeine Verbindlichkeit der Tarifverträge unterhöhlen (vgl. Bispinck und Schulten 2003, Ellguth und Kohaut 2011).

Diese Schwächung der Gewerkschaften kann sich nun in sehr unterschiedlicher Weise auf den Wandel der Einkommensverteilung auswirken. Alleine der sinkende Abdeckungsgrad kollektiver Lohnverhandlungen kann unterschiedliche, sogar gegenteilige, Effekte auf die Einkommensungleichheit haben: Mit dem Gewerkschaftssektor sinkt der Anteil der Arbeitnehmer mit hohem Rentenpotential, was den Abstand der Einkommen aus Kapital und Arbeit vergrößert. Innerhalb der Arbeitnehmerschaft wiederum schrumpft der Anteil der durch Gewerkschaftseinfluss Besserverdienenden am unteren Ende, der Schlechterverdienenden am oberen Ende der Einkommensskala. Wie sich das insgesamt auf die Einkommensverteilung auswirkt, ist theoretisch schwer vorherzusagen. Aber auch die *Effekte* der Abdeckung auf die Löhne selbst können sich ändern. So gibt es Anzeichen für fallende Lohnvorteile in den USA (Blanchflower und Bryson 2003) und steigende in Deutschland (Teschner 2009a). Auf alle Fälle verringert sich aber die ungleichheitsdämpfende Wirkung durch die Lohnkompression.

Insgesamt liegt die Vermutung nahe, dass der sinkende Gewerkschaftseinfluss zur Steigerung der Einkommensungleichheit beigetragen hat. Überraschenderweise sind empirische Studien zum Einfluss der Schwächung der Gewerkschaf-

---

181 Zu beachten ist allerdings, dass die Größe der geschätzten Differentiale zwischen den Sektoren stark von methodologischen Vorentscheidungen abhängen (Andrews et al. 1998).

ten auf den Wandel der Einkommensungleichheit bislang eher rar. Die bisher durchgeführten Untersuchungen zeigen aber einen teils erheblichen Einfluss der Gewerkschaftsstärke auf die Einkommensungleichheit, und zwar sowohl im gesellschaftlichen Vergleich (Blau und Kahn 1996) als auch im zeitlichen Vergleich (Card 2001, Gosling und Lemieux 2001, Rosenfeld und Western 2011). Dabei betrifft der schwindende Gewerkschaftseinfluss vor allem den unteren Einkommensbereich. So ist davon auszugehen, dass gerade in Deutschland die berichtete steigende Ungleichheit im unteren Bereich der Einkommensverteilung in den neunziger Jahren auf den schwindenden Gewerkschaftseinfluss auf die Lohnsetzung zurückzuführen ist (Dustmann et al. 2009).

7.3.3 Die Flexibilisierung des Arbeitsmarktes und die Zunahme der Einkommensungleichheit

Im letzten Kapitel wurde bereits auf die zunehmende Flexibilisierung des Arbeitsmarktes hingewiesen, wobei zwei mögliche Szenarien unterschieden wurden: eine „universelle" vs. einer „partikulare" Flexibilisierung. Es wurde vermutet, dass die „universelle Flexibilisierung" sich in zweierlei Weise auf den Wandel der Einkommensungleichheit auswirken dürfte: Eine generelle Öffnung des Arbeitsmarktes stärkt das Schließungspotential des Kapitals, was in einer sich weitenden Schere zwischen den Einkünften aus diesen beiden Quellen resultieren sollte. Zudem ermöglicht sie eine zunehmende Spreizung der Einkommen entlang der Qualifikationsdimension. Diese Prognose steht in Einklang mit der SBTC und mit dem Schließungsansatz, insoweit der steigende Einkommensabstand zwischen Kapital und Arbeit als Resultat zunehmender Schließungspotentiale der Arbeitgeber verstanden werden kann.

Das „Spaltungsszenario" besagt, dass Firmen ihren steigenden Flexibilitätserfordernissen durch die zunehmende Nutzung „atypischer" Beschäftigungsverhältnisse gerecht werden wollen. Damit wird der Kern der Belegschaft nach wie vor durch das Normalarbeitsverhältnis geschützt, während die (sich ausweitende) Peripherie sich in zunehmend unsicheren Beschäftigungsverhältnissen wiederfindet. In der Tat finden sich deutliche Anzeichen für eine Ausweitung „atypischer Beschäftigungsverhältnisse" in jüngerer Zeit, beispielsweise ist der Anteil der Teilzeitbeschäftigten, der befristet Beschäftigten und der Leiharbeiter deutlich gestiegen.[182]

---

182 Was aber nicht bedeutet, dass die absolute Zahl des Normalarbeitsverhältnisses kontinuierlich sinkt. So ist aufgrund der guten Wirtschaftslage zwischen 2000 und 2011 auch die Zahl der Beschäftigten in Normalarbeitsverhältnissen gestiegen, die Anzahl der in atypischen Be-

Wie wirkt sich nun die zunehmende Verbreitung atypischer Beschäftigungsverhältnisse auf die Einkommensungleichheit aus? Nach den Ausführungen in Kapitel 6 sind hier zwei grundsätzlich verschiedene Wirkungsweisen zu erwarten. „Extern flexible" Arbeitsverhältnisse (vgl. 6.4.2) wie Befristung oder Leiharbeit dienen ja gerade der Zerstörung von Renten geschlossener Positionen. Damit ist davon auszugehen, dass sie ceteris paribus durchschnittlich schlechter entlohnt werden als die Normalarbeitsverhältnisse, gleichzeitig dürfte aufgrund der höheren Marktkonkurrenz auch die Lohnstreuung in solchen Arbeitsverhältnissen größer sein. Die Benachteiligung der extern flexiblen Arbeitsbeziehungen sollte sich unmittelbar in den Stundenlöhnen niederschlagen: Arbeitnehmer werden hier bei gleichem Arbeitsinput schlechter bezahlt resp. die größere Reaktivität der Entlohnung auf Marktbedingungen ist in den Stundenlöhnen unmittelbar sichtbar (vgl. z. B. Giesecke 2009). Ähnlich wie hinsichtlich der Tariflöhne können sich die Effekte der Verhältnisse auf die durchschnittliche Entlohnung und die Streuungen im Laufe der Zeit ändern (wenn etwa der „shareholder value" durch zunehmende Ausbeutung ungeschützter Arbeitnehmer gesteigert werden soll, siehe Abschnitt 7.4), mit entsprechenden Konsequenzen für die Einkommensverteilung, aber allein aufgrund des Anstiegs des Anteils dieser Beschäftigungsformen ist eine Zunahme der Ungleichheit zu erwarten.

Etwas anders verhält es sich mit intern flexiblen Beschäftigungsverhältnissen wie der Teilzeit. Diese sind nicht deutlich offener als Arbeitsverhältnisse mit Vollzeitbeschäftigung, so dass hier keine wesentlichen Effekte des Beschäftigungsverhältnisses selbst auf den Durchschnitt der Entlohnung und ihrer Streuung zu erwarten sind; dementsprechend sollte ein Anstieg der Teilzeitarbeit (unter Kontrolle der relevanten Kovariaten) auch nicht in bedeutsamer Weise zu einem Anstieg der Ungleichheit der *Stundenlöhne* beitragen. Allerdings sollte eine Ausweitung der Teilzeitarbeit sich deutlich auf die *verfügbaren Einkommen* auswirken: Bei gleicher Stundenentlohnung bedeuten weniger Stunden weniger Lohn, und wenn verhältnismäßig mehr Arbeitnehmer (resp. Haushalte) sich über Teilzeitarbeit finanzieren, steigt der Anteil der Geringverdienenden, was die Einkommensungleichheit vergrößern dürfte.

Wie stark hat nun die Verbreitung atypischer Arbeitsverhältnisse zum Anstieg der Einkommensungleichheit beigetragen? Ähnlich systematische Studien wie zum Beitrag unterschiedlicher Bildungsreturns oder zum Beitrag des Wandels kollektiver Lohnverhandlungen fehlen bislang. Das dürfte zweierlei Schwierigkeiten geschuldet sein. Zum einen ist der Effekt sich wandelnder Bildungsreturns

---

schäftigungsformen aber hat sich schneller vergrößert, so dass auch in diesem Zeitraum der relative Anteil atypischer Beschäftigung gestiegen ist (Bundesministerium für Arbeit und Soziales 2013: XXV).

und sich wandelnder Arbeitsformen konzeptionell wie empirisch nur schwer zu trennen: Bildungsreturns konnten sich u. a. auch deshalb ändern, weil atypische Beschäftigungsverhältnisse eine schlechtere Entlohnung Geringqualifizierter erst ermöglichen. Zum anderen sind auch einige Arbeitsformen (wie etwa die Leiharbeit) in so geringen Anteilen vorzufinden, dass sich eine Änderung dieser Anteile kaum auf die ganze Einkommensverteilung auswirkt. Auf zwei empirische Ergebnisse sei aber verwiesen. Zum einen haben, wie oben schon berichtet, Biewen und Juhasz 2012 dargelegt, dass die Ausweitung der Teilzeit in einem erheblichen Ausmaß zu der Ungleichheit der verfügbaren Einkommen beigetragen hat. Zum anderen hat der Anteil der Niedriglohnbeschäftigung erheblich zugenommen, wobei hier vor allem Beschäftigte in atypischen Arbeitsverhältnissen zu finden sind (vgl. Bundesministerium für Arbeit und Soziales 2013: 337 ff.).

7.4 Finanzialisierung

Neben SBTC und Schließungsansätzen kann die relativ neue These der „Finanzialisierung" der Ökonomie (vgl. Bieling 2012, Heires und Nölke 2011, Kraemer 2012) als Versuch betrachtet werden, die steigende Einkommensungleichheit zu erklären. Nach dieser These hat der moderne Kapitalismus einen radikalen Wandel zum „Finanzmarktkapitalismus" (Windolf 2005) durchgemacht, wobei sich die Finanzialisierung des sozialen Lebens auf der Makroebene gesellschaftlicher Institutionensysteme, auf der Mesoebene betrieblicher Organisationen bis hin zur Mikroebene individueller Beziehungen beobachten lasse.

Auf der *Makroebene* lässt sich die Herausbildung eines neuen Währungs- und Finanzmarktregimes beobachten, das als „Dollar Wall Street Regime" bezeichnet wurde und sich vor allem durch die „Förderung offener Kapitalmärkte, freie Wechselkurse und internationale Währungskonkurrenz" (Bieling 2012: 61) charakterisieren lässt. Finanzmärkte wurden weitgehend dereguliert, wobei eine zunehmende Integration des europäischen und amerikanischen Finanzmarktes zu beobachten ist (Bieling 2011: 163 ff.). In der Folge steigt die Bedeutung von Wertpapier- und Kapitalmärkten für die Ökonomie, was sich in einer Ausweitung des sogenannten FIRE-Sektors („Finance, Insurance, Real Estate") niederschlägt (empirische Daten dazu sind in van Bradford und Naples 2013 zu finden).

Diese Deregulierung und Ausweitung des Finanzsektors ist einigen Vertretern des „Finanzialisierungs"-Ansatzes zufolge durchaus politisch gewollt, weil man sich von ihr letztlich die Sicherung des sozialen Friedens versprach. Lange Zeit diente diesem Ziel eine keynesianische Wirtschaftspolitik in Verbindung mit einem gut ausgebauten Wohlfahrtsstaat. Eine expansive Geldpolitik und geeignete Staatsinvestitionen sollten das wirtschaftliche Wachstum sichern und ein gut ausgebauter Wohlfahrtsstaat tat ein Übriges, um auch den ärmeren Schichten einen auskömmlichen Lebensstandard zu sichern (vgl.Streeck 2013: 23–78). Doch diese Politik endete in der Schuldenfalle: Die zunehmende Staatsverschuldung führte zu einer Drosselung der Staatsausgaben, mit einer umfassenden Privatisierung und Umstrukturierung öffentlicher Unternehmen und einem erheblichen Rückbau des Wohlfahrtsstaats (z. B. Bieling 2012: 63 f.).

Insbesondere in den USA bot nun gerade die Deregulierung der Finanzmärkte die Möglichkeit, den ärmeren Schichten trotz Kürzung von wohlfahrtsstaatlichen Zuwendungen und öffentlichen Dienstleistungen einen auskömmlichen Lebensstandard zu bieten. Denn die Einrichtung neuer Finanzprodukte, die das Risiko der Banken bei der Vergabe von Hypotheken über viele Akteure des Finanzmarktes streuen sollte, eröffnete auch Kunden mit zweifelhafter Bonität den Zugang zu Immobilienkrediten (Heires und Nölke 2011, Mügge 2011). In der Folge stiegen die Immobilienpreise enorm, was den frischgebackenen Hausbesitzern zusätzliche Möglichkeiten eröffnete, über eine Aufstockung der Hypotheken auch den alltäglichen Konsum zu finanzieren. Damit wird im Zuge dieses „privatisierten Keynesianismus" (Crouch 2009, Young 2011) der schuldenfinanzierte private Konsum zum Motor des Wirtschaftswachstums. Das Ende vom Lied ist allerdings bekannt: Das Platzen der Immobilienblase führte 2008/2009 zu einer weltweiten Rezession – und gerade wieder die ärmeren Schichten blieben mit einer kaum noch abzutragenden Schuldenlast zurück (Young 2011).

Auf der *Mesoebene* meint Finanzialisierung einen „Strukturwandel, zu dem Unternehmen gezwungen werden, um sich an die Operationen der Finanzmärkte anzupassen" (Windolf 2005: 46). Dies äußert sich vor allem in der Verbreitung eines neuen, flexiblen „Produktionsmodells" (Dörre und Brinkmann 2005), innerhalb dessen die Unternehmen einem immer größeren Anteil ihrer Erträge aus Finanzgeschäften erwirtschaften,[183] zum anderen Betriebsabläufe so reorganisiert werden, dass sie dem Ziel *kurzfristiger Profitmaximierung* optimal entsprechen.

Die neue Prioritätensetzung in Richtung kurzfristiger Profitmaximierung resultiert in erster Linie aus einem Wechsel des hauptsächlichen Finanzierungsinstruments der Unternehmen: Wurde früher zum Erhalt bzw. zum Ausbau des Unternehmens benötigte Geldmittel über Bankenkredite aufgebracht, so geschieht dies im Rahmen der „Finanzialisierung" immer stärker über die Ausgabe von Aktien (Windolf 2005: 23, empirische Daten hierzu Peters 2011: 80). Gleichzeitig tritt mit Investmentfonds ein neuer Typus von (Groß-)Aktionären auf, die erheblichen Druck auf die Prioritätensetzung der Unternehmen ausüben. Banken und Klein-

---

183 So steigen die Erträge aus Zinsen, Dividenden und Kapitalgewinnen im Vergleich zu den Erträgen aus dem Verkauf von Produkten und Dienstleistungen (Lin und Tomaskovic-Devey 2013).

aktionäre waren in erster Linie an der langfristigen (Rück-)Zahlungsfähigkeit der Unternehmen interessiert: Kleinaktionäre begnügen sich mit kleinen, aber sicheren Renditen, die die Alterssicherung übernehmen sollen; Banken sind vor allem an der langfristigen Tilgung der Kredite interessiert, die ohnehin in der Regel zu einem festen vereinbarten Zinssatz ausgegeben wurden. Die immer bedeutender werdenden Investmentfonds hingegen zeichnen sich durch eher kurzfristiges Engagement aus – die Aktien werden weiterverkauft, sobald sich dadurch Gewinne realisieren lassen. Und sie sind an hohen Gewinnen interessiert, da sie in ständiger Konkurrenz zu anderen Investmentfonds stehen und sich mit dem Versprechen hoher Renditen Geld bei Anlegern einsammeln können (Windolf 2005: 37). Die *kurzfristige Profitmaximierung* wird damit zur obersten Leitlinie der neuen Geldgeber der Unternehmen.

Und diese verfügen über eine Reihe von Instrumenten, mit deren Hilfe sie ihre Interessen auch gegen das Unternehmensmanagement durchsetzen können und den „shareholder-value" des Unternehmens zu steigern. Zwar besitzen sie in der Regel nur kleine Unternehmensanteile – aber sie sind groß genug, dass die Absprache zwischen nur wenigen Großanlegern die Kontrolle über das Management mobilisieren kann, etwa durch Platzierung externer Kandidaten in die Unternehmensleitung. Zudem können Aktienoptionen genutzt werden, um die Loyalität der Manager zu ihrer Firma zu schwächen und den Aktionärsinteressen mehr Geltung zu verschaffen (Windolf 2005: 38–51).

Sehr wichtig ist auch die „Exit"-Drohung der ohnehin nur an kurzfristigen Gewinnen orientierten Anleger (Windolf 2005: 47–50). Ein Verkauf von Aktien im großen Stil kann so stark zum Sinken der Kurse beitragen, dass feindliche Übernahmen möglich werden (die immer dann interessant sind, wenn die Börsenkapitalisierung unter dem Unternehmenswert liegt). Ein Verkauf des Unternehmens schwächt aber die Position des Managements entscheidend und erleichtert Restrukturierungsmaßnahmen wie Outsourcing von Unternehmensbereichen oder den Verkauf unrentabler Firmenteile. Die feindliche Übernahme wirkt daher schon disziplinierend als „virtuelle Bedrohung" (Windolf 2005: 47), zumal die Aktionäre mit unterschiedlichen Maßnahmen versuchen können, Barrieren des Management gegen solche Übernahmen zu schwächen.[184]

In Reaktion auf den starken Druck zur kurzfristigen Profitmaximierung entwickeln die Unternehmen neue Steuerungskonzepte für Produktionsabläufe. Generell steigt die Bedeutung des Finanzmanagements vs. des Fachspezialistentums für die Unternehmensleitung (Münch und Guenther 2005: 402ff.). Via Budgetierung und ständigen Ergebniskontrollen durch Kennziffern sollen bestimmte Pla-

---

184 In der Tat haben während der 90er und 2000er Fusionen und Übernahmen deutlich zugenommen (Peters 2011: 82).

nungsgrößen – als wichtigste ist hier die Vorgabe einer bestimmten Eigenkapitalrendite zu nennen – erreicht werden (Dörre 2012: 126–129). In diesem Sinne nicht rentable Unternehmensteile werden gegebenenfalls abgestoßen („Konzentration auf das Kerngeschäft") – ein starkes Motivationsinstrument für die Mitarbeiter in den entsprechenden Abteilungen. Als wichtiges Mittel der Renditesteigerung dient die Flexibilisierung der Produktionsweise durch flexible Beschäftigungsverhältnisse und flexible Lohnvereinbarungen (Dörre 2012: 131, Peters 2011: 84–88). Damit vergrößert sich die Peripherie der Belegschaft im Vergleich zur Stammbelegschaft, die aber nicht einfach nur geschützt, sondern angesichts zunehmender genereller Vermarktlichung der Unternehmensorganisation einem steigenden Disziplinierungsdruck unterworfen wird – die Arbeitsorganisation gestaltet sich zunehmend als Wettkampf (Dörre 2012: 136–139).[185]

Das hat denn auch unmittelbare Auswirkungen auf die *Mikroebene*: Die Orientierung an Vorgaben der Finanzialisierung prägt tiefgreifend die Aktion und Interaktion der arbeitenden Bevölkerung: „Organisationsmitglieder [werden, M. G.] auf ein fortlaufendes Durchrechnen, Nachrechnen und Neurechnen von Organisationsprozessen verpflichtet" (Vollmer 2012: 93). Aber über den Organisationskontext hinaus greift die Finanzialisierung auch auf die Strukturen der Alltagswelt über, bis hin zur „Umwandlung von Lebensläufen und Familien in kleine Unternehmen und Investitionsportfolios" (Vollmer 2012: 94). Die alltäglichen Spuren der Finanzialisierung sieht man insbesondere auch in den Folgen der Finanzkrise gerade für die Ärmsten in den USA: Die völlige Überschuldung prägt die alltägliche Lebensführung tiefgreifend (Young 2011).

Untersuchungen, die zeigen, wie sich die Finanzialisierung der Ökonomie unmittelbar auf den Wandel der Einkommensungleichheit auswirken, sind noch vergleichsweise selten. So können Lin und Tomaskovic-Devey 2013 zeigen, dass der Anteil der Löhne am Gesamtertrag der Unternehmen umso keiner ist, je stärker der Gewinn der Unternehmen auf Finanzgeschäften beruht. Gesamtwirtschaftlich kann man beobachten, dass die Ungleichheit umso größer ist, je höher der Anteil des FIRE-Sektors an der gesamtwirtschaftlichen Wertschöpfung ist (van Bradford und Naples 2013). Es ist aber unschwer zu erkennen, dass der Finanzialisierungsansatz sowohl mit der SBTC konform geht (neue Technologien als Mittel zur Erhöhung der Profite), als auch mit den unterschiedlichen Elementen der Schließungsansätze: Die Verschiebung von Rentenpotentialen zwischen Klas-

---

185 Es lässt sich darüber streiten, ob die Propagierung des „shareholder-value" wie beschrieben als Eindämmung der Macht der Manager durch Eigentümerinteressen zu verstehen ist oder nur als „Begründungsrahmen und die Machtressourcen für Managementpolitiken, die Wettbewerbsvorteile primär über die Re-Kommodifizierung und teilweise über die Prekarisierung von Lohnarbeit zu realisieren suchen" (Dörre 2012: 130). Das Ergebnis ist das Gleiche: Die Unternehmensorganisation gerät unter die Rationale kurzfristiger Profitmaximierung.

sen, die Schwächung der Gewerkschaften und organisationaler Wandel unter verstärktem Rückgriff auf atypische Beschäftigungsverhältnisse fügen sich nahtlos in den Finanzialisierungsansatz ein. Neu ist lediglich, dass alle diese Aspekte unter eine Rationale subsummiert werden: Die genannten Wandlungsprozesse dienen dazu, dem durch die Deregulierung der Finanzmärkte angestoßenem Streben nach kurzfristigen Profiten zur Geltung zu verhelfen.

7.5 Zum Verhältnis der Erklärungsansätze

Die Einkommens- und Vermögensungleichheit ist in jüngerer Zeit in vielen Ländern, so auch in Deutschland, erheblich angestiegen und die weitere Entwicklung ist noch nicht recht abzusehen. Drei „umfassende" Erklärungsansätze wurden oben erläutert. Wie verhalten sie sich zueinander? Welcher trifft am ehesten zu? Welche Konsequenzen implizieren die unterschiedlichen Ansätze?

Alle diese Theorieansätze nehmen auf die beiden in Kapitel 5 beschriebenen Mechanismen der Einkommensgenerierung – Produktivität vs. Schließung – Bezug, gewichten aber in unterschiedlicher Weise ihre jeweilige Bedeutung und vor allem: benennen in unterschiedlicher Weise „letztgültige" Ursachen, die zu Veränderungen in den Randbedingungen geführt haben, so dass diese Mechanismen sich wandelnde Einkommensverteilungen produziert haben.

Die SBTC stellt das Produktivitätsprinzip ganz in Zentrum des Geschehens. Schließungsprozesse mögen am Werke sein, werden aber, ganz in der Tradition der Humankapitaltheorie, als zu beseitigende (oder sich im Laufe der Zeit selbst beseitigende) Störfaktoren betrachtet. Vor allem aber gibt es für die SBTC eine zentrale Ursache, die den Wandel der Ungleichheit in Gang gesetzt hat: den technologischen Wandel, der als externer Schock zu Nachfrageveränderungen mit entsprechenden Veränderungen der Einkommensverteilung geführt hat. Die SBTC hat damit einen sehr *eingeschränkten* Blick auf die ablaufenden Prozesse, einen recht *passiven* (der technologische Wandel ist ein quasi-natürlicher Prozess, dem man sich kaum entgegenstellen kann und aufgrund seiner Segnungen wohl auch nicht sollte) und zudem einen recht *wohlwollenden* (Entlohnungen in Übereinstimmung mit der Produktivität sind wünschenswert, vgl. Abschnitte 5.1 und 1.4). Die Angabe eines recht einfachen Mechanismus, mit dem sich ein vielfältiger und komplexer Prozess erklären lässt, macht die SBTC-These zum „grand narrative", das besonders in den Wirtschaftswissenschaften eine hohe Attraktivität besitzt. Die SBTC steht gut im Einklang zur im sechsten Kapitel diskutierten Flexibilisierung des Arbeitsmarktes (insbesondere mit dem „universellen" Szenario), die erst die Steigerung der Bildungsreturns ermöglicht (zumindest erleichtert), mit der Folge einer meritokratisch begründeten Erhöhung der Einkommensungleichheit –

und ist damit auch kompatibel zu der These, dass eine Auflösung von Klassenstrukturen eher zu einem Anstieg sozialer Ungleichheit führt.

Der Schließungsansatz verhält sich zur SBTC weniger widersprüchlich als ergänzend. Er bestreitet nicht, dass die Produktivitätsentlohnung ein wichtiges Charakteristikum moderner Marktwirtschaften ist. Aber erstens stellt diese nicht den einzigen Mechanismus der Einkommensgenerierung dar – sie wird begleitet durch die Generierung von Renten. Zweitens hängt die Implementierung der beiden Prinzipien von kollektiven Handlungen und institutionellen Regelungen ab – ob Produktivitätsentlohnung oder Rentengenerierung dominiert, ist je nach Kontext empirisch zu bestimmen. Damit verweist drittens der Schließungsansatz auf den Umstand, dass Veränderungen in der Produktivitätsentlohnung aufgrund von technologischem Wandel sozial „eingebettet" (Granovetter 1985) sind – ob Bildungsreturns steigen können oder nicht, hängt eben nicht nur von Nachfragebedingungen, sondern eben auch von Tarifverträgen, Regelungen von Arbeitsverhältnissen etc. ab.[186] Insofern sind Änderungen in den Schließungsmechanismen u. U. Bedingungen dafür, dass der technologische Wandel überhaupt zu steigenden Bildungsreturns führen kann. Der Schließungsansatz geht eher konform mit dem „partikularen" Flexibilisierungszenario und begreift den Wandel der Einkommensungleichheit in erheblichem Ausmaß als Resultat von Klassenkonflikten.

Der Schließungsansatz ist allerdings kein „grand narrative" in dem Sinne, dass eine „letzte Ursache" des Einkommenswandels angegeben wird. Schließungsprozesse sind vielfältig, werden von vielen Akteuren geprägt, die u. U. völlig unabhängig voneinander handeln, was oft genug auch unintendierte Handlungsfolgen nach sich zieht. Der Schließungsansatz benennt zwar einen zentralen Mechanismus der Ungleichheitsgenerierung und damit einen Ansatzpunkt zur Erklärung des Wandels der Ungleichheit, aber er beschäftigt sich mit spezifischen institutionellen Bedingungen des Wandels (Tarifvertragswesen, Arbeitsverhältnisse,

---

186 Die Tendenz, technologischen Wandel als den zentralen Mechanismus des Wandels der Einkommensungleichheit zu betrachten, geht bei Vertretern der SBTC sehr weit. Selbst die Schwächung der Gewerkschaften resp. die Dezentralisierung von Lohnverhandlungen lässt sich auf den technologischen Wandel zurückführen. So betonen Lindbeck und Snower (2001), dass die Reorganisation von Arbeitsprozessen, die der steigende Computereinsatz möglich macht bzw. nahe legt (gemeint ist insbesondere die Bündelung von unterschiedlichen Tätigkeiten in einer Arbeitsposition und die Einführung flacherer Hierarchien) kollektive Lohnverhandlungen immer ineffizienter werden lässt, mit Nachteilen für Arbeitgeber wie für Arbeitnehmer, so dass beide Parteien an einer Dezentralisierung von Lohnverhandlungen interessiert sind, was wiederum Gewerkschaftsmitgliedschaft für Arbeitnehmer uninteressant werden lässt (Lindbeck und Snower 2001). Aber diese Erklärungsvariante vergisst vollkommen, dass der Einfluss der Gewerkschaften auf Entlohnungshöhen immer auch Gegenstand sozialer Konflikte darstellt, die Schwächung der Gewerkschaften nicht eine bloße Reaktion auf Ineffizienzen ist, sondern auch Ergebnis politischen Handelns (Mishel 2012).

Klassenkonflikte), die nicht notwendigerweise in einem direkten Zusammenhang stehen. Damit ist er aber deutlich *umfassender* als die SBTC-These und betont *aktive* Eingriffsmöglichkeiten in den Wandlungsprozess – der Wandel von Schließungsprozessen resultiert aus sozialen Konflikten und lässt sich dementsprechend durch soziales Handeln beeinflussen. Schließlich sieht der Schließungsansatz den Wandlungsprozess eher *kritisch*: Zunehmende Ungleichheit deutet auf zunehmende Schließungspotentiale der ausschließenden Gruppierungen, und die damit verbundene Rentengenerierung ist kritisch zu hinterfragen. Beispielsweise mögen Tarifverträge Ineffizienzen verursachen, aber sie haben eben auch eine Schutzfunktion gegen Ausbeutungsinteressen seitens des Kapitals. Atypische Beschäftigungsverhältnisse mögen zwar die aus Sicht der SBTC nötige Flexibilität der Arbeitsorganisation schaffen, aber sie unterminieren eben auch die Schutzfunktion des Normalarbeitsverhältnisses.

Der Finanzialisierungsansatz kann wiederum als „grand narrative" betrachtet werden, insofern er wieder eine „letzte Ursache" eines Wandels benennt, der nicht nur die zunehmende Ungleichheit umfasst, sondern noch weit darüber hinausgeht: Ein durch die Deregulierung der Finanzmärkte ausgelöstes allumfassendes Streben nach kurzfristiger Profitmaximierung vermarktlicht nahezu alle soziale Beziehungen. Der Finanzialisierungsansatz subsumiert die SBTC (neue Technologien werden praktisch nur als Mittel zur kurzfristigen Profitmaximierung genutzt) ebenso wie alle vom Schließungsansatz benannten Wandlungsprozesse (sinkender Gewerkschaftseinfluss, Verbreitung atypischer Beschäftigungsverhältnisse dienen ebenso dem letzten Ziel der Profitmaximierung). Damit ist der Finanzialisierungsansatz der *umfassendste* von allen (eine Art „super-narrative"), sieht anders als die SBTC den Wandlungsprozess nicht als quasi-natürlich, sondern *steuerbar* (Re-Regulierung der Finanzmärkte, oder noch genereller, der gesamten Ökonomie), und hat ebenso wie der Schließungsansatz einen *kritischen* Blick auf den jüngeren Wandel. Der Finanzialisierungsansatz ist damit auch gut mit der These kompatibel, dass der Wandel der Einkommensungleichheit zu einem erheblichen Teil als Resultat von Klassenkonflikten zu begreifen ist.

Diese Sichtweise bringt allerdings zwei Probleme mit sich. Zum einen ist die „Finanzialisierung" nicht das einzig möglich „super-narrative", das die umfassenden Wandlungsprozesse der jüngeren Zeit erklären kann – in der „Globalisierung" finden wir eine Alternative (vgl. Alderson und Nielsen 2002, Blossfeld et al. 2007). Hier wird ebenfalls ein „letzter Grund" für die zu beobachtenden Prozesse benannt: Nicht die Deregulierung der Finanzmärkte, sondern die weltweite Ausbreitung der Märkte steht als Triebkraft hinter allem (und hat möglicherweise auch die Deregulierung der Finanzmärkte vorangetrieben). Auch die Globalisierung wird gelegentlich als Motor technischen Wandels gesehen (der ist nötig, um international konkurrenzfähig zu bleiben) und meist als Ausgangspunkt zum Einreißen institutioneller Schutzbarrieren gegen Ausbeutung, also zur Veränderung von Schließungsmechanismen. Anders als die Finanzialisierung impliziert aber die Globalisierung kein heilsversprechendes Rezept: Weltweite Handelserleichterungen erscheinen trotz aller ungünstigen Nebenfolgen als wünschenswert, und keiner denkt mehr an die Rückkehr des Protektionismus. Ähnlich wie der technologische Wandel haftet der Globalisierung etwas Quasi-Natürliches und Unausweichliches an, das man bestenfalls begrüßen kann, dessen negativen Folgen man schlechtestenfalls resignierend ertragen muss.

Das zweite Problem betrifft „Finanzialisierung" wie „Globalisierung" gleichermaßen: Es stellt sich die alte Frage, ob es ein dominierendes Entwicklungsprinzip überhaupt gibt. Kann man all die verschiedenen Facetten des Wandels der Ungleichheit, die in diesem Kapitel dargelegt wurden, überhaupt auf einen zentralen Mechanismus, einen politischen Willen, auf eine letztgültige Ursache zurückführen? Oder muss man zur Kenntnis nehmen, dass eben viele Akteure am Spiel beteiligt sind, teils sehr unkoordiniert handeln, mit unintendierten Konsequenzen und somit auch zufälligen Kreuzungen unterschiedlicher Entwicklungslinien? In diesem Sinne mag der Schließungsansatz vielleicht nicht der Attraktivste sein, eben weil er keinen simplen Erklärungsmechanismus angibt und schon gar nicht das Versprechen der Korrigierbarkeit unerwünschter Entwicklungen, aber der Angemessenste: Nicht so eng geführt wie die SBTC, aber auch nicht auf letzte Ursache bezogen wie Finanzialisierung oder Globalisierung, vielmehr der genauen Betrachtung spezifischer Aspekte des institutionellen Wandels verpflichtet.

Zusammenfassung und Ausblick   8

Die leitende Fragestellung, die zu Beginn dieses Buches aufgeworfen wurde, war folgende: Können „Klassen" und „Schichten" in der heutigen Gesellschaft noch als sinnvolle Analysekonzepte sozialer Ungleichheit betrachtet werden? Mit zwölf Punkten, die die wichtigsten Aspekte der vorangegangenen Erörterungen zusammenfassen und einen Ausblick auf angrenzende Problemstellungen geben, soll im Folgenden eine Annäherung und die Beantwortung dieser Frage versucht werden.

(1) Die Beurteilung der Frage, ob ein bestimmtes Konzept brauchbar ist oder nicht, hängt zunächst einmal von den Erkenntnisinteressen ab, die mit diesem Konzept verbunden werden. Schichtkonzepte sind in dieser Hinsicht weniger anspruchsvoll als Klassenkonzepte: Sie wollen „lediglich" die Verteilung ungleichheitsrelevanter Ressourcen beschreiben und die lebensweltlichen Konsequenzen dieser Verteilung mit dem Nachweis schichtspezifischer „Mentalitäten" aufzeigen. Was relevant ist, hängt von Werturteilen seitens der Forscher wie der untersuchten Individuen ab. Im Kontext traditioneller Schichtkonzepte sind im Wesentlichen Bildung, Einkommen und Beruf die relevanten Ressourcen. In diesem Punkt unterscheiden sich die neueren Lagen-, Milieu- und Stilkonzepte von den traditionellen Schichtkonzepten, die einen deutlich breiteren Bereich relevanter Ressourcen benennen und dadurch eine größere deskriptive Genauigkeit erlangen. Allerdings geht diese größere Genauigkeit gelegentlich zu Lasten der Übersichtlichkeit.

Klassenkonzepte sind insofern anspruchsvoller als Schichtkonzepte, als sie neben der Beschreibung der Verteilung wichtiger Ressourcen auch die Entstehung der Ungleichheit und ihre Konsequenzen für soziales Handeln und sozialen Wandel *erklären* wollen. „Soziales Handeln" bezieht sich dabei auf die Bewahrung oder Verbesserung der eigenen ökonomischen Situation, ist kollektiv organisiert und zeichnet sich durch eine ausgesprochene Konfliktorientierung aus: Klassenkonflikte sind die Formen des Handelns, die es zu erklären gilt, und diese Klassenkonflikte werden als Triebfeder des sozialen Wandels betrachtet.

(2) Nach Klärung der Ansprüche ist ein konzeptuelles Gerüst zu finden, mit dem diese Ansprüche auch eingelöst werden können. Diese Aufgabe ist für Schichtkonzepte relativ einfach zu lösen: Sie müssen erstens ein plausibles Schema finden, anhand dessen Personen oder Positionen nach dem Umfang an Ressourcen, die die Personen besitzen (oder die mit den Positionen verbunden sind), in unterschiedliche Gruppen eingeordnet werden können. Sie müssen zweitens zeigen, dass die so erhaltenen, in der Regel vertikal abgestuften Gruppierungen sich auch in ihren Mentalitäten unterscheiden.

Auch die modernen Klassentheorien sind stark mit der Suche nach dem optimalen Klassifizierungsschema beschäftigt, das Positionen (und nicht Personen) den Anforderungen moderner Gesellschaften gemäß in adäquate Klassen einteilt. Aber diese Klassifizierungsleistung genügt nicht. „Klasse" hat als zentrales Element die Bezeichnung eines Ausbeutungsverhältnisses. Genau dieser Aspekt unterscheidet Klassen- von Schichtkonzepten. Strukturell verankerte Ausbeutungsverhältnisse erzeugen latente antagonistische Interessen, die ihrerseits als Ausgangspunkt des Klassenkonflikts und damit des sozialen Wandels betrachtet werden können.

Marx hat Ausbeutungsverhältnisse mit der Arbeitswertlehre begründet, die allerdings als nicht mehr zeitgemäß betrachtet werden muss. Neuere Klassenkonzepte beziehen sich explizit oder implizit auf den Weberschen Schließungsbegriff: Durch den Ausschluss potentieller Konkurrenten vom Zugang zu begehrten Ressourcen entstehen Monopole, die nicht-marktgemäße Einkünfte auf Basis dieser Ressourcen ermöglichen. Das „Mehreinkommen" oberhalb des marktgemäßen Einkommens kann als ausbeutungsbedingtes „Surplus" betrachtet werden.

Sørensen bezeichnet dieses Surplus als „Rente". Sørensen hat auch darauf hingewiesen, dass nicht nur Ressourcen wie ökonomisches oder kulturelles Kapital Renten erzeugen können, sondern auch geschlossene berufliche Positionen. Mehr noch: Das Rentenpotential der üblicherweise in Klassentheorien betrachteten Ressourcen hängt wesentlich vom Grad der Schließung der beruflichen Position ab, in der diese Ressourcen verwendet werden. Mit dieser Terminologie lassen sich Klasseninteressen und Klassenkonflikte neu interpretieren: Es geht in diesen Konflikten um die Maximierung des Rentenpotentials von Ressourcen und/oder Positionen.

Mit dem Konzept schließungsbasierter Rentenpotentiale erhält das Klassenkonzept das begriffliche Instrumentarium, mit dessen Hilfe die weitergehenden Erkenntnisansprüche eingelöst werden können: Die Erklärung des Klassenkonflikts und des daraus folgenden sozialen Wandels. Darüber hinaus behält das Klassenkonzept seinen von Marx schon intendierten kritischen Impetus: Renten aufgrund sozialer Schließungsprozesse sind im Lichte des weithin anerkannten meritokratischen Prinzips nicht legitimierbar.

(3) Nachdem eine den Erkenntnisansprüchen gemäße Konzeptualisierung von Schichten und Klassen gefunden wurde, stellt sich die Frage ob und inwieweit sich diese Konzepte empirisch validieren lassen.

Auch diese Frage ist für Schichtkonzepte leichter zu beantworten als für Klassenkonzepte. Einige neuere Studien können sehr wohl belegen, dass „Schichten" relevante Verteilungsungleichheiten beschreiben können, und dass in den so beschriebenen sozialen Lagen auch typische Mentalitäten nachzuweisen sind. Insofern spricht einiges dafür, dass das Schichtkonzept für die Ungleichheitsanalyse der heutigen Gesellschaft nützliche Dienste leistet.

Auch die empirische Validierung ist für Klassenkonzepte wieder deutlich schwieriger zu beurteilen, denn es ist in der Literatur alles andere als klar, was unter „Klassenbewusstsein" und „Klassenhandeln" verstanden werden soll. Zunächst ist festzuhalten, dass Konflikte um die Maximierung von Rentenpotentialen zu einem großen Teil nicht von Mitgliedern einer Klasse selbst ausgetragen, sondern an quasi stellvertretende kollektive Akteure delegiert werden. Darüber hinaus lassen sich für die Klassenmitglieder selbst verschiedene Formen des Klassenbewusstseins und des Klassenhandelns unterscheiden. Klasseninteressen spiegeln sich in subjektiven Einstellungen wider. Individuen treten selbst in aktive Handlungen ein (und unterstützen ihre Repräsentanten, etwa durch Mitgliedschaften in Parteien, Verbänden und Gewerkschaften). Klassenmitglieder können sich selbst als solche bewusst wahrnehmen. Schließlich können explizit als klassenspezifisch deutbare Milieus entstehen.

Ein solches reflexives Klassenbewusstsein und -handeln ist heutzutage sicherlich nicht mehr zu finden (und es ist fraglich, ob dieses jemals zu finden war). Aber in Rentenkonflikte involvierte kollektive Akteure, sich mit ihnen solidarisierende und sie unterstützende Individuen treten durchaus auf die öffentliche Bühne.

Ein ähnliches Problem stellt sich im Zusammenhang mit der Frage nach sozialem Wandel. Einen revolutionären Wandel als Folge von Klassenkonflikten, wie noch Marx ihn prognostiziert hat, wird heute niemand mehr erwarten. Andererseits lässt sich schwer bestreiten, dass die Konflikte um Renten im Sørenschen Sinne erhebliche Veränderungen in der Arbeitswelt, im Wohlfahrtssystem und in der Folge in den Lebensbedingungen der Menschen mit sich gebracht haben. Dies wird auch vom „Schließungsnarrativ" hinsichtlich des Anstiegs der Einkommensungleichheit hervorgehoben, das die Bedeutung von Klassenkonflikten für die Zunahme sozialer Ungleichheit unterstreicht.

Die Unterscheidung mehrerer Stufen des Klassenhandelns legt nahe, „Klasse" als graduelles Konzept zu verstehen. Klassenbewusstsein- und handeln kann in einer Gesellschaft mehr oder weniger stark ausgebildet sein. Das vorzufindende Ausmaß des Klassenhandelns beschreibt den „subjektiven" Aspekt der prinzipiell kontinuierlich gestuften *Klassenbildung*. Darüber hinaus ist festzuhalten, dass die Analyse von Klassenstrukturen auch dann von Interesse sein kann, wenn die „subjektive" Klassenbildung nur sehr schwach ausgeprägt ist. Ungerechte Ausbeutungsverhältnisse sind auch dann ein interessanter Forschungsgegenstand, wenn sie nicht in der Öffentlichkeit als solche wahrgenommen werden und daher auch nicht zu Klassenkonflikten führen.

(4) Auch die Klassenstruktur selbst kann mehr oder weniger stark ausgeprägt sein, und die Untersuchung des „strukturellen" Aspekts der Klassenbildung führt zu der Frage nach dem Zusammenhang zwischen Klassenstruktur und sozialer Mobilität. Für schließungsbasierte Klassenkonzepte sind Mobilitätsrestriktionen konstitutiv für die Klassenstruktur: Renten entstehen durch die Begrenzung des Zugangs zu Ressourcen oder Positionen, mithin durch Mobilitätsrestriktionen. Je rigider diese Mobilitätsrestriktionen sind, desto größer ist das Rentenpotential dieser Ressourcen oder Positionen, und desto ausgeprägter ist die Klassenstruktur. Mobilitätsbarrieren geben damit Aufschluss über das Ausmaß des „strukturellen" Grades der Klassenbildung. Mobilitätsbarrieren sind aber auch wichtig für den psychologischen Aspekt der Klassenbildung. Zum einen indirekt, da zu erwarten ist, dass Klassenkonflikte umso schärfer ausfallen, je rigider die Klassenstrukturen sind. Zum anderen gibt es auch einen direkten Effekt: Die Ausbildung der unterschiedlichen Formen des Klassenbewusstseins und -handelns bedarf einer gewissen zeitlichen Stabilität. Letzteres betrifft auch die Ausbildung von Schichtmentalitäten. Auch diese werden unwahrscheinlich, wenn das Ausmaß sozialer Mobilität in einer Gesellschaft sehr hoch ist.

Dieser Zusammenhang zwischen sozialer Mobilität und Klassenbildung ist schon sehr lange Thema der intergenerationalen Mobilitätsforschung. Dabei haben die frühen ISA-Studien und der lange Zeit dominierende Statusattainment-Ansatz zu zeigen versucht, dass die im Zuge der Industrialisierung steigenden Mobilitätsraten die Klassengesellschaft haben erodieren lassen. Die Individualisierungsthese hat damit eine lange Tradition. Jüngere, klassenbasierte Studien intergenerationaler Mobilität haben allerdings genau das Gegenteil gezeigt: Relative Chancenvorteile haben sich auch in der Industrialisierungsphase – und lange Zeit danach – nicht geändert; allenfalls absolute Mobilitätsraten sind gestiegen, aber auch nicht kontinuierlich, sondern nur auf ein bestimmtes Level. Erst in den späten siebziger Jahren wird ein gewisser Trend zum Abbau relativer Mobilitätsbarrieren erkennbar, wobei dieser Trend schon in den achtziger Jahren wieder abflacht und zudem zwischen Gesellschaften variiert. In Deutschland war er vergleichsweise schwach ausgeprägt, so dass gerade hierzulande nach wie vor große Unterschiede in den relativen wie absoluten Mobilitätschancen zwischen sozialen Klassen zu finden sind.

(5) Die Rolle intragenerationaler Mobilitätsprozesse wird bislang im Rahmen der Klassentheorie wenig thematisiert – was insofern ein etwas merkwürdig an-

mutender Tatbestand ist, als intergenerationale Stabilität ein gewisses Maß intragenerationaler Stabilität impliziert: Die „Vererbung" beruflicher Positionen über die Generationen hinweg ist nicht möglich, wenn die Mobilität am Arbeitsmarkt sehr hoch ist und durch individuelle Qualifikation und Leistung gesteuert wird. Intergenerationale Zugangsbarrieren zu Ressourcen wie kulturellem Kapital sind nur dann von Interesse, wenn diese Ressourcen am Arbeitsmarkt Renten generieren – das aber ist in hohem Maße von Mobilitätsrestriktionen am Arbeitsmarkt abhängig.

Letzteres verdeutlicht vor allem Sørensens Theorie der geschlossenen Positionen: Mobilitätsrestriktionen am Arbeitsmarkt schließen berufliche Positionen. Erst dadurch werden diese zu Quellen ökonomischer Renten und steigern das Rentenpotential von Ressourcen. Mobilitätsrestriktionen am Arbeitsmarkt tragen aber in dieser Weise nicht nur zum strukturellen Aspekt der Klassenbildung bei, sondern auch zum subjektiven: Auch die Stabilität beziehungsweise Kontinuität beruflicher Karrieren ist eine wichtige Voraussetzung zur Ausbildung einer „demographischen Identität".

(6) Der Blick auf die intragenerationalen Mobilitätsmuster unterstreicht die Bedeutung sozialer Institutionen für die Klassenbildung. Auch dieses Thema wird im Rahmen der intergenerationalen Mobilitätsforschung eher am Rande gestreift: Neben der Auswirkung der Bildungsexpansion beziehungsweise der Unterschiede zwischen nationalen Bildungssystemen auf die Mobilitätschancen sozialer Klassen hat sich die intergenerationale Mobilitätsforschung kaum mit dem Einfluss von Institutionen auf Mobilitätsmuster befasst.

Werden aber die Auswirkungen intragenerationaler Mobilitätsmuster auf die Klassenbildung betrachtet, wird die Ausgestaltung nationaler Institutionensysteme ein wichtiges Thema. Das *Ausmaß* und die *Art* der Schließung beruflicher Positionen in einem nationalen Arbeitsmarkt hat wichtige Konsequenzen für die Klassenbildung: Homogene, kollektivistisch geschlossene Arbeitsmärkte befördern die Klassenbildung. Offene, fragmentierte oder individualistisch geschlossene Arbeitsmärkte behindern sie. In Deutschland führen Kündigungsschutz, starke Gewerkschaften und ein de-kommodifizierender Wohlfahrtsstaat zu einem eher homogenen, geschlossenen Arbeitsmarkt. Zudem befördert das standardisierte, stratifizierte und horizontal wie vertikal differenzierte Bildungssystem die Ausbildung „berufsinterner" Arbeitsmärkte, die stärker als „firmeninterne" Arbeitsmärkte aufgrund ihrer credentialistischen Allokationsmechanismen kollektivistisch geschlossen sind. Insofern sind aus international vergleichender Perspektive betrachtet in Deutschland eher günstige Voraussetzungen der Klassenbildung auch hinsichtlich der intragenerationalen Mobilitätsmustern gegeben.

(7) So lässt sich denn, was die Nützlichkeit des Klassenkonzepts zur Analyse der aktuellen bundesdeutschen Gesellschaft angeht, folgendes Fazit ziehen: Das

Institutionensystem schafft hierzulande vergleichsweise günstige Voraussetzungen für eine „strukturelle" wie „subjektive" Klassenbildung. Trotz einiger Lockerung von Mobilitätsrestriktionen sind deutliche Klassenbarrieren in den inter- wie intragenerationalen Mobilitätsmustern auszumachen. Etliche Studien zeigen den Einfluss der Klassenlage auf Einstellungen und Verhaltensweisen. Kollektive Akteure, die Klassenkonflikte austragen, sind in Deutschland äußerst präsent. Und Konflikte um die Maximierung des Rentenpotentials scheinen in jüngerer Zeit im Zuge der „Flexibilisierung" des Arbeitsmarktes gar zuzunehmen. Der „Abschied von der Klassengesellschaft" wurde zu früh ausgerufen.

(8) Gleichwohl rückt dieser Abschied möglicherweise näher. Die Flexibilisierung des Arbeitsmarktes resultiert in einer Öffnung beruflicher Positionen. Mit zunehmender Öffnung wird das Rentenpotential der Positionen und damit auch der Ressourcen, die in diesen Positionen eingesetzt werden, vermindert.

Zwei Folgen sind aus diesen Flexibilisierungsprozessen zu erwarten. Zum einen steigt das Ausmaß sozialer Ungleichheit an. Erstens, weil die Verminderung des Rentenpotentials beruflicher Positionen eine Maximierung des Potentials ökonomischer Ressourcen impliziert: Der Einkommensabstand zwischen Kapital und Arbeit wächst. Zweitens, weil die Durchsetzung des Marktprinzips dazu führt, dass die Einkommen stärker individuelle Leistungen und Qualifikationen reflektieren. Damit wächst der Einkommensabstand zwischen Personen mit unterschiedlichen Bildungsabschlüssen. Drittens, weil Bildungstitel ihr Rentenpotential nicht völlig verlieren: Zu der marktgemäßen Lohnspreizung kommen noch „Restrenten" hinzu. Einige Aspekte der der gegenwärtigen Entwicklung der Einkommensungleichheit scheinen diese Vermutung zu bestätigen

Zum anderen geht mit der Öffnung beruflicher Positionen die strukturelle Basis der Klassenbildung verloren. Unqualifizierte Arbeitnehmer haben nur in geschlossenen Positionen die Chance zur Rentengewinnung. Mit der Flexibilisierung werden sie unmittelbar dem Markt ausgesetzt. Qualifizierte Arbeitnehmer haben zwar die Aussicht, im Rahmen „firmeninterner Arbeitsmärkte" in geschlossene Positionen zu gelangen. Diese Art der Schließung führt aber nicht zu kollektivistischen, sondern zu individualistischen Handlungsstrategien zur Verbesserung der eigenen ökonomischen Position. Sei es als Resultat der Durchsetzung des Marktprinzips, oder sei es als Folge individualistischer Schließungsprozesse, die Flexibilisierung des Arbeitsmarktes führt zur Individualisierung.

(9) Diese Art der Individualisierung hatte Beck sicher unter anderem auch im Auge, als er 1983 die Individualisierungsthese formulierte, wobei er die erhöhte Arbeitsmarktflexibilität als eine der Hauptursachen nannte. Aus heutiger Sicht hat Beck damals solche Individualisierungsschübe überschätzt: Die Arbeitsmarktstrukturen haben sich lange Zeit als resistent erwiesen. Erst in jüngerer Zeit ist im Zuge der Globalisierung der Flexibilisierungsdruck so stark gestiegen, dass

einschneidende Änderungen an den institutionellen Rahmenbedingungen zu beobachten und weiter zu erwarten sind, die eine weitgehende Öffnung geschlossener Positionen nach sich ziehen könnten. Ob die Flexibilisierung aber partikular bleibt – so dass die Klassenstruktur zumindest für den größeren Teil des Arbeitsmarktes unangetastet bliebe – oder universelle Formen annimmt, und wie weit sich Flexibilisierungsmaßnahmen noch durchsetzen werden, ist derzeit ungewiss.

(10) Einige Anmerkungen zur Individualisierung sind noch angebracht. Erstens resultiert die Individualisierung nicht aus einem gestiegenen Wohlstandsniveau. Für Klassenbildungsprozesse ist nicht die Höhe des Einkommens, sondern die Frage, *wie* es zustande kommt – aufgrund rentengenerierender Ausschließungsprozesse oder marktgerechter Entlohnung – ausschlaggebend. Die Individualisierung resultiert auch nicht notwendiger Weise aus der Ausweitung des Wohlfahrtsstaates. De-Kommodifizierung kann sogar die Möglichkeit zur Schließung beruflicher Positionen beziehungsweise die Ausnutzung des Rentenpotentials geschlossener Positionen verbessern. Der Wohlfahrtsstaat stärkt die Verhandlungsposition der Arbeitnehmer, macht aber Verhandlungen nicht überflüssig. Umgekehrt wird die Arbeitsmarktflexibilisierung von einem Abbau des Wohlfahrtsstaates begleitet.

Die Individualisierung lässt sich im hier skizzierten Sinn schon gar nicht aus einer Pluralisierung der Lebensstile ablesen. Im Gegenteil lässt sich sogar argumentieren, dass die Klassengesellschaft die Lebensstilisierung gerade der Gruppen am unteren Ende der Ungleichheitsskala erst ermöglicht. Die Schließung beruflicher Positionen schützt besonders die unqualifizierten Arbeitnehmer und lässt sie überproportional an Solidaritätslöhnen profitieren. Das ist eine wichtige Basis für Stilisierungsmöglichkeiten. Individualisierung bedeutet für diese Gruppen nicht unerhebliche Einkommenseinbußen, die eine Homogenisierung des Lebensstils nach sich ziehen kann. Während die Klassengesellschaft für bestimmte Bereiche des Ungleichheitsgefüges Pluralisierungsmöglichkeiten mit sich bringt, kann gerade die individualisierte Gesellschaft ebendort eine Vereinheitlichung des Lebensstils bedeuten.

Ich halte es daher für angebracht, Individualisierung im hier skizzierten Sinn als „strukturelle" Individualisierung zu bezeichnen, da sie aus einem Wegbrechen der strukturellen Basis der Klassenbildung resultiert. Sie wäre zu unterscheiden von einer Individualisierung, die sich an der Oberfläche sichtbarer Lebensstile vollzieht.

(11) Wie erwähnt, bringt die klassenlose Gesellschaft nicht unbedingt soziale Gleichheit mit sich. Im Gegenteil, durch Wegfall der Schutzmechanismen gerade für die unteren Klassen ist mit dem Anstieg der Ungleichheit zu rechnen, eine Tendenz, die gerade auch von ökonomischen Ungleichheitsansätzen wie der SBTC angenommen und von der aktuellen Entwicklung der Einkommens-

ungleichheit auch belegt wird. Die individualisierte Gesellschaft bringt, das hat allerdings schon Beck herausgearbeitet, eher soziale Härten mit sich als die Klassengesellschaft. Die klassenlose Gesellschaft ist daher auch nicht unbedingt eine gerechte Gesellschaft. Zwar kommt in der Tat das meritokratische Prinzip besser zur Geltung, aber es setzt sich nicht vollständig durch: Ökonomisches Kapital und kulturelles Kapital behalten ihr rentengenerierendes Potential, letzteres allerdings vermindert und im Rahmen individualistischer Schließungsprozesse. Darüber hinaus widerspricht der Anstieg sozialer Ungleichheit dem Gleichheitsprinzip, das in starkem Maße von der Bevölkerung befürwortet wird (vgl. Lippl/Wegener 2004). Auch das „Bedarfsprinzip", nach dem die Menschen Unterstützung erhalten sollen, die nicht im ausreichenden Maße mit der Marktkonkurrenz mithalten können, ist weithin anerkannt und kann in der individualisierten Gesellschaft zu kurz kommen. Die Klassengesellschaft hat ihre Legitimitätsprobleme, die individualisierte aber auch.

(12) Es bleiben noch zwei Anmerkungen zur Klassenanalyse. Erstens sehe ich das Problem der Klassenanalyse nicht so sehr darin, elaborierte Klassifizierungsschemata zu finden, die der differenzierten beruflichen Landschaft moderner Gesellschaften gerecht werden sollen. Das Problem ist vielmehr, zu zeigen, dass die in welcher Weise auch immer zu gleichen Klassen gruppierten beruflichen Positionen auch in vergleichbarer Weise offen oder geschlossen sind. In Gesellschaften mit fragmentierten Arbeitsmärkten ist dies möglicherweise nicht der Fall. Wie elaboriert das Klassenschema dann auch ist: Wenn die gleichen beruflichen Positionen mal in offenen, mal in geschlossenen Bereichen des Arbeitsmarktes zu finden sind, erscheint es wenig sinnvoll, sie der gleichen Klasse zuzuordnen.

Daraus folgen zwei konzeptionelle Konsequenzen und eine empirische. Konzeptionell besteht erstens die „Pflicht" der Rechtfertigung der Einteilung ähnlicher beruflicher Positionen in die gleiche Klasse. Das ist nur dann angemessen, wenn das Institutionensystem einer Gesellschaft diese Berufe in gleicher beziehungsweise ähnlicher Weise mit Rentenpotentialen ausstattet. Die meisten, wenn nicht alle Klassenkonzepte, unterstellen, dass das der Fall ist, ohne dies hinreichend zu begründen. Zweitens wäre zu überlegen, ob und inwieweit Klassenschemata Bereiche offener und geschlossener Positionen durch den Einbezug von Arbeitsmarktstrukturen in die Operationalisierung von Klassen unterscheiden können. Die Berücksichtigung sektoraler Differenzen in manchen Konzepten macht einen Schritt in diese Richtung. Ob das aber ausreicht, ist noch zu klären.

Empirisch kann man aus dieser konzeptuellen Not eine Tugend machen. Wenn die These stimmt, dass Institutionen durch die Beschränkung von Mobilitätsrestriktionen Klassenbildungsprozesse wesentlich beeinflussen, dann müsste sich die Form und das Ausmaß der Klassenbildung über Gesellschaften hinweg unterscheiden. In den letzten Jahrzehnten hat die Klassenanalyse große Anstrengungen unternommen, Klassenschemata zu finden, die sich auf alle entwickelten Industriegesellschaften gleichermaßen anwenden lassen. Vielleicht wäre es erstens angeraten, stärker auf die nationalen Spezifika von Klassenstrukturen zu achten. Zweitens sollte vielleicht von der Idee abgerückt werden, dass alle fortgeschrittenen Industriegesellschaften in gleicher Weise als Klassengesellschaft oder als individualisierte Gesellschaften aufzufassen sind. Es wäre ein reizvolles Forschungsprogramm, die Erweiterung des Wrightschen internationalen Klassenprojektes (Wright 1997) anzugehen und verstärkt darauf zu achten, in welcher Weise sich soziale Institutionen auf die Klassenbildung auswirken und die Unterschiede in Ausmaß und Form der Klassenbildung herauszuarbeiten.

Sind Schichten und Klassen heutzutage noch angemessene Instrumente zur Analyse sozialer Ungleichheit? Wenn diese Frage als Frage danach aufgefasst wird, ob moderne Gesellschaften noch Klassengesellschaften seien oder nicht, dann kann die Antwort nur heißen: Das kommt darauf an. Es kommt konzeptionell darauf an, was unter „Klasse", „Klassenhandeln" und anderen Begriffen überhaupt verstanden wird. Empirisch kommt es darauf an, mit welcher Gesellschaft man sich befasst. Wenn aber die Frage so verstanden wird, ob man mit Hilfe des Klassenbegriffs spannende Forschungsfragen generieren kann, dann kann die Antwort uneingeschränkt „ja" lauten.

Literatur

Acemoglu, D. 2002. Technical Change, Inequality, and the Labor Market. *Journal of Economic Literature* 40: 7–72.
Ackerlof, G. A. 1982: Labour Contracts as Partial Gift Exchange. *Quaterly Journal of Economics* 97: 543–569.
Agell, J./Lommerud, K. E. 1992. Union Egalitarianism as Income Insurance. *Economica* 59: 295–310.
Ahrne, G. 1990: Class and Society: A Critique of John Goldthorpe's Model of Social Classes. S. 65–73, in: J. Clark/C. Modgil/S. Modgil: *John H. Goldthorpe. Consensus and Controversy*. London: The Falmer Press.
Alber, J. 1984: Versorgungsklassen im Wohlfahrtsstaat. Überlegungen und Daten zur Situation in der Bundesrepublik. *Kölner Zeitschrift für Soziologie und Sozialpsychologie* 36: 225–251.
Alderson, A. S./Nielsen, F. 2002. Globalization and the Great U-Turn: Income Inequality Trends in 16 OECD Countries. *American Journal of Sociology* 107: 1244–1299.
Allmendinger, J. 1989a: *Career Mobility Dynamics. A Comparative Analysis of the United States, Norway, and West Germany*. Berlin: Max-Plank-Institut für Bildungsforschung.
Allmendinger, J. 1989b: Educational systems and labor market outcomes. *European Sociological Review* 5 (3): 231–250.
Allmendinger, J./Hinz, T. 1997: Mobilität und Lebensverlauf: Deutschland, Großbritannien und Schweden im Vergleich. S. 247–285, in: S. Hradil/S. Immerfall: *Die westeuropäischen Gesellschaften im Vergleich*. Opladen: Leske + Budrich.
Althauser, R. P. 1989: Internal Labor Markets. *Annual Review of Sociology* 15: 143–161.
Althauser, R. P./Kalleberg, A. L. 1990: Identifying career lines and internal labor markets within firms: a study in the interrelationships of theory and methods. S. 308–356, in: R. L. Breiger: *Social mobility and social structure*. New York u. a.: Cambridge University Press.
Andrews, M. J./Stewart, M. B./Swaffield, J. K./Upward, R. 1998. The estimation of union wage differentials and the impact of methodological choices. *Labour Economics* 5: 449–474.

Antonczyk, D./Fitzenberger, B./Leuschner, U. 2008. Can a Task-Based Approach Explain the Recent Changes in the German Wage Structure? ZEW. (Discussion Paper, 08-132).

Autor, D. H./Katz, L. F./Kearney, M. 2006. The Polarization of the U.S. Labor Market. *The American Economic Review* 96: 189–194.

Autor, D./Katz, L. F./Kearney M.S. 2008. Trends in US Wage Inequity: Revising the Revisionists. *The Review of Economics and Statistics* 90: 300–323.

Avent-Holt, D./Tomaskovic-Devey, D. 2010. The Relational Basis of Inequality: Generic and Contingent Wage Distribution Processes. *Work and Occupations* 37: 162–193.

Band, H./Müller, H.-P. 1998: Lebensbedingungen, Lebensformen und Lebensstile. S. 419–427, in: B. Schäfers/W. Zapf: *Handwörterbuch zur Gesellschaft Deutschlands.* Opladen: Leske und Budrich.

Baron, J. N./Bielby, W. T. 1980: Bringing the Firms Back in: Stratification, Segmentation, and the Organisation of Work. *American Sociological Review* 45: 737–765.

Beck, U. 1983: Jenseits von Stand und Klasse? Soziale Ungleichheit, gesellschaftliche Individualisierungsprozesse und die Entstehung neuer sozialer Formen und Identitäten. S. 35–74, in: R. Kreckel: *Soziale Ungleichheiten.* Göttingen: Otto Schwartz.

Beck, U. 1994: Jenseits von Stand und Klasse? S. 43–60, in: B. u. Beck-Gernsheim: *Riskante Freiheiten. Individualisierung in modernen Gesellschaften.* Frankfurt am Main: Suhrkamp.

Beck, U. 1995: Die „Individualisierungsdebatte". S. 185–198, in: B. Schäfers: *Soziologie in Deutschland.* Opladen: Leske und Budrich.

Beck, U./Beck-Gernsheim, E. 1994: Individualisierung in modernen Gesellschaften – Perspektiven und Kontroversen einer subjektorientierten Soziologie. S. 10–37, in: B. u. Beck-Gernsheim: *Riskante Freiheiten. Individualisierung in modernen Gesellschaften.* Frankfurt am Main: Suhrkamp.

Becker, G. S. 1964: *Human Capital: A Theoretical and Empirical Analysis with special Reference to Education.* New York: Columbia University Press.

Becker, G. S. 1993 (2): *A Treatise on the Family.* Cambridge: Harvard University Press.

Becker, R. 2000: Klassenlage und Bildungsentscheidungen.Eine empirische Anwendung der Wert-Erwartungstheorie. *Kölner Zeitschrift für Soziologie und Sozialpsychologie* 52: 450–474.

Becker, U./Nowak, H. 1985: „Es kommt der neue Konsument". Werte im Wandel. *Form. Zeitschrift für Gestaltung* 111: 13–17.

Bell, D. 1985: *Die nachindustrielle Gesellschaft.* Frankfurt am Main: Campus.

Bendix, R. 1974: Inequality and Social Structure: A Comparison of Marx and Weber. *American Sociological Review* 39: 149–161.

Berger, P. A. 1987: Klassen und Klassifikationen. Zur „neuen Unübersichtlichkeit" in der soziologischen Ungleichheitsdiskussion. *Kölner Zeitschrift für Soziologie und Sozialpsychologie* 39: 59–85.

Berger, P. A. 1988: Die Herstellung sozialer Klassifikationen: Methodische Probleme der Ungleichheitsforschung. *Leviathan* 4: 501–520.

Berger, P. A. 1994: Lebensstile – strukturelle oder personenbezogene Kategorie? Zum Zusammenhang von Lebensstilen und sozialer Ungleichheit. S. 137–149, in: J. Dangschat/J. Blasius: *Lebensstile in den Städten*. Opladen: Leske und Budrich.
Berger, P. A. 1996: *Individualisierung. Statusunsicherheit und Erfahrungsvielfalt*. Opladen: Westdeutscher Verlag.
Berger, P. A./Hradil, S. 1990: Die Modernisierung sozialer Ungleichheit – und die neuen Konturen ihrer Erforschung. S. 3–24, in: P. A. Berger/S. Hradil: *Lebenslagen, Lebensläufe, Lebensstile*. Göttingen: Schwartz.
Bertram, H. 1992: Regionale Disparitäten, soziale Lage und Lebensführung. S. 123–150, in: S. Hradil: *Zwischen Bewußtsein und Sein*. Opladen: Leske und Budrich.
Bibby, J. 1975: Methods of Measuring Mobility. *Quality and Quantity* 9: 107–136.
Bieling, H.-J. 2011. Die EU in der globalen Wirtschafts- und Finanzkrise: Konturen und innere Widersprüche des europäischen Krisenmanagements, S. 161–181, in: O. Kessler (Hrsg.): *Die Internationale Politische Ökonomie der Weltfinanzkrise*. Wiesbaden: VS Verlag für Sozialwissenschaften.
Bieling, H.-J. 2012. Transnationale (Krisen-)Dynamiken des Finanzmarktkapitalismus. Klassenverhältnisse, Gender und Ethnizitätauspolitökonomischer Perspektive. *Berliner Journal für Soziologie* 22: 53–77.
Biewen, M./Juhasz, A.. 2012. Understanding Rising Income Inequality in Germany, 1999/2000–2005/2006. *Review of Income and Wealth* 58: 622–647.
Birk, R. 1993: Protection against Unfair Dismissal in West Germany: Historical Evolution and Legal Regulation. S. 247–254, in: C. F. Büchtemann: *Employment Security and Labor Market Behavior. Interdisciplinary Approaches and International Evidence*. Ithaca: ILR Press.
Bispinck, R./Schulten, T. 2003. Verbetrieblichung der Tarifpolitik? Aktuelle Tendenzen und Einschätzungen aus Sicht von Betriebs- und Personalräten. *WSI Mitteilungen*: 157–165.
Blasius, J. 1994: Empirische Lebensstilforschung. S. 237–254, in: J. Dangschat/J. Blasius: *Lebensstile in den Städten*. Opladen: Leske und Budrich.
Blanchflower, D. G./Bryson, A. 2003. What Effect do Unions Have on Wages Now and Would ‚What Do Unions Do' Be Surprised? National Bureau of Economic Research Working Paper Series 9973.
Blanchflower, D./Bryson, A. 2002. Changes over time in union relative wage effects in the UK and the US revisited. National Bureau of Economic Research Working Paper Series 9395
Blau, P. M. 1992: Mobility and Status Attainment. *Contemporary Sociology* 21: 596–598.
Blau, F. D./Kahn, L. M. 1996. International Differences in Male Wage Inequality: Institutions versus Market Forces. *Journal of Political Economy* 104: 791–836.
Blau, P. M./Duncan, O. D. 1967: *The American Occupational Structure*. New York: John Wiley and Sons, Inc.
Blaug, M. 1976: The Empirical Status of Human Capital Theory: A Slightly Jaundiced Survey. *Journal of Economic Literature* 14 (3): 827–855.
Blaxter, M. 1990: *Health and Lifestyles*. London: Routledge.
Blossfeld, H.-P. 1985: Bildungsexpansion und Berufschancen. Empirische Analysen zur Lage der Berufsanfänger in der Bundesrepublik. Frankfurt am Main: Campus.

Blossfeld, H.-P. 1987: Entry into the Labor Market and Occupational Career in the Federal Republic: A Comparison with American Studies. *International Journal of Sociology* 17: 86–115.
Blossfeld, H.-P. 1990: Berufsverläufe und Arbeitsmarktprozesse Ergebnisse sozialstruktureller Längsschnittuntersuchungen. S. 119–145, in: K.-U. Mayer: *Lebensverläufe und sozialer Wandel*. Opladen: Westdeutscher Verlag.
Blossfeld, H.-P./Mayer, K. U. 1988: Arbeitsmarktsegmentation in der Bundesrepublik Deutschland. Eine empirische Überprüfung von Segmentationstheorien aus der Perspektive des Lebenslaufs. *Kölner Zeitschrift für Soziologie und Sozialpsychologie* 40 (2): 262–283.
Blossfeld, H.-P./Shavit, Y. 1993a: Persisting Barriers: Changes in Educational Opportunities in Thirteen Countries. S. 1–23, in: Y. Shavit/H.-P. Blossfeld: *Persistent Inequality. Changing Educational Attainment in Thirteen Countries*. Boulder: Westview Press.
Blossfeld, H. P./Shavit, Y. 1993b: Dauerhafte Ungleichheiten. Zur Veränderung des Einflusses der sozialen Herkunft auf die Bildungschancen in dreizehn industrialisierten Ländern. *Zeitschrift für Pädagogik* 39/1: 25–52.
Blossfeld, H.-P./Buchholz, S./Hofäcker, D./Hofmeister, H./Kurz, K./Mills, M. 2007. Globalisierung und die Veränderung sozialer Ungleichheiten in modernen Gesellschaften. *Kölner Zeitschrift für Soziologie und Sozialpsychologie* 59: 667–691.
Bode, I./Brose, H.-G./Voswinkel, S. 1991: Arrangement im Status quo minus. Deregulierung der Beschäftigungsverhältnisse in Frankreich und der Bundesrepublik Deutschland und ihre Verarbeitung im System der industriellen Beziehungen. *Soziale Welt* 42 (1): 20–45.
Bol, T. 2014. Economic Returns to Occupational Closure in the German Skilled Trades. *Social Science Research* 46: 9–22.
Bollinger, D./Cornetz, W./Pfau-Effinger, B. 1991: „Atypische" Beschäftigung – Betriebliche Kalküle und Arbeitnehmerinteressen. S. 177–199, in: K. Semlinger: *Flexibilisierung des Arbeitsmarktes: Interessen, Wirkungen, Perspektiven*. Frankfurt: Campus Verlag.
Bolte, K. M. 1958: Vom Umfang der Mobilität in unserer Gesellschaft. *Kölner Zeitschrift für Soziologie und Sozialpsychologie* 10: 39–57.
Bolte, K. M. 1990: Strukturtypen sozialer Ungleichheit. Soziale Ungleichheit in der Bundesrepublik Deutschland im historischen Vergleich. S. 27–50, in: P. A. u. H. Berger, Stefan: *Lebenslagen, Lebensläufe, Lebensstile*. Göttingen: Otto Schwartz & Co.
Bolte, K. M./Hradil, S. 1988: *Soziale Ungleichheit in der Bundesrepublik Deutschland*. Opladen: Leske und Budrich.
Booth, A. L./Francesconi, M./Frank, J. 2000: *Temporary jobs: Who gets them, what are they worth, and do they lead anywhere?* Working Paper of the Institute for Social and Economic Research, paper 2000-13. Colchester: University of Essex.
Boudon, R. 1973: *Mathematical Structures of Social Mobility*. Amsterdam u. a.: Elsevier Scientific Publishing Company.
Bourdieu, P. 1983: Ökonomisches Kapital, kulturelles Kapital, soziales Kapital. S. 183–198, in: R. Kreckel: *Soziale Ungleichheiten*. Göttingen: Otto Schwartz.

Bourdieu, P. 1987: What Makes a Social Class? On The Theoretical and Practical Existence of Groups. *Berkeley Journal of Sociology* 32: 1-17.
Bourdieu, P. 1988: Die feinen Unterschiede. Kritik der gesellschaftlichen Urteilskraft. Frankfurt am Main: Suhrkamp.
Brandes, W./Buttler, F./Dorndorf, E./Walwei, U. 1991: Grenzen der Kündigungsfreiheit – Kündigungsschutz zwischen Stabilität und Flexibilität. S. 111-131, in: K. Semlinger: *Flexibilisierung des Arbeitsmarktes. Interessen, Wirkungen, Perspektiven.* Frankfurt: Campus Verlag.
Brauns, H./Steinmann, S. 1999: Educational Reform in France, West-Germany and the United Kingdom: Updating the CASMIN Educational Classification. *ZUMA-Nachrichten* 44: 7-44.
Breen, R. 1985: A Framework for Comparative Analyses of Social Mobility. *Sociology* 19: 93-107.
Breen, R. 2004: *Social Mobility in Europe.* Oxford: Oxford University Press.
Breen, R./Goldthorpe, J. H. 1997: Explaining educational differentials: towards a formal rational action theory. *Rat. Soc.* 9 (275-305).
Breen, R./Jonsson, J. O. 2005: Inequality of Opportunity in Comparative Perspective: Recent Research on Educational Attainment and Social Mobility. *Annual Review of Sociology* 31: 223-243.
Breen, R./Luijkx, R. 2004a: Conclusions. S. 383-410, in: R. Breen: *Social Mobility in Europe.* Oxford: Oxford University Press.
Breen, R./Luijkx, R. 2004b: Social Mobility in Europe between 1970 and 2000. S. 37-75, in: R. Breen: *Social Mobility in Europe.* Oxford: Oxford University Press.
Breiger, R. L. 1995: Social Structure and the Phenomenology of Attainment. *Annual Review of Sociology* 21: 115-136.
Brüderl, J./Preisendörfer, P./Ziegler, R. 1991: Innerbetriebliche Mobilitätsprozesse. *Zeitschrift für Soziologie* 20: 369-384.
Büchtemann, C. F. 1991: Betriebliche Personalanpassung zwischen Kündigungsschutz und befristetem Arbeitsvertrag. S. 135-157, in: K. Semlinger: *Flexibilisierung des Arbeitsmarktes: Interessen, Wirkungen, Perspektiven.* Frankfurt: Campus Verlag.
Büchtemann, C. F. 1993: Employment Security and Deregulation: The West German Experience. S. 272-296, in: C. F. Büchtemann: *Employment Security and Labour Market Behaviour. Interdisciplinary Approaches and International Evidence.* Ithaca: ILR Press.
Büchtemann, C. F./Quack, S. 1989: „Bridges" or „traps"? Non-standard employment in the Federal Republic of Germany. S. 109-148, in: G. Rodgers/J. Rodgers: *Precarious jobs in labour market regulation: the growth of atypical employment in Western Europe.* Bruxelles: International Institute for Labour Studies.
Büchtemann, C. F./Walwei, U. 1996: Employment Security and Dismissal Protection. S. 652-693, in: G. Schmid/J. O'Reilly/K. Schömann: *International Handbook of Labour Market Policy and Evaluation.* Cheltenham: Edward Elgar.
Bundesministerium für Arbeit und Soziales. 2013. Lebenslagen in Deutschland. Der vierte Armuts- und Reichtumsbericht der Bundesregierung. Bonn: BMAS.
Burzan, N. 2005: *Soziale Ungleichheit.* Wiesbaden: VS Verlag.

Card, D. 2001. The Effect of Unions on Wage Inequality in the U.S. Labor Market. *Industrial and Labor Relations Review* 54: 296–315.
Card, D./DiNardo, J. E. 2002. Skill-Biased Technological Change and Rising Wage Inequality: Some Problems and Puzzles. *Journal of Labor Economics* 20: 733–783.
Card, D./Heining, J./Kline, P. 2012. Workplace heterogeneity and the rise of West German wage inequality. Nürnberg: IAB (IAB Discussion Paper).
Cardoso, A. R. 2000. Wage Differentials across Firms: An Application of Multilevel Modeling. *Journal of Applied Econometrics* 15: 343–354.
Carroll, G. R./Haveman, H./Swaminathan, A. 1990: Karrieren in Organisationen. *Kölner Zeitschrift für Soziologie und Sozialpsychologie* 31: 146–178.
Carroll, G. R./Mayer, K. U. 1986: Job Shift Patterns in the Federal Republic of Germany: The Effects of Social Class, Industrial Sector, and Organisational Size. *American Sociological Review* 51: 323–341.
Clark, T. N./Lipset, S. M. 1991: Are Social Classes Dying? *International Sociology* 6: 397–410.
Clark, T. N./Lipset, S. M./Rempel, M. 1993: The Declining Political Significance of Social Class. *International Sociology* 8: 293–316.
Collins, R. 1979: *The Credential Society*. New York: Academic Press.
Crouch, C. 2009. Privatised Keynesianism: An Unacknowledged Policy Regime. *The British Journal of Politics and International Relations* 11: 382–399.
Daheim, H. 1961: Soziale Herkunft, Schule und Rekrutierung der Berufe. *Kölner Zeitschrift für Soziologie und Sozialpsychologie* Sonderheft 5: 200–217.
Daheim, H. 1992: Strukturwandel der Arbeitsgesellschaft. Eine historisch-soziologische Skizze. S. 13–33, in: H. Daheim/H. Heid/K. Krahn: *Soziale Chancen: Forschungen zum Wandel der Arbeitsgesellschaft*. Frankfurt am Main: Campus Verlag.
Dahrendorf, R. 1957: *Soziale Klassen und Klassenkonflikt in der industriellen Gesellschaft*. Stuttgart: Ferdinand Enke.
Dahrendorf, R. 1975: *Gesellschaft und Demokratie in Deutschland*. München.
Dahrendorf, R. 1983: Wenn der Arbeitsgesellschaft die Arbeit ausgeht. S. 25–37, in: J. Matthes: *Krise der Arbeitsgesellschaft? Verhandlungen des 21. Deutschen Soziologentages in Bamberg 1982*. Frankfurt am Main: Campus.
Dangschat, J. S. 1998: Klassenstrukturen im Nach-Fordismus. S. 49–87, in: P. A. Berger/M. Vester: *Alte Ungleichheiten – Neue Spaltungen*. Opladen: Leske und Budrich.
Dangschat, J. S./Blasius, J. (Hrsg.). 1994: *Lebensstile in den Städten. Konzepte und Methoden*. Opladen: Leske + Budrich.
Davies, A. F. 1952: Prestige of Occupations. *British Journal of Sociology* 31: 134–137.
Davis, K./Moore, W. E. 1945: Some Principles of Stratification. *American Sociological Review* 10: 242–249.
De Graaf, P. 1986: The Impact of Financial and Cultural Resources on Educational Attainment in the Netherlands. *Sociology of education* 59: 237–246.
DiPrete, T. A. 1993: Industrial Restructuring and the Mobility Response of American Workers in the 1980s. *American Sociological Review* 58: 74–96.

DiPrete, T. A. 2007. What Has Sociology to Contribute to the Study of Inequality Trends? *American Behavioral Scientist* 50: 603–618.

DiPrete, T. A./Nonnemaker, K. L. 1997: Structural change, labour market turbulence, and labor market outcomes. *American Sociological Review* 62: 386–404.

Doeringer, P. B./Piore, M. J. 1985[1971]: *Internal Labor Markets and Manpower Analysis*. Armonk: M. E. Sharpe.

Dörre, K. 2012. Krise des Shareholder Value? Kapitalmarktorientierte Steuerung als Wettkampfsystem, S. 121–143, in: Kramer, K. (Hrsg.): *Entfesselte Finanzmärkte*. Frankfurt am Main: Campus.

Dörre, K./Brinkmann, U. 2005. Finanzmarkt-Kapitalismus: Triebkraft eines flexiblen Produktionsmodells?, S. 85–116, in: Windolf, P. (Hrsg.): *Finanzmarkt-Kapitalismus*. Wiesbaden: VS Verlag.

Dombois, R. 1999: Der schwierige Abschied vom Normalarbeitsverhältnis. *Aus Politik und Zeitgeschichte* B37/99: 13–20.

Dragendorf, R./Heering, W./John, G. 1988: *Beschäftigungsförderung durch Flexibilisierung: Dynamik befristeter Beschäftigungsverhältnisse in der Bundesrepublik Deutschland*. Frankfurt: Campus Verlag.

Duncan, O. D. 1961: A Socioeconomic Index for all Occupations. S. 109–138, in: A. J. Reiss: *Occupations and Social Status*. New York: The Free Press of Glencoe.

Duncan, O. D. 1966: Methodological Issues in the Analysis of Social Mobility. S. 51–97, in: N. J. Smelser/S. M. Lipset: *Social Structure and Mobility in Economic Development*. Chicago: ALDINE Publishing Company.

Dustmann, C./Ludsteck, J./Schönberg, U. 2009. Revisiting the German Wage Structure. *The Quarterly Journal of Economics*: 843–881.

Eder, K. 1989: Klassentheorie als Gesellschaftstheorie. Bourdieus dreifache kulturtheoretische Brechung der traditionellen Klassentheorie. S. 15–43, in: K. Eder: *Klassenlage, Lebensstil und kulturelle Praxis. Theoretische und empirische Beiträge zur Auseinandersetzung mit Pierre Bourdieus Klassentheorie*. Frankfurt am Main: Suhrkamp.

Eder, K. 1993: The New Politics of Class. Social Movements and Cultural Dynamics in Advanced Societies. London: Sage Publications.

Ellguth, P./Kohaut, S. 2011. Tarifbindung und betriebliche Interessensvertretung: Ergebnisse des IAB-Betriebspanels 2010. *WSI-Mitteilungen* 05/2011: 242–247.

Emerson, M. 1988: Regulation or Deregulation of the Labour Market. *European Economic Review* 32 (4): 775–817.

Erbslöh, B./Hagelstange, T./Holtmann, D./Singelman, J./Strasser, H. 1988: Klassenstruktur und Klassenbewußtsein in der Bundesrepublik Deutschland? Erste empirische Ergebnisse. *Kölner Zeitschrift für Soziologie und Sozialpsychologie* 40: 245–261.

Erbslöh, B./Hagelstange, T./Holtmann, D./Singelman, J./Strasser, H. 1990: *Ende der Klassengesellschaft? Eine empirische Studie zu Sozialstruktur und Bewußtsein in der Bundesrepublik*. Regensburg: Transfer Verlag.

Erikson, R./Goldthorpe, J./Portocarero, L. 1979: Intergenerational Class Mobility in Three Western European Societys: England, France and Sweden. *British Journal of Sociology* 30: 415–441.

Erikson, R./Goldthorpe, J./Portocarero, L. 1982: Social Fluidity in Industrial Nations: England, France and Sweden. *British Journal of Sociology* 33: 1–34.
Erikson, R./Goldthorpe, J./Portocarero, L. 1983: Intergenerational Class Mobility and the Convergence Thesis: England, France and Sweden. *British Journal of Sociology* 34: 303–343.
Erikson, R./Goldthorpe, J. H. 1992: The Constant Flux. A Study of Class Mobility in Industrial Societies. Oxford: Clarendon Press.
Erikson, R./H., G. J. 1992: The CASMIN Project and the American dream. *European Sociological Review* 8/3: 283–305.
Esping-Andersen, G. 1990: *The Three Worlds Of Welfare Capitalism*. Princeton: Princeton University Press.
Esping-Andersen, G. (Hrsg.). 1993: *Changing Classes. Stratification and Mobility in Post-Industrial Societies*. London.
Esping-Andersen, G. 1998: Die drei Welten des Wohlfahrtskapitalismus. Zur politischen Ökonomie des Wohlfahrtsstaates. S. 19–56, in: S. Lessenich/I. Ostner: *Welten des Wohlfahrtskapitalismus. Der Sozialstaat in vergleichender Perspektive*. Frankfurt am Main: Campus.
Esping-Andersen, G./Korpi, W. 1984: Social Policy as Class Politics in Post-War Capitalism: Scandinavia, Austria, and Germany, in: J. H. Goldthorpe: *Order and Conflict in Contemporary Capitalism*. Oxford: Clarendon Press.
Evans, G. 1992: Testing the validity of the Goldthorpe class schema. *European Sociological Review* 8: 211–231.
Evans, G./Mills, C. 1998: Identifying Class Structure. A Latent Class Analysis of the Criterion-Related and Construct Validity of the Goldthorpe Class Schema. *European Sociological Review* 14: 87–106.
Featherman, D. L./Hauser, R. M. 1978: *Opportunity and Change*. New York: Academic Press.
Fitzenberger, B./Kohn, K. 2005. Gleicher Lohn für gleiche Arbeit? Zum Zusammenhang zwischen Gewerkschaftsmitgliedschaft und Lohnstruktur in Westdeutschland 1985–1997. *Zeitschrift für ArbeitsmarktForschung* 38: 125–146.
Fitzenberger, B./Kohn, K./Lembcke, A. C. 2013. Union Density and Varieties of Coverage: The Anatomy of Union Wage Effects in Germany. *ILR Review* 66: 169–197.
Gallie, D. 1990: John Goldthorpe's Critique of Liberal Theories in Industrialism. S. 29–45, in: J. Clark/C. Modgil/S. Modgil: *John Goldthorpe. Consensus and Controversy*. London: The Falmer Press.
Gambetta, D. 1996: *Were They Pushed or Did They Jump?* Boulder: WestviewPress.
Ganzeboom, H. B. G./Graaf, P. M./Treiman, D. J./Leeuw, J. D. 1992: A Standard International Socio-Economic Index of Occupational Status. *Social Science Research* 21: 1–56.
Ganzeboom, H. B. G./Treiman, D. J. 1996: Internationally Comparable Measures of Occupational Status for the 1988 International Standard Classification of Occupations. *Social Science Research* 25: 201–239.
Ganzeboom, H. B. G./Treiman, D. J./Ultee, W. C. 1991: Comparative Intergenerational Stratification Research: Three Generations and Beyond. *Annual Review of Sociology* 17: 277–302.

Garhammer, M. 2000: Das Leben: Eine Stilfrage – Lebensstilforschung hundert Jahre nach Simmels „Stil des Lebens". *Soziologische Revue* 23: 296–312.
Geiger, T. 1949: Die Klassengesellschaft im Schmelztiegel. Köln Hagen: Gustav Kiepenhauer.
Geiger, T. 1962: *Arbeiten zur Soziologie*. Neuwied: Luchterhand.
Geiger, T. 1987: Die soziale Schichtung des deutschen Volkes. Soziographischer Versuch auf statistischer Grundlage. Stuttgart: Ferdinand Enke.
Geißler, R. 1985: Die Schichtungssoziologie von Theodor Geiger. *Kölner Zeitschrift für Soziologie und Sozialpsychologie* 37: 387–410.
Geißler, R. 1990: Schichten in der postindustriellen Gesellschaft. Die Bedeutung des Schichtbegriffs für unsere Gesellschaft. S. 81–101, in: P. A. Berger, Hradil, Stefan (Hg.): *Lebenslagen, Lebensläufe, Lebensstile*. Göttingen: Otto Schwartz u. Co.
Geißler, R. 1994: *Soziale Schichtung und Lebenschancen in Deutschland*. Stuttgart: Enke.
Geißler, R. 1996: Kein Abschied von Klasse und Schicht. Ideologische Gefahren der deutschen Sozialstrukturanalyse. *Kölner Zeitschrift für Soziologie und Sozialpsychologie* 48 (2): 319–338.
Geißler, R. 2002: *Die Sozialstruktur Deutschlands*. Bonn: Bundeszentrale für politische Bildung.
Geißler, R. 2006: *Die Sozialstruktur Deutschlands*. Wiesbaden: VS Verlag
Georg, W. 1995: Soziale Lage und Lebensstil – Eine Typologie auf Grundlage repräsentativer Daten. *Angewandte Sozialforschung* 19: 107–118.
Georg, W. 1996: Zur quantitativen Untersuchung des Zusammenhangs von Lebensstilen und sozialer Ungleichheit. S. 165–182, in: O. G. Schwenk: *Lebensstil zwischen Sozialstrukturanalyse und Kulturwissenschaft*. Opladen: Leske und Budrich.
Gerlach, K./Stephan, G. 2002. Tarifverträge und Lohnstruktur in Niedersachsen. Ein Blick zurück: Die Gehalts- und Lohnstrukturerhebungen 1990 und 1995. *Statistische Monatshefte Niedersachsen* 10: 543–551.
Gerlach, K./Stephan, G. 2005a. Tarifverträge und betriebliche Entlohnungsstrukturen. IAB Discussion Paper.
Gerlach, K./Stephan, G. 2005b. Wage distribution by wage-setting regime. IAB Discussion Paper.
Gerlach, K./Stephan, G. 2006. Pay Policies of Firms and Collective Wage Contracts – An Uneasy Partnership? *Industrial Relations* 45: 47–67.
Giddens, A. 1983: Klassenspaltung, Klassenkonflikt und Bürgerrechte. S. 15–33, in: R. Kreckel: *Soziale Ungleichheiten*. Göttingen: Otto Schwarz.
Giddens, A. 1984: *Die Klassenstruktur fortgeschrittener Gesellschaften*. Frankfurt am Main: Suhrkamp.
Giesecke, J. 2006: *Arbeitsmarktflexibilisierung und soziale Ungleichheit. Sozio-ökonomische Konsequenzen befristeter Beschäftigungsverhältnisse in Deutschland und Großbritannien*. Berlin: Dissertationsschrift.
Giesecke, J. 2009. Socio-economic Risks of Atypical Employment Relationships: Evidence from the German Labour Market. *European Sociological Review* 25: 629–646.
Giesecke, J./Groß, M. 2003: Temporary Employment: Chance or Risk? *European Sociological Review* 19 (2): 161–177.

Giesecke, J./Groß, M. 2004a: Einkommensentwicklung befristet Beschäftigter im deutsch-britischen Vergleich. S. 181–203, in: G. Schmid/M. Gangl/P. Kupka: *Arbeitsmarktpolitik und Strukturwandel: empirische Analysen*. Nürnberg: Institut für Arbeitsmarkt- und Berufsforschung der Bundesanstalt für Arbeit.

Giesecke, J./Groß, M. 2004b: External Labour Market Flexibility and Social Inequality. *European Societies* 6 (3): 347–382.

Giesecke, J./Groß, M. 2005: Arbeitsmarktreform und Ungleichheit. *Aus Politik und Zeitgeschichte* 16/2005: 25–31.

Giesecke, J./Groß, M. 2012. Soziale Schließung und die Strukturierung externer Arbeitsmärkte, S. 91–115, in: Krause, A./Köhler, C.: *Arbeit als Ware*. Bielefeld: transcript.

Giesecke, J./Verwiebe, R. 2008. Die Zunahme der Lohnungleichheit in der Bundesrepublik. Aktuelle Befunde für den Zeitraum 1998 bis 2995. *Zeitschrift für Soziologie* 37: 403–422.

Giesecke, J./Verwiebe, R. 2009a. The Changing Wage Distribution in Germany between 1985 and 2006. *Schmollers Jahrbuch* 129: 191–201.

Giesecke, J./Verwiebe, R. 2009b. Wachsende Lohnungleichheit in Deutschland. Qualifikations- und klassenspezifische Determinanten der Entlohnung zwischen 1998 und 2006. *Berliner Journal für Soziologie* 19: 531–555.

Glass, D. V. 1965: Die ISA und die Erforschung von sozialer Schichtung und sozialer Mobilität. *Kölner Zeitschrift für Soziologie und Sozialpsychologie* Sonderheft 5: 4–9.

Glass, D. V./Hall, J. R. 1954: Social Mobility in Britain: A Study of Inter-Generation Changes in Status. S. 177–217, in: D. V. Glass: *Social Mobility in Britain*. London: Routledge and Kegan.

Gluchowski, P. 1987: Lebensstile und Wandel der Wählerschaft in der Bundesrepublik Deutschland. *Aus Politik und Zeitgeschichte* B12: 18–32.

Goldthorpe, J. H. 1985: Soziale Mobilität und Klassenbildung. Zur Erneuerung einer Tradition soziologischer Forschung. S. 174–204, in: H. Strasser/J. H. Goldthorpe: *Die Analyse sozialer Ungleichheit*. Opladen: Westdeutscher Verlag.

Goldthorpe, J. H. 1987: Social Class and Mobility in Modern Britain. Oxford: Clarendon Press.

Goldthorpe, J. H. 1996: Class analysis and the reorientation of class theory: the case of persisting class differentials in educational attainment. *The British Journal of Sociology* 47: 481–505.

Goldthorpe, J. H. 2000a: Outline of a Theory of Social Mobility. S. 230–258, in: J. H. Goldthorpe: *On sociology: numbers, narratives, and the integration of research and theory*. Oxford: Oxford University Press.

Goldthorpe, J. H. 2000b: Rent, Class Conflict, and Class Structure: A Commentary on Sørensen. *American Journal of Sociology* 105 (6): 1572–1582.

Goldthorpe, J. H. 2000c: Social Class and the Differentiation of Employment Contracts. S. 206–229, in: J. H. Goldthorpe: *On sociology: numbers, narratives, and the integration of research and theory*. Oxford: Oxford University Press.

Goos, M./Manning, A. 2007. Lousy and Lovely Jobs: The Rising Polarization of Work in Britain. *Review of Economics and Statistics* 89: 118–133.

Gosling, A./Lemieux, T. 2001. Labour Market Reforms and Changes in Wage Inequality in the United Kingdom and the United States. National Bureau of Economic Research Working Paper Series 8413:

Gottschall, K. 1999: Freie Mitarbeit im Journalismus. *Kölner Zeitschrift für Soziologie und Sozialpsychologie* 51: 635–654.

Grabka, M. M./Goebel, J./Schupp, J. 2012. Höhepunkt der Einkommensungleichheit in Deutschland überschritten? *DIW Wochenbericht* 43/2012: 3–15.

Granovetter, M. 1981: Toward a Sociological Theory of Income Differences. S. 11–47, in: I. Berg: *Sociological Perspectives On Labor Markets*. New York u. a.: Academic Press.

Granovetter, M. 1985. Economic Action and Social Structure: The Problem of Embeddedness. *American Journal of Sociology* 91: 481–510.

Granovetter, M. 1986: Labor Mobility, Internal Markets, and Job Matching: A Comparison of the Sociological and Economic Approaches. *Research in Social Stratification and Mobility* 5: 3–39.

Green, D. A. 2007. Where Have All the Sociologists Gone? *American Behavioral Scientist* 50: 737–747.

Groß, M. 1998: *Bildungssysteme und soziale Ungleichheit – Die Strukturierung sozialen Handelns im internationalen Vergleich*. Berlin: Dissertationsschrift.

Groß, M. 2000: Bildungssysteme, soziale Ungleichheit und subjektive Schichteinstufung. Die institutionelle Basis von Individualisierungsprozessen im internationalen Vergleich. *Zeitschrift für Soziologie* 29 (5): 375–396.

Groß, M. 2001: Auswirkung des Wandels der Erwerbsgesellschaft auf soziale Ungleichheit. Effekte befristeter Beschäftigung auf Einkommensungleichheit. S. 119–155, in: P. A. Berger/D. Konietzka: *Die Erwerbsgesellschaft. Neue Ungleichheiten und Unsicherheiten*. Opladen: Leske + Budrich.

Groß, M. 2009. Markt oder Schließung? Zu den Ursachen der Steigerung der Lohnungleichheit. *Berliner Journal für Soziologie* 19: 499–530.

Groß, M. 2012. Individuelle Qualifikation, berufliche Schließung oder betriebliche Lohnpolitik – was steht hinter dem Anstieg der Lohnungleichheit? *Kölner Zeitschrift für Soziologie und Sozialpsychologie* 64: 455–478.

Gürtzgen, N. 2006. The effect of firm- and industry-level contracts on wages. Evidence from longitudinal linked employer-employee data. ZEW Discussion Paper.

Hachen, D. S. 1992: Industrial Characteristics and Job Mobility Rates. *American Sociological Review* 57: 39–55.

Hadler, M. 2003: Ist der Klassenkonflikt überholt? Die Wahrnehmung von vertikalen Konflikten im internationalen Vergleich. *Soziale Welt* 54: 175–200.

Haller, M. 1986: Sozialstruktur und Schichtungshierarchie im Wohlfahrtsstaat. Zur Aktualität des vertikalen Paradigmas in der Ungleichheitsforschung. *Zeitschrift für Soziologie* 15 (3): 167–187.

Haller, M. 1989: Klassenstrukturen und Mobilität in fortgeschrittenen Gesellschaften: eine vergleichende Analyse der Bundesrepublik Deutschland, Österreichs, Frankreichs und der Vereinigten Staaten von Amerika. Frankfurt: Campus Verlag.

Handl, J. 1985: Mehr Chancengleichheit im Bildungssystem. Erfolg der Bildungsreform oder statistischer Artefakt? *Kölner Zeitschrift für Soziologie und Sozialpsychologie* 37: 698–722.

Hardes, H.-D. 1989: Zur Bedeutung längerfristiger Arbeitsbeziehungen und betriebsinterner Teilarbeitsmärkte: Vertragstheoretische Überlegungen und arbeitsmarktpolitische Implikationen. *Mitteilungen aus der Arbeitsmarkt- und Berufsforschung* 22 (4): 540–552.

Hartmann, M. 1996: *Topmanager. Die Rekrutierung einer Elite*. Frankfurt/New York: Campus Verlag.

Hartmann, M. 1998: Homogenität und Stabilität. Die soziale Rekrutierung der deutschen Wirtschaftselite im europäischen Vergleich. S. 171–187, in: P. A. Berger/ M. Vester: *Alte Ungleichheiten – Neue Spaltungen*. Opladen: Leske und Budrich.

Hartmann, M. 2001: Eine Münchner Schule ist nicht in Sicht: Kritisches zum Stand der Individualisierungsdebatte. *Leviathan* 29: 304–313.

Hartmann, P. H. 1995: Lebensstil und Erklärung. Zur methodologischen Kritik der Lebensstilforschung. *Angewandte Sozialforschung* 19: 129–139.

Hauser, R. M. 1978: A Structural Model of the Mobility Table. *Social Forces* 56: 919–953.

Hazelrigg, L. E. 1974: Partitioning Structural Effects and Endogenous Mobility Processes in the Measurement of Vertical Occupational Status Change. *Acta Sociologica* 17: 115–139.

Heidenreich, M. 1996: Die subjektive Modernisierung fortgeschrittener Arbeitsgesellschaften. *Soziale Welt* 47: 24–43.

Heinbach, W. D/Spindler, M. 2007. To Bind or Not to Bind Collectively? Decomposition of Bargained Wage Differences Using Counterfactual Distributions. Tübingen: Institut für Angewandte Wirtschaftsforschung (IAW-Diskussionspapiere).

Heinze, R. G. 1986: Politische Regulierung sozialer Ungleichheit. Zur Verklammerung von Arbeitsmarkt, Verbänden und staatlicher Politik. S. 93–116, in: J. Krüger/ H. Strasser: *Soziale Ungleichheit und Sozialpolitik*. Regensburg: Transfer Verlag GmbH.

Heires, Marcel, und Andreas Nölke. 2011. Finanzkrise und Finanzialisierung, S. 37–52, in: Kessler, O. (Hrsg.): *Die Internationale Politische Ökonomie der Weltfinanzkrise*. Wiesbaden: VS Verlag für Sozialwissenschaften.

Henz, U./Maas, I. 1995: Chancengleichheit durch Bildungsexpansion? *Kölner Zeitschrift für Soziologie und Sozialpsychologie* 47: 605–633.

Herkommer, S. 1983: Sozialstaat und Klassengesellschaft – Zur Reproduktion sozialer Ungleichheit im Spätkapitalismus. S. 75–92, in: R. Kreckel: *Soziale Ungleichheiten*. Göttingen: Otto Schwartz.

Hermann, D. 2004: Bilanz der empirischen Lebensstilforschung. *Kölner Zeitschrift für Soziologie und Sozialpsychologie* 56 (1): 153–179.

Herz, T. A. 1983: *Klassen, Schichten, Mobilität*. Stuttgart: Teubner.

Herz, T. A. 1990: Die Dienstklasse. S. 231–252, in: P. A. u. H. Berger, Stefan: *Lebenslagen, Lebensläufe, Lebensstile*. Göttingen: Otto Schwartz & Co.

Hodge, R. W./Siegel, P. M./Rossi, P. H. 1966a: Occupational Prestige in the United States: 1925–1963. S. 322–334, in: R. Bendix/S. M. Lipset: *Class, Status, Power*. New York: The Free Press.

Hodge, R. W./Treimann, D. J./Rossi, P. H. 1966b: A Comparative Study of Occupational Prestige. S. 309–321, in: R. Bendix/S. M. Lipset: *Class, Status, Power*. New York: The Free Press.
Hoffmann, S. 1986: Monsieur Taste. *The New York Review of Books* 33: 45–48.
Hofmann, M./Rink, D. 1996: Milieukonzepte zwischen Sozialstrukturanalyse und Lebensstilforschung. Eine Problematisierung. S. 183–199, in: O. G. Schwenk: *Lebensstil zwischen Sozialstrukturanalyse und Kulturwissenschaft*. Opladen: Leske und Budrich.
Honneth, A. 1984: Die zerrissene Welt der symbolischen Formen. *Kölner Zeitschrift für Soziologie und Sozialpsychologie* 36: 147–164.
Horan, P. M. 1978: Is Status Attainment Atheoretical? *American Sociological Review* 43: 534–541.
Hörning, K. H./Ahrens, D./Gerhard, A. 1996: Die Autonomie des Lebensstils. Wege zu einer Neuorientierung der Lebensstilforschung. S. 33–52, in: O. G. Schwenk: *Lebensstil zwischen Sozialstrukturanalyse und Kulturwissenschaft*. Opladen: Leske und Budrich.
Hout, M. 1983: Mobility Tables. Beverly Hills London New Delhi: Sage Publications.
Hout, M./Brooks, C./Manza, J. 1993a: The Persistence of Classes in Post-Industrial societies. *International Sociology* 8: 259–277.
Hout, M./Hauser, R. M. 1992: Symmetrie and hierarchy in social mobility: a methodological analysis of the CASMIN model of class mobility. *European Sociological Review* 8: 239–265.
Hout, M./Raftery, A. E./Bell, E. O. 1993b: Making the Grade. Educational Stratification in the United States, 1925–1989. S. 25–49, in: Y. Shavit/H.-P. Blossfeld: *Persistent Inequality. Changing Educational Attainment in Thirteen Countries*. Boulder: Westview Press.
Hradil, S. 1983: Die Ungleichheit der „Sozialen Lage". Eine Alternative zu schichtungssoziologischen Modellen sozialer Ungleichheit. S. 101–118, in: R. Kreckel: *Soziale Ungleichheiten*. Göttingen: Otto Schwartz.
Hradil, S. 1987a: Die „Neuen sozialen Ungleichheiten" – und wie man mit Ihnen (nicht) theoretisch zurechtkommt. S. 115–144, in: B. u. H. Giesen, Hans (Hg.): *Soziologie der sozialen Ungleichheit*. Opladen: Westdeutscher Verlag.
Hradil, S. 1987b: *Sozialstrukturanalyse in einer fortgeschrittenen Gesellschaft*. Opladen: Leske und Budrich.
Hradil, S. 1990: Postmoderne Sozialstruktur? Zur empirischen Relevanz einer „modernen" Theorie des sozialen Wandels. S. 125–150, in: P. A. Berger, Hradil, Stefan (Hg.): *Lebenslagen, Lebensläufe, Lebensstile*. Göttingen: Otto Schwartz u. Co.
Hradil, S. 1992: Alte Begriffe und neue Strukturen. Die Milieu-, Subkultur- und Lebensstilforschung der 80er Jahre. S. 15–55, in: S. Hradil: *Zwischen Bewußtsein und Sein. Die Vermittlung ‚objektiver' Lebensbedingungen und ‚subjektiver' Lebensweisen*. Opladen: Leske + Budrich.
Hradil, S. 1996: Sozialstruktur und Kultur. Fragen und Antworten zu einem schwierigen Verhältnis. S. 13–30, in: O. G. Schwenk: *Lebensstil zwischen Sozialstrukturanalyse und Kulturwissenschaft*. Opladen: Leske und Budrich.

Hradil, S. 2001: Eine Alternative? Einige Anmerkungen zu Thomas Meyers Aufsatz „Das Konzept der Lebensstile in der Sozialstrukturforschung". *Soziale Welt* 52: 273–282.

Hübler, O./Jirjan, U. 2001. Works Councils and Collective Bargaining in Germany: The Impact on Productivity and Wages. Bonn: IZA (Discussion Paper, 322).

Hurrell/Woods, A./Ngaire. 1995: Globalisation and Inequality. *Millennium 1995* 24: 447–470.

ILO, I. L. O. 1990: *International Standard Classification of Occupations: ISCO-88*. Geneva.

Immerfall, S. 1997: Zwischen Deregulierung und Reorganisation. Zur Zukunft der industriellen Beziehungen in Europa; ein Literaturbericht. *Österreichische Zeitschrift für Soziologie: Vierteljahresschrift der Österreichischen Gesellschaft für Soziologie* 22 (1): 28–40.

Inglehart, R. 1998: *Modernisierung und Postmodernisierung*. Frankfurt am Main: Campus.

Jacobs, J. A. T./Breiger, R. L. 1994: Careers, Industries, and Occupations: Industrial Segmentation Reconsidered. S. 43–63, in: G. Farkas/P. England: *Industries, Firms and Jobs*. New York: Aldine de Gruyter.

Jagodzinski, W./Quandt, M. 1997: Wahlverhalten und Religion im Lichte der Individualisierungsthese. *Kölner Zeitschrift für Soziologie und Sozialpsychologie* 49 (4): 761–782.

Janowitz. 1958: Soziale Schichtung und Mobilität in Westdeutschland. *Kölner Zeitschrift für Soziologie und Sozialpsychologie* 10: 1–38.

Jones, B. 1975: Max Weber and the Concept of Social Class. *The Sociological Review* 23: 729–757.

Jones, F. L. 1969: Social Mobility and Industrial Society: A Thesis Re-Examined. *Sociological Quaterly* 10: 292–305.

Jones, F. L. 1992: Common social sluidity: a comment on recent criticisms. *European Sociological Review* 8: 233–237.

Jonsson, J. O./Mills, C./Müller, W. 1996: A Half Century of Increasing Educational Openness? Social Class, Gender and Educational Attainment in Sweden, Germany and Britain. S. 183–206, in: R. Erikson/J. O. Jonsson: *Can Education be Equalized? The Swedish Case in Comparative Perspective*. Boulder: Westview-Press.

Jung, S./Schnabel, C. 2011. Paying More than Necessary? The Wage Cushion in Germany. *Labour Review of Labour Economics and Industrial Relations* 25: 182–197.

Junge, M. 1996: Individualisierungsprozesse und der Wandel von Institutionen. *Kölner Zeitschrift für Soziologie und Sozialpsychologie* 48: 728–747.

Junge, M. 2002: *Individualisierung. Campus Einführungen*. Frankfurt am Main/New York: Campus.

Kalleberg, A. L. 1988: Comparative Perspectives on Work Structures and Inequality. *Annual Review of Sociology* 14: 203–225.

Kalleberg, A. L. 2000: Nonstandard Employment Relations: Part-time, Temporary and Contract Work. *Annual Review of Sociology* 26: 341–365.

Kalleberg, A. L./Sørensen, A. B. 1979: The Sociology of Labor Markets. *Annual Review of Sociology* 5: 351–379.
Kalleberg, A. L./van Buren, M. E. 1996a. Organizational Differences in Earnings, S. 200–213, in: Kalleberg, A. L. (Hrsg.): Organizations in America, Thousand Oaks, Calif: SAGE Publications.
Kalleberg, A. L./van Buren, M. E. 1996b. The Structure of Organizational Earnings Inequality, S. 214–231, in: Kalleberg, A. L. (Hrsg.): Organizations in America. Thousand Oaks, Calif: SAGE Publications.
Kappelhoff, P./Teckenberg, W. 1987: Intergenerationen- und Karrieremobilität in der Bundesrepublik Deutschland und in den Vereinigten Staaten. *Kölner Zeitschrift für Soziologie und Sozialpsychologie* 39: 302–329.
Kastendiek, H. 1998: Arbeitsbeziehungen und gewerkschaftliche Interessenvertretung. S. 331–357, in: H. Kastendiek/K. Rohe/A. Volle: *Länderbericht Großbritannien*. Bonn: Bundeszentrale für politische Bildung.
Katz, L. F. 1986: Efficiency Wage Theories: A Partial Evaluation. *NBER Macroeconomics Annual*: 235–276.
Kelley, J. 1990: The Failure of a Paradigm: Log-Linear Models of Social Mobility. S. 319–346, in: J. Clark/C. Modgil/S. Modgil: *John H. Goldthorpe. Consensus and Controversy*. London: The Falmer Press.
Kerr, C./T., D. J./Harbison, F. H./Myers, C. A. 1966: Der Mensch in der industriellen Gesellschaft. Die Probleme von Arbeit und Management unter den Bedingungen wirtschaftlichen Wachstums. Frankfurt am Main: Europäische Verlagsanstalt.
Kleining, G. 1971: Struktur- und Prestigemobilität in der Bundesrepublik Deutschland. *Kölner Zeitschrift für Soziologie und Sozialpsychologie* 23: 1–33.
Kleining, G. 1995: Sozialstruktur und Lebenswelten. Zur Kritik der Lehensstilforschung und ihrer Verwendung für die Theorie der Moderne. *Angewandte Sozialforschung* 19: 119–128.
Kleining, G./Moore, H. 1968: Soziale Selbsteinstufung (SSE). Ein Instrument zur Messung sozialer Schichten. *Kölner Zeitschrift für Soziologie und Sozialpsychologie* 20: 502–552.
Knoke, D./Burke, P. J. 1980: Log-Linear Models. Beverly Hills London: Sage Publications.
Kohaut, S./Schnabel, C. 2003. Verbreitung, Ausmaß und Determinanten der übertariflichen Entlohnung. *Mitteilungen aus der Arbeitsmarkt und Berufsforschung*: 661–671.
Köhler, H. 1992: *Bildungsbeteiligung und Sozialstruktur in der Bundesrepublik. Zu Stabilität und Wandel der Ungleichheit von Bildungschancen*. Berlin: Max-Planck-Institut für Bildungsforschung.
Köhler, C./Krause, A. 2010. Betriebliche Beschäftigungspolitik und Arbeitsmarktsegmentation, S. 387–414, in: Böhle, F./Voß, G. G./Wachtler, G. (Hrsg.): Handbuch Arbeitssoziologie. Wiesbaden: VS Verlag
Kohler, U. 2005: Statusinkonsistenz und Entstrukturierung von Lebenslagen. *Kölner Zeitschrift für Soziologie und Sozialpsychologie* 57 (2): 230–253.

Kohn, K./Lembcke, A. C. 2007. Wage distributions by bargaining regime. Linked employer-employee data evidence from Germany. *Wirtschafts- und Sozialstatistisches Archiv* 1: 247–261.

Konietzka, D. 1994: Individualisierung, Entstrukturierung und Lebensstile. Zu einigen konzeptionellen Fragen der Analyse von Lebensstilen. S. 150–168, in: J. Dangschat/J. Blasius: *Lebensstile in den Städten*. Opladen: Leske und Budrich.

Konietzka, D. 1995: *Lebensstile im sozialstrukturellen Kontext. Ein theoretischer und empirischer Beitrag zur Analyse soziokultureller Ungleichheiten*. Opladen: Westdeutscher Verlag.

König, H. 1990: Die Krise der Arbeitsgesellschaft und die Zukunft der Arbeit: Zur Kritik einer aktuellen Debatte. S. 322–345, in: H. v. G. König, Bodo, Schauer, Helmut: *Sozialphilosophie der industriellen Arbeit*.

König, W./Lüttinger, P./Müller, W. 1987: Eine vergleichende Analyse der Entwicklung und Struktur von Bildungssystemen. Methodologische Grundlagen und Konstruktion einer vergleichenden Bildungsskala. CASMIN-Arbeitspapier Nr. 12. Mannheim: Universität Mannheim.

König, W./Müller, W. 1986: Educational systems and labour markets as determinants of worklife mobility in France and West Germany: a comparison of men's career mobility, 1965–1970. *European Sociological Review* 2: 73–96.

Korupp, S. E./Ganzeboom, H. B. G./Sanders, K. 2002: Wie die Mutter, so die Tochter? *Kölner Zeitschrift für Soziologie und Sozialpsychologie* 54: 1–26.

Kraemer, K. 2012. Ideen, Interessen und Institutionen: Welchen Beitrag kann die Soziologie zur Analyse moderner Finanzmärkte leisten?, S. 25–61, in: Kraemer, K (Hrsg.): Entfesselte Finanzmärkte. Frankfurt am Main: Campus.

Krais, B. 1983: Bildung als Kapital: Neue Perspektiven für die Analyse der Sozialstruktur? S. 199–220, in: R. Kreckel: *Soziale Ungleichheiten*. Göttingen: Otto Schwartz.

Kreckel, R. 1983: Soziale Ungleichheit und Arbeitsmarktsegmentierung. S. 137–161, in: R. Kreckel: *Soziale Ungleichheiten*. Göttingen: Otto Schwartz.

Kreckel, R. 1987: Neue Ungleichheiten und alte Deutungsmuster. S. 93–114, in: B. u. H. Giesen (Hg.): *Soziologie der sozialen Ungleichheit*. Opladen: Westdeutscher Verlag.

Kreckel, R. 1990: Klassenbegriff und Ungleichheitsforschung. S. 51–79, in: P. A. Berger u. S. Hradil: *Lebenslagen, Lebensläufe, Lebensstile*. Göttingen: Otto Schwartz & Co.

Kreckel, R. 1998: Klassentheorie am Ende der Klassengesellschaft. S. 31–47, in: P. A. Berger/M. Vester: *Alte Ungleichheiten – Neue Spaltungen*. Opladen: Leske und Budrich.

Kuhn, T. S. 1976: Die Struktur wissenschaftlicher Revolutionen. Frankfurt am Main: Suhrkamp.

Küttler, W./Lozek, G. 1986: Der Klassenbegriff im Marxismus und in der idealtypischen Methode Max Webers. S. 173–192, in: J. H. Kocka: *Max Weber, der Historiker*. Göttingen: Vandenhoeck und Ruprecht.

Lamont, M./Lareau, A. 1988: Cultural Capital: Allusions, Gaps and Glissandos in Recent Theoretical Developments. *Sociological Theory* 6: 153–168.

Landenberger, M. 1991: Defizite und Lösungsstrategien bei der sozialversicherungsrechtlichen Absicherung flexibler Beschäftigung. S. 271–293, in: K. Semlinger: *Flexibilisierung des Arbeitsmarktes: Interessen, Wirkungen, Perspektiven.* Frankfurt: Campus Verlag.

Lang, K./Dickens, W. T. 1994: Neoclassical and Sociological Perspectives on Segmented Labor Markets. S. 65–88, in: G. Farkas/P. England: *Industries, Firms and Jobs.* New York: Aldine de Gruyter.

Lareau, A. 1987: Social Class Differences in Family-School Relationships: The Importance of Cultural Capital. *Sociology of Education* 60: 73–85.

Lepsius, R. M. 1979: Soziale Ungleichheit und Klassenstrukturen in der Bundesrepublik Deutschland. Lebenslagen, Interessensvermittlung und Wertorientierungen. S. 166–209, in: H. U. Wehler: *Klassen in der europäischen Sozialgeschichte.* Göttingen: Vandenhoeck und Ruprecht.

Liebig, S./Verwiebe, R. 2000: Einstellungen zur sozialen Ungleichheit in Ostdeutschland. *Zeitschrift für Soziologie* 29: 3–26.

Liebig, S./Wegener, B. 1995: Primäre und sekundäre Ideologien. Ein Vergleich von Gerechtigkeitsvorstellungen in Deutschland und den USA. S. 265–293, in: H.-P. Müller/B. Wegener: *Soziale Ungleichheit und soziale Gerechtigkeit.* Opladen: Leske und Budrich.

Lin, K.-H./Tomaskovic-Devey, D. 2013. Financialization and U. S. Income Inequality, 1970–2008. *American Journal of Sociology* 118: 1284–1389.

Lindbeck, A./Snower, D. J. 1988: *The Insider-Outsider Theory of Employment and Unemployment.* Cambridge/London: The MIT Press.

Lindbeck, A./Snower, D. J. 2001. Centralized bargaining and reorganized work: Are they compatible? *European Economic Review* 45: 1851–1875.

Linne, G./Voswinkel, S. 1991: Flexibilität und Unsicherheit bei Arbeitsverhältnissen ohne Bestandsschutz. S. 159–176, in: K. Semlinger: *Flexibilisierung des Arbeitsmarktes: Interessen, Wirkungen, Perspektiven.* Frankfurt: Campus Verlag.

Lippl, B./Wegener, B. 2004: Soziale Gerechtigkeit in West- und Ostdeutschland. *Gesellschaft – Wirtschaft – Politik* 53: 261–280.

Lüdtke, H. 1990: Lebensstile als Dimension handlungsproduzierter Ungleichheit. *Soziale Welt* Sonderband 7: 433–454.

Lüdtke, H. 1996: Methodenprobleme der Lebensstilforschung. Probleme des Vergleichs empirischer Lebensstiltypologien und der Identifikation von Stilpionieren. S. 139–163, in: O. G. Schwenk: *Lebensstil zwischen Sozialstrukturanalyse und Kulturwissenschaft.* Opladen: Leske und Budrich.

Lukács, G. 1970: Geschichte und Klassenbewußtsein. Neuwied: Luchterhand.

Manza, J./Hout, M./Brooks, C. 1995: Class Voting in Capitalist Democracies Since World War II: Dealignment, Realignement, or Trendless Fluctuation? *Annual Review of Sociology* 21: 137–162.

Mare, R. D. 1980: Social Background and School Continuation Decisions. *Journal of the American Statistical Association* 75: 295–305.

Mare, R. D. 1981: Change and Stability in Educational Stratification. *American Sociological Review* 46: 73–87.

Marshall, G. 1990: John Goldthorpe and Class Analysis. S. 51–62, in: J. Clark/C. Modgil/S. Modgil: *John H. Goldthorpe. Consensus and Controversy.* London: The Falmer Press.
Marx, K. 1962: Lohn, Preis und Profit. S. 101–152, in: MEW Bd. 16. Berlin: Dietz.
Marx, K. 1969: Der achtzehnte Brumaire des Louis Bonaparte. S. 111–207, in: K. Marx/ F. Engels: *Werke.* Berlin: Dietz.
Marx, K. 1979a: Manifest der kommunistischen Partei. in: K. Marx/F. Engels: *Ausgewählte Werke Bd. 1.* Berlin: Dietz.
Marx, K. 1979b: Ökonomisch Philosophische Manuskripte. in: K. Marx/F. Engels: *Ausgewählte Werke Bd. 1.* Berlin: Dietz.
Marx, K. 1986a: Das Kapital. MEW Bd. 23. Berlin: Dietz.
Marx, K. 1986b: Das Kapital. MEW Bd. 25. Berlin: Dietz.
Matthies, H./Mückenberger, U./Offe, C./Peter, E./Raasch, S. 1994: *Arbeit 2000. Anforderungen an eine Neugestaltung der Arbeitswelt.* Reinbek: Rowohlt-Taschenbuch Verlag.
Mayer, K. U. 1977: Statushierarchie und Heiratsmarkt. Empirische Analysen zur Struktur des Schichtungssystems in der Bundesrepublik und zur Ableitung einer Skala des sozialen Status. S. 155–232, in: J. Handl, Mayer, Karl-Ulrich, Müller, Walter: *Klassenlagen und Sozialstruktur.* Frankfurt am Main: Campus Verlag.
Mayer, K. U. 1979: Berufliche Tätigkeit, berufliche Stellung und beruflicher Status. S. 79–123, in: F. U. Pappi: *Sozialstrukturanalysen mit Umfragedaten.* Königstein/ Ts.: Athenäum-Verlag.
Mayer, K. U. 1987: Zum Verhältnis von Theorie und Empirischer Forschung zur sozialen Ungleichheit. S. 370–392, in: B. u. H. Giesen, Hans (Hg.): *Soziologie der sozialen Ungleichheit.* Opladen: Westdeutscher Verlag.
Mayer, K. U./Blossfeld, H.-P. 1990: Die gesellschaftliche Konstruktion sozialer Ungleichheit im Lebensverlauf. S. 297–318, in: P. A. Berger/S. Hradil: *Lebenslagen, Lebensläufe, Lebensstile.* Göttingen: Otto Schwartz & Co.
Mayer, K. U./Carroll, G. R. 1987: Jobs and Classes: Structural Constraints on Career Mobility. *European Sociological Review* 3: 14–38.
Mayer, K. U./Müller, W. 1972: Die Analyse von Mobilitätstrends. Anmerkungen zu einer Kontroverse über Forschungsdesign und Datenanalyse. *Kölner Zeitschrift für Soziologie und Sozialpsychologie* 24: 132–139.
Mayntz, R. 1958a: Begriff und empirische Erfassung des sozialen Status in der heutigen Soziologie. *Kölner Zeitschrift für Soziologie und Sozialpsychologie* 10: 58–73.
Mayntz, R. 1958b: Die soziologische Problematik umfassender Mobilitätsuntersuchungen. *Kölner Zeitschrift für Soziologie und Sozialpsychologie* 10: 222–232.
McCann, J. C. 1977: A Theoretical Model for the Interpretation of Tables of Social Mobility. *American Sociological Review* 42: 74–90.
McClendon, M. J. 1977: Structural and Exchange Components of Vertical Mobility. *American Sociological Review* 42: 56–74.
Meyer, T. 2001: Das Konzept der Lebensstile in der Sozialstrukturforschung – eine kritische Bilanz. *Soziale Welt* 52: 255–272.

Michailow, M. 1996: Individualisierung und Lebensstilbildungen. S. 71–98, in: O.G. Schwenk: *Lebensstil zwischen Sozialstrukturanalyse und Kulturwissenschaft.* Opladen: Leske und Budrich.
Miller, S.M. 1960: Comparative Social Mobility. *Current Sociology* 9.
Mincer, J. 1974: *Schooling, Experience, and Earnings.* New York: Columbia University Press.
Mishel, L. 2012. Unions, Inequality, and Faltering Middle-Class Wages. *Issue Brief:* 1–12.
Mommsen, W. 1974: Max Weber. Frankfurt am Main.
Mooser, J. 1984: *Arbeiterleben in Deutschland 1900–1970.* Frankfurt am Main: Suhrkamp.
Mügge, D. 2011. Kreditderivate als Ursache der globalen Finanzkrise: Systemfehler oder unglücklicher Zufall? S. 53–73, in: Kessler, O. (Hrsg.): *Die Internationale Politische Ökonomie der Weltfinanzkrise.* Wiesbaden: VS Verlag für Sozialwissenschaften.
Müller-Schneider, T. 1996: Wandel der Milieulandschaft in Deutschland. Von hierarchisierenden zu subjektivierenden Wahrnehmungsmustern. *Zeitschrift für Soziologie* 25 (3): 190–206.
Müller-Schneider, T. 2000: Stabilität subjektorientierter Strukturen. Das Lebensstilmodell von Schulze im Zeitvergleich. *Zeitschrift für Soziologie* 29 (5): 361–374.
Müller, H.-P. 1986: Kultur, Geschmack und Distinktion. Grundzüge der Kultursoziologie Pierre Bourdieus. S. 162–190, in: N. u. a.: *Kultur und Gesellschaft.*
Müller, H.-P. 1989: Lebensstile. Ein neues Paradigma der Differenzierungs- und Ungleichheitsforschung. *Kölner Zeitschrift für Soziologie und Sozialpsychologie* 41: 53–71.
Müller, H.-P. 1992: Sozialstruktur und Lebensstile. Zur Neuorientierung der Sozialstrukturforschung. S. 57–66, in: S. Hradil: *Zwischen Bewußtsein und Sein. Die Vermittlung ‚objektiver' Lebensbedingungen und ‚subjektiver' Lebensweisen.* Opladen: Leske + Budrich.
Müller, W. 1990: Social Mobility in Industrial Nations. S. 307–317, in: J. Clark/C. Modgil/S. Modgil: *John H. Goldthorpe. Consensus and Controversy.* London: The Falmer Press.
Müller, W. 1996: Class Inequalities in Educational Outcomes: Sweden in a comparative Perspective. S. 145–182, in: R. Erikson/J. O. Jonsson: *Can Education be Equalized? The Swedish Case in Comparative Perspective.* Boulder: WestviewPress.
Müller, W. 1997: Sozialstruktur und Wahlverhalten. Eine Widerrede gegen die Individualisierungshypothese. *Kölner Zeitschrift für Soziologie und Sozialpsychologie* 49 (4): 747–760.
Müller, W. 1999: Wandel in der Bildungslandschaft Europas. S. 337–355, in: W. Glatzer/I. Ostner: *Deutschland im Wandel: Sozialstrukturelle Analysen.* Opladen: Leske und Budrich.
Müller, W. 2000: Klassenspaltung im Wahlverhalten – Eine Reanalyse. *Kölner Zeitschrift für Soziologie und Sozialpsychologie* 52 (4): 790–795.
Müller, W./Haun, D. 1994: Bildungsungleichheit im sozialen Wandel. *Kölner Zeitschrift für Soziologie und Sozialpsychologie* 46: 1–42.

Müller, W./Karle, W. 1993: Social Selection in Educational Systems in Europe. *European Sociological Review* 9: 1–23.
Müller, W./Lüttinger, P./König, W./Karle, W. 1990: Class and Education in Industrial Nations. S. 61–91, in: M. Haller: *Class Structure in Europe. New Findings from East-West Comparisons of Social Structure and Mobility*. New York: M. E. Sharpe.
Müller, W./Pollak, R. 2004: Social Mobility in West Germany: The Long Arms of History Discovered? S. 77–113, in: R. Breen: *Social Mobility in Europe*. Oxford: Oxford University Press.
Müller, W./Shavit, Y. 1998: The Institutional Embeddedness of the Stratification Process. A Comparative Study of Qualifications and Occupations in Thirteen Countries. S. 1–48, in: Y. Shavit/W. Müller: *From School to Work. A Comparative Study of Educational Qualifications and Occupational Destinations*. Oxford: Clarendon Press.
Müller, W./Steinmann, S./Ell, R. 1998: Education and Labour Market Entry in Germany. S. 143–188, in: Y. Shavit/W. Müller: *From School to Work. A Comparative Study of Educational Qualifications and Occupational Destinations*. Oxford: Clarendon Press.
Müller, W./Steinmann, S./Schneider, R. 1997: Bildung in Europa. S. 177–245, in: S. Hradil/S. Immerfall: *Die westeuropäischen Gesellschaften im Vergleich*. Opladen: Leske und Budrich.
Münch, R,/Guenther, T. 2005. Der Markt in der Organisation, S. 394–417, in: Windolf, P. (Hrsg.): *Finanzmarkt-Kapitalismus*. Wiesbaden: VS Verlag.
Murphy, R. 1988: *Social Closure. The Theory of Monopolization and Exclusion*. Oxford: Clarendon Press.
Mutz, G. 1997: Dynamische Arbeitslosigkeit und diskontinuierliche Erwerbsverläufe. *Berliner Debatte INITIAL* 8 (5): 23–36.
Myles, J. 2003. Where Have All the Sociologists Gone? Explaining Economic Inequality. *Canadian Journal of Sociology* 28: 551–559.
Neuhold, C. 1999: Atypische Beschäftigung in Deutschland. in: E. Tálos: *Atypische Beschäftigung*. Wien: Manz.
OECD. 1999: Employment Protection and Labour Market Performance. S. 48–132, in: OECD: *OECD Employment Outlook*. Paris: OECD.
Offe, C. 1984: Arbeit als soziologische Schlüsselkategorie? S. 13–43, in: C. Offe: „*Arbeitsgesellschaft*": *Strukturprobleme und Zukunftsperspektiven*. Frankfurt am Main: Campus.
Osterland, M. 1990: „Normalbiographie" und „Normalarbeitsverhältnis". S. 351–362, in: P. A. Berger/S. Hradil: *Lebenslagen, Lebensläufe, Lebensstile*. Göttingen: Schwartz.
Otte, G. 1997: Lebensstile versus Klassen – welche Sozialstrukturkonzeption kann die individuelle Parteipräferenz besser erklären? S. 303–346, in: W. Müller: *Soziale Ungleichheit. Neue Befunde zu Strukturen, Bewußtsein und Politik*. Opladen: Leske + Budrich.
Otte, G. 2005: Hat die Lebensstilforschung eine Zukunft? Eine Auseinandersetzung mit aktuellen Bilanzierungsversuchen. *Kölner Zeitschrift für Soziologie und Sozialpsychologie* 57 (1): 1–31.

Pakulski, J. 1993: The Dying of Class or of Marxist Class Theory? *International Sociology* 8: 279–292.
Pakulski, J./Waters, M. 1996: The reshaping and dissolution of social class in advanced society. *Theory and Society* 25: 667–691.
Parkin, F. 1979: *Marxism and Class Theory: A Bourgeois Critique.* London: Travistok.
Parkin, F. 1982: Max Weber. London: Travistock.
Parkin, F. 1983: Strategien sozialer Schließung und Klassenbildung. S. 121–135, in: R. Kreckel: *Soziale Ungleichheiten.* Göttingen: Otto Schwartz.
Payne, G. 1990: Social Mobility in Britain: A Contrary View. S. 289–298, in: J. Clark/C. Modgil/S. Modgil: *John H. Goldthorpe. Consensus and Controversy.* London: The Falmer Press.
Peters, J. 2011. The Rise of Finance and the Decline of Organised Labour in the Advanced Capitalist Countries. *New Political Economy* 16: 73–99.
Pfriem, H. 1978: Die Grundstruktur der Neoklassischen Arbeitsmarkttheorie. S. 43–53, in: W. Sengenberger: *Der gespaltene Arbeitsmarkt: Probleme der Arbeitsmarktsegmentation.* Frankfurt: Campus Verlag.
Poentinen, S. 1982: Models and Social Mobility Research: a Comparison of Some Log-Liner Models of a Social Mobility Matrix. *Quality and Quantity* 16: 91–107.
Pokora, F. 1994: Lebensstile ohne Frauen? Die Konstruktion von „Geschlecht" als konstitutives Moment des Lebensstils. S. 169–178, in: J. Dangschat/J. Blasius: *Lebensstile in den Städten.* Opladen: Leske und Budrich.
Prasad, E. S. 2004. The Unbearable Stability of the German Wage Structure: Evidence and Interpretation. *IMF Staff Papers* 51: 354–385.
Preisendörfer, P. 1987: Organisationale Determinanten beruflicher Karrieremuster. *Soziale Welt* 38: 211–226.
Rawls, J. 1994 (1979): Eine Theorie der Gerechtigkeit. Frankfurt am Main: Suhrkamp.
Rerrich, M. S./Voß, G. G. 1992: Vexierbild soziale Ungleichheit. Die Bedeutung alltäglicher Lebensführung für die Sozialstrukturanalyse. S. 251–266, in: S. Hradil: *Zwischen Bewußtsein und Sein. Die Vermittlung ‚objektiver' Lebensbedingungen und ‚subjektiver' Lebensweisen.* Opladen: Leske + Budrich.
Roemer, J. E. 1982: New Directions in the Marxian Theory of Exploitation and Class. *Politics and Society* 11: 253–87.
Roemer, J. E. 1994: Egalitarian Perspectives. Essays in philosophical Economies. Cambridge: Cambridge University Press.
Rogoff, N. 1960: Recent Trends in Urban Occupational Mobility. S. 442–454, in: R. Bendix/S. M. Lipset: *Class, Status and Power.* Glencoe: The Free Press.
Rosenfeld, J/Western, B. 2011. Unions, norms, and the rise in U. S. wage inequality. *American Sociological Review* 76: 513–537.
Rössel, J. 2004: Von Lebensstilen zu kulturellen Präferenzen – Ein Vorschlag zur theoretischen Neuorientierung. *Soziale Welt* 55: 95–114.
Sakamoto, A./Chen, M. D. 1991: Inequality and Attainment in a Dual Labor Market. *American Sociological Review* 56: 295–308.
Schäfers, B. 2002: *Sozialstruktur und sozialer Wandel in Deutschland.* Stuttgart: Lucius und Lucius.

Schelsky, H. 1965: Die Bedeutung des Schichtbegriffs für die Analyse der gegenwärtigen deutschen Gesellschaft. S. 331–336, in: H. Schelsky: *Auf der Suche nach der Wirklichkeit*. Düsseldorf/Köln: Eugen Diederichs-Verlag.

Scheuch, E. K. 1965: Sozialprestige und soziale Schichtung. *Kölner Zeitschrift für Soziologie und Sozialpsychologie* Sonderheft 5: 65–103.

Schimpl-Neimanns, B. 2000: Soziale Herkunft und Bildungsbeteiligung. Empirische Analysen zu herkunftsspezifischen Bildungsungleichheiten zwischen 1950 und 1989. *Kölner Zeitschrift für Soziologie und Sozialpsychologie* 52: 636–669.

Schluchter, W. 1998: *Die Entstehung des modernen Rationalismus*. Frankfurt am Main: Suhrkamp.

Schmidt, G. 1981: Technik und kapitalistischer Betrieb. Max Webers Konzept der industriellen Entwicklung und das Rationalsierungsproblem in der neueren Industriesoziologie. S. 168–188, in: W. M. u. S. Sprondel, Constans: *Max Weber und die Rationalisierung des Handelns*. Stuttgart: Enke.

Schnabel, C. 2005. Gewerkschaften und Arbeitgeberverbände: Organisationsgrade, Tarifbindung und Einflüsse auf Löhne und Beschäftigung. *ZAF*: 181–196.

Schneider, R. 1982: Die Bildungsentwicklung in den westeuropäischen Staaten 1870–1975. *Zeitschrift für Soziologie* 11: 207–226.

Schneider, S. 2002: *Lebensstile und Mortalität. Welche Faktoren bedingen ein langes Leben?* Wiesbaden: Westdeutscher Verlag.

Schnell, R./Kohler, U. 1995: Empirische Untersuchung einer Individualisierungshypothese am Beispiel der Parteipräferenz von 1952–1992. *Kölner Zeitschrift für Soziologie und Sozialpsychologie* 47 (4): 634–657.

Schnell, R./Kohler, U. 1997: Zur Erklärungskraft Sozio-Demographischer Variablen im Zeitverlauf. *Kölner Zeitschrift für Soziologie und Sozialpsychologie* 49 (4): 783–795.

Schnierer, T. 1996: Von der kompetetiven Gesellschaft zur Erlebnisgesellschaft? *Zeitschrift für Soziologie* 25: 71–82.

Schömann, K./Kruppe, T. 1993: *Fixed-term employment and labour market flexibility: theory and longitudinal evidence for East and West Germany*. Berlin: Wissenschaftszentrum Berlin für Sozialforschung.

Schömann, K./Rogowski, R./Kruppe, T. 1995: *Fixed-Term Contracts and Labour Market Efficiency in the European Union*. Berlin: Wissenschaftszentrum Berlin für Sozialforschung.

Schroth, Y. 1999: *Dominante Kriterien der Sozialstruktur. Zur Aktualität der Schichtungstheorie von Theodor Geiger*. Münster: LIT-Verlag.

Schulze, G. 1990: Die Transformation sozialer Milieus in der Bundesrepublik Deutschland. S. 409–432, in: P. A. u. H. Berger, Stefan: *Lebenslagen, Lebensläufe, Lebensstile*. Göttingen: Otto Schwartz & Co.

Schulze, G. 1992: *Die Erlebnisgesellschaft. Kultursoziologie der Gegenwart*. Frankfurt a. M.; New York: Campus.

Schwarz, R. 1984: Familiäre Einflussfaktoren im Statuszuweisungsprozess. Frankfurt am Main: Peter Lang.

Schwenk, O. G. 1999: *Soziale Lagen in der Bundesrepublik Deutschland*. Opladen: Leske + Budrich.

Segre, S. 1989: Max Webers Theorie der kapitalistischen Entwicklung. S. 445–460, in: J. Weiß: *Max Weber heute*. Frankfurt am Main: Suhrkamp.
Sengenberger, W. 1987: *Struktur und Funktionsweise von Arbeitsmärkten: die Bundesrepublik Deutschland im internationalen Vergleich*. Frankfurt: Campus Verlag.
Sesselmeier, W. 1994: Der Arbeitsmarkt aus neoinstitutionalistischer Perspektive. *Wirtschaftsdienst* 74 (3): 136–142.
Sesselmeier, W./Blauermel, G. 1997: *Arbeitsmarkttheorien: ein Überblick*. Heidelberg: Physica Verlag.
Sewell, W. H./Haller, A. O./Ohlendorf, G. W. 1970: The Educational and Early Occupational Status Attainment Process: Replication and Revision. *American Sociological Review* 35: 1014–1027.
Sewell, W. H./Haller, A. O./Portes, A. 1969: The Educational and Early Occupational Attainment Process. *American Sociological Review* 34: 82–92.
Sewell, W. H./Hauser, R. M. 1975: *Education, occupation and earnings: Achievment in the early career*. New York: Academiv Press.
Sewell, W. H./Hauser, R. M. 1992: The Influence of the American Occupational Structure on the Wisconsin Modell. *Contemporary Sociology* 21: 598–603.
Sewell, W. H./Hauser, R. M./Springer, K. W./Hauser, T. S. 2004: As we age: a review of the Wisconsin Longitudinal Study, 1957–2001. *Research in Social Stratification and Mobility* 20: 3–111.
Sørensen, A. B. 1975a: Models of Social Mobility. *Social Science Research* 4: 65–92.
Sørensen, A. B. 1975b: The Structure of Intragenerational Mobility. *American Sociological Review* 40: 456–471.
Sørensen, A. B. 1977: The Structure of Inequality and the Process of Attainment. *American Sociological Review* 42: 965–978.
Sørensen, A. B. 1979: A Model and a Metric for the Analysis of the Intragenerational Status Attainment Process. *American Journal of Sociology* 85 (2): 361–384.
Sørensen, A. B. 1983: Processes of Allocation to Open and Closed Positions in Social Structure. *Zeitschrift für Soziologie* 12 (3): 203–224.
Sørensen, A. B. 1986: Theory and methodology in social stratification. S. 69–95, in: U. Himmelstrand: *The Sociology of Structure and Action*. London: SAGE Publications.
Sørensen, A. B. 1991a: Employment Relations and Class Structure. *Unpublished Paper*.
Sørensen, A. B. 1991b: On the Usefulness of Class Analysis in Research on Social Mobility and Socioeconomic Inequality. *Acta Sociologica* 34: 71–87.
Sørensen, A. B. 1996: Does a Change in Class Structure Explain the Increase in Inequality? Boston: Unpublished Paper.
Sørensen, A. B. 2000a: Employment Relations and Class Structure. S. 16–42, in: R. Crompton/F. Devine/M. Savage/J. Scott: *Renewing Class Analysis*. Oxford: Blackwell Publishers.
Sørensen, A. B. 2000b: Toward a Sounder Basis for Class Analysis. *American Journal of Sociology* 105 (6): 1523–1558.
Sørensen, A. B. 2007. Organizational Diversity, Labor Markets, and Wage Inequality. *American Sociological Review* 55 (5): 659–676.

Sørensen, A. B./Kalleberg, A. L. 1981: An Outline of a Theory of the Matching of Persons to Jobs. S. 49–74, in: I. Berg: *Sociological Perspectives On Labor Markets*. New York: Academic Press.
Spellerberg, A. 1995: Lebensstile und Lebensqualität in West- und Ostdeutschland. *Angewandte Sozialforschung* 19: 93–106.
Spellerberg, A. 1996a: Lebensstile in Deutschland – Verteilung und Beitrag zur Erklärung unterschiedlichen Wohlbefindens. S. 237–260, in: O. G. Schwenk: *Lebensstil zwischen Sozialstrukturanalyse und Kulturwissenschaft*. Opladen: Leske und Budrich.
Spellerberg, A. 1996b: *Soziale Differenzierung durch Lebensstile. Eine empirische Untersuchung in West- und Ostdeutschland*. Berlin: Rainer Bohn Verlag.
Stainback, K./Tomaskovic-Devey, D./Skaggs, S. 2010. Organizational Approaches to Inequality: Inertia, Relative Power, and Environments. *Annual Review of Sociology* 36: 225–247.
Steinrücke, M. 1996: Klassenspezifische Lebensstile und Geschlechterverhältnis. S. 203–219, in: O. G. Schwenk: *Lebensstil zwischen Sozialstrukturanalyse und Kulturwissenschaft*. Opladen: Leske und Budrich.
Stigler, G. J. 1961: The Economics of Information. *Journal of Political Economy* 69: 213–225.
Stigler, G. J. 1962: Information in the Labor Market. *Journal of Political Economy* 70 (5): 94–105.
Stinchcombe, A. L. 1979: Social Mobility in Industrial Labor Markets. *Acta Sociologica* 22: 217–245.
Streeck, W. 2013. *Gekaufte Zeit. Die vertagte Krise des demokratischen Kapitalismus*. Berlin: Suhrkamp (Frankfurter Adorno-Vorlesungen, 2012).
Suh, Y. J. 1993: Gerechtigkeit und Kapitalismuskritik bei Karl Marx. Berlin.
Sullivan, T. A. 1981: Sociological Views of Labor Markets: Some missed Opportunities. S. 229–346, in: I. Berg: *Sociological Perspectives On Labor Markets*. New York u. a.: Academic Press.
Svalastoga, K. 1961: Gedanken zu internationalen Vergleichen sozialer Mobilität. *Kölner Zeitschrift für Soziologie und Sozialpsychologie* Sonderheft 5: 284–302.
Tálos, E. 1999: Atypische Beschäftigung: Verbreitung – Konsequenzen – sozialstaatliche Regelungen. Ein vergleichendes Resümee. S. 417–468, in: E. Tálos: *Internationale Trends und sozialstaatliche Regelungen*. Wien: Manz.
Teckenberg, W. 1985: Die Erwerbsstrukturkonzeption in Humankapital- und Statuszuweisungsmodellen. Einige theoretische Alternativen. *Kölner Zeitschrift für Soziologie und Sozialpsychologie* 37: 431–460.
Terwey, M. 1984: Klassenlagen als Determinanten von Einkommensungleichheit. *Zeitschrift für Soziologie* 13: 134–144.
Teschner, T. 2009a. Der Einfluss der Tarifbindung auf Lohnhöhe und Lohnverteilung. Leibniz Universität Hannover: Unveröff. Manuskript.
Teschner, T. 2009b. Der Einfluss des Lohnsetzungsregimes auf das geschlechtsspezifische Lohndifferenzial. Leibniz Universität Hannover: Unveröff. Manuskript.
Tjaden-Steinhauer, M./Tjaden, K. H. 1973: *Klassenverhältnisse im Spätkapitalismus*. Stuttgart: Ferdinand Enke Verlag.

Traxler, F. 1994: Grenzen der Deregulierung und Defizite der Steuerungstheorien. Österreichische Zeitschrift für Soziologie 19 (1): 4–19.
Treiman, D. J. 1977: Occupational Prestige in Comparative Perspective. New York: Academic Press.
Treiman, D. J. 1979: Probleme bei der Begriffsbildung und Operationalisierung in der international vergleichenden Mobilitätsforschung. S. 124–167, in: F. U. Pappi: Sozialstrukturanalysen mit Umfragedaten. Königsstein/Ts.: Athenäum-Verlag.
Treiman, D. J./Ganzeboom, H. B. G. 2000: The Fourth Generation of Comparative Stratification Research. S. 123–150, in: S. R. Quah/A. Sales: The international handbook of Sociology. London: SAGE Publications.
Treiman, D. J./Yip, K.-B. 1989: Educational and Occupational Attainment in 21 Countries. S. 373–394, in: M. L. Kohn: Cross-National Research in Sociology. Newbury Park: Sage Publications.
Tumin, M. M. 1953: Some Principles of Stratification: A Critical Analysis. American Sociological Review 18: 387–94.
Turner, J. H./Maryanski, A. 1979: Functionalism. S. 1–27. M? Pak, CA: Benjamin and Cummings.
Tyree, A./Semyonov, M./Hodge, R. W. 1979: Gaps and Glissandos: Inequality, Economic Development, and Social Mobility in 24 Countries. American Sociological Review 44: 410–424.
Van Arnum, B/Naples, M. 2013. Financialization and Income Inequality in the United States, 1967–2010. American Journal of Economics and Sociology 72: 1158–1182.
Vester, M./Oertzen, P. v./Geiling, H./Hermann, T./Müller, D. 2001: Soziale Milieus im gesellschaftlichen Strukturwandel. Zwischen Integration und Ausgrenzung. Frankfurt a. M.: Suhrkamp.
Vollmer, H. 2012. Signaturen der Finanzialisierung, S. 87–111, in: Kalthoff, H. (Hrsg.): Soziologie der Finanzmärkte. Bielefeld: transcript.
Walwei, U. 1995: Atypische Beschäftigungsformen: Kongruenz und Divergenz der Interessen. S. 9–24, in: B. Keller/H. Seifert: Atypische Beschäftigung: verbieten oder gestalten? Köln: Bund-Verlag.
Waters, M. 1991: Collapse and convergence in class theory. The return of the social in the analysis of stratification. Theory and Society 20: 141–172.
Weber, M. 1980: Wirtschaft und Gesellschaft. Tübingen: J. C. B. Mohr.
Weber, M. 1988a: Die Protestantische Ethik und der Geist des Kapitalismus. S. 17–206, in: M. Weber: Gesammelte Aufsätze zur Religionssoziologie. Tübingen: J. C. B. Mohr.
Weber, M. 1988b: Gesammelte Aufsätze zur Religionssoziologie I. Tübingen: J. C. B. Mohr.
Weber, M. 1988c: Gesammelte Aufsätze zur Soziologie und Sozialpolitik. S. 492–418. Tübingen: J. C. B. Mohr (Paul Siebeck).
Weeden, K. A. 2002. Why Do Some Occupations Pay More than Others? Social Closure and Earnings Inequality in the United States. American Journal of Sociology: 108: 55–101.
Weeden, K. A./Grusky, D. B. 2014. Inequality and Market Failure. American Behavioral Scientist 58: 473–491.

Weeden, K. A./Kim, Y.-M./Di Carlo, M./Grusky, D. B. 2007. Social Class and Earnings Inequality. *American Behavioral Scientist* 50: 702–736.
Wegener, B. 1985: Gibt es Sozialprestige? *Zeitschrift für Soziologie* 14: 209–235.
Wegener, B. 1988: *Kritik des Prestiges*. Opladen: Westdeutscher Verlag.
Wegener, B. 1992a: Class, Social Mobility and Distributive Justice Norms. Heidelberg: Institut für Soziologie der Universität Heidelberg.
Wegener, B. 1992b: Concepts and Measurement of Prestige. *Annual Review of Sociology* 18: 253–280.
Wegener, B. 1992c: Die Vorstellungen von sozialer Gerechtigkeit in den neuen und alten Bundesländern.
Windolf, P. 2005. Was ist Finanzmarkt-Kapitalismus? S. 20–57, in ders. (Hrsg.): *Finanzmarkt-Kapitalismus*. VS Verlag.
Normative und rationale Tendenzen in den Phasen des Übergangs. Heidelberg: Institut für Sozilogie der Universität Heidelberg.
Wegener, B. 1995: Gerechtigkeitstheorie und empirische Gerechtigkeitsforschung. S. 195–218, in: H.-P. Müller/B. Wegener: *Soziale Ungleichheit und soziale Gerechtigkeit*. Opladen: Leske und Budrich.
Wegener, B./Liebig, S. 1991: Etatismus und Funktionalismus. Ein Vergleich dominanter Ideologien in Deutschland und den USA. Heidelberg: Institut für Soziologie der Universität Heidelberg.
Wegener, B./Liebig, S. 1995: Dominant Ideologies and the Variation of Distributive Justice Norms: A Comparison of East and West Germany, and the United States. S. 239–259, in: J. R. Kluegel/D. S. Mason/B. Wegener: *Social Justice and Political Change*. New York: Aldine de Gruyter.
Wehler, H.-U. 1986: Max Webers Klassentheorie und die neuere Sozialgeschichte. S. 193–203, in: J. H. Kocka: *Max Weber, der Historiker*. Göttingen: Vandenhoeck und Ruprecht.
Weiß, J. 1992: Max Webers Grundlegung der Soziologie. München u. a.: Saur.
White, H. C. 1970: *Chains of Opportunity*. Cambridge: Harvard University Press.
White, H. C. 1974: Mobility from Vacancy Chains. S. 40–50, in: R. Ziegler: *Internationale Arbeitstagung: Anwendung mathematischer Verfahren zur Analyse sozialer Ungleichheit und sozialer Mobilität*. Kiel: Soziologisches Seminar der Christian-Albrechts-Universität.
Wirth, H./Lüttinger, P. 1998: Klassenspezifische Heiratsbeziehungen im Wandel? Die Klassenzugehörigkeit von Ehepartnern 1970 und 1993. *Kölner Zeitschrift für Soziologie und Sozialpsychologie* 50 (1): 47–77.
Wright, E. O. 1979: Class Structure and Income Determination. New York u. a.: Academic Press.
Wright, E. O. 1982: Class Boundarys and Contradictory Class Locations. S. 112–129, in: A. Giddens/D. Held: *Classes, power and Conflict*. Berkeley, LA: University of California Press.
Wright, E. O. 1985: *Classes*. London: Verso.
Wright, E. O. 1989: *The Debate on Classes*. London: Verso.
Wright, E. O. 1997: *Class counts*. Cambridge: Cambridge University Press.

Wright, E.O./Perrone, L. 1977: Marxist Class Categories and Income Inequality. *American Sociological Review* 42: 32–55.
Yasuda, S. 1964: A Methodological Inquiry into Social Mobility. *American Sociological Review* 29: 16–23.
Young, B. 2011. Der privatisierte Keynesianismus, die Finanzialisierung des ‚alltäglichen Lebens' und die Schuldenfalle, S. 15–36, in: Kessler, O. (Hrsg.): *Die Internationale Politische Ökonomie der Weltfinanzkrise*. Wiesbaden: VS Verlag für Sozialwissenschaften.
Zapf, W./Breuer, S./Hampel, J./Krause, P./Mohr, H.-M./Wiegand, E. 1987: *Individualisierung und Sicherheit. Untersuchungen zur Lebensqualität in der Bundesrepublik Deutschland*. München: C. H. Beck'sche Verlagsbuchhandlung.
Zerger, F. 2000: *Klassen, Milieus und Individualisierung*. Frankfurt am Main: Campus.

Personenregister

Acemoglu, D. 217
Ackerlof, G. A. 161
Alber, J. 191
Allmendinger, J. 193 ff.
Althauser, R. P. 160, 164, 167
Autor, D. 215 f., 218

Band, H. 102
Baron, J. N. 165 f.
Beck, U. 12, 90, 96 ff., 121, 143, 196 f., 207, 242, 244
Becker, G. S. 161
Becker, R. 140, 146
Becker, U. 104, 106 f.
Beck-Gernsheim, E. 97
Bell, D. 93
Bendix, R. 24, 27, 119 f., 127, 131, 150
Berger, P. A. 89, 92, 103, 108 f.
Bertram, H. 94, 108
Bibby, J. 118, 127
Bielby, W. T. 165 f.
Bieling, H.-J. 229 f.
Birk, R. 190
Blasius, J. 100, 112
Blau, P. M. 127 ff., 154, 226 f.

Blauermel, G. 160, 162
Blaug, M. 161
Blaxter, M. I 100
Blossfeld, H.-P. 92, 109, 146, 165 f., 167, 194 f., 197, 235
Bode, I. 199
Bollinger, D. 200
Bolte, K. M. 44, 46 f., 89, 119
Booth, A. L. 200
Boudon, R. 118, 120, 127
Bourdieu, P. 62 ff., 84, 88, 101 ff., 113, 139, 173
Brandes, W. 190
Brauns, H. 135
Breen, R. 133, 135, 140, 146, 151 ff.
Breiger, R. L. 160, 167
Brüderl, J. 171
Burke, P. J. 137
Burzan, N. 11

Card, D. 217, 222, 227
Carroll, G. R. 164, 166 f., 171
Chen, M. D. 165, 167
Clark, T. N. 114
Collins, R. 58

Daheim, H.   93, 119
Dahrendorf, R.   16, 49 ff., 57, 74 ff., 85, 93
Dangschat, J. S.   12, 100, 198
Davies, A. F.   47
Davis, K.   37 f.
De Graaf, P.   67
Dickens, W. T.   160
DiPrete, T. A.   166 f., 171, 211
Doeringer, P. B.   164 ff.
Dombois, R.   200
Dragendorf, R.   200, 202
Duncan, O. D.   127 ff., 154

Eder, K.   66 f., 196
Emerson, M.   199
Erbslöh, B.   110, 113, 196
Erikson, R.   69 ff., 73 f., 134, 148 ff.
Esping-Andersen, G.   191 f., 197, 206
Evans, G.   73

Fitzenberger, B.   224, 226

Gallie, D.   148
Gambetta, D.   140, 143
Ganzeboom, H. B. G.   45, 117, 133
Garhammer, M.   98
Geiger, T.   13, 15 f., 18, 33 ff., 40 f., 43, 48 ff., 68 f., 86, 105 f.
Geißler, R.   12, 33, 47, 49 ff., 90, 110 f., 113
Georg, W.   104, 112
Giddens, A.   16, 18, 20, 26 f., 29 ff., 155, 191, 197
Giesecke, J.   164, 179, 200, 202 f., 221 f., 228
Glass, D. V.   118, 124
Gluchowski, P.   102 f., 114

Goldthorpe, J. H.   69 ff., 86, 113, 132, 134, 140 f., 146, 148 ff., 155, 157, 180, 185 f.
Gottschall, K.   201
Grabka, M. M.   212 ff.
Granovetter, M.   161, 166 f., 234
Groß, M.   24, 60, 164, 179, 193, 200, 202 f., 222

Hachen, D. S.   166 f.
Hadler, M.   110
Hall, J. R.   124
Haller, M.   191, 195
Handl, J   146
Hartmann, M.   67, 113
Hartmann, P. H.   11, 110
Haun, D.   142, 146
Hauser, R. M.   118, 130 f., 135, 150
Hazelrigg, L. E.   120
Heidenreich, M.   93
Heinze, R. G.   192
Henz, U.   146
Herkommer, S.   92
Hermann, D.   114
Herz, T. A.   11, 110, 114
Hinz, T.   194
Hodge, R. W.   48
Hoffmann, S.   69
Hofmann, M.   104
Honneth, A.   68
Horan, P. M.   48, 132
Hörning, K. H.   101
Hout, M.   114, 118, 135, 146
Hradil, S.   12, 44, 46, 89, 92, 94 f., 98 ff., 104 ff., 108 ff., 112, 115

Immerfall, S.   199
Inglehart, R.   94

Jagodzinski, W. 113
Janowitz, M. 119
Jones, B. 24
Jones, F. L. 29, 118
Jonsson, J. 133, 147
Junge, M. 96

Kalleberg, A. L. 160, 164, 167 f.,
    171, 200, 222
Kappelhoff, P. 194
Karle, W. 131, 141 f., 145
Kastendiek, H. 200
Katz, L. F. 161
Kelley, J. 148
Kerr, C. 120 f.
Kleining, G. 46, 100, 119
Knoke, D. 137
Köhler, H. 145 f.
Kohler, U. 109, 113, 196
Konietzka, D. 97 f., 100 ff., 112 f.
König, H. 93, 200
König, W. 134, 195
Korpi, W. 197
Korupp, S. E. 118
Krais, B. 67
Kreckel, R. 90 f., 93 f., 180,
    196, 204
Kruppe, T. 202
Kuhn, T. S. 118
Küttler, W. 24

Lamont, M. 68
Landenberger, M. 200
Lang, K. 160
Lareau, A. 67 f.
Lepsius, R. M. 191
Liebig, S. 22, 110
Lindbeck, A. 234
Linne, G. 202
Lippl, B. 244

Lipset, S. M. 114, 119 f., 127,
    131, 150
Lozek, G. 24
Lüdtke, H. 101 ff., 112
Luijkx, R. 152 ff.
Lukács, G. 18
Lüttinger, P. 113

Manza, J. 113
Mare, R. D. 135
Marshall, G. 70
Marx, K. 13, 15 ff., 23 ff., 28 f.,
    31 ff., 36, 39 ff., 54 f., 57,
    62 f., 69, 75 ff., 78, 82, 87 f.,
    98, 155 f., 198, 238 f.
Maryanski, A. 37
Matthies, H. 200 f.
Mayer, K. U. 45, 92, 109, 118, 127,
    164 ff., 194, 197
Mayntz, R. 37, 44, 118
McCann, J. C. 120, 127
McClendon, M. J. 120, 127
Michailow, M. 101
Miller, S. M. 121
Mills, C. 73
Mincer, J. 161, 215
Mommsen, W. 24, 28 ff.
Moore, W. E. 37 f.
Mooser, J. 90
Müller, H.-P. 63 f., 98, 101 f.
Müller, W. 113, 118, 127, 131,
    141 f., 144 ff., 148, 152,
    193 ff.
Murphy, R. 60
Mutz, G. 200

Neuhold, C. 200
Nonnemaker, K. L. 166
Nowak, H. 104, 106 f.

Offe, C. 93
Osterland, M. 200
Otte, G. 112, 114

Pakulski, J. 107, 114
Parkin, F. 24, 26, 29, 31, 55 ff., 68 f.,
    77, 84, 86, 88, 139, 168, 173,
    175, 177, 184, 188 f.
Payne, G. 157
Perrone, L. 78
Pfriem, H. 160, 162
Piore, M. J. 164 ff.
Poentinen, S. 135
Pokora, F. 109
Pollak, R. 144, 152
Portocarero, L. 69
Preisendörfer, P. 166, 171

Quack, S. 200

Rawls, J. 22
Rerrich, M. S. 101
Rink, D. 104
Roemer, J. E. 82 f., 85
Rogoff, N. 124
Rössel, J. 103, 111, 114

Sakamoto, A. 165, 167
Schelsky, H. 92
Scheuch, E. K. 46
Schimpl-Neimanns, B. 147
Schluchter, W. 25, 28 f.
Schmidt, G. 30
Schneider, R. 145
Schneider, S. 100
Schnell, R. 113
Schnierer, T. 110
Schömann, K. 202
Schroth, Y. 53
Schulze, G. 101 f., 106 f., 112

Schwarz, R. 131
Schwenk, O. G. 100, 110
Segre, S. 30
Sengenberger, W. 165
Sesselmeier, W. 160, 162 f.
Sewell, W. H. 130 f.
Shavit, Y. 146, 193 ff.
Snower, D. J. 234
Spellerberg, A. 98, 102 ff., 112,
    114
Steinmann, S. 135
Steinrücke, M. I 109
Stigler, G. J. 161
Stinchcombe, A. L. 165 f.
Suh, Y. J. 23
Sullivan, T. A. 160
Svalastoga, K. 118

Teckenberg, W. 132, 194
Terwey, M. 110
Tjaden, K. H. 17
Tjaden-Steinhauer, M. 17
Traxler, F. 199
Treiman, D. J. 45, 48, 131, 133
Tumin, M. M. 37
Turner, J. H. 37
Tyree, A. 131

Verwiebe, R. 110, 221 f.
Vester, M. 105 f.
Voß, G. 101
Voswinkel, S. 202

Walwei, U. 190, 200
Waters, M. 114
Weber, M. 13, 15, 24 ff., 40 f., 43,
    45, 54 ff., 58, 61 f., 68 ff., 86,
    98, 117, 155, 168, 191, 198,
    207, 238
Weeden, K. A. 221 f.

Wegener, B.   22, 37, 45, 47 f., 110, 244
Wehler, H.-U.   24
Weiß, J.   24
White, H. C.   169
Windolf, P.   229 ff.
Wirth, H.   113
Wright, E.   21 f., 74, 78 ff., 113, 245

Yasuda, S.   118, 120, 127
Yip, K.   131

Zapf, W.   103
Zerger, F.   113

Sachregister

Achievement 120, 130
Ascription 120
  in geschlossenen Positionen
    171 f.
Ausbeutung
  auf Basis Arbeitswertlehre 16
  auf Basis sozialer Schließung 60
  auf Basis Spieltheorie 81 ff.
  auf Basis von Renten 174 ff.

Befristete Beschäftigungsverhältnisse
  202 f.
Bildungserwerb
  und Bildungssysteme 143
  Herkunftseinfluss auf 139 ff.
  klassenspezifische Erwerbs-
    strategien 140 f.
  Rational-Choice-Ansatz 140 ff.
  Transitionsmodell 135
  internationale Variation 143 ff.
Bildungssysteme
  und soziale Schließung 193 f.
  Charakteristika von 193
  Selektivität von 143
  CASMIN 134, 144
Bildungsklassifikation 134

Credential 57, 84

Dekommodifizierung 191

EGP-Schema 69 ff.
Einkommensungleichheit
  Wandel der 212 ff.
Entstrukturierung 95, 113

Finanzialisierung 229 ff.
Finanzmarktkapitalismus 229
Flexibilisierung des Arbeitsmarktes
  199
  interne vs. externe 200
  partikulare 208
  universelle 203 ff.
Fragmentierung von Arbeitsmärkten
  184

Gelegenheitsstruktur 170
Gewerkschaften 222 f.

Haushaltseinkommen 212 f.
Habitus 64
Humankapitaltheorie 161
  zentrale Voraussetzungen 163

Individualisierung 96 ff.
  strukturelle 243
Industrialisierungsthese 118 ff., 151 f.
Intergenerationale Mobilität
  und Bildungserwerb 139 ff.
  und Klassenbildung 154 ff.
  absolute Mobilitätsraten 148 ff., 157
  Austauschmobilität 119
  Relative Mobilitätsraten 150, 156
  Strukturmobilität 119
Intragenerationale Mobilität
  in geschlossenen Positionen 169
  und Arbeitsmarktsegmentierung 166
  und Entlohnung 166
  und Klassenbildung 167

Klasse
  und Lebensstil 64 ff.
  und soziale Gerechtigkeit 23
  und sozialer Wandel 19 f., 29
  und soziales Handeln 18, 28
  und Wohlfahrtsstaat 91
Klassenbewusstsein 18, 20, 196, 239
Klassenbildung 18, 32, 60 f., 91, 95 f., 154 f., 198, 240
  Strukturelle Grundlagen der 195 ff.
Klasseninteresse 18, 75
Klassenkonflikt 18, 28, 75, 90, 188
Klassenkonzept
  abstraktes Klassenmodell 16
  Klasse „an sich" 19
  Klasse „für sich" 19
  konkretes Klassenmodell 16
  nach Bourdieu 62 ff.
  nach Dahrendorf 75 ff.
  nach Goldthorpe 69 ff.
  nach Marx 16 ff.
  nach Parkin 55 ff.
  nach Weber 24 ff.
  nach Wright 78 ff.
  widersprüchliche Klassenlagen 78
Konvergenzthese 120, 152
Kulturelles Kapital 63
  und intergenerationale Mobilität 67 f.
  Transformation des 67

Labor Contract 70
Lebensstil 100 ff.

Mobilitätstabellen 121 ff.
  Assoziationsindex 124
  Dissimilaritätsindex 123
  Hypothesentest 138
  Inflow (Zustrom) 123
  log-lineares Modell 134 ff.
  Odds-Ratio 137
  Outflow (Abstrom) 123

Neoklassisches Arbeitsmarktkonzept 160 ff.

Pluralisierungsthese 11 f., 95 f.
Polarisierungsthese 20, 218 f.

Quasi-Gruppen 76

Renten 173
  Beschäftigungsrenten 176 f.
  Entstehungsbedingungen 174 f.

SBTC 217 ff.
Schichtdeterminanten 34
Schichtkonzept
  Funktionalistische Schichtungstheorie 37 ff.

Sachregister

Hausmodell nach Dahrendorf 51
Hausmodell nach Geißler 52
Schichtmodell nach Geiger 33 ff.
Zwiebelmodell 47
Schichtmentalität 34 f.
Segmentationsansätze
   Interner Arbeitsmarkt 165
   Mobilitätscluster 165
   primärer/sekundärer Arbeitsmarkt 165
Service Contract 70
Shareholder Value 228
Soziale Lagen 98 f.
Soziale Milieus 104 f.
Soziale Schließung 26, 55, 168 ff.
   und Beschäftigungssicherheit 189
   und Klassenbildung 177 ff.
   Ausschließung 56
   geschlossene Positionen am Arbeitsmarkt 169 ff.
   duale Schließung 56
   individualistische Schließung 59
   kollektivistische Schließung 59
   legalistische Schließungsstrategie 58
   solidaristische Schließungsstrategie 58
Sozialer Raum 63
Sozialer Status 33
   und Schichtenbildung 46 ff.
   Messverfahren 44 f.
Soziales Prestige 44 f.
   und Schichtenbildung 46 f.
   Messverfahren 44
Stand 26
Statusattainment-Ansatz 127 ff.
   und Industrialisierungsthese 130
   Pfadmodell 129
Surplusprodukt 16
Usurpation 56

Tarifvertrag 222 f.

Vakanzketten 170

Wertewandel 94

The manufacturer's authorised representative in the EU is Springer Nature Customer Service Centre GmbH, Europaplatz 3, 69115 Heidelberg, Germany. If you have any concerns regarding our products, please contact ProductSafety@springernature.com

Printed and bound by CPI Group (UK) Ltd, Croydon, CR0 4YY

23/03/2026

02076668-0006